湘潭大学学者文库
XIANGTAN DAXUE XUEZHE WENKU

宋世杰文集

SONG SHIJIE WENJI

宋世杰 著

湘潭大学出版社
XIANGTAN UNIVERSITY PRESS

图书在版编目（CIP）数据

宋世杰文集 / 宋世杰著. -- 湘潭 : 湘潭大学出版社, 2024.6
ISBN 978-7-5687-1446-4

Ⅰ. ①宋… Ⅱ. ①宋… Ⅲ. ①刑事诉讼－中国－文集 Ⅳ. ①D925.204-53

中国国家版本馆CIP数据核字（2024）第110152号

宋世杰文集

宋世杰　著

责任编辑：刘文情
装帧设计：李　平
出版发行：湘潭大学出版社
社　　址：湖南省湘潭大学工程训练大楼
电　　话：0731-58298960 0731-58298966（传真）
邮　　编：411105
网　　址：http://press.xtu.edu.cn/
印　　刷：长沙超峰印刷有限公司
经　　销：湖南省新华书店
开　　本：710 mm×1000 mm 1/16
印　　张：34.5
字　　数：560千字
版　　次：2024年6月第1版
印　　次：2024年6月第1次印刷
书　　号：ISBN 978-7-5687-1446-4
定　　价：168.00元

ISBN 978-7-5687-1446-4
9 787568 714464 >

宋世杰（1936 年 5 月—2007 年 12 月），湖南长沙人，1961 年毕业于原湖北大学（现中南财经政法大学）。毕业后从事政法和财税工作，曾任侦查员、经济师、主任律师。1983 年调入湘潭大学任教，历任副教授、教授。一直从事刑事诉讼法学、诉讼证据学、律师法学等领域的教学科研工作。宋世杰教授是湘潭大学法学学科的开创者和奠基人，历任湘潭大学法学院刑事法律教研室主任、诉讼法教研室主任，诉讼法学学位点负责人、省诉讼法重点学科学术带头人、校学术委员会委员，系湖南省首届优秀社会科学专家，享受国务院政府特殊津贴，兼任中国法学会刑事诉讼法学研究会理事、名誉理事，湖南省法学会诉讼法学专业委员会会长，湖南省人大常委会委员，湖南省重点学科建设专家委员会委员。主持国家社科基金项目 3 项，出版专著、教材近 40 部，在《法学研究》《中国法学》等权威、核心刊物发表论文 100 余篇。

我的运气没有今天的青年好，我一点也不比他们聪明。但是我有更多的苦难经历，我依稀记得我出生在一个半工半知的家庭，我有一个勤劳善良、多病体弱，而且早逝的知识分子父亲，我有一个慈祥坚毅的、后来做女工维持家计的母亲。我就生长在这样岩石作底的一勺沃土上，是在夹缝里长出来的一棵草，有一个经过风吹雨打、严冬腊月、刺骨寒风的考验，挣扎出来的柔弱而坚韧的身躯。我小时候正逢日本帝国主义侵略我国之时，我目睹“日本鬼子”的横行，我四岁半上学，五岁多即辍学，我做过工，当过学徒……新中国成立后，才有了复学的机会，……我经历了我国新中国成立以来一切运动的锻炼，这是我永远难忘的。党的十一届三中全会后，拨乱反正，给了我从事高等法学教育的机会，1983 年调到湘大法学院从事法学教育工作，这是我人生的一次转折，但我并不后悔，过去的苦难终于都成了我的财富。

——宋世杰《中国刑事诉讼发展与现代化》自序

总　序

“一位伟人，一纸校名，一句嘱托”，高度凝练并生动诠释了湘潭大学的创办历史。1958 年，毛泽东主席亲自倡办、亲笔题写校名并亲切嘱托“一定要把湘潭大学办好”。1959 年学校因故停办，1974 年恢复建校。复校初期，学校荒山一片、楼无一栋、房无一间。一声号召，来自清华大学、北京大学等 92 所高校、科研院所的 622 名教师奔赴湘大，边劳动建校边教学科研。著名诗人彭燕郊、流变力学专家袁龙蔚、消费经济学创始人尹世杰、古文献专家韩长耕等名家大师先后来到这里教书育人。在这一批湘大人心中，都有一个共同的信念——艰苦创业，扎根伟人故里。没有电灯，就点煤油灯；没有自来水，就到池塘挑水喝；没有教工宿舍，就住农民家中；没有教学楼，就一起搬砖建设……在极其艰苦的条件下，老一辈创业者怀着“一定要把湘潭大学办好”的初心和科教兴国的满腔热情，在贫瘠的荒山土坡上建起了一座大学城。

岁月流转，年轮不息。经过几代湘大人矢志不渝的奋斗，学校发生了翻天覆地的变化。特别是 2018 年习近平总书记对学校作出重要批示以来，学校全力推动“双一流”建设，2022 年成功入选国家“双一流”建设高校。一路走来，风雨兼程，虽创业维艰，然历久弥坚。在这片热土上，孕育着一批又一批才华横溢的名师和学子，不断产生着丰硕卓越的学术成果，模糊的概念在这里澄明，假设的命题在这里证实，现实的困惑在这里破解，新知识、新技术、新理论在这里不断孕育、产生。

大学因学术而生，亦因学术而兴。学术始终是一所大学的立校之基、兴校之本，是学者的一种追求、一种境界、一种精神。就湘大而言，无论是复校初期的名家云集、各抒己见、推陈出新，还是改革开放后融入科教兴国的时代大潮，湘大学人始终坚守初心，笃志问学，传承文脉，成就了独具风格的学术品质和精神风貌。一代又一代的湘大学人在这里探究真理、创造新知，以学术立身、以著作立言、以品德立魂，用自己的毕生心血，汇集而成了一篇篇富有思想的学术成果。

大学之大，大师之谓也。为汇集湘大学人学术成果，展示湘大学人学术品格，2014 年，在复校四十周年之际，学校精心策划“湘潭大学学者文库”丛书，出版了《沧南自选集》《袁龙蔚文集》。入选文集经过了广泛征集和论证，无一不是湘大学人呕心沥血之佳作、高深学问之精髓、学术思想之独见、品性修养之映照。文库收录的学术成果，都有着清晰的问题意识、科学的研究方法、严谨的逻辑结构，既有源自哲学思辨的理性探究，也有基于生产实践的资料佐证，充分展示了湘大学人独有的学术品格，体现了湘大学人的厚积薄发和卓越追求。这是湘大学人智慧的结晶，更是推动学校高质量发展的宝贵精神财富。

甲辰龙年，学校迎来复校五十周年。值此之际，第二批“湘潭大学学者文库”丛书，包括《尹世杰文集》《刘桂斌文集》《羊春秋文集》《宋世杰文集》《张铁夫文集》《陈仲沪文集》《罗铸楷文集》《姜书阁文集》《萧艾文集》《曹木清文集》《彭燕郊文集》《韩长耕文集》12 部学者文集付梓出版，这既是记录湘大学人敢于挑战与奋斗、饱含智慧与激情的光辉岁月，展现湘大学人精学苦研的具象载体，又是湘大学人牢记办学历史，坚持知行合一，弘扬学术精神，接续优良传统的价值传承和推动学术创新的具体行动。

伟人故里逢盛世，一路高歌向前行。丛书的出版，将让我们再一次触摸和感受老一辈湘大学人的独特学术品格和精神品质，也将鼓舞新一代湘大学人深入贯彻落实习近平总书记对学校的重要批示精神，弘扬“牢记嘱托、艰苦创业、追求卓越”的湘大精神，扎根伟人故里，厚植家国情怀，坚持守正创新，为建成科技教育强国，以中国式现代化全面推进中华民族伟大复兴作出新的更大的贡献！

湘潭大学　党委书记　刘起军
校　　长　潘碧灵

永远的怀念
——忆父亲宋世杰教授
（代序）

宋志刚

时光飞逝，转眼我尊敬的父亲已经离开我们17年了，每次去潇湘陵园看他，依然感到如此的亲切，好像他还在我们中间。在上面远眺湘江和广阔的潇湘大地，面对时间之风才隐约地感到人的孱弱和渺小，父亲曾经是那么坚强的一个人，面对病魔的长期折磨，终于放下了所有，放下了他所爱的法学研究，放下了他所爱的人们，长眠在这青山绿水之中。

父亲1936年5月出生在长沙县一个半工半知的家庭，爷爷多病体弱，很早就去世了，由一个慈祥坚毅靠做女工来维持家计的奶奶，把父亲三兄弟养大，父亲排行第二，小时候正逢日本帝国主义侵略之时，目睹了日本人对中国人的残酷罪行。在那个乱世里，父亲四岁半上学，五岁多辍学，很小就做过工，当过学徒，直到新中国成立后，才有了复学的机会。1957年毕业于长沙长郡中学，同年考入湖北大学法律系学习，1961年7月毕业后分配到湖北鄂西咸丰县公安局工作，后来在财税局、司法局工作。

鄂西是土家族等少数民族聚集区，当时条件十分艰苦。我就出生在那里，到处是大山，吃不上米饭，玉米粉和红薯就是最好的粮食。在我懂事的时候，父亲在财税局工作，长期住在乡村里，很少回家，由于条件所限，每次看见父亲都穿着很破旧的衣服。我印象最深的是有次考试成绩出来后要家长签字，碰巧他在家签了字，令人惊讶的是老师第二天在班上读了他写的评语，并说父亲是恩施地区的先进工作者，这时我才知道有位出类拔萃的父亲。后来逐渐听见很多人说到他才华横溢，1982 年被中共湖北省委授予先进工作者，这在当时偏远的小城是极大的荣耀。

1980 年父亲同时考取经济师和律师资格证，并任县法律顾问处主任。我记得很清楚，那段时间里父亲写的第一篇论文发表在 1983 年的《青少年犯罪研究》杂志上，团中央还寄来一份团中央防治青少年犯罪咨询员的聘书。在咸丰县那段岁月是艰难幸福的，我并不知道忙碌的父亲在极其艰苦的条件下如此勤奋，在搬家的时候我甚至看见了他给农民写的培育烤烟方面的小册子，或许苦难更让人坚强和成熟，后来从父亲的一本专著前言里我找到了验证，他写道："但我并不后悔，过去的苦难终于都成了我的财富"。

1983 年夏天成了我们人生的转折点，更是父亲人生的转折点，当我坐在装满旧家具的大货车上，沿着蜿蜒盘旋的山路，穿过鄂西、湘西，跋涉三天抵达湘潭后，才相信我们终于回到了故乡。父亲这一年正式调到了湘潭大学，当时法学院才开始招生，正需要师资力量，一切都是新的，包括所有的老师都是从四面八方汇聚到此，条件也特别艰苦，我们一家住在一套简陋的小房子里，47 岁的父亲和我睡一张床，母亲和姐姐睡一张床。当时我都在怀疑这一切，一个偏远地区的基层普通工作者能胜任高等学府老师的角色吗？我总是用怀疑的目光打量着略感衰老的父亲。

刚安顿好家，他就被派往西南政法学院进修一年。一年没有看见过他，回来的时候带回了几本厚厚的笔记和书本，从父亲那严肃的脸色上看出了他所花费的心血，毕竟已经 48 岁了，岁月在他脸上刻下了深深的皱纹。当时法学院师资很短缺，学校要求他回来后立刻准备上课。上课前那段日子，我都觉得他很煎熬，为此他专门买了个录音机，自己备课后自己对着录音机讲一遍，自己听了不满意，又重新备课，重新对着录音机讲课，如此来回很多遍。那时候我读初三，以我对他的了解，知道他是用尽了自己的能量，渴望自己能在新的工作岗位上做好自己的事情，同时他也清楚自己的实力和位置，万事开头难啊！那时候起，我发现他的头上多了很多白发。

父亲对自己的要求是严格而苛刻的。他很快站稳讲台后，并担任了84级的班主任。多和学生接触是他全新工作的重要部分，从那时候开始，我家里经常坐满他们班上的学生。他全身心投入，取得了学生们的信任和理解。接下来做的事情，就是专注他的学术研究，除了教学方面的探索外，他几乎把时间全部投入对刑事诉讼法的研究中，在资料匮乏的时代，独自摸索前进。经常看见他一个人静静坐在堆满书籍的桌子旁，一坐就是数小时。父亲在后来曾经回忆这段日子的时候说过："我第一篇文章发表的时候已经47岁了，真是有点大器晚成了，与今天我的学生相比真是落后了20多年，这至少说明，其一我的运气没有那么好；其二我一点也不比他们聪明。"

他的才华和勤奋得到了广泛认可，成为刑事诉讼法学的骨干老师，发表了不少论文，仅过了两年也就是1986年被评为副教授，当时是很难得的，也是法律系的最高职称，并于1988年在湖南人民出版社出版了奠定他在刑事诉讼法领域地位的第一本专著《诉讼证据学》，这本书第一次提出了一些重要观点，并且得到了一些全国著名法学家的肯定。这个是对他最大的鼓励，他紧张的脸上总算时常露出点笑意，我知道，这表明他的教学和科研此时已经走上正轨，对于这种年纪工作转型的人并不容易，回忆这一切的时候，想起他对学术和教学的热情追求以及对家人的疏忽，一切也就释然了。

在后面的日子里，是父亲在事业上卓有建树的时候，陆续发表很多高质量的论文和出版了有影响力的专著，以突出的科研能力和教学能力于1992年晋升为教授，成为湘潭大学法学院第一个教授。由于他在学术上的成就和影响，后来相继担任了湘潭大学学术委员会委员、学位委员会委员、学校和湖南省职称评定委员会委员，并当选为第八届湖南省人大常务委员会常委，同时长期担任中国法学会刑事诉讼法学研究会理事、名誉理事，湖南省诉讼法专业委员会会长，湖南省社会科学评审委员会委员，省级重点学科法学学术带头人等一系列兼职。1993年在他的带领下湘潭大学取得了诉讼法学硕士点——也是湖南省第一个法学硕士点的突破，此后湘潭大学法学学科在全国法学界的影响也日趋增加。

父亲对学生的爱护，让我很是嫉妒。他可以跟一个学生谈论学术问题忘记了吃饭，甚至可以谈到深夜忘记睡觉，可以为一些学生不用功生气几天，可以为一个学生的论文反复修改很多次，可以为学生的工作去向而四处引荐，甚至可以关心学生的家庭。相较之下，他对我似乎是完全忽视了。当然，我知道，他对学生要求的严厉也是众所周知的，对学生的缺点毛病，他的批评从来都是毫不留情。对学生在学业上的指导，也常常在方式方法上显得“温婉”不足。据说有一次上课，他叫一个学生回答问题，那个学生的回答让他不太满意，他就一直不断追问，希望能启发她，以此拓展学生思维、提升学生思考问题的能力，结果那个学生在他的一再追问下完全招架不住，委屈地哭着冲出了教室。父亲就跟其他学生说，你们是不是觉得我有点不近人情，其实我只是希望通过这种方式迫使她多看书，多思考，人很多时候是很有惰性的，不逼她她可能研究生读完了，都不知道如何去思考和分析问题。事实证明父亲的这次“不近人情”确实产生了意想不到的效果，自从这次上课之后，同学们发现这个学生去图书馆的时间开始多了起来，和同学们讨论问题的次数多了起来，发表文章也多了起来。多年以后，这个学生还笑称，幸亏有宋老师的那次“不近人情”，让她的研究生生涯收获满满，也为她在后来工作中游刃有余打下了良好的基础。有耕耘就有收获。父亲在二十多年的法学教育生涯里，送走了一届又一届的学生，其中不少已经成为高校或研究机构的教学科研骨干，相当一部分在公检法司等实务部门任职，成为各条战线的中坚力量。对于我父亲而言，这些学生无疑是他一生的骄傲。

看着父亲在事业上取得那些巨大的成就，我从心里感到高兴，但表面上我们父子似乎并不是很协调。父亲全身心地投入他的工作中，面对我，父亲几乎很少说什么，学习和生活，都没有太多的话。我是1988年考上大学的，学焊接专业，但偷偷写诗投稿，陆陆续续发表了不少，并有幸参加了著名的《诗刊》青春诗会，每次发表的刊物都放在桌子上，他也很少看。后来让我震惊的是听他一个学生说，上课的时候居然表扬了我写的诗歌。我想他不是没关注我，或许他只是在用他自己的方式在爱，事实上他这种方式也在某种程度上鞭策和激励了我。

他这种特殊的方式，某种程度也带到了他的工作中。父亲的确和很多人不一样，他喜欢直言不讳，对人对事情都这样，但是的确都是出于爱心，有时候在家里总一个人唠叨想帮谁把事情弄好，见了面又实在忍不住要批评人家，他的这种“爱好”大多数人都接受不了，总是帮了人家还招人不满意，我们忍不住给他提这些意见的时候，他总说，不管他，帮他做好事情批评他是为他好，又不是图回报。

他就是这么一个固执的人，在外人看来他做事情固执得有些不可理喻。

我1992年从湘潭大学机械系毕业后，到了长沙工作，离家远了，虽然隔段时间也回家住几天，但一般都是周末。在我的记忆里在家碰见的都是他的学生或者法学院的老师，他们坐在我家讨论学术或者教学方面的事情，这时候父亲已经成为全国颇有名气的专家和学者，因此还有很多慕名从外地赶来交流的一些人，他从来不拒绝，都很客气不厌其烦地解答别人的各种疑问，整个周末基本没有自己休息的时间。偶尔有空，也只看见他坐在自己的房间里看书写东西，他房间里主要就是书籍，桌子上、柜子里、床上、抽屉里全是书籍，几乎没有搁放其他物品的空间。我和母亲也很少去动他那个房间的东西，因为动了很可能就再难找到，书和笔记资料相对于那个空间实在是太多了，虽然很乱，我们也都理解，那些东西几乎就是他全部的汗水和成果，从某种意义上来说就是他的生命的一部分。

20世纪90年代中期，他写出了《举证责任论》等在全国诉讼法领域产生广泛影响的专著，并且带领湘大法学其他团队成员实现了湘大法学学科建设飞跃式的发展，也拿到了很多个湖南省法学界的第一，比如第一个硕士点，第一个国家课题，第一个法学重点学科等，从一个普通基层法律工作者转型到高校从事教学研究工作，到成为具有全国影响力的法学家，他取得如此成就只用了10多年时间，这也是他生命里最璀璨的黄金时间，到2007年为止，他在省级以上刊物公开发表学术论文100多篇。先后撰写和出版了《举证责任论》《刑事诉讼法学》《诉讼证据学》《公证与律师实务》等10多部专著和教材，《诉讼法研究丛书》6本，获得省级以上优秀论文成果奖励20多次，由他作为主讲人之一的“诉讼证据法学”被列为国家精品课程。由于父亲为法学教学和科研所作出的突出贡献，他被国务院批准为享受特殊津贴的专家，1998年被湖南省委省政府授予“湖南省优秀社会科学专家”的荣誉称号。

关于父亲在学术上的贡献，《刑事诉讼理论研究》一书中这样写道：他为学科建设作出了重要贡献，特别是在刑事诉讼法、证据学领域进行了开拓性研究，对刑事诉讼法律关系、刑事诉权理论、诉讼职能的划分和配置，程序法与实体法关系，程序的价值理论，诉讼效率，举证责任，证明结构、证明原则、证明层次、证明误认与误区以及诉讼证据形成程序等方面都提出了自己的见解，有些成果是在该领域第一次提出，有的具有填补空白的意义，有不少问题的研究处于该学科的最前沿，在国内外有较大影响，受到学术界广泛重视。

随着他在事业上取得的成就得到学术界的广泛认可，也有很多地方想以十分优厚的待遇引进他。有时候和院里一些老师产生矛盾，使他在气头上的时候也想走，他的想法被人传出后，省里和学校都很重视，领导都过来做工作，在我家坐到深夜。但我知道他是不舍得离开的，他真心热爱湘潭大学这片黄土地，这是他奋斗的地方，是给了他希望的地方。事实上后来他再也没有提过这一事情，也婉拒了所有请他去的地方。与其说淡泊名利让他做到了这点，还不如说他深爱着湘潭大学他自己的这个岗位。父亲一辈子都是粗茶淡饭，穿的比一个农民好不了多少，我家的摆设比一般家庭都差，按父亲的资历完全可以住大房子，但一直都住在一套七八十平方米的房子里，几乎没有像样的家具，都用着从湖北鄂西带过来的东西，我知道这些都不是父亲所看重的。

岁月让人活得有意义，也让人逐渐衰老。到20世纪90年代末，父亲已经60多岁了，从满是皱纹的脸上和满头沧桑的白发，可以读出时间珍贵。对于父亲来说，上天只给他20多年的教学科研时间实在太短，或许正因为如此他才如此珍惜和勤奋，在这20多年的时间里他干出了有些人需要做一辈子的事情，他著作等身的丰硕成果以及生命不止奋斗不息的精神，我想一般常人是很难企及的。

但是也许正因为如此，他最终没能逃出病魔的袭击。在21世纪刚开始不久，也就是在牵头申报湘潭大学博士点也是湖南省第一个法学博士点的时候，父亲终于病倒了。他身体一直很好，感冒都很少。但在2002年他去长沙参加一个会议的时候，我突然接到他的电话，说他正在长沙市中心医院看病，病情紧急，我立刻赶过去，听医生介绍情况后，基本判断为肠梗阻，原因不明，需要立刻检查。我和家里联系后，湘潭大学决定由我陪同立刻转到湘潭市中心医院救治，主治大夫决定立刻手术，当时的情形对于我和其他家人而言，犹如晴天霹雳。经过医生的救助，父亲的病情好转了，但结论却是致命的：父亲罹患结肠癌！

度过手术后的危险期后，父亲所做的除开化疗还是化疗，我们全家及其亲近的朋友都悲伤到了极点，他本人却比我们显得更乐观一些，这也体现出他坚强的性格和想和命运抗争到底的决心，癌症没把他的精神击垮，这是我们大家值得庆幸的事情，他坚持除了去医院治疗时间之外继续担任教学科研任务。他仍然站在教学科研的第一线，整天和老师同学们在一起，我每次回家探望，都看不出他和以前有什么区别，只是他房间的角落里多出了一大堆中药和西药，只是化疗导致他的头发逐渐脱落而变得稀少。每天空闲时，还是看见他把自己埋藏在他屋里那堆书中，他的习惯几乎没有任何改变，我们和老师学生都劝他注意休息保养，他每次都笑笑，但还是继续做他想做的事情。或许只有他自己明白，他的快乐就是教学和科研，就是和他的学生们探讨各种问题。

在父亲得了重病后，他自己开始看一些药理的书，也经常一个人坐在那里沉思。我想最清楚他自己身体状况的是他自己，或许真的只有站在讲台上，和进入他自己的理论世界，他才能忘记病魔的折磨。对他不爱惜自己身体的生活和工作方式，母亲和我从开始切切奉劝到因责怪而引起争吵，再到后来逐渐理解他，也着实经历了一个较长的过程。他的生命或许本来就是给他的事业的，而不是来享受生活的。后来我在他的一个笔记本上翻到了这样一句话：生命不息，学习不止，力求有所进取，有所奉献。这个我理解为是他的座右铭。

2003年传出的好消息令他喜出望外，湘潭大学法学院成功获批诉讼法学博士点，而这是湖南省第一个法学博士点，同年他成为第一批博士生导师，并开始招生。这是他一直努力的梦想，此刻湘潭大学的法学学科地位排名全国高校前列，仅仅用了不到20年时间，从无到有，这对于处于相对偏远位置的湘潭大学，应该是个奇迹般的成就。1983年招生，1993年获取诉讼法硕士授予权，2003年获得诉讼法博士授予权，作为诉讼法学术带头人的父亲所付出的心血难以想象，以至于他去世后很多年我都在想，他应该是用自己的生命，用47岁以后的这段不平常的生命换取了这一切，这点作为他的后辈我认为是值得的，尽管他在工作和生活中有这样或者那样的缺点，但他用生命证实了他值得努力一生的事情。

接下来的事情也许更能证实这一切，随着时光的悄然流逝，父亲的病情不断加重，在一次检查中，医生发现他的癌细胞开始扩散，并决定为他做第二次手术。事实上我们通过和医生的交流，知道这次手术比第一次严重多了，已经影响到了他身上的其他器官，后来手术的情况也证实了这点，由于割去了部分器官，父亲的排尿系统受到了损伤，这时候他的年龄也大了，将近70岁了，体质也不如以前。但是出人意料的是父亲挺过了手术这个难关，医生说是幸运和他的意志力两方面起的作用，我们深以为然。

最后这一两年里，我深知，父亲是痛苦的。首先是精神上的，他认为他还有很多事情没有做完，必须抓紧时间，其次是他的肉体的痛苦，排尿很困难，而且去医院做化疗的时间很频繁，后来在药物的作用下头发基本掉得差不多了。但是在学生和外人看来他还是精神矍铄，让人看不见丝毫的痛苦，除开他身上挂着的那个排尿的袋子外，其他还和以往一样，但是我知道他内心已经是感到深深不安了。

然而，年过七旬的父亲，头发掉光了的父亲，身上时刻吊着排尿袋的父亲，身处癌症晚期的父亲，却依然坚持和其他年轻老师一样站在讲台上！事实上，患癌症五年，除短暂几个月的住院治疗外，父亲始终没有停止教学和科研工作，就是在住院的前一天，他还站在三尺讲台上为学生授课，一直工作到生命的最后一刻。他真的把他的生命献给了他心爱的事业，他如此舍不得离开那有着他太多使命感和责任感的工作岗位，或许这才是他活着的真正意义！

在一次常规检查里，医生看见了惊人的结果：父亲的多个器官已经开始严重衰竭，于是通知家属和学校要求他立刻住院卧床休息。尽管我们无法相信这是真的，但是残酷的事实无法改变。

在他弥留前几天，陪伴他的学生和我们再次感受到了他的豁达和坚强，他给我们说他的过去，勉励四面八方来看他的学生。但最终他没有逃脱病魔的折磨，住院 10 多天后，在 2007 年 12 月 30 日 21 点 40 分真正永远离开了我们，离开他不愿意舍弃的事业、亲人和学生。

父亲的骨灰很轻，静静地，一个人把所有的思想和人格都通过他的数十本著作悄悄地留在了尘世。父亲的骨灰又是很沉重的，他逝世的消息出来后，中国法学会以及北京大学法学院等全国几十家著名院校及单位发来唁电，法学泰斗陈光中教授等也纷纷发来唁电，中国人民公安大学樊凤林教授发电特别强调要在他挽联上写下：宋世杰教授永垂不朽！

他的离去惊动了所有爱他的人，敬佩他的人。17 年了，仿佛他还在坐在那里看书，仿佛他还在那片美丽的黄土地上散步，仿佛他去了还会回来，仿佛深夜我在敲这篇文字的时候他就在隔壁房间里睡觉。

每次清明，踏着弯曲盘旋的山路去看他，绿意充盈的谷山之巅，仿佛碑上只有他微笑的照片，而他不在那里，他在我们身边，我们时常在时光的穿越中相互凝视，我微笑的父亲，尘世纷扰，你的微笑是我们永远的力量！

目　录

刑事诉讼基本理论研究

刑事司法改革制度探索

诉讼证据基本理论研究

法的一般理论和法律现象研究

刑事诉讼基本理论研究

论诉讼民主制的完善

——社会主义法治建设的一个重要问题

社会主义民主和社会主义法治是社会主义精神文明建设的基本内容和必要条件。离开了社会主义民主和法治，社会主义精神文明建设就不可能有成效，社会主义物质文明建设就要遭受破坏，整个社会主义事业就会遭受极大的损失。因而高度重视社会主义民主和法治建设是社会主义事业的需要，是关系国家前途和人民命运的大事。而社会主义民主和法治的建设，离不开诉讼民主制的完善。

一、诉讼民主制的科学概念及其重要性

诉讼是国家司法机关在诉讼参与人参加下依法办案的活动。而诉讼民主制呢？概括地说就是对发生的一切违反宪法、法律的行为，公民都有权进行控告，并在人民及其专门机关的管理监督之下，按事实和法律依法正确处理的一种法律实施体制。

由此可知，诉讼民主制是一个广义的概念，它不仅包含公民管理监督诉讼的权利，也包含公民遵守法律的义务，还包含机关单位的职权和责任的统一。从整体上讲，它是权利和义务的实现，职权和责任履行的杠杆。诉讼活动的深刻与公正的程度，反映着社会文明与进步的程度。所以诉讼民主的实现，必须依靠一切公民和机关共同承担起自己的责任，运用自己的权利和职能，依靠诉讼制度的民主化，特别要靠公民主人翁感的增强才能解决，而不是少数个人或某一机关能实现的。诉讼民主制的完善显然也

不是国家局部的一般性问题，而是有关民主和法治的大事。其重要性表现在以下方面：

（1）诉讼民主制是社会主义民主实现的担保和实施的重要形式。我们知道，民主是一种制度，在阶级统治的社会里，民主制是统治阶级实现统治的一种形式，在未来的无阶级社会中，民主则是组织社会生产与生活，实现社会继续发展的唯一方式。目前，我国尚处在社会主义的初级阶段，在这个阶段里，高度民主是社会主义的伟大目标之一，也是社会主义精神文明在国家和社会生活中的重要体现。[①] 而诉讼民主又是国家民主制的一个重要组成部分，是国家民主制完善与否的一面镜子。

我们要实行的民主，是靠社会主义法制来保障，并通过法律规范的实施而实现的社会主义民主制。不要社会主义民主的法制，决不是社会主义法制；不要社会主义法制的民主，决不是社会主义民主。[②] 因此离开社会主义法制的民主只能是资产阶级自由化。同时离开人民的民主而谈法制，那不是社会主义法制，而只能是法西斯专制。我们人民的民主权利、国家的整体利益是通过我国人民民主专政制度实现的。而民主和法制作用的发挥，权利和义务的实现，都要通过诉讼活动体现出来，以确保宪法和法律的实现，确保国家利益和人民合法权益不受侵犯，并对违法者实行制裁。如果民主没有法制的保障，法制又没有诉讼活动去实现，那么再好的民主，再多的权利，以及必须履行的义务，都只是一句空话。马克思认为审判程序只是法律的生命形式，因而也是法律的内部生命的表现。[③] 所以完善诉讼民主制，可以赋予民主以法律生命形式，为社会主义民主和法律的实施创造一种现实可能性和前提，也是治理经济环境和整顿经济秩序的必要条件。

（2）社会主义性质决定了诉讼民主制的完善是社会主义民主和法制建设的共同目标。我们要建设成为一个有高度民主的社会主义国家，诉讼民主制是社会主义民主法律化、制度化的一个重要标志，因此要完备社会主

① 《中共中央关于社会主义精神文明建设指导方针的决议》，人民出版社 1986 年版，第 5 页。

② 《中共中央关于社会主义精神文明建设指导方针的决议》，人民出版社 1986 年版，第 14 页。

③ 《马克思恩格斯全集（第 1 卷）》，人民出版社 1965 年版，第 187 页。

义法制，不搞诉讼民主是不行的。因为任何民主权利及利益都被法律所规范，所以任何危害国家利益和侵犯公民权利的行为，以及国家职能部门的渎职行为，公民之间关系的协调，都要诉诸法律才能正确解决。只要是法制健全的社会，就不可避免地要用诉讼解决违法事件。通过诉讼以维护国家利益、人民利益和公民合法权益，打击社会主义事业的破坏者，对侵犯公民权益行为进行谴责和惩罚，使所有机关和公民依法办事。

我们强调诉讼民主制的完善，这是由我国社会制度的性质决定的。上层建筑受经济基础的制约和决定，如果说民主只是以法律形式表现出来的经济生活条件，那么这种表现形式就可能会在某些情况下表现得更好一些，在某些情况下表现得差一些。强调诉讼民主制的完善就是要尽可能使民主形式表现得好一些，也就是要使一切诉讼活动置于人民管理和监督之下，严格贯彻以事实为根据、以法律为准绳的原则，依法定程序进行。不允许任何营私舞弊的情况发生，不允许逃脱法律追诉的任何机关或个人的枉法行为存在，使人民的诉讼权利得以充分保障，并通过改革，使我国社会主义民主政治一步一步走向制度化、法律化。这是防止“文化大革命”重演，实现国家长治久安的根本保证。否则危害社会主义事业的行为就不可能被制止，社会性质就可能蜕变。

（3）诉讼民主是实现依法办事、以法治国，调动人民管理国家和社会的重要方式，是实现社会主义法制原则的杠杆。社会主义的法制原则是有法可依，有法必依，执法必严，违法必究。这项原则的实现要通过诉讼活动才能办到，实行这项原则是改变过去的人治而实行法治的重要变革。社会主义国家是人民的政权，要实现人民的意志，必须按人民制定的法律去实现对社会、对国家的统治。邓小平同志指出，为了保障人民民主，必须加强法制。必须使民主制度化、法律化，使这种制度和法律不因领导人的改变而改变，不因领导人的看法和注意力的改变而改变。[①]“人治”已被历史证明不是实现国家长治久安的办法，不合乎我国社会主义性质和人民的愿望，不能保持政治的稳定性和政策的连续性，总之不是治理社会主义国

① 《邓小平文选》，人民出版社 1983 年版，第 136 页。

家的办法。目前我们的民主制还有不完善的地方，要制定一系列法律、法令和条例，使民主制度化、法律化。而这些制度中就包括诉讼的民主制，使一切诉讼活动依民主的程序进行，人民享有充分的诉讼权利，人民在诉讼中实现当家作主，使法律变成社会生活与国家活动必须遵守的规范，触犯了就要受到制裁。所以诉讼民主是社会主义民主和法制完善的必需，是以法治国的必需，是政治体制改革和建立新的经济秩序的必需！

因此，诉讼民主制的完善应当作为实行社会主义民主和法制的首要任务去实现，作为社会主义精神文明建设的大事来抓。

二、我国诉讼民主制目前存在的问题

认识现状是一切行动的先导，那么诉讼民主实现得如何？新中国成立以来，党和政府始终关心人民利益，重视人民权利，重视机关职能和责任。反对官僚主义；重视办案，查明各种违法案件并公正处理。特别是党的十一届三中全会以来，加强了法制建设，在诉讼方面颁布了《刑事诉讼法》《民事诉讼法（试行）》《人民法院组织法》《人民检察院组织法》《律师暂行条例》等一系列的法律，使刑事诉讼与民事诉讼有法可依。目前还着手解决某些违宪行为，这说明我国诉讼向法律化、民主化跨进了一大步，但目前还不完善，还没有建成科学的民主的诉讼体系。当前尚有以下问题有待解决：

（1）法律不健全，立法尚不完善，无法可依的情况仍然存在。我国宪法规定公民享有的权利许多方面还没有用具体的法律规范加以确认。如没有《言论自由法》《出版法》《集会法》《结社法》《住宅法》《民主管理法》《公民批评、建议、申诉、控告、检举条例》《国家赔偿条例》《行政程序法》《违宪诉讼法》《法律监督检察法》等。同时处罚的层次过少。特别许多国家职能机关没有尽责，使国家和人民蒙受很大损失而受不到追责。诉讼的民主形式不够完善，中间漏洞不少。在许多情况下，还有以人代法、以言代法和按长官意志办事的情况存在，以至于国家机关某些领导人以及公职人员不作为的危害国家利益的行为无法被追诉，也无人诉讼。

（2）有法不依、有法难依的情况在国家生活和诉讼活动中屡见不鲜。有些违法事件本来是有法可依的，但由于法制观念淡薄，司法体系上存在问题，有些问题没有机关受理，有些受理了但没有依法办事，使当事人反遭不幸。告状难、伸张正义更难的情况不是个别现象，“以权压法”，法的权威被各种有形和无形的关系网所损害。有的执法机关执法不严而为传统的做法所支配。如刑事诉讼中“先定后审”的情况较为普遍，没有开庭就先由审判委员会讨论决定，甚至还事先向上级法院“通气”，取得同意后才开庭，这不但使一审开庭徒有形式，也实际取消了二审。在民事诉讼中取证强调法定机关认可，对于不合自己意思的举证，既不查证，更不采用的情况亦属普遍现象。

（3）没有完善的诉讼体系。刑事、民事诉讼制度尚不健全，行政诉讼制度刚开始，违宪行为的诉讼更是有待解决。许多侵权行为无法通过诉讼途径解决，更不要说国家机关的不作为行为了。有些虽有法律，但没有法律的实施程序和具体办法；司法机构不健全，基层组织薄弱，法律监督疏松，漏洞很多。如工商行政部门，法律赋予它有执行工商行政管理法规的职能，可是个别工商行政管理机关没有尽责，将一些不具备开业条件的公司批准开业。“皮包公司”横生，使国家蒙受很大损失。其他行政管理机关也是一样，没有认真履行自己的职责，亦没有受到法律的追究。这方面的诉讼可以说还是空白，这是法制不健全的表现。但这是法治国家必须做到的，否则以法治国怎么治呢？

（4）缺乏强有力的法律监督机关。对于法律的实施，除了公民行使权利去实现其监督外，设立专门监督机构是十分重要的。可是我们现实情况如何呢？人民检察院虽是法律监督机关，但监督范围局限在刑事诉讼方面，并且受到很大的制约，许多事情使它也无能为力。至于国家机关的活动是否合法，职能部门滥用职权或不履行责任造成损失的，更无法涉及。

除了上述各点以外，公民的民主意识和法律意识较差，各种不正之风危害诉讼活动的正常进行，许多人的民主权利没有得到充分保障，公民对法律的信任感不高，成为实现高度民主和法制的社会障碍，这些都说明诉讼民主制的完善是摆在我们面前的紧迫任务。

三、完善诉讼民主制的途径

上述种种情况表明，为了加强社会主义精神文明建设，尽快地发展社会主义经济，建立高效能的权力机关，健全社会主义民主和法制，必须努力完善社会主义诉讼民主制，除此之外，别无其他途径。

但是诉讼民主制的实现，受到历史的影响、主客观条件的制约，必须经过一个逐步完善的过程。在当前，我认为应主要解决两个问题：一是提高诉讼参与人及相关的机关的素质，二是完善诉讼运行的结构与机制。可以从以下几个方面着手：

（1）以社会主义初级阶段理论为指导，对现实的阶级和阶级矛盾进行正确估量，通过各种途径，努力提高公民的民主意识和法治意识。目前，我国存在以公有制为主体的多种所有制。存在阶级差别和阶级矛盾，而主要矛盾是生产比较落后。在这种情况下，我们要使诉讼成为既能制约机关和个人滥用权力和权利，又能防止机关和个人不履行职责和义务的手段，必须依靠发挥全体公民的积极性，实现高度民主。但高度民主的实现要经过复杂的艰巨过程，它不是孤立的，它与社会的、政治的、经济的和历史的各种因素联系在一起。更由于社会主义民主是比资本主义民主更高度发展的新型民主，所涉及的社会深度和问题较多，所以没有高度的文化素质和民主意识，没有高度的主人翁责任感是不可能办到的。因此必须在全国范围内持久地对公民进行民主意识和法制观念的教育，为高度民主制的实现创造必要的基础；有步骤地开展一些民主活动，采取合适的方法，吸引公民参加国家管理、法制管理、诉讼管理。提高全民族的民主素质，使每个公民都认识到自身存在的社会价值，把对一切违法行为诉诸法律作为己任。

人的素质是历史的产物，又给历史以巨大的影响。[①] 在社会主义条件下，党和政府积极地发展文化教育、广泛深入地进行普法学习，开展各种

① 《中共中央关于社会主义精神文明建设指导方针的决议》，人民出版社 1986 年版，第 15-16 页。

管理国家事务和社会生活的民主活动，通过各种途径，提高全民族的科学文化水平，加速肃清数千年封建思想的残余，清除资产阶级影响，逐步树立社会主义的民主和法制观念。这样法律的监督与执行就好办得多。人是社会的产物，历史推动着人的素质的提高，反过来人又推动社会的进步。人的素质提高了，许多弊病就可以革除，法制就能普遍深入地得以实施。

（2）加强诉讼方面的立法工作，完善诉讼法律实施体系。程序方面的立法与实体方面的立法是分不开的，但诉讼更多地体现在维护人民权利方面，它是享有广泛权利的一种重要方式，也是对不履行义务的干预。我国已经颁布了不少的行政方面和经济方面的法规。如何从行政、经济管理机关执法以及公民守法两个方面开展诉讼活动，以确保这些法律付诸实施是非常重要的。我们往往只注重了怎么办，而没有注重没有这样办或不这样办后如何处置的问题。因此法律执行率不高，公民对法律信任感不强，甚至认为诉讼少是社会安定的标志，殊不知法律要通过诉讼活动以保证执行，我们不但要对作为的违法行为进行诉讼，而且还要对不作为的违法行为进行诉讼，确保法律全面实施，以维护法律的极大权威。要完善民主的诉讼形式，改变二审用书面审理的习惯做法，一律实行直接审理；对于辩护、代理等制度也要进一步健全；改善人民陪审制度；加强律师对诉讼中违法行为的制约。目前必须迅速制定《行政程序法》《违宪诉讼实施办法》《市场管理程序法》，并制定各种法律的实施细则，建立相应的司法机构，逐步完成诉讼法律实施体系，使诉讼活动系统化、科学化。当务之急，首先应在基层人民法院内设立行政审判庭，亦可和经济审判庭合并，并在地区（市）和省一级设立专门的中级行政法院和高级行政法院，负责审理行政案件的上诉以及重大行政案件的处理。其次加速立法，颁布《行政诉讼法》及行政诉讼法实施细则，对程序中每一具体步骤作出明确规定。调整结构、提高素质，实现民主监督和公开监督，使诉讼方面的立法、机构、人员和实施办法有一个较为完整的严密体系。

（3）充分发挥人大常委会的监督作用。建立人大常委会为首的诉讼监督体系，强化诉讼制度。列宁曾指出，一般是什么来保证法律的实行呢？

第一，对法律的实行加以监督。第二，对不执行法律的加以惩办。[①] 但惩办必须经过诉讼活动。同时诉讼本身也是一种监督方式。所以加强对诉讼的监督，强化诉讼是十分重要的。

所谓强化诉讼制度，就是使一切违法（作为或不作为）行为都依法诉诸特定的国家机关，并用强制力量进行监督，以保证诉讼顺利进行的诉讼制度，也就是使诉讼成为解决违法行为的普遍方法。这种强化过程，实际上是社会主义民主和法制的加强过程。其主要是在完善立法的基础上建立强有力的监督机关及切实可行的监察制度，提高群众的“人本位感”的意识，加强公民行使诉讼权利的自觉性和积极性。对于应予追诉而没有追诉的案件要依法追究有关机关和个人的责任，实行严格的法律监督。因为对违法行为的追究，就是对人民权利的维护，人民民主就能得到充分保障。在目前最重要的是加强各级人大常委会的法律监督职能，充分发挥监督法律执行的作用。在人大常委会中要建立专门的执行监督机构，履行立案、控告和批转司法机关诉讼的权限，为公民申诉、控告、检举提供方便条件，对诉讼活动进行监督和检查，使之成为最有权威的诉讼监督机关，与人民检察院及行政部门的监督机关，共同组成诉讼监督体系。这种监督，在党政分开进行政治体制改革的情况下，尤其有强调的必要。

（4）进行司法基层机构的调整改革，加强和完善司法基层组织。我国社会控制体系结构上存在较大的空隙，主要是基层机构薄弱而且单调，司法机构不健全，司法干部的质量和数量都不适应新的形势，因而对司法基层机构的调整与改革是势在必行的。其主要办法就是把司法机构建立到基层，特别是把人民法庭设到了乡镇和城市街道办事处，充实基层的力量。同时加强人民群众自治组织的建设，提高司法干部的政治和业务素质，建立完善的岗位责任制，使一切诉讼能根据情况得到迅速解决。此外减少中间环节、杜绝互相推诿的现象发生，形成严密的网络，亦是确保诉讼活动的健康发展所必需的。

（5）进一步完善律师制度，充分发挥律师在诉讼活动中的作用。律师

---

① 《列宁全集（第2卷）》，人民出版社1972年版，第243页。

制度完善与否是一个国家法制民主的标志，对正确实施法律能起到一般机关不能起的特殊作用，是保障诉讼活动依法进行和民主化的重要力量。对于强化诉讼、对于诉讼中违法情形的消除都有重要意义。

在我国律师制度是法律制度的重要组成部分，在法律实施中承担着广泛的任务，但目前尚不完善，如律师在诉讼中的地位没有明确的规定。它与司法机关相互制约的关系和诉讼中的必要职权在法律上没有明确确认，关于举证效力问题也没有规定。所以应通过立法加以增补，并进一步扩充律师队伍，提高质量，发挥其在诉讼民主化过程中及其他方面的作用，把律师队伍建设成为一支实现法制民主的主力军。

综上所述，概括起来，就是要以提高全民族的公民意识为基础，以健全诉讼法律和制度为支柱，加强和完善法律监督及律师队伍的建设为羽翼的诉讼结构，以之作为完善诉讼民主制的基本途径，以确保社会主义民主和法制的正常运行，而不有所偏颇。

诉讼民主制的完善是社会主义民主和法制的要求，也是社会主义法制建设中面临的一个突出问题。要解决以权压法和法律实施中存在的各种不正之风，单靠端正党风和社会风气还是不够的，必须完善诉讼民主制，用法律制度和人民群众监督相结合的办法加以克服，使社会主义民主政治一步一步地走向制度化、法律化。我深信，依靠全党和全体人民的努力，诉讼制度是会臻于完善的。

原载《湘潭大学学报（社会科学版）》1989 年第 1 期

论刑事诉讼法律关系的特殊性及主客体

刑事诉讼法律关系是刑事诉讼法学中的一个重要理论问题。它对确立和发展刑事诉讼理论，完善刑事诉讼法学体系，建立合理的诉讼结构，正确理解刑事诉讼的指导思想和原则，实现刑事诉讼的任务都有重要意义。但是对这一问题，目前不但研究不够，而且分歧很大。本文想就刑事诉讼法律关系的特殊性及主客体进行初步探讨，以求教于同仁。

一、刑事诉讼法律关系的特殊性

法律关系是法学理论中的一个重要范畴，也是法现象中的一种普遍现象。法律规范在调整人们行为过程中必然形成各种各样的关系，并表现为权利和义务。因此，法律关系是指由法律规范确认和调整的人与人之间的权利和义务关系。按其性质我们可以划分出不同的法律关系，而刑事诉讼法律关系是诸多法律关系中的一种，它除具有一般法律关系的特征外，还有自身的特殊性。

刑事诉讼是一种在法律实施中产生出来的复杂的法律现象。因此，就不可避免地要在诉讼过程中发生各种关系，并与诉讼职能紧密联系在一起。刑事诉讼主体是多元而特定的，其内容是由模糊到清晰而渐进发展的。其客体具有明确的目的性和内容上的不变性。刑事诉讼的任务要依靠主体自身不同的诉讼职能去实现，有所分工和制约。因此刑事诉讼职能就成为刑事诉讼主体活动的法定方式、权利义务的内容以及主体分工的决定因素。这种分工的目的是建立一种相互制衡机制，以确保诉讼任务的实现和追究刑事责任的准确性。从这个角度上来讲，上述职能的分流是同一的。作为整个诉讼活动，除了主体外，还有其他诉讼参与人参加，他们是刑事诉讼活动发展过程中所联系的对象，享有法定的权利和义务，是诉讼不可缺少的要素。所以刑事诉讼法律关系乃是指：由刑事诉讼法所确认和调整的司法机关与当事人及其诉讼参与人之间的诉讼权利和诉讼义务的关系。这种关系不以人的主观意志为转移，受刑事诉讼的特点制约，它随着诉讼的产生发展终结而运动和变化着，因而和一般的法律关系相比较具有主体多元性和变动性，以及国家机关的主动参与性等特点，所以是一种更为复杂的法律关系。

刑事诉讼法律关系的特殊性表现在以下几个方面：

（1）规范性。刑事诉讼法律关系的发展和刑事诉讼法律关系的内容及其结局都以刑事诉讼法律规范为依据，受刑事诉讼法律规范调整。

（2）权力性。刑事诉讼法律关系中司法机关和司法人员的权力，更多地表现为一种国家权力，具有权威性，并直接以国家强制力为后盾。它必须由司法机关及其司法人员依法行使，其他机关和个人无权行使。

（3）强制性。刑事诉讼法律关系中当事人及其他诉讼参与人的义务，更多地表现为强制履行和被惩性，并为法律所严格规定，不履行就会产生一定的法律后果，严重的要负刑事责任。

（4）可分性。刑事诉讼法律关系按其主体和客体等可分为不同的部分。其主体可划分为刑事诉讼法律关系主体和刑事诉讼主体，而按客体的内容不同亦可分为刑事诉讼法律关系客体和刑事诉讼客体。

刑事诉讼法律关系的产生、发展、变化和终止同刑事诉讼活动有着不可分割的联系。一方面，诉讼活动是引起刑事诉讼法律关系发生或消灭的直接原因，另一方面，刑事诉讼法律关系又制约着刑事诉讼活动。

二、刑事诉讼法律关系主体与刑事诉讼主体

刑事诉讼活动引起案件与司法机关、公民以及国家机关之间、国家机关与公民之间等方面的法律关联。这种关联的内容表现为法律上的权利

（或权力）与义务，而权利（或权力）与义务是应由一定主体来行使和承担的。那么刑事诉讼法律关系的主体是什么呢？刑事诉讼法律关系的主体是指在刑事诉讼中依法享有权利和承担义务的司法机关及诉讼参与人。可见，是否能成为刑事诉讼法律关系的主体，其条件有二：一是依法参与刑事诉讼，二是在刑事诉讼中享有一定的诉讼权利和承担一定的诉讼义务。两个条件，缺一不可。刑事诉讼法律关系的主体具体范围包括：

（1）司法机关。在我国一般是指公安机关（包括国家安全机关）、人民检察院和人民法院。此外，隶属于司法行政机关的劳改机关，亦是主体。

（2）刑事诉讼的当事人。包括自诉人、被告人、附带民事诉讼的原告人和被告人。

（3）其他诉讼参与人。包括被害人、法定代理人、诉讼代理人、辩护人、鉴定人、证人、见证人、保证人、翻译人员等。至于上诉人是否能成为刑事诉讼法律关系的主体，我们认为，按照法律规定，诉讼参与人中没有上诉人这一项，同时上诉人一般都是另有其身份（如被告人、法定代理人、辩护人等）的，所以上诉人不能独立地成为刑事诉讼法律关系主体。

在刑事诉讼中，除了法律关系主体，还有诉讼主体。刑事诉讼法律关系的主体和诉讼主体是两个有联系而又有区别的概念，是诉讼活动中两个不同层次的主体。刑事诉讼主体是指在刑事诉讼中依法享有诉讼权利并承担诉讼义务，依法定职能在刑事诉讼过程中的特定阶段上起决定性或重大影响作用的国家机关和个人。因此刑事诉讼法律关系主体和刑事诉讼主体在逻辑上是种属关系，前者包含后者。从内涵上有两点区别：一是他们在刑事诉讼中所起的作用不同。前者不一定都能影响刑事诉讼的进程，而后者对刑事诉讼法律关系的产生、变更和消灭有重大影响；二是他们参与诉讼的程度和享有的诉讼权利与承担的诉讼义务有很大区别。前者不一定都参与诉讼的全过程或某诉讼阶段的全过程，也不行使重要的诉讼职能。但后者一般都要参与刑事诉讼的全过程或某重要诉讼阶段的全过程，并承担重要的诉讼职能，享有较广泛的诉讼权利，承担相应的诉讼义务或诉讼效果。归根结底，刑事诉讼法律关系的主体是从实际发生的诉讼法律关系角度来考虑的，而刑事诉讼的主体是从具体进行刑事诉讼活动的角度来考虑的，即从其具有的诉讼职能，决定诉讼结局的作用和承担一定诉讼后果等方面来衡量的。要成为刑事诉讼主体，必须具备以下几个条件：

（1）必须是依法参加刑事诉讼，在刑事诉讼中享有特定的权利和承担特定的义务的司法机关和诉讼参与人。

（2）享有的权利和承担的义务应依法表现为某种法定的职能，即是侦查、控诉、审判、辩护、执行等诉讼职能的基本承担者之一。

（3）能够在刑事诉讼的特定阶段上起决定性或重要作用或影响，即能够影响诉讼的发生、变更和终止，并可在一定程度上影响非诉讼主体的诉讼权利和诉讼义务的产生和变更。

根据上述条件，刑事诉讼主体归纳起来有以下几种：① 公安机关（含国家安全机关）；② 人民法院；③ 人民检察院；④ 劳改机关及其主管司法行政机关；⑤ 自诉人；⑥ 被告人；⑦ 附带民事诉讼的原告人和被告人；⑧ 法定代理人，在特定情况下也可以成为刑事诉讼的主体。

在上述刑事诉讼的主体中，人民法院、人民检察院、公安机关、国家安全机关和劳改机关及其主管司法行政机关，是国家专门的司法机关。它们在刑事诉讼中依照职能进行活动，行使法律赋予自己的职权，通过不同的诉讼职能实现自己的使命。它们以自己特有的职能影响、决定诉讼的进程，依法揭露和证实犯罪，准确、及时地惩罚犯罪分子，保证刑法的正确实施。因此，它们是主要的刑事诉讼主体。关于刑事诉讼主体范围，法学界认识不尽一致。有的学者认为，刑事诉讼法律关系的主体都是刑事诉讼主体，或者认为只有法院才是诉讼主体。我们认为对刑事诉讼主体范围失之过宽或过窄都不恰当，不将刑事诉讼法律关系主体和诉讼主体在诉讼中的地位和作用区别对待，就可能不利于更充分地重视和保障诉讼当事人的合法权益。有的学者认为，按照控诉、辩护、审判三职能说，公安机关和劳改机关执行的是一种辅助职能，是控诉或审判的准备或延伸，不能在诉讼中起决定性的作用，因而不是诉讼主体。我们认为，这是受狭隘的诉讼概念和以审判为中心的观点影响的结果。控诉职能、辩护职能、审判职能无疑是刑事诉讼中最基本的职能，但刑事诉讼、民事诉讼和行政诉讼是有区别的，仅以这三种职能尚不能完全反映刑事诉讼中的划分以及自身的特殊性。刑事诉讼内容的渐进明确性和客体的难于确定性，决定了通常必须经过侦查阶段，这是因为刑事案件一般都比较复杂，为确保案件的正确处理，需要分工与合作，并严格加以监督。因此在职能划分上采取宜细不宜粗的原则，设立了侦查职能。所以，刑事诉讼职能的划分实际存在侦查职能、控诉职能、辩护职能、审判职能、执行职能和监督职能六种。这就决定了刑事诉讼主体结构的多元性和相互交织的复杂关系。建立合理的诉讼结构与正确地把握相互关系对于创立科学的诉讼体系将有重要作用。为了保证诉讼职能的正确行使，一般一个主体只应享有一种诉讼职能，而不应身兼数职能，否则不适合建立科学的诉讼体系和使职能充分行使。

被告人及其他当事人也是刑事诉讼的主体，他们享有与其诉讼地位相应的诉讼权利，履行相应的诉讼义务。他们有的行使辩护权，有的行使控诉权，并在诉讼过程中起着重要作用，以完成刑事诉讼的任务。虽然，他们的主体地位与司法机关有重大差别，但他们和国家司法机关一样，在刑事诉讼中具有独立的诉讼地位，行使一定的诉讼职能，在一定程度上影响和推动诉讼活动的进程。所以，他们同样应是刑事诉讼主体，明确这一点，有利于摆正当事人的诉讼地位，保障他们的诉讼权利。

至于法定代理人，尽管他们在刑事诉讼中不能与当事人享有相同的权利与义务，但他们在特定的条件下享有独立的上诉权和申请回避等方面的权利，能在一定条件下执行某种诉讼职能，影响诉讼的进程和承担一定的诉讼后果，因此也应视为诉讼主体。

三、刑事诉讼法律关系的客体和刑事诉讼的客体

刑事诉讼法律关系与刑事诉讼各有其主体，与此相对应，亦各有其客体。

刑事诉讼法律关系的客体，是刑事诉讼法律关系主体的诉讼权利和诉讼义务所指向的对象，也就是刑事案件事实和被告人犯罪行为所担负的刑事责任，即被告人是否犯罪，犯何罪，是否需要处罚以及如何处罚

的问题。换言之，刑事诉讼法律关系的客体就是刑事诉讼需要查明的法律事实和诉讼活动要求解决的法律责任。刑事诉讼法律关系的客体和实体法的客体有密切的联系和显著的区别。诉讼上的法律事实是实体法所指的法律事实的再现，诉讼法上的法律责任是实体法规定应负刑事责任的实现和归宿。

可以说，刑事诉讼法律关系的客体是与其主体相对应的。比如证人是法律关系的主体，那么所对应的客体就是证明案件的某种事实。刑事诉讼法律关系主体的活动所指向的对象综合构成了刑事诉讼法律关系的客体——整个案件事实和被告的刑事责任问题。

同样，刑事诉讼的客体也是与刑事诉讼主体相对应的。刑事诉讼是国家司法机关有目的的活动，它所要解决的问题和指向的对象，构成了刑事诉讼的客体，即被告人的刑事责任问题。一切刑事诉讼活动都是为了确定被告人的刑事责任，因此，被告人是刑事诉讼的中心人物，在刑事诉讼中处于特殊地位。被告人是被指控为犯有某种罪行的人，他作为刑事诉讼的主体享有包括有权为自己辩护在内的广泛的诉讼权利，其地位和控诉方相当或相近。通过刑事诉讼活动，他可能被证明是无罪的，也可能被证明有罪而承担刑事责任。可见被告人作为刑事诉讼的主体，其诉讼地位具有双重性质，其刑事责任处于不确定状态，而通过诉讼活动最终予以肯定或否定。

刑事诉讼法律关系的客体与刑事诉讼客体有着不可分割的联系，也有一定区别。区别在于刑事诉讼法律关系的客体外延更宽，它们是种属关系。联系在于它们是包含和被包含的关系，是不可完全分割的。要追究刑事责任，不能不查明事实，而查明事实又是为了追究刑事责任。两者紧密联系，不能截然分开，但从直接指向来看，还是刑事责任。

刑事诉讼要解决的中心问题是被告人的刑事责任问题，它是刑事诉讼的起因，也是刑事诉讼的归宿，一切诉讼行为都是围绕着它的解决而进行的。但这些活动都要通过主体的诉讼职能去实现。所以，要解决刑事诉讼客体问题，必须依靠刑事诉讼主体的合作与制约。只有刑事诉讼主体在刑事诉讼中正确履行自己的职责，忠实于事实和法律，才能实现刑事诉讼的目的，正确解决被告人的刑事责任问题。也只有正确的处理刑事诉讼中的各种法律关系，才能实现刑事诉讼的目的，确保刑事诉讼活动依法顺利进行。

原载《湘潭大学学报（社会科学版）》1993 年第 3 期

试论刑事诉讼的诉与诉权本质

刑事诉讼中很少有人提到诉与诉权问题，是否意味着刑事诉讼中就没有诉和诉权呢？当然不是。刑事诉讼中的诉与诉权是客观存在的，只是因为过去很少对其进行研究。随着刑事诉讼理论的发展，加强对诉权理论的研究很有必要。本文试图就诉与诉权的本质问题进行探索，以促进对此问题的重视和研究。

一、刑事诉讼中的诉的形成

中国大百科全书法学卷关于诉的解释作了如下表述：诉是按照民事诉讼程序向法院对一定的人提出权益主张，并要求法院予以解决和保护的请求。起诉是指提出诉的诉讼行为。诉的基本特征有三：(1) 提出这种请求的一方，是自己的权益受到侵犯或与他人发生争议的个人、企业事业单位、机关、团体。(2) 该权益的争议应当适用民事诉讼程序解决。(3) 请求的目的是使法院通过审判，保护受到侵犯和发生争议的权益。从诉的法律性质来看，可以把诉分为程序意义上的诉和实体意义上的诉。而诉权是“向法院对一定的人提出诉这种请求的权利”。根据其法律性质，诉权可分为程序意义上的诉权和实体意义上的诉权。

由此可将诉权归纳为以下四个基本点：(1) 诉是一种权益主张；(2) 诉权是向法院对某对象提出诉的请求的权利；(3) 诉权包含程序法上的权利和实体法上的权利；(4) 诉权属于民事诉讼法律范畴。我们以为刑事诉讼就其性质来说，虽与民事诉讼有重大区别，但本质上都是诉讼行为，具有诉的共同性，因而也同样存在诉与诉权的问题，只是性质上和表现方式上有很大不同，具有自身的特殊性罢了。

在现代社会里，刑事诉讼中的诉显然一般不能由当事人直接向法院提起（自诉案件除外），它有一个诉的形成过程或者叫预备过程。这是它和民事诉讼中的诉的重大区别。刑事诉讼中的诉和民事诉讼中的诉一样是对立双方或多方的法律行为，同样也表现为对法院的一种请求：依法要求法院对被告人进行审判。但刑事诉讼不像民事法律行为易为被侵害人所确认。一般情况下，谁是被告人开始不是很明确，需要经过立案、侦查或调查才能逐步查明事实、确认罪名和确立诉讼理由，并通过法定程序，依法由权力或权利主体提起，从而形成刑事诉讼的诉。即刑事诉讼中的诉要经过预备阶段的酝酿发育和诉讼主体的不断运作，使之逐渐形成；有时虽经过立案和侦查，由于达不到诉的要求而使其夭折，最终也不能形成诉。因此刑事诉讼中的诉有一个形成过程，首先表现为诉的信息，又称诉因，它是具有严重社会危害性行为引发的，开始比较朦胧，经过法定程序与主体运作，逐渐明晰，最终形成具体的诉权，并通过诉权主体的运作而形成为诉。

二、刑事诉讼中诉的内涵

民事诉讼中的诉由某些要素组成，主要有诉讼主体、诉讼标的、诉讼理由。刑事诉讼中的诉包含内容和条件比它更为苛刻，由诉因、诉的理由、诉的标的（罪名）、诉的提起诸要件构成。

（一）诉权

包括实体法上的权利和程序法上的权利。刑事诉讼中的实体权利和程序权利比较复杂，不像民事诉讼单一化。一般来说实体权利为被侵害的当事人享有，由刑事法典有关条文明确规范。当侵害行为触及了刑法所保护的特定法律关系时，被侵害的当事人享有控告权，这种控告权可演变为实体法的诉权，但有时这种诉权表现为公共权利，而不是个人的公民权，因为行为危害的是整个社会安全或社会秩序，或者行为使社会受到严重威胁。此时诉权就不能简单由公民个人行使，而是由法律对其权利给予特殊的保护，使诉权成为一种包含私权性的公权，多数情况下依法由享有起诉权的特定国家专门权力机关行使。同时，危害社会的行为发生后，也必然在程序上产生诉权，只有这样才能使实体诉权转化为现实的诉讼上的权利，这种诉权具体表现为以起诉权为主要内容的各种权利。根据案件性质和严重程度及法律上对管辖的划分，诉权区分为自诉权和公诉权，而且自诉权和公诉权还常常可以交叉和变通。之所以出现这种划分，从根本上来讲是因为对刑事案件实行国家追诉制度。对严重危害社会的犯罪行为，国家主动追究犯罪是完全必要的。在这里，当事人没有直接的起诉权，由国家特定机关依法代行其起诉权，在查明事实后直接向法院提起诉讼。可见程序法上的诉权亦主要表现为一种公共权力，而不同于民事诉讼中的私权性质。

（二）诉因

即推动刑事诉讼形成的动因。刑事诉讼的原始诉权的静态的本体权利，一般情况下处于休眠状态。只有在诉因推动下，才唤醒了本体保护意识，从而推动诉的生成。具体地说，诉因就是行为人实施了具有社会危害性的行为，而行为的受害者具有保护自己的权利——这种权利在法律上的表现为诉权。因此诉因是诉权的动力，它促使静态本体权利转化为诉。人们一般将诉因包括在诉的理由之中，但我以为单独地列出更为科学。

（三）诉的标的

刑事诉讼中诉的标的是对民事诉讼中诉的标的之借用。它是指刑事诉讼中由实体法为追究刑事责任所设置的罪名。没有罪名就无法追究刑事责任，因为法无明文规定不为罪，也就无法提起诉讼。这里可以看出罪名的背后是刑事责任，罪名成了构成刑事诉讼中的诉的重要要件。每个罪名可以构成一个诉，数个罪名可以构成数个诉，这数个罪名属于一案，一般都是合并审理的，特殊情况下也可以另案审理，因而罪名又是区分诉的标的的重要标志，这和民事诉讼中的诉的是相同的。没有罪名就不可能使诉成立，当然罪名的成立是有条件的，这些罪名具体由刑法分则有关条款加以规范。

（四）诉的理由

是指刑事诉讼中的犯罪事实与法律依据，即行为事实和法律事实。它是诉讼构成的双重依据，犯罪事实是本质的，而犯罪事实又必须以法律为尺度来衡量，两者具有一致性。犯罪事实是基本的，没有犯罪事实就无所谓的刑事违法性，也就没有违法犯罪的问题。同时还必须有刑事诉讼法律上的事实，如果没有符合刑事诉讼法所规定的诉讼成立条件的诉，当然也不能有诉的提起。

（五）诉的提起

诉的提起是实现诉的实在性的关键步骤。诉由谁来提起，什么情况下提起，这里涉及主体权利，同时也涉及诉的构成要件是否齐全问题。刑事诉讼的提起一般应由享有权力的机关和个人进行，是诉权的归宿。没有诉权的机关就不能提起，没有诉权的个人也不能提起。多数情况下起诉是特定机关的权力，只有少数案件由于社会危险性不大，危害的程度不是很严重，依法才能由当事人提起。所以诉讼中诉的提起，是诉权形成的标志，其前身又构成诉的成立要件之一。因具体情况不同，诉分别由不同的主体提起。以上五个方面是构成完整的诉的要件，它们之间有相对的独立性，但相互之间又彼此联系，彼此依赖和交织在一起，从而推进诉讼的进程。但它们之间诉权是诉的内核，是诉的本体所固有的，即使没有表现为诉的，主体的诉权仍然是潜存着的。

三、刑事诉讼中诉权本质

从上述关于诉的形成和诉的要件论述中我们得知诉的构成内容十分丰富。每个诉构成的成分都有相对的独立性，而诉权是核心。诉权按生成过程可分本体权利和现实权利，按法权可分为实体权利和程序权利。诉的本质是权利，这是由诉决定的，并为诉的共同性。但如果我们只认识到这一点，那只能说我们仅仅认识了诉的共同本质，离我们所要研究的刑事诉讼中的诉权本质应有的理解还相距较远。也就是说，对共同本质的认识不能代替对个体本质的认识。相反只有认识了个体的本质，才能真正认识它们的共同本质，因为个性中包含着共性，而共性是从个性中抽象出来的，刑事诉讼中的诉权是诉权理论中的一种特定的诉权，只对一般诉权有了认识，还说不上对刑事诉讼中的诉权有深入的理解，这也正是我们研究它的意义所在。

刑事诉讼中的诉权性质和民事诉讼中的诉权性质有很大区别，因为刑事诉讼的性质和民事诉讼的性质有本质不同。民事诉讼在法律关系中一般只涉及财产关系和某些人身关系，刑事诉讼法律关系中更多体现为人身关系和国家的权力本体。当然刑事诉讼中的诉权也是一种法权。但如果只看到这一层显然是很不够的，因为它更多的是人的自身权利，即人的本体权利。也就是说它在本质上是一种人权，是人权的法律体现。

刑事诉讼的诉权是以人权为基础的，是人权在诉讼活动中的外化。对于这一问题在理论上有分歧，许多专家认为人权是具体的权利，它就是法律上所确认的公民权。我认为这种观点不准确，公民权确实是人权在法律上的体现，也就是说公民权是人权，但不等于人权就是公民权。因为法律对人权的确认是一个不断发展的过程，目前还不完善，以后还会有所发展，所以在现代世界范围内仍然存在人权的问题。人权这一面旗帜，是人类共同的精神财富，只有解放了全人类，人类自身才能解放，人权才会与法权趋于一致。法权受物质条件和阶级利益等多种因素的制约，有其局限性和时代特征，所以法权不能与人权等同。我们认为刑事诉讼的诉权在没有提起时是一种潜在的权利，潜藏在每个人自身，是一种没有外化的人权，只有当诉讼提起时，才会变成实在的法权。

为什么说刑事诉讼的诉权最本质的部分是人自身的权利呢？要具体理解这一问题，必须从刑事诉讼的内容着手。刑事诉讼的目的和基本内容是追究犯罪分子的刑事责任，维护社会安全。而犯罪活动在阶级社会是阶级斗争的产物，它蕴藏着丰富的阶级内容。犯罪从基本事实来分析，绝大部分行为是任何社会也不会容忍的，它直接面向人类本身，危害人类的发展和安全。对这些行为的追究，在任何社会都是必需的，如侵犯人的生存权、民主权、人格权等，即作为人的各种权利，都应为现代社会所保护，因为这是人类社会共同要求的生存发展的基本条件。从这个角度来说，特定历史阶段上国家完全有存在的必要，所以它具有社会性。因此我以为刑事诉讼中诉权的本质是这种权利的社会性——或称为公权性质。当然，刑事诉权不全是公权，还包含着个体权利的部分，它是公权和个体权（单个人权）的结合体，但基本的部分是公权。在阶级社会，这种公权往往表现为凌驾于社会之上的公共权力，即国家权力。

刑事诉讼中的诉权除了在实体法上主要表现为公共法权外，在程序法上亦表现为公诉权，由特定的国家机关行使，并有严格的法律性质和法定条件，具有强制性和权威性。即使在实行当事人主义的英美法系国家，事实上绝大多数刑事案件是由国家法定机关提起的。这种以公诉权为主体的诉权是主体权利的向外扩张，它是有利于保护社会利益的。从理论上来说，刑事诉讼的诉，不是个人行为，它是针对严重危害社会的行为提起的，实质上是一种以人权为基础和引申出来的社会和国家为本体的权利，这和其他诉讼是截然不同的。

综上所述，刑事诉讼中的诉权是本体潜藏的一种静态的抽象权利，只有当严重危害社会行为发生后，才促使处于静态的抽象权利活动起来，逐渐演变为具体的法权，成为事实上动态的行为权和权益性权利。而这种权利一般表现为具有强烈的效应的国家公共权力，按性质可划分为实体法上的权利和程序法上的权利。这些权利根源于人类本体的抽象潜权和现实的具体法权。一般来说两者是有差别的，只有经过人类的共同努力与相当长时间的反复运用，才能逐步实现与本体权利一体化，即人权和法权的统一。因此我们的结论是刑事诉讼中诉权本质上是人类本体潜权的一种经过外化后的一定历史阶段的公共权利。

原载《湘潭大学学报·诉讼法学论文专辑》1995 年

论社会主义刑事诉讼的正义性

江泽民在党的十五大报告中指出，依法治国，是党领导人民治理国家的基本方略，是发展社会主义市场经济的客观需要，是社会文明进步的重要标志，是国家长治久安的重要保障，因此当前和今后一段时间，政治体制改革的主要任务是：发展民主，加强法制，实行政企分开，精简机构，完善民主监督制度，维护安定团结，以实现发展民主，健全法制，建设社会主义法治国家。为了实现法治，加强法律意识和法制观念就非常重要。因而对法学领域的一些重要问题，比如正义、公平、民主等观念进行研究，并指导实在的立法和司法是很有必要的。在此，我们拟对刑事诉讼的正义性进行初步探讨，以引起法学界的关注。

一、社会主义刑事诉讼正义性及特点

刑事诉讼的性质是由国家占统治地位的阶级和阶级利益决定的，因此，它必然决定于特定国家经济基础的性质。我国的刑事诉讼服务于无产阶级和广大劳动人民，是实行人民民主专政的重要工具，具有社会主义性质。刑事诉讼作为国家专门机关主持下和有关诉讼参与人参加下揭露犯罪、证实犯罪和惩罚犯罪的活动，从表层意义上来看，它在于有效地打击犯罪，切实维护公民的合法权益，实现国家法律秩序；从深层意义上来看，刑事诉讼通过惩罚已然犯罪，进而控制未然犯罪，以维护现存的政治、经济制度和国家与社会利益。因此，刑事诉讼意义的根本体现在于结果，即是否使犯罪的人受到应有的惩罚，使受害人获得应有的补偿，使无罪的人免受不应有的刑事追究，从而达到维护现存社会制度、保持社会稳定的目的。但这还不是对其价值最完整的理解，刑事诉讼还有自身的价值，即表现社会的文明程度和人们的向往与追求，体现人类发展的状态和达到的精神境界。

那么，衡量刑事诉讼的价值标准是什么呢？我们认为，正义性是衡量刑事诉讼的最重要的标准。当然，刑事诉讼的正义是通过刑事诉讼过程和结果反映出来的。追究犯罪的整个过程，无论在立法方面，还是在司法和执法方面，都必须紧紧围绕服务诉讼正义性要求。因此，正义性也是衡量刑事诉讼程序公正程度和诉讼过程与结局的合理性的最高要求和道德评价准则。

什么是社会主义刑事诉讼的正义性呢？对正义的期望是人们永恒的对幸福的期望，这是人作为孤立的个人不能找到的幸福，而他就在社会里寻找，正义是社会幸福[①]。因此，首先，正义是理念，是人们对社会现象的一种理性要求或追求，是一种理性的价值判断。所以，它也是人类的精神财富，是人们对美好的期待。其次，作为行为规则的法和正义并不相连，但从古至今，人们总是把法和正义相提并论。这就说明人们从来都希望法能反映正义，期盼法去镇压邪恶，使正义在人类社会的法现象中发扬光大，所以在一定意义上来讲，正义程度也是法反映人民利益或人民满意的程度。那么把正义纳入刑事诉讼后，什么是刑事诉讼的正义呢？我们认为：刑事诉讼的正义性是指国家专门机关在刑事诉讼过程中充分注意对诉讼当事人和参与人的权利的保护，严格按照法律程序平等地进行，保证对案件事实的认定的真实性和处理的公正性，从而获得社会公众最大限度的满意与对社会法制程序的维护。社会主义刑事诉讼的正义性具体可作如下分析：

（1）在刑事诉讼的立法方面，正义性要求立法机关在马列主义、毛泽

① 〔奥〕汉斯·凯尔森：《法与国家的一般理论》，沈宗灵译，中国大百科全书出版社 1996 年版，第 6 页。

东思想和邓小平理论的指导下，本着实事求是的科学精神，切实按照法律原则制定能够保障诉讼主体的权利和民主的程序，以平等方式进行诉讼的规则，正确反映广大人民意志和利益，符合最大多数人的情况和愿望，使他们感到满意。

（2）在司法方面，正义性是指司法机关和当事人以及诉讼参与人严格地按照法律规定的程序查明案件真相，公正地进行审判，使案件得到民主的、公平的合法处理，以最大限度地维护法的人道主义原则和实现对人权的保护。

（3）在执法方面，正义性是指执行机关坚持惩罚与教育相结合的原则，平等、正确、合法、及时地执行刑事判决和裁定，有效地起到教育改造犯罪分子、预防和减少再次犯罪的作用，维护法律尊严，保护公民权益，纠正冤假错案，实现刑事诉讼的任务。很显然，立法的正义性是司法和执法正义的前提与基础；司法和执法的正义是立法正义精神的实现和有效保障。刑事诉讼正义性在这三个方面不仅表现为连续性，更表现为其内在的有机统一性。

以往剥削阶级思想家和法学家以及一些空想社会主义者和无政府主义者，他们立足于唯心史观，将抽象的正义性作为衡量包括刑事诉讼制度在内的法的准则，正如革命时代的资产阶级认为废除封建制度的法是正义的，而在其掌握政权之后，则认为确立资本剥削和阶级压迫的法是正义的一样，一切剥削阶级的法的所谓正义都只是对剥削、奴役广大劳动人民制度的张扬和肯定，是观念化的、少数人的虚假的正义。

而在马克思主义看来，正义根源于社会的经济基础和内部结构之中。社会制度的正义是法律正义的前提和基础。社会主义刑事诉讼的正义性正是建立在消灭了人剥削人的制度，尤其是阶级剥削和阶级压迫，实现了人民当家作主的社会正义的基础之上，体现于全体公民真正在法律面前人人平等之中。因此，正义是社会主义刑事诉讼的本质要求，是符合社会发展客观规律、代表广大人民根本利益的真正的现实的正义。其主要特征是：

（1）社会主义刑事诉讼的正义性建立在广泛的人民性的基础上，实现了其与人民性的和谐统一。社会主义刑事诉讼反映了最大多数人的意志、利益和要求，对刑事诉讼正义性的要求，意味着广大人民对惩罚犯罪、保护社会的和平与稳定的期望；刑事诉讼只有达到正义性的标准，准确、合法、公正地适用刑罚才能发挥打击与抑制犯罪的作用，有效地保护国家、社会和广大人民的利益。唯有如此，刑事诉讼才有坚实的群众基础，才能得到广大人民的拥护和支持。

（2）社会主义刑事诉讼体现了唯物主义认识论的基本原理，实现了程序正义与实体正义的有机结合。唯物主义认识论把过程与结果作为一个完整的统一体来认识。过程的重要性在于结果，结果的价值体现于过程。社会主义刑事诉讼正义性正是以唯物主义认识论为基础，把程序正义作为实体正义的本质要求，实体正义作为程序正义的必然结果，既追求实体正义，又追求程序正义，反对轻实体重程序，也反对重实体轻程序。

（3）社会主义刑事诉讼正义性既立足于社会主义的政治、经济条件，着眼于现实状况和文化环境，又注意汲取古今中外优秀的文化遗产，尤其是当今国际刑事诉讼的发展状况，具有本土法律文化与世界优秀法律文化相结合的特点，同时始终呈现出开放状态，兼容并蓄，不断丰富和完善。

（4）社会主义刑事诉讼的正义性具有全面性的特点，体现了刑事诉讼的本质要求，既注意发挥各职能机关的主动性和积极性，又强化法律制约和监督；既重视裁判认定事实的清楚准确，又不忽视程序的公正合法；既注意保护被害人，又强调保护被告人，同时保护其他诉讼参与人的权益，还充分重视对社会公共利益的保护。

社会主义刑事诉讼的正义性是社会主义经济制度和政治制度对刑事诉讼的客观要求。它建立在以公有制为主体多种经济成分并存的经济制度的基础之上，其一切权力属于人民，是社会主义民主法制的核心。完善民主与法制、实现依法治国、充分反映人民群众的要求这一正义性贯穿于社会主义刑事诉讼的始终。

社会主义刑事诉讼的正义性体现了国家利益、人民利益与社会发展客观必然性的有机统一。社会主义社会作为人类历史发展的特定阶段，它的存在方式和基本内容具有不可抗拒的客观必然性。这种必然性，渗透在社会主义刑事诉讼对国家利益和人民利益的有效保护之中，并通过诉讼过程完整地体现出来。

社会主义刑事诉讼的正义性有利于社会主义法制最佳状态的选择和确立，实行社会全面进步。刑事诉讼是国家实现刑罚权的实践活动。刑罚是解决社会冲突和纠纷的最高形式。正义地行使国家刑罚权，是刑事诉讼维护公众利益和社会秩序稳定的根本目的所要求的。通过刑事诉讼的正义形象，使公众保持对社会主义法的信赖与支持，保持对生活环境的安全感和价值观念中的正义感，有利于实现整个社会主义法律秩序的最佳状态，实现社会全面进步。

二、刑事诉讼正义性的标准

在人类的思想宝库中，关于正义的论述可谓“汗牛充栋”。自古以来，什么是正义这一问题是永远存在的。为了正义的问题，不知有多少人流了宝贵的鲜血与痛苦的眼泪，不知有多少杰出的思想家，从柏拉图到康德，绞尽了脑汁，可是现在和过去一样，问题依然未获得解决。从实质上来看，正义是建立在一定经济基础之上的观念，同时又是人类矢志不移地追求的崇高理念。古往今来的思想家们都是把正义作为衡量社会政治、经济、法律制度以及人的行为等的标准，然而正义本身又怎样来评价呢？这个问题是现实中所必须解决的，刑事诉讼是实践性特别强的法律，如何评价其正义性，完全依靠抽象的理念是无法确定的。因此为了使刑事诉讼接近或达到人们追求的法的正义的要求，我们应尽可能地找出衡量其正义程度的标准，而这样的标准是可寻的。那么，什么是刑事诉讼正义性的标准呢？我们对此试提出原则性的标准规则，并就我国刑事诉讼作具体分析：

（一）刑事诉讼过程和终结对人权保护的程度是衡量刑事诉讼正义性的首要标准

1. 对犯罪嫌疑人和被告人的保护

（1）确认在判决未生效前为无罪的人和疑罪从无。（2）充分保障嫌疑人的诉讼权利，这一方面不仅表现在刑事诉讼的原则里，诸如适用法律一律平等，审判公开，各民族公民都有使用本民族语言文字进行诉讼的权利，严禁刑讯逼供和采取其他非法手段收集证据，还体现在具体的诉讼程序中：第一，赋予被告人在诉讼法律关系中的主体地位，保持控辩平等对抗。第二，法院在开庭前不得对案件进行实体审查，避免了庭审法官的先入为主，保证其公正裁判。第三，强化辩护律师的法律救济功能。规定律师可以在侦查阶段介入诉讼，犯罪嫌疑人可以在审查起诉阶段委托律师。第四，明确规定传唤、拘传时间，严禁以连续传唤、拘传的方式变相羁押犯罪嫌疑人和被告人。

2. 对被害人的保护

和被告人一样，被害人与案件事实和诉讼结果有着密切关系。而且，案件进入诉讼之前，被害人作为遭受犯罪行为侵害的人就饱受了生理和心理的伤害，因此，在刑事诉讼的立法和司法上，对于被害人的诉讼地位和诉讼权利给予充分的保障和高度的重视是完全必要的、正确的。

3. 对其他诉讼参与人的诉讼权利的保障

这里的“其他诉讼参与人”是指除当事人以外的其他诉讼参与人。由于法定或被委托或被指派等原因，诉讼参与人参加到诉讼中来，其合法权益能否得到切实有效的保障，直接关系到其能否更好地履行诉讼义务，影响到诉讼进程和案件的公正审理，关系到能否顺利完成刑事诉讼的任务。

（二）刑事诉讼对社会利益的保护程度是衡量刑事诉讼正义性的重要标准

所谓社会利益，是指在同一地域、同一时期内，处于同一经济形态的不同集团利益和个人利益构成的一个统一的共同利益系统，即社会大多数人的利益和社会共同利益。社会利益绝不是各集团利益、个人利益的机械总和，而是集团利益与个人利益的共性要求，或利益的基本一致性的表现。社会利益是维持社会生产力发展的客观要求，是维护适应生产力的生产关系的客观要求。也就是说，社会利益是实现社会总体发展的客观要求。作为反映了社会发展的客观必然性的社会主义的刑事诉讼，其正义性程度必然决定于其对社会利益的保护程度。

1. 对国家利益的保护

在阶级社会中，国家是整个社会的正式代表，是社会在一个有形的组织中的集体表现。[①] 可以说，国家利益是社会利益的自觉的集中的表现，是社会总体意志的体现。保护国家利益，是维护社会总体存在和发展的需要。刑事诉讼的目的之一就在于保护国家利益和国家安全。因此，刑事诉讼正义性要求充分保护一切立足于社会总体意志基础上的国家利益和国家安全。

2. 对公众利益的保护

公众利益相对于个人利益而言，两者是互相依存的关系。一方面，公众利益是在个人利益的基础上形成的，没有个人利益，公众利益就无从谈起；另一方面，个人利益只有融合于公众利益之中，才有实现的可能。受刑事诉讼追究的犯罪绝不只是侵犯了个人利益，还表现为对公众利益的侵犯。同样，刑事诉讼制裁了犯罪也决不仅仅是保护了个体利益，还表现为对公共利益的保护，而且在保护个人利益的同时必须以不损及公众利益为限。因此，对公众利益的保障程度就成了衡量刑事诉讼正义性的标准，尤其当个人利益和公众利益相冲突时，保护公众利益应是刑事诉讼正义性的必然选择。

3. 对社会秩序的保护

社会秩序表示在社会中存在着一定社会组织制度、结构体系和社会关系的稳定性、有规则性和连续性。[②] 秩序是和无序相对立的。

犯罪是对现存秩序的破坏，其破坏的程度与犯罪的恶劣程度成正比。因此，刑事诉讼对犯罪的惩罚程度意味着对社会秩序的恢复和保护程度。良好的社会秩序能够得到维持和保护，政治、经济才能够呈良性运行状态，人们才能够安居乐业。维护社会主义社会秩序是刑事诉讼的立法宗旨之一，自然应该是衡量刑事诉讼正义性的标准之一，在现阶段表现为建立和维护民主政治的运行秩序、市场经济的运行秩序和良好的社会生活秩序。

---

① 《马克思恩格斯选集（第3卷）》，人民出版社1972年版，第438页。
② 卢云等：《法学基础理论》，中国政法大学出版社1994年版，第209页。

4. 对社会安全的保护

社会安全总是存在于一定的社会秩序中。社会如果失去了秩序，安全就没有保障；同样的，社会安全得不到保障，社会秩序就必然受到破坏。社会安全感常常左右着每个社会成员对现行社会政治经济制度和现行法律的评价。所以，法律规则的首要目标，是使社会各个成员的人身和财产得到保障，使他们不必因操心自我保护而消耗殆尽。[①] 自然，对社会安全的保护，是刑事诉讼法的重要目标之一，也是评价其是否正义的标准之一。此外社会自然环境也是社会安全的重要内容。破坏自然环境，必然危及人类生存，因此理所当然地成为刑事诉讼涉及的方面。

（三）刑事诉讼过程的公平性和对案件事实认定的真实性以及处理的公正性是衡量刑事诉讼正义性的基本标准

刑事诉讼过程的公平性，是指在整个刑事诉讼过程中，国家司法机关应依法平等、公正地对待冲突双方主体，保证其有足够和充分地表达自己意愿、主张和请求的行为环境和实现意思表示的机会。同时，司法权的行使必须符合法治原则，专门机关不得滥用司法权。不允许非法干预，以权损法。刑事诉讼过程的公平性主要表现在：第一，法官中立。即指在刑事诉讼中，法官对于控诉一方或辩护一方都不得带有倾向性，实行两方等距、居间裁判，保持中立态度，冷静、细致听取控辩双方意见，客观全面地进行判断分析，最后作出正确裁判。法官在对案件审理中起主导作用，并最终决定案件的处理结果。因此，必须确立法官的中立性，以保障裁判的客观与公正。但是法官的中立并不必然与消极裁判相伴随，法官的中立态度与行使国家审判权的权威性紧密相连，两者互为保证，互为前提。第二，控辩对等，审理公平。在刑事诉讼案件中，由于行使追诉权的一方是以国家强制力为保障并掌握各种必需手段的国家机关，而辩护方是处于被指控地位、只能消极防御的被告人，因此，双方的实际力量存在事实上的不对等。但控辩双方的诉讼权利应保持平等对抗，从而维护诉讼平衡，实

① 〔美〕斯坦、香德：《西方社会的法律价值》，王献平译，中国人民公安大学出版社 1990 年版，第 41 页。

现诉讼公正。

双方地位的平等，并不意味着控诉方的权利与辩护方的权利完全相同，而是要使辩护方能够防御追诉机关可能出现的非法侵害，实现力量的相对均衡，保证诉讼公正。

地位平等、程序合法并不必然导致案件的正确认定。因此对案件事实确认真实，必然成为实现正义的条件。所谓事实真实，是指案件最终认定的事实与事实的原有状态相一致；而程序合法是正确认定事实的保障，所以重视程序，严格遵守程序也必然是正义性的要求。国家设立刑事诉讼，其目的之一在于实现刑罚权以打击和控制犯罪，为此就必须查明事实真实，正确适用刑罚，从这个意义上来看，查明事实真实，是刑事诉讼赖以存在的根本，否则，刑事诉讼就丧失了存在的必要。但是诉讼上的真实属于作为认识的真实而非作为存在的真实。因此，认识过程的合法性对于事实真实的查明和确认具有至关重要的作用。在很大程度上，可以说，程序合法是事实真实的保证，事实真实是程序合法基础上的真实。两者统一，密不可分。

处理结果公正。所谓结果公正，是指人民法院通过对刑事案件的合法审理，在查明案件真实的基础上，准确地适用刑法作出合乎实际情况和法律规定的适当决定。刑事诉讼围绕着查明犯罪、证实犯罪和追究犯罪而展开，其归宿在于结果合理合法，在于结果是否符合案件真实，是否正确适用了法律，是否平等公正地保护了冲突双方的权利和愿望，使犯罪的人受到了应有处罚，使被害人得到合理的补偿，使无罪的人免受不应有的追究。也就是说处理结果是否在准确认定事实基础上按统一规格进行，是否做到定性准确，量刑恰当，符合罪刑相适应原则，是否符合保障人权和人道主义原则要求，是否有利于社会秩序的迅速恢复，是否有利于国家利益和广大人民利益的长远保护。

建立在事实真实、审理公平、程序合法基础上的案件的处理结果是否公正还有一个在实践中检验的问题，那就是必须获得公众的认同。可以说，公众的认同程度，是刑事诉讼正义性的社会反映状态。它能够反映出司法机关和群体联系的程度、接受群众监督的程度。说到底，司法权来自人民，它的行使应该反映人民的意志，人民意志的体现不单在立法中，还应体现在司法和执法中。司法机关自觉执行群众路线，听取群众意见，接受群众对案件的监督，有助于树立司法机关公正清廉的形象，有利于纠正冤假错案，有利于维护法律权威，有利于开展社会主义法制教育，推进社会主义法制建设的发展。

刑事诉讼正义性的三个标准是相互联系、不可分割的统一体。第一，对人权的具体保护和对社会利益的保护是刑事诉讼保护职能的两个层次，反映了刑事诉讼的直接目的和根本目的。没有对人权的具体保护，就谈不上保护社会利益；社会利益的保护首先有赖于对人权的具体保护；同时，社会利益得到保护，就使人权的具体保护有了真正的价值。第二，对人权的保护和对社会利益的保护离不开诉讼过程的正义性。对诉讼过程的正义性要求，服务于对人权的具体保护和对社会利益的保护，只有事实真实、审理公平、程序合法、结果公正并获得公众认同，刑事诉讼才真正实现了保障人权和保护社会利益的目的。三个标准体现了目的与手段的关系，总而言之，这三个衡量标准体现了刑事诉讼正义性的全面要求，反映社会大多数人在刑事诉讼问题上的态度和想法。对人权的具体保护是正义的表征，刑事诉讼过程的真实、公平、合法是正义的内容与形式的统一，对社会利益的保护是正义的目标。三者结合构成刑事诉讼正义的完整含义，并成为衡量刑事诉讼正义性的标尺。

三、刑事诉讼正义性的发展趋向

正义是一种理念，是人类不断追求的目标。它随着时代的变化而不断变化。正义具有一张普洛透斯似的脸，变幻无常，随时可显不同形状，并具有极不相同的面貌。[①] 因此，永恒的正义是没有的。但是作为观念形态的正义，也并非人们随心所欲的幻想，并非空中楼阁，而是建立在一定物质基础上的观念。显然，不同国家的政治经济制度和人们的观念以及历史

① 〔美〕E. 博登海默：《法理学——法哲学及其方法》，邓正来、姬敬武译，华夏出版社 1987 年版，第 240 页。

文化传统必然深刻左右着不同国家人们对正义的理解和刑事诉讼实现正义的程度。因此，正义的实现程度总是和社会发展程度密切相关的。一方面，现实的正义性具有特定的社会阶级性：另一方面，现实的正义性又是以前正义性的继承和发展。

（1）刑事诉讼的正义性在诉讼民主化的程度上将进一步发展。民主是法治的基础。依法治国是民主精神的内在要求。刑事诉讼的民主化是社会发展的必然趋势，它是刑事诉讼保障人权的客观要求。诉讼民主是现代诉讼的主旋律，是文明社会的重要标志。[①] 我国刑事诉讼法贯彻民主原则于具体制度和程序中，推动了我国刑事诉讼的发展。随着社会进步和物质文明的发展，我国刑事诉讼的正义性在诉讼民主化的程度上将进一步发展，并推动法治的发展。

（2）我国与其他国家之间的刑事诉讼制度的差异进一步缩小，共同性将进一步扩大。各国诉讼制度由于其社会发展状况和历史文化法律传统的差异性而各具特色。随着国与国之间政治、经济、文化往来的日益加强，世界各国的诉讼制度已经出现了相互渗透、相互借鉴、共同进步的趋势。目前，世界上许多国家都在积极推行本国的诉讼制度的改革。职权主义的诉讼程序和当事人主义的诉讼程序之间的差异正在逐步缩小，呈现出互相吸收、互相接近的趋势。各国在长期的刑事诉讼的立法和实践以及理论探讨中，对于刑事诉讼活动中规律性认识越来越接近真理，普遍性把握的程度也就越高，积累了许多有益的经验。这些经验的相互学习、吸收和借鉴，有利于推动各国刑事诉讼制度的发展与完善。我国立足于中国国情，在总结本国立法、司法经验的基础上，学习借鉴了他国的成功经验，对刑事诉讼制度，尤其是诉讼过程中如何加强保护犯罪嫌疑人、被告人和被害人的基本权利等问题同世界其他国家达成了一些共同的认识，在刑事诉讼法的修改中得到了体现。今后将进一步向国际标准靠近，并体现其社会主义的特色。

（3）刑事诉讼对人权保护的程度将进一步扩大。由于刑事诉讼及其结

① 陶髦：《改革诉讼制度，进一步推进诉讼民主化》，载《政法论坛》1993年第5期。

果涉及公民的人身自由、财产乃至生命等最基本的权利，加强人权保护是世界各国刑事诉讼立法的共同方向。我国刑事诉讼的修改在重视被告人保护的同时，也加强了对被害人及其他诉讼参与人的保护和尊重，在人权保障方面取得了可喜的进步，但是也存在着许多有待进一步完善的地方。比如证人人身权的保障问题；国家对被害人的补偿问题；自诉范围的扩大，在实践中如何把握才能真正保护被害人权益的问题。同时，人权保障的内容也是一个不断丰富的过程，继续促进人权的发展，努力达到社会主义所要求的充分保障人权的崇高目标，仍然是我国政府和人民一项长期的历史任务。

（4）刑事诉讼将强化对社会利益的维护与保障。目前，刑事诉讼的立法制度强调对个体权益的保护；刑事诉讼的理论研究重心也放在保障当事人的人权方面。尽管在绝大多数情况下，保护个体权利与保护社会利益是相协调的、相一致的，但是当个人利益与社会利益相冲突的时候，过分强调对个人利益的保护势必造成对社会总体利益的破坏或维护不利。因此，强调对个人利益的保护必须建立在强化对社会总体利益的保护的前提下。社会主义刑事诉讼作为上层建筑是人民的共同利益所决定的人民意志的体现，是我国社会关系协调利益的直接表现。在社会主义初级阶段，由于物质条件的限制，加强保护个人利益的同时，应当优先强调保护社会利益，以推动社会全面进步。只有当社会极大地向前发展，社会物质财富极大地丰富时，对于个体人权的保护的质的要求才有可能有一个极大的提高。这时，我国将进入发达的社会主义阶段，社会主义的优越性将随着社会进步全面体现出来。

原载《湘潭大学学报（哲学社会科学版）》1998 年第 2 期，与程志宏合著

刑事诉讼价值的理性分析

刑事诉讼价值是诉讼法理论中一个重要理论问题，对于认识程序法的本质和指导法律的制定和适用具有重要意义，但人们的认识很不一致。为此，本文拟对此进行探讨，以求教于同仁。

一、关于法价值的一般原理

刑事诉讼的价值是刑事诉讼本质的外在反映，亦是人们对其本质认识的结果。因此同一本质的刑事诉讼可能出现不同的评价，甚至出现相反的评价。这样说是不是就否定了刑事诉讼价值的客观性呢？应该说评价的客观标准应该是能够被发现的。正如真理的追求不易，但真理是存在的。对于刑事诉讼价值的理解是认识刑事诉讼本身的途径，也是刑事诉讼理论的轴心，刑事诉讼中许多实际问题的解决和理论上的评判都仰赖于价值的理性认识。

依据一般思想的逻辑规则，我们在讨论刑事诉讼的价值问题时，仍然应解决什么是价值的问题，否则问题也就无法界定。关于什么是价值，在理论上存在许多不大一致的理解。价值一词意义丰富，内容却含混，人们的理解不一样。价值一词源于经济学中，其含义为：一是指交换价值——事物所含的劳动量；二是使用价值——事物的有用性。后来运用到哲学、政治学、伦理学、社会学、法学、历史学等学科中，具有多种含义。但我认为都与经济学中的原始含义分不开，所以价值分析一般都在两个或两个以上的层面上展开。这种价值观念的多元性与多变性形成了价值研究的难度和不确定性，构成了多维研究体系和纷繁复杂的格局，可是不管如何丰富多彩，甚至令人费解，仍是可抓住根本的。正如五花十色的彩色糖果，不管外观如何不同，但彩色纸里面包的芯都是差别不太大的，含有共同的甜味，即有共同的本质。

马克思说，“价值”这个普遍的概念是从人们对待满足他们需要的外界物的关系中产生的。[①] 这一概念首先表明人是价值的主体，离开人的主体感受就无法去理解价值的存在。其次外界物是价值的客体，没有外界物就没有价值的对象。再者人与物的关系是产生价值的源泉，人与物不发生联系，不相互作用，就不存在满足主体需要问题，就无从谈起其价值。这是价值的第三层意思，也是最重要的一点。马克思这一论断，为我们研究价值指明了思路，是极为宝贵的。这对理解法的价值也极为有益，为分析法价值指明了方向。

法的价值或法律价值是将价值观运用于法律或法现象，对其作评价或剖析。因此，不同的观念可以产生不同的价值观。

法律价值虽然因主体认识不同，对其解释具有许多差异，但就一般意义而言，可以从以下三个方面去理解：一是法能促进什么？有哪些意义、作用，即工具价值；二是法的本体价值，即自身的价值，自身的善（优秀品格）；三是在不同价值之间或同类价值之间发生矛盾时，根据什么来评价。从这一意义上讲，法的价值，即评价准则。

上述三种不同角度来理解法的价值，是互不相同的，但又是紧密联系的，大多数场合下是从第一种含义来理解的，即是从法和其他社会现象联系中来确认的，法它能促进什么，使什么得到发展、保障或抑制。从这个角度来看待价值，往往是功利主义或工具性的。这种工具性表面是甲对乙而言，实际上它们是对主体（人或人类社会）而言的。这是人们通常对法价值的评判，即它有一些什么功能和效用。这些功能和效用是社会所需要的，是符合特定的阶级或集团利益的。

---

① 《马克思恩格斯全集（第19卷）》，人民出版社1965年版，第406页。

法的功能和效用一般来说可以理解为法的存在的必要性，大多数时候是在这个角度上来理解法的。至于法的本体价值，即自身价值，确实往往容易被人所遗忘，这是因为法的本体价值的理解比较抽象，比较隐蔽，需要挖掘，而且很不合乎人们观察事物的常态，如番茄有什么价值，自然会和吃了蕃茄有什么好处、有什么营养价值联系起来，而很难让人孤立去研究番茄本身存在的价值，即使对番茄本身作成分分析，也会着重考虑对人的生存有什么价值。所以似乎除了法对其他事物产生的作用，没有别的什么好理解的，似乎法只是工具。这与人们的观念有关，与人的思维定式有关。正如人生的价值，似乎只有从人对社会的贡献去考虑才算价值。人的自身价值是什么就不理解了。其实法应有自身的价值，法的自身价值是人们追求的目标，与其目的是相联系的。法的目的，体现法的价值。因此，法的本身价值是一种抽象价值，是法对自身的要求，即所谓自身的善，是一种自我评价，这种自我评价是客观的，却要靠评价的人去发现、去感受，并通过其工具性（或联系性）表现出来。法对自身的要求，即正义、公平、自由、平等、秩序等，这是人类长期奋斗的目标，是人的精神状态。所以，也可以将法的本体价值理解为法的精神。

至于第三种状态下的法的价值，则是在价值观发生冲撞时出现矛盾，如何选择，如何评判不同的价值观和价值取向，那是评价的标准问题，评价的标准是一种道德尺度。这种情况下，与其说是对价值的理解，不如说是价值的标准，或是对价值的伦理研究。这种神秘色彩的东西，更多的是一种文化观念，是长期沉淀在人们心灵中可以引导人们行为的尺度。这种神秘对人的精神是需要的，但过多沉醉于它会使人堕入梦呓中，它始终只是一种无形的手，无形的东西还是要借助于外在表现形式和相互联系来理解，纯孤立主义的观察是没有出路的，也是与理解问题无益的。

先哲们把价值理解为善，善是什么呢？是指一种高尚的至少令人满意的品质的存在。它本身是值得羡慕的或者对某种目的来说是有用的。因此，价值一般至少含有两层意思：一是它对于实现某一外在目的而言是否有用和必要，当然这种外在目的本身的善有另外独立的判断标准；二是看该事物本身是否具有一些内在善的品质，这种品质的有无不是以该事物与外在事物关系上判断，而是该事物本身。因此可以在这两个层面上去理解其价值，即所谓外在价值（工具价值）和内在价值（本体价值）。

外在价值又称工具价值，某事物是达到或实现某外在目的的必要手段，则称为某事物有价值，或是善的工具价值，一是有用性，不论及本身是否善；二是达到某一目的善，或作为一种手段的善（好的意识）。一般所说的外在价值是指的第二种意思，是超技术的伦理学上的善。内在价值又称目的价值或本体价值，即某一事物自身所拥有的一些独立的内在优秀品质，即本身的善，值得向往和追求的。比如作为人不但要看到他对社会的贡献，而且要看到他本身的优秀品格，创造能力、尊严等。这种对社会的贡献是由于他本身优秀品格才会获得的，因此尊重人的本身就十分必要。

内在价值和外在价值是同一事物的两个方面的表现，是一个不可分割的整体。因而是很难区分的，有外在价值的一般就有内在价值。如果外在价值为零或者负数时，内在价值就很难以估量它的存在了。法律价值，特别是诉讼价值是常运用哲学、伦理学、社会学中的术语来表述关于价值概念和对价值的理解。一方面是指法律制度的伦理目标和道德理想，即要实现的结果，如正义、自由、平等等程序安全、公共利益；另一方面是指判断一项好的法律制度或程序的具体标准、尺度，是存在于评价过程中的。这种过程价值和结果价值之间是有区别而又有联系的，过程价值是暂时的，而结果价值是长期的。过程价值要以结果作归依，结果要以过程为支持。因此我认为研究诉讼价值用内在价值与外在价值之说不如用过程价值和结果价值术语来代替，更可以贴切解释和理解其诉讼程序，更有利于研究问题。

研究刑事诉讼程序也是这样，要以过程说明其自身善与恶，要以结果来说明它的目的性，这里可以看出工具性离不开过程目的。毫无工具作用的善是表面的、不能持久的，单以工具价值的结果要求作为目的，不是尽善尽美的、理想的追求；一项完善的善的程序应产生美的感受和善的结果。但事实有时并不会总是产生令人愉快的结果。正如动机和结果一样一般是统一的，但也有不统一的情况。因此，社会生活中才产生了不以成败论英雄的说法。可是，“成则为王，败则为寇”，这是历史最好的见证。不以成败论英雄只能评价英雄本人的品格，然而没有足够的结果价值作依托，依旧难以令人信服，人们往往不以为然。因为人们评价事物的善与恶、美与丑，都是从个人感受出发的，而感受最持久的是物质利益，而物质利益必然体现为结果。否则会觉得虚无渺茫，难以发展为理性认识。

我们在评价诉讼程序价值的时候，存在两种价值观：即外在价值和内在价值。我们在前面就已经提出过，这种划分并不科学。因为外在应为内在的表现，没有内在价值，怎么会有外在价值，但在论及其具体程序时却不是这样，往往外在东西才是真实的、现实的。即外在价值具有真实性和现实性品格，便于评判和论证；而内在价值是抽象的，难以感受和体验，不易证实。同时程序本身的善，应是离开它外在关系独立的品质，这种内在的善的品质不能自己产生光环，没有光环的善，只是抽象中的美，不具有现实性，因为真正的内在价值必然会表现为外在的善，外在的善一般也必然说明内在的善，这种相互效应具有同一性。任何机械地、孤立地、人为地划分和严格意义的分割价值理论都只能是观念的产物，而生动的现实中呈现的价值现象才是科学的、理性的应有反映。

二、关于刑事诉讼价值五种不同的学术观点

由于程序价值观念存在不同的观点和流派，它们分别有各自不同的价值原则。归纳起来，可分为五种不同学说[①]。

（一）绝对工具主义程序价值理论

程序价值的工具主义又称结果本位主义，是哲学上的功利主义。作为一种学说思想，工具主义程序理论坚持认为，法律程序不是作为自治的独立的实体而存在的，它没有任何可能从其自身的品质上找到合理性和正当性因素。它本身不是目的，而是用以实现某种外在目的的手段或工具，而且也只有在评价实现上述目的有用或有效时才有存在的意义和价值。[②] 这

① 陈瑞华：《刑事审判原理论》，北京大学出版社 1997 年版，第 29-144 页。

② 陈瑞华：《刑事审判原理论》，北京大学出版社 1997 年版，第 27 页。

种理论把程序的工具价值或手段价值强调到极端程度。所以它把程序说成单纯是实现实体法某种外在目的的手段，只有它实现了这一目的时才能体现其价值，即实体法所定的目标。因此诉讼活动，只有对查明案件事实真相和准确适用法律产生了真实意义时，才能确保正义、安全、秩序、公共利益等价值目标的实现，也才具有真正价值。其代表是英国的边沁，他认为，实体法唯一正当目的是最大限度地增加最多数社会成员的幸福，程序法的唯一正当目的则为最大限度地实现实体法。程序的最终有用性要取决于实体法的有用性……除非实体法能够实现现实社会的最大幸福，否则程序法就无法实现同一目的。因而立法的目的是对危害社会、破坏最大多数人幸福而实施的惩罚和威胁，所以他主张程序法是附属法，是居第二位的。审判程序在两种意义上是有价值的：一是它们有助于裁判者有效地制作准确无误的判决，从而确保刑事实体正义的实现。二是它们能够有效地保持被告人的实体权利使其生命、财产和自由等权利不受侵犯，这种权利保障是通过使无罪者最大限度地免受有罪裁判之牵连来实现的。

绝对工具主义程序理论在长期流传中产生过巨大影响，但是这种理论把程序的工具价值推向了极端，它们未细察诉讼活动是实体和程序共同运作的过程，将其相互关系看成主从关系显然是违背事物本来真相的。实际上这种实体权利要通过程序才能实现，离开了程序，实体规定只不过是一纸空文，没有现实性。因此实体要以程序作依托，程序本身就是实体的载体，离开程序，也就离开了实体。所以程序工具绝对理论是不合乎事实的，理论上也将实体和程序割裂，是一种形而上学的错误观点。

（二）相对工具主义程序理论

相对工具主义程序理论认为：审判程序是实现实体法的工具和手段，但它允许人们在追求程序工具性价值的同时兼顾一些程序独立的价值目标：一为无辜者不受定罪的权利；二为被告人获得公正审判的权利。

这一学说最先是由美国学者德诺金提出的。他批判了绝对工具主义理论，认为该理论强调了程序的工具性价值，而忽略了权利。事实上任何一名无罪公民都享有两种不受错误定罪的道德权利。对一名事实上无罪的公民定罪是一种内在道德错误，它会带来一种道德上的耗费。这种道德的错误和道德耗费能否减少到最低程度，是评价刑事诉讼审判程序正当与否的独立价值标准。审判惩罚无罪公民的风险与放纵一名事实上有罪的人相比，误判无罪者为有罪将会带来更加有害的结果。因此为确保无罪者免受错误的定罪和判刑，我们应将无罪推定原则作为对工具主义价值目标的一种限制。同时还应确保刑事被告人具有获得公正审判的机会，要求正确的判决结果应通过正确的、公正的审判产生。从而保证刑事审判的实体正义的结果得到普遍实现。

这种相对工具主义程序理论实际已把诉讼程序的自身价值考虑进去了，对绝对工具主义程序理论有所改进，注意兼顾程序正当，这无疑是一种进步。可是在事实上会存在矛盾和冲突，使其价值目标无法实现，对这些问题缺乏具体分析，缺乏解决的手段。

（三）程序本位主义理论

程序本位主义对刑事诉讼程序作出一种完全非工具主义的解释。它认为，评价刑事程序的唯一价值标准是程序本身是否具备一些内在的品质，而不是程序作为实现某种外在目的的手段的有用性。被告人在刑事诉讼活动中的积极参与及其所获得公正听审，既不是用以实现刑法目的的有效手段，也不是对程序工具性价值目标的独立限制，而是我们用以评价刑事程序的内在价值标准。

他们特别重视诉讼程序，相信正义先于真实。他们认为法院审判只要依照公正的程序进行就能够作出公正合理的判决。如英国大法官基尔穆尔认为，必须遵守关于审判活动的程序，即使在一些例外的场合，有损于事实真相，也在所不惜。审判是一项理性的事业，通过审判作出的裁判结果必须具备合理的根据，并通过充分论证。因此审判不但要求被告人事实上有罪而且要求证明他有罪。所以，前面所陈述的两种理论是把审判结果和审判程序作了不适当的分离。

我认为上述观点在相当程度上有其可取性，但也存在理论上自相矛盾的地方。一方面强调程序正义高于一切，有损于真相也在所不惜；另一方面批评程序工具主义是不适当地把审判结果和审判程序加以分离。这两者存在冲突，既然不应严格地将两者分离，为什么又要强调程序正义高于一切，程序正义先于真实呢？这里仍然在理论上没有正确处理好程序和结果真实的关系。在司法实践中更无法解释这两者的矛盾，以致有所偏颇。

（四）经济效益主义程序理论

经济效益主义程序理论是由经济分析法学派提出的，其核心思想是所有法律活动和全部活动制度都以有效利用自然资源、最大限度地增加社会财富为目的。这种理论是运用经济学，特别是微观经济学的观点和分析方法，评论法律制度及其功能，使其朝着经济效益目标改革法律制度。它是程序工具主义理论的一个分支，强调审判程序不过是最大限度地实现某一外在价值，把外在目标限定在增加公共福利或提高经济效益上。

因此，在刑事诉讼活动中应当把最大限度地减少经济资源的耗费作为唯一目标，并在评价和设计刑事程序时将此作为主要价值标准。他们认为这种耗费主要有两种：一是由刑事判决的错误所造成的耗费，称之错误耗费；二是在进行诉讼过程中所直接产生的耗费，简称直接耗费。刑事审判的目的就在于最大限度地减少程序的错误耗费和直接耗费，并对这两项耗费的总和尽可能降低，而不是只单独地减少其中任何一项，否则就会破坏两者平衡。同时他们认为效益与正义是同义语，正义就是效益。

这种理论很容易把国家机关的司法活动降低为一种经济活动，从而导入误区，致使诉讼失去本来的意义。表面上看来似乎他们也讲正义，注意防止错案发生，又力求减少投入，但一旦把诉讼活动完全纳入经济效益的考虑，就势必不能使诉讼活动沿着法律既定方向运行，从而弱化刑事程序自身的功能，不能实现诉讼程序的目的。

（五）综合程序价值理论

前四种程序价值理论，在不同程度上论证了程序价值，都有可取的一面，但都有其片面性，存在理论上的缺陷。许多学者在原有理论基础上进行了有益的分析，提出了许多改造意见和自己的设想，如美国学者萨默斯、哲学家贝利斯等人。但是仍然存在一些没有解决和无法克服的矛盾，无法处理不同价值目标之间的冲突，无法解决实体正义与程序正义之间未解决的问题。陈瑞华先生也因此提出了自己见解，认为一是要设定三项程序基本价值与标准：① 内在价值即程序自身符合正义要求；② 外在价值，即程序因具备产生公正结果的能力而具有工具性；③ 次级价值即程序符合经济效益的要求，这一价值标准相对于前两者而言居于次级地位。二是在对上述三项价值标准加以分析和论证的基础上对三者从理论上予以适当协调，并对冲突提出宏观的解决方案。[①]

三、对刑事诉讼价值理论的反思

上述这些刑事程序价值理论无疑有诸多的可取之处，在一定程度上把程序价值理论推向纵深发展。对于程序价值理解，对于诉讼本质的认识都较原来提高了一步，是一种较高层次上的理性思考。但是我以为在认识论上和方法论上都存在一定的缺陷，因此无法深入下去，更无法解决司法现实中出现的问题，所以对于此类研究应予以反思，必须从新的认识论上和方法上寻求解决问题的思路，否则会使研究陷入空洞的理念化或庸俗的实用主义之迷茫之中。

首先，我们必须从认识论上重新审视诉讼活动（或程序）的性质，使之对刑事诉讼程序有正确的理解。目前在对诉讼程序的认识上存在传统观念的误导问题，即所谓刑事诉讼法是程序法，刑法是实体法，由此而导致程序公正与实体公正的对应，以及程序真实（形式真实）和结果真实（实质真实）等观念的划分，从而把程序和实体对立起来。

我以为作为法律，刑事诉讼法和刑法是两部关系十分密切的、相辅相成的法律，把它划分为实体法、程序法，本身就不科学、不确切，不过尚有几分道理。如果把刑事诉讼过程和作出的裁判也看成是程序和实体就近乎荒谬了。我们知道从法律上来讲存在两种行为规范，一种是所有公民必须遵循的行为规范，如刑法、民法等实体法，一种是特定的社会成员必须遵循的行为规范，如刑事诉讼法、民事诉讼法等，即司法机关工作人员与

① 陈瑞华：《刑事审判原理论》，北京大学出版社 1997 年版，第 45 页。

诉讼参与人进行诉讼活动时必须遵守的行为规范。在这一点上来看，把法律分为实体和程序是不准确的，也不科学。因为刑法和刑事诉讼法不是实体和程序的关系。在形式上凡违反刑法规范必须受到制裁。而对违反者制裁，也必须按照法律规范来进行诉讼，这就是刑事诉讼法的规则。从这种意义上来说刑事诉讼也是实体，即解决实体问题的规则。如果从内容上来看刑法里面也有若干程序规范问题，刑事诉讼里面也存在不少的实体方面的规定，也不完全是程序问题。同时程序是实体的程序，实体是程序的实体，谁也不能离开谁，在法律的实施中就是如此，是彼此依存的关系，不能分开，更不能对立。

刑事诉讼过程是刑事诉讼法和刑法共同运行过程，而不只是刑事诉讼法的运行，否则就会使诉讼毫无意义。诉讼活动从启动到结局，没有任何一点可以离开“实体法”的规则。同样，“实体法”的贯彻实施又有哪一点能离开“程序法”的规定呢？诉讼活动不能理解为单纯的程序运作，事实也是如此。实践中在办案时必须同时遵守相应的两法，而不是其中任何一法。当然，由于客观上存在两法的划分，两者之间也就存在一定区别和划分原则问题，这种划分也是必须的、无法避免的，问题是在于应该正确地理解两者的关系。

马克思曾形象地指出，审判程序和法二者之间的关系如此密切，就像植物的外形和植物的联系，动物的外形和血肉的联系一样，两者相辅相成，缺一不可。因此审判程序和法律应该具有同样的精神，因为审判程序只是法律的生命形式，因而也是法律的内部生命的表现。[①] 马克思在这里已十分精辟地对审判法（程序法）与刑法（实体法）的关系作了简明恰当的分析，并指明它们的关系是：（1）两者如同植物的外形和植物，动物外形与血肉的关系，是无法分开的，缺一不可的。（2）程序是法律的生命形式，是法律内部生命的表现。（3）上述分析表明两者是一体的，是体和神的关系。而且马克思在这里十分看重程序，他认为程序是体，实体法是神，体才可体现其神，神离开了体是不能存在的。

---

① 《马克思恩格斯全集（第1卷）》，人民出版社1965年版，第178页。

如果我们还需要在什么地方加以明确的话，还有可以进一步探讨的话，那就是：第一，刑事诉讼不等于刑事诉讼法；第二刑事诉讼与实体法的关系也就不完全等同于刑事诉讼法与刑法的关系。因此，我们就可更清醒地认识到刑事诉讼是刑事诉讼法和刑法共同的运作过程或形式，是两法的载体，因此刑事诉讼和法律的关系是实践和理论的关系。刑法是一般的关于什么是犯罪以及犯罪的种类和如何处刑的原则和规范，是适用一切公民的（特定的国度）。而刑事诉讼是对某一案件具体怎样去适用刑法问题，它必须按照刑事诉讼法规定的规则去运作，以完成法的实施。因此诉讼活动是一个法律实施或适用问题，即是法的实践。所以从理性上来分析刑法、刑事诉讼法和刑事诉讼的关系又是理论与实践的关系。一般来说，理论可以指导实践，而实践比理论更丰富、更生动，实践更具有现实的品格，在一定程度上又可以说，实践高于理论。所以在一定意义上可以说刑事诉讼是法的实践，因而诉讼高于刑法，而刑事诉讼是按刑事诉讼法运行的，简单地说，刑事诉讼法高于刑法。但我认为最好不这么说，因为这样将他们分离，就可能引起将两者对立的可能性，这是不好的，因此要着重坚持两法的统一性，刑事诉讼作为两法的载体，共同运行和结合，产生共同的产品——判决或裁定。

其次，从方法论上我们不应孤立地单方面地去研究问题，不能对复杂纷繁的事加以简单化，也不应人为将本来较为简单的事物加以复杂化。对事物的抽象是必要的，但这种对具体事物的抽象是建立在了解的基础上，而不应离开事物本身甚至离开社会实践去遐想，搞所谓的理性思考，这实际上是唯心主义方法论的典型化。刑事诉讼活动是我们生活中常见的现实现象，我们思考刑事诉讼的价值问题也不能离开刑事诉讼活动本身。

科学结论来自科学的方法。因此对问题的认识要达到真理性程度，必须把握科学的方法，理论上的进展和突破来自方法的突破。所以，要在诉讼程序价值理论上有所进展，解决现实程序价值理论中面临的困境，必须在方法上选择最佳的方式。由于刑事程序是诉讼活动中诉讼主体的运行机制和权利义务的实现过程，是刑法和刑事诉讼法的贯彻适用过程，是多种表现的统一体，作任何形而上学的分离都不可能得出正确评判，都会离开现实的诉讼过程，从而无法正确地认识诉讼本身及解决诉讼中出现的问题。所以刑事程序的价值分析理论必须建立在实证主义的分析和理性思维相结合的方法论上，克服单一实证主义或脱离实际的纯理性思维，只有高度有机的结合才有可能准确地进行价值分析和价值评判，指导诉讼结构、处分权利或权力以及义务、职责的关系，构建科学的诉讼程序价值理论。

根据上述观点来分析刑事（程序）诉讼价值，必然要把刑事诉讼作为一个过程来看待：起点、过程、终点。从宏观上来把握这个起点到终点的过程，也就是说，按阶段可以将它划分若干阶段，但都是这一过程中的阶段，包括起点和终点。同时在这个过程中，既适用刑法又适用刑事诉讼法，两者有机地结合在一起，无法分开。那么，刑事诉讼的价值也是在这个过程中实现的，因此对其作具体评析也就无法离开这一过程的具体分析。所以刑事诉讼程序的价值必然体现在这个诉讼过程中。按其发展的状态可区分为过程价值和结果价值，其结果价值也属于宏观上的过程价值的有机组成部分。因此过程价值与结果价值之间必然存在不可分割的互为条件的关系。过程价值是结果价值的依据和前提，没有过程价值就不可能出现与过程相联系的结果价值。同样结果价值是过程发展的必然效应，结果价值的存在只是过程发展的必然，没有过程，就不会出现这一符合逻辑的结果。一般所说的工具价值就是指结果而言，内在价值或独立价值就是指过程价值而言。这两者之间一般来说是统一的，具有一致性。

这里尚有一个评价的标准问题，这种标准是一种目的追求，亦称为目的价值，目的价值是什么呢？从社会学的角度来说就是把许多具体利益问题加以抽象、观念化，就是所谓的社会公正。因为公正是一切社会所有人群的共识，即共同的追求。这样在程序价值的评价上称为程序公正；在实体即结果评价上称为结果（或实体）公正。这是一种通常的理性思维，一般没有怀疑其可取性。但如果我们仔细考虑程序公正与结果公正之间是否完全一致呢？如果出现不一致，这种公正又如何认识呢？其实所谓程序公正就是过程中的适用法律问题，所谓结果公正就是审判的结果以及社会的效应，事实认定是否真实，法律适用是否准确。那么这个结果本身就是过程的一部分，也是过程的发展，照理这个结果公正与过程公正之间具有一致性。也就是说过程的公正性是结果公正性的前提，结果公正性是过程公正性发展的必然。两者应为一致，一般实际上也是一致的。只要立法本身具有善，执行的结果也必然是善的。那么为什么现实中有例外情况，也就是说，过程的公正产生出不公正的结果，或不公正的过程或许也产生出公正的结果呢？实践中这不仅是少数例外，更重要的两种公正中必有一种假象，即其中有一种公正具有事实上的不真实性。比如采用假证作证据，看起来似乎过程是公正的，实际上采纳假证能说是公正吗，导致结论的违背真实，不是必然的吗？所以这种假的过程公正，产生了真实结果不公正，这就容易理解了。同样，把真实的证据加以排除而导致结果的不真实，或无法决断，而只好疑罪从无。至于真正的不公正的程序，有些时候产生正确的结果，如用违反程序的办法取得了证据，这种程序的不公正，可能产生合理正确的结果。这又如何解释呢？这里应做具体分析。一是对被告人的判决没有错，实现了实体公正。对违背程序的违法犯罪行为，即对不公正的程序制造者，要依法予以追究其责任，这种补救活动，不是恢复了程序的公正性吗？所以，从这一角度来看，同样是公正程序产生公正结果，因此两者具有一致性。也就是说本质上不存在程序背离结果、结果背离程序问题，只要法是善的，严格执行就可以得到公正的结果。在理论上和实践上统一起来，这里关键是查明一切事情真相，因此真实性是公正性的保障。理论思维和法的现实之间就可以统一了。

当然刑事程序价值理论并不是到此就得出了终结的认识，如果就这样容易地解决，那恐怕此问题老早已解决。这里不过从宏观上提出了一个如何解决诉讼中价值理论的冲突，强调从现实法律运行中去把握它们的共同性、一体性，并不是说不存在单独的程序价值问题。

四、刑事诉讼程序价值的形式和特点

法律程序本身是一种法定顺序与法制统一的保障，因此它本身存在自身的价值。正义要求给予每个人应得的利益，而程序公正可以实现这一要求，因此程序公正具有自由和合理的内在本质，它渗透于诉讼过程的现实之中。把正义的理性注入程序，使程序和公正联结在一起，正义是法律的最高理想和目标，也是法律的最高原则。因此正义是两个层次以上价值的共同杠杆，具有多元性，所以不能把刑事诉讼程序的设置看成一种单纯的发现真实的认识活动，而是实现程序自身价值的过程，因为它是一种选择的结果，更多地提供了主体的自治权利，是一项道德目的选择过程。不同程序反映了不同主体的追求以及追求的价值取向。同时还因为正义的内容的含混性和延展性，所以正义容易被人所接受，甚至被相互怀有敌意的人所认同。这就使得正义必须与具体事物联系起来作具体的理解，否则正义就可能被滥用，而变为是非不分没有定型的“橡皮泥”。正义可表现为三种形式：

一是实体正义。指人们对实体上的权利、义务和责任进行确定时遵循的价值标准，这些标准是可以设定的。一般来说，真实性是通常的评价标准。

二是形式正义。它的含义也是可以把握的，一般是指：对相同的情况予以相同的对待，相同的情况应得相同的处理；适用法律上应一视同仁，不能厚此薄彼。这里的核心是平等原则。

三是程序正义。法律在运行过程中，必须遵循一定程序而实现价值目标。因此一般也可以把程序正义理解为过程价值。严格说这种理解是片面的，因为结果价值也是在过程中完成的。这里必须用相对论的理论加以分析，而避免绝对的片面的认识。绝对的片面，造成三项正义的对立，影响了对价值理论的完整理解。

实体正义相对于形式正义，而程序并不等同于形式，程序是过程，过程是实体运行的形式，是两者的结合。过程相对于结果而言，结果是过程的结果。必须纠正那种把程序与形式相等同的观念。

程序本身包含丰富的内容，程序并非单纯是那种实体的影子的形式，程序是形式和内容的统一体。把程序理解为单纯的形式是不正确的。任何一项程序都有特定的内容。因而程序是正义的载体，任何正义必须表现为一定的程序，没有程序的诉讼，不可能是正义的诉讼，没有表现为程序的正义是口头的正义或想象中的正义，这正是程序的优势。同时程序本身也包含着正义，只有正义的程序才有可能实现正义的内容。

程序本身也是一种权利，是人权的重要组成部分。因此程序的价值在于使实体人权予以实现，程序人权由此产生。只有重视了程序人权，才能谈得上实体人权，所以保障人权应从保障程序人权开始。只有了解这一点，才真正了解了程序的价值，才能谈得上对程序价值理论有所领悟。

从上面的论述过程中，我们发现了程序价值蕴含着丰富的哲理，是一个科学的宝库，还须深入挖掘。它至少有以下特性，需要我们加以明确：

（1）程序的现实性品格。程序是法律运行过程中的规程，具有强烈的现实性规范，要求主体予以遵守，并产生实际的效应。

（2）程序的实践性品格。程序是办案的操作规程，有赖于人们实践。程序运行过程，就是司法实践过程具有真实性，和参与人的权利、义务紧密联系，实践品格尤为突出。

（3）程序的社会认同性品格。程序是司法机关与诉讼参与人都必须共同遵守的具体规范，是人们都能预知和体察得到的。所以它易于被人们共同遵守，具有透明度，而避免了暗箱操作，因而为社会认同，受社会尊重。

（4）程序的自我表现品格（形象品格）。程序是显形事物，一旦为公众所掌握，都可利用程序来表现自我、发表意见、保护权利和履行职责或义务，具有生动的形象，向社会公开，向人们展示，从而有明显的直感，起到别的东西所不能替代的作用。

（5）程序的表现文明状态品格。程序的公开性和民主度如何，表现社会文明进步的程度。因此，一项科学的、民主的程序，不仅说明程序的进步性，更是在一定程度上反映了社会进步与文明的状态，是社会文明的重要坐标。

（6）程序的规范性、操作性品格。程序是硬件，是方法和步骤，具有操作性，不易为某人所滥用，易于监督，易于管理。它本身只要设计科学，就容易体现公平和平等的原则。所以，程序是正义原则的最佳载体，将正义与程序联在一起，正义就不再是抽象的概念，而是具体的行为，正义才有了实在的含义。正因为如此，程序的正义才如此重要，人们强调程序正义，用程序正义启动实体正义，体现实体正义。这样可以避免随意性，避免规避法律行为发生。

以上六方面的特性，反映了程序的价值，体现了程序之不可替代性。我们运用程序可以解决诉讼活动中许多难题，是抗拒司法腐败的强大力量，因而是正义实现的重要保障。

原载《湘潭大学学报（社会科学版）》2000 年第 5 期

我国刑事诉讼结构论纲

刑事诉讼结构是刑事诉讼的基本问题，研究它有助于完善刑事诉讼机制，遵循刑事诉讼规律办事，建立合乎国情的具有中国特色的刑事诉讼结构，从而实现诉讼公正。为此，拟对它进行初步探讨。

一、刑事诉讼结构一般原理

刑事诉讼是一种国家专门机关的办案活动，由于诉讼结构的差异就必然导致办案方式的差异。刑事诉讼形式、方式、模式、构造、结构等都是指的刑事诉讼主体在刑事诉讼中的地位以及它们之间的关系。不同国家具体构成的形式或相互关系搭配不同，就会形成不同的类型。正如时装有各种各样的样式，每种品牌都有自己的样式和特点，穿衣服的主体即人，可以各自选择适合自己的样式，便于表现自己或适合自己的身材。这种样式的稳定状态可称为模式或类型。但我们首先不是要研究这些式样，而是先要研究这些样式是如何搭配组成的，这即所谓结构或构造问题。从这个角度出发，我以为先要了解刑事诉讼是由一些什么成分组成的，它们之间如何搭配，什么样的结构最符合时代的要求，符合国家的实况。我们把这些还是称之为结构较为恰当。所以应该将结构和模式（样式）有所区分。我们认为结构指的是诉讼要素之间构成的状态和机制，是诉讼主体的地位和职能的配置以及运行机制和阶段问题。

（一）刑事诉讼结构的概念

诉讼结构是指诉讼的各组织部件之间的搭配、排列以及相互关系及其机制。正如动物的机体是由动物的躯体以及内脏等组成的消化系统、血液循环系统、神经系统等构成，它们内部是一个有机的体系，其功能以及如何协调等应是十分周密和科学的。作为刑事诉讼结构也应这样要求。那么什么是刑事诉讼结构呢？它是指刑事诉讼是由哪些诉讼主体组成的，它们怎样搭配和排列，其地位和职能怎样划分和实现，诉讼活动的过程以及所形成的几个阶段及联系，这些职能之间如何协调而形成一个为特定价值目标服务的整体。

（二）刑事诉讼结构的内涵分析

刑事诉讼是专门机关办理刑事案件的活动。由于刑事案件的复杂性，导致刑事案件的主体多元化，诉讼参与人的复杂性，所以结构也就较其他诉讼要复杂些，职能的划分，权利义务的分配也就细密得多。功能、运行方式、使用手段也就多得多，许多问题纵横交错，难以用单一的方式加以表示。综合分析其结构，一般来说，可分为三个系统：

一是法律规范系统：包括刑事诉讼法以及有关的法律、法规和司法解释（含判例）等。

二是物质能量系统：包括主体机关及队伍（组成人员）、物质装备、供给（薪金、办案费用的投入）等。

三是职能运行系统：职能的划分、诉讼参与人的权利义务以及保障和相互之间的机制等。

（三）刑事诉讼结构设计与配置

刑事诉讼是一种以国家特定权力机关为主要主体的运行机制，其核心是权力的设计与配置。不同的设计产生的权力配置关系不一样，其效能也必有区别。如何设计和配置受其性质和各种力量和文化背景及传统的制约，结构一旦形成就有相对稳定性，这种相对稳定的结构就称之为形式类型或模式。因此如何设计与配置权力是刑事诉讼结构的核心问题。

那么，按照什么方式来设计和配置权力呢？这样一个问题取决于立法者是以什么作为诉讼的价值目标，而价值目标往往不止一项，各项之间如何设计，其顺序又如何等都会影响权力的配置结构关系。大多数国家都会把下列价值目标作为自己设计的指数：

一是安全：即通过刑事诉讼使社会秩序得以恢复，巩固统治，稳定社会。

二是自由：即通过刑事诉讼确保人的权利的实现，但刑事诉讼往往是因人权被侵犯而导致的。这里必然存在“救济”问题，即以维护被侵害者人权来保护人权。

三是公正（正义）：它是刑事诉讼追求的目标，而正义本身就应包含着安全、自由，以及自身的善和美好的追求与满足，是一种综合价值。

四是效率（效益）：刑事诉讼是一种消耗，这里就存在投入与产出的问题，故效率原则就必然成为追求的目标之一。

通常而言，上面这四项价值目标都是刑事诉讼所要追求的，但其中真正核心的是两项，即安全与自由，后两项则是前两项组合编排的结果的反映。关键是安全第一，还是自由第一。我们认为就其权力分配的考虑，理论上讲应坚持安全第一，自由第二；或以安全为主，兼顾自由；或安全与自由兼顾、并重；或自由第一兼顾安全。大体上有上述一些编排。这些编排就影响了权力配置方案的设置，形成各种类型以及相互之间的差异。

采取什么样的配置方案是最佳方案呢？这里取决于各国法律文化传统的影响和各国人们对刑事诉讼价值目标的追求，以及社会现实状况，当然最重要的是统治者的意志，所以影响的因素是多样的。在设置结构时，必须周密地思考和辨析，科学地、客观地作出决策。按照我个人的理解，以安全第一、兼顾自由作为我国配置司法权的结构方式是最佳的选择。但问题是应使安全和自由之间的搭配达到理想的结构程度，即安全略高于自由，仅仅略高于自由，也就是说不高一点不行，高多了也不行。如果能保持这样的配置水平，则最有利于实现诉讼的公正与效率，从而使诉讼在一个良性循环中进行，各方都能达到相对平衡，获得大多数人的满意①。

---

① 宋世杰：《刑事诉讼理论研究》，湖南人民出版社 2001 年版，第 45 页。

二、刑事诉讼结构系统的剖析

刑事诉讼结构是由某一些元素或部件组成的不同的结构系统，而几个系统有机的协调组合在一起，从而构成刑事诉讼结构形式或式样。研究结构系统是完成对刑事诉讼结构研究的必要条件或前提。

（一）刑事诉讼法律规范系统

刑事诉讼法律规范系统，一般包括宪法对刑事诉讼方面的规定、刑事诉讼法典、有关方面的法律规章、司法解释等。这些规范内容应按照安全、自由、公正、效益等价值目标设置，使其程序规范完全符合国际标准，对于保障社会安全，维护人权，实现揭露、惩罚和改造犯罪的目标具有完整的效力。其中特别要重视安全和公正的引导，使刑事诉讼的程序规则科学、准确，形成有效的、严密的机制，只要严格地执行，就能实现预期的目的。

构筑完善的、公正的刑事诉讼程序规范系统是刑事诉讼结构的核心，也是保障结构科学的前提条件。没有良好的法律程序系统，就不可能有完善的诉讼过程及高效的诉讼结果。人们追求美与善的效果也就根本不能实现。因此应重视立法工作，加强法律规范的建设。

（二）物质能量系统

所谓物质能量系统就是使法律正常健康运转的有关物质条件，是法律运行的能力和所需的一切条件，是刑事诉讼活动运行的保障。这些能量系统含有丰富的内容，主要包括：

一是司法机关及队伍。刑事诉讼活动是国家专门机关办理刑事案件的活动，没有国家特定的司法机关，刑事诉讼就失去主要主体，一般是无法启动的，启动了也无法运行。因此，科学地设置司法机关是十分重要的问题。在我国主要是公安机关、检察机关、审判机关、监狱等专门职能机构。这些机构如何设置，以及相互之间的关系和协调同样十分重要。有了机构，还必须建立一支高素质的司法队伍，要有一批高素养的公安干警、公正严格的检察官、高水平的公正的法官，他们不仅有丰富的办案经验和较高法律素养，而且能够严格无私地执法，准确地查明案情，正确适用法律，公正地处理案件。

二是先进的物资装备。除了机构的合理设置和高素质的队伍外，装备也是十分重要的。应拥有现代化的技术手段，用先进的设备武装司法机关，包括交通工具、武器及技术检测手段等，尽可能实现现代化要求。同时还应有必要的办公条件和住房。

三是资金投入。包括薪金及办案经费等达到应有的数额。刑事诉讼是一项消费性投入，只有社会效益，本身是没有经济效益的。因此不能用办企业的办法来办司法机关，不能搞承包制，因而就要投入足够的资金。同时还要给司法人员应有的薪金，一般应略高于同级行政机关的待遇。

（三）职能运行系统

刑事诉讼活动的运行实际上是刑事诉讼各职能机关和个人履行自己职责和权利义务的过程。没有这些诉讼主体的努力和活动，便没有刑事诉讼的运行。因此如何划分它们的职能，协调各职能之间的关系，使之成为有机整体，显然是十分重要的。

一是职能的科学划分。如何划分职能，是粗一些好，还是细一些好呢？由于刑事诉讼的复杂性，特别是现代社会犯罪活动日趋智能化、专业化、科技化、组织化，使得和犯罪作斗争有了更大的难度。因此职能的划分还是细一点好，只有这样才能适应斗争的需要。我们主张职能划分多元化，而且坚持每一主体一般只能承担一种职能，克服一主体多职能的状况。因此诉讼职能应有以下划分，即侦查职能、控告职能、辩护职能、审判职能、执行职能、监督职能、预防职能等七种职能，使诉讼活动的每项价值目标都有相应的机构和人员尽职尽责，以实现共同的诉讼任务。

二是诉讼参与人权利义务的保障。刑事诉讼除了诉讼主体积极依法行事外，必然还有其他诉讼参与人的参与。这也是诉讼活动必要的组成部分，没有他们参与，就无法查明案件事实，刑事诉讼就无法顺利进行。因此注重诉讼参与人的权利义务保障，是诉讼活动正常开展所必须的条件和重要力量。如证人、鉴定人、翻译人员、保证人、见证人等，没有他们，许多情况就难以查明，特别是证人在诉讼中占有重要地位。可是我们至今对证人权益的保障、义务的履行规范都是不够的，以致影响了诉讼活动的开展。

三是职能的协调。职能与分工是分不开的，而职能的划分必然会形成主体之间的摩擦和对立，同时由于职能又具有整体性，是诉讼活动过程中的分工，也就有协调，而且协调是职能的主要方面。如常说的控、辩、审三职能，控与辩对抗，审居间裁判。控、辩是对立的，审判是两者的协调。但侦查、执行与控、审基本是合作的，检察亦是共同执法基础上的监督，因而也是协调的。所以整个诉讼过程中虽有对立，但合作与协调是主要的趋势，是矛盾的主要方面。

上述三个系统组合在一起为实现共同的目的、任务，相互交织，相互联系，形成一个有机的整体。而其中的刑事诉讼主体是法律、装备、职能的主持者和运用者。依靠他们能动地进行诉讼活动，统一运用法律规范和技术装备，履行职责。而主体行为又要受到法律规则和职能的制约，使其不越权违法，以保证诉讼价值目标能良好地实现①。

三、建立能使诸价值目标协调而有中国特色的诉讼结构

刑事诉讼价值目标是刑事诉讼结构的灵魂，但是安全、自由、公正、效益等这些目标并不都会自然协调一致，有时很矛盾，不同的国家和时期有所侧重。同时它们也不是等同的，这里关键取决于人们的理解和对价值的取向与选择。许多情况下，这些选择是很痛苦和艰难的，但是选择还是必需的。

我们认为上述四项价值中公正是刑事诉讼价值永恒的主题。其他三项虽然是价值选择中不可或缺的要素，是任何时候也不可放弃的，但必须围绕公正的实现而进行协调与平衡。一般而言，刑事诉讼价值目标因具体情况不同而有所侧重，其中最重要的是度。这种度的重要标志就是以不失公正为限。

---

① 宋世杰：《刑事诉讼理论研究》，湖南人民出版社2001年版，第49页。

公正之所以成为自由、安全、效益的杠杆，因为除开了公正，安全和自由就失去了意义，效益也就更谈不上。所以刑事诉讼的结构必须以实现公正作为永恒的目标，一切程序的设置都不能偏离这一中轴，在保证公正的前提下，调整安全、自由、效益的关系，从而使刑事诉讼结构处于相对稳定状态，形成不同的模式。我们在选择模式时，当然就必须考虑具体的国情和社情，从而构建符合本国特点的刑事诉讼结构。比如，我国是一个近十三亿人口的大国，近二十年来，刑事案件发案率一直居高不下，这种情况，我们在刑事诉讼结构的导向上，除坚持公正以外，就必然强调安全秩序的重要，以社会稳定作为砝码来权衡其手段、方法的可行性。所以，我们在目前情况下，是否采用英美法系当事人主义诉讼模式就值得思考，因为这种过分的开放式诉讼，国家难以控制犯罪，它过分地强调了对自由的保障。实际上自由也应是有前提的，即以不损害他人自由为度。刑事诉讼的目的就是要建立一种公正的秩序，要保障绝大多数人的自由与安全，所以就不得过分地扩大个人主义，从而限制个人至上，尊重和维护社会利益，实行社会本位和个人本位相结合的体制。这是我们在考查世界各国刑事诉讼结构之后，对我国国情经过客观分析从而作出的一种科学的选择，即建立以职权主义为主、当事人主义为辅的刑事诉讼结构，实行以追求诉讼公正为本位，兼顾安全、自由和效益的价值目标，在保障社会利益的同时，充分关注个人利益的诉讼机制，这就是我国诉讼结构的特色。这一特色是否能够充分体现社会现实取决于诉讼主体职能的规范运作，所以司法改革的重点必然是诉讼主体机关法制化的加强和人员素质的提高，即一是改革公、检、法内部结构，克服司法机关行政权干预制约司法权的不良倾向，二是大力提高司法干部素质和品格，强化法治意识。只有这样，才能使诉讼运作符合法律规范，最终实现其价值目标。

原载《湖南财经高等专科学校学报》2001 年第 6 期

论刑事审判公正

江泽民总书记提出，要深化改革，完善监督法制，建立健全依法行使权力的制约机制。坚持公平、公正、公开的原则，直接涉及群众切身利益的部门要实行公开办事制度。这些原则性的思想和要求无疑也非常适合于刑事审判，并对刑事审判提出了“三公”要求。因而如何确保刑事审判公正就成为刑事诉讼中头等重要和亟待解决的问题。为此，本文试从以下方面对此略述已见，以求教于同仁。

一、审判公正的理解

审判公正一词是诉讼活动中常用的述语，然而要想准确地表述这一概念的涵义却十分困难。关于公正一词有各种不同解释，现代汉语词典认为是“公平正直，没有偏私”。[①] 有的学者认为公正与正义同义。庞德说是“人与人之间的理想关系”[②]。罗尔斯认为是社会主要制度分配基本权利和义务，决定由社会合作产生的利益之划分的方式[③]。我国有的学者则认为公正是指人们之间权利或利益的合理分配关系，如果人们之间权利或利益

---

① 《现代汉语词典》，商务印书馆 1998 年版，第 437 页。

② 〔美〕罗斯科·庞德：《通过法律的社会控制——法律的任务》，沈宗灵、董世忠译，商务印书馆 1984 年版，第 55 页。

③ 〔美〕约翰·罗尔斯：《正义论》，何怀宏、何包钢、廖申白译，中国社会科学出版社 1988 年版，第 5 页。

分配——分配过程、分配方式和分配结果是合理的，则被称之为公正，反之，则被称之为不公正，也就是说，公正是指人们之间分配关系的合理状态。① 参照上述说法，我以为所谓审判公正是指在审判活动中按照公开、公平、中立的原则，制定和遵循科学、合理的程序，实现对诉讼主体与诉讼参与人权利与义务的正确平等的合理分配，使之达到理想的正义结果。这一概念表述起码表明审判公正包含如下内容：

（1）公开、公平、中立等项审判原则的确立。也就是说在审判活动中要坚持审判公开，公平地对待各方，平等地保护他们的合法权利；裁判者坚持不偏不倚的立场，做到真正公开平等地正确处理案件。

（2）程序立法的科学化和合理性。对于审判程序设置应符合诉讼规律要求，反映所有参与人的利益，协调各方的关系，实现公正、合理和符合道义上的要求，满足诉讼的需要，使人们满意。

（3）严格按法定程序运作。在审判实现过程中能准确地理解和运用程序规范，不得违背法律规定，对于违法行为依法严厉制裁。

（4）诉讼中充分保障所有的诉讼主体以及其他诉讼参与人的权利、义务合理配置。审判所涉及的机关和当事人及其他诉讼参与人，由于诉讼的地位和各自追求的目标不同，需求也不同，因而应在诉讼目的的指引下合理配置他们职权、权利和责任、利益，使其充分发挥他们的作用，各得其所。

（5）实现正义的目的结果。这种结果应包含程序正义和结果正义的内容，符合当事人合法利益，更应为社会所容许和接受，不得违背对人权的保护。也就是说通过审判活动，实现审判过程公正与审判结果公正的统一。这就是我们所理解的审判公正的理想追求及其涵义。

二、审判公正的程序基础

审判公正在本质上是包含程序公正和结果公正的统一体，而且主要是

---

① 陈桂明：《诉讼公正与程序保障：民事评讼程序之优化》，中国法制出版社 1996 年版，第 2 页。

指程序公正并以程序公正去确保结果公正。因此，审判程序公正是审判公正的核心和必备条件。认识这一点非常必要，对于理解程序公正本身的独立存在价值有重要意义。

那么审判公正的程序基础是什么呢？研究审判程序公正基础实际上是研究审判程序设计必须达到的最低标准问题。审判程序公正应是以保障审判运作中充分实现公开、公平、对等、中立为条件。这就是审判程序公正的基础。

（一）审判公开

审判活动是否公开进行，它是纠问式与现代诉讼的重要区别之一，同时公开又是保证实现公正的重要条件。审判公开，不但可以实现审理的透明性，增强审判人员与起诉人员的责任感，便于接受人民群众和社会舆论的监督，控制司法腐败的产生，更好地识别证据的真假，更有利于教育公民遵守法律，促使当事人认罪服判，从而对公众留下应有的良好形象。它是“法律为了保证日常司法工作的纯洁性而认可的各种方法”之一[①]，此种方法对于实现审判公正具有综合性效果，是现代诉讼的必要条件。但它本身并非绝对的，在有利于国家和诉讼参与人的利益的特殊情况下也可以不公开审理。

（二）审判公平

所谓审判公平就是指审判过程中主体的地位平等性及其权利义务配置的科学性以及相互关系结构的合理性。

1. 主体地位的平等性

主要指公诉机关和当事人地位平等，即两造的对抗与平等。审判对应的双方对抗和平等，直接影响审判公正。双方地位不平等必然导致一方压倒另一方，从而产生诉讼关系失去制衡，导致不公正情况出现。因此两造对抗与平等是审判公正的必要条件。而在我国审判中公诉方是代表国家出庭的检察人员，享有许多辩护方不享有的权利，存在事实上不平等的情

① 〔英〕丹宁勋爵：《法律的正当程序》，李克强等译，群众出版社 1984 年版，第 1 页。

况。因此，公诉方改为由控方律师代理比较适合，至少在形式上能保持平等。

2. 权利和义务的科学配置

庭审中诉讼参与人与司法机关所享有权利（或职能）义务如何配置，从法律上来说是非常重要的，只有双方权利和义务对等才能不失公正、防止偏私。目前被告方的调查取证权过弱，与公诉机关不相称，同时被害人没有上诉权，也很难保护自己的权益。通过庭审改革，权利义务的配置已有很大改善，但仍不尽如人意，有进一步调整的必要。在举证责任分配上也应在不同情形下，应该从具体情况出发设置一些特别规定，特别是自诉案件中，把举证责任完全划分给自诉人亦有不尽合理之处。

3. 相互关系结构合理

要实现平等，各司法机关之间、司法机关与诉讼参与人之间、诉讼参与人相互之间必须建立一个平等和互相制约的关系，他们之间互相交错构成控、辩、审、证四方平等而相互牵制的关系，并对他们的职权、权利、和职责任务充分保障。这样就可以充分发挥各自的作用，完成现实的目标。

（三）控辩双方权利对等

控辩双方是审判活动中的有利益冲突的两方，是诉讼提起的源动力，双方对等是充分暴露事实真相的重要条件，是实现实法真实所要求的。如果一方压倒另一方，就会损害弱者的权益，造成没有充分发表意见的机会，同时，强者也不必费劲就可取胜，从而使问题在没有充分揭露真相下而作出结论。因此要注意对弱者保护，使之实现冲突与平衡。充分保护被告人的辩护权、申诉权和举证权，强调证据的质证和辩论以及事后的申诉就显得非常必要，否则容易对案件事实作出错误判断，而酿成错案。因此要做到权利对等，必须做到：① 加大对被告人的辩护权保护。② 作为定案的证据必须经过质证和辩论。③ 保障辩护方有充分的调取新证的权利，并力求实现。④ 充分保护被告人最后陈述权、申诉权、委托或指定辩护人的权利以及获得无偿法律帮助的权利，否则难以保障与代表国家机关的公诉方之间的对等的关系。

（四）法院中立

法院中立是指法院在当事人之间，或当事人与公诉人之间即控辩双方之间保持等距，不偏向任何一方，以保证裁判的中立性，即公正性。法院中立应是法院性质所要求的，也是正确行使审判权的重要条件之一。要确保法院中立，必须做到：①严格实行回避制度，防止法官因受法律以外的因素影响公正执法。②当事人与诉讼参与人在开庭前不得与审判人员接触，以免先入为主，影响审判公正。

（五）审判权独立行使，只服从法律和事实

法院独立行使职权，是审判公正的重要条件，要做到法院独立，必须做到：①法院与外部机关和个人之间保持独立，法院依法行使职权，不接受任何行政机关、企事业单位、团体和个人的干涉。②在法院内部关系上，从事审判工作的人员也不接受同事和内部行政上的干涉，独立地进行裁判。

审判独立是审判公正的要素，是现代审判活动的必然要求，也是法院形象纯洁性的标志。但是审判独立又不是也不应该是绝对的。因为绝对独立是社会现象中所没有也不应该有的，那样就会走向反面，产生专横从而失去公正，所以监督是必要的，这种监督使纯粹的独立不能存在。

三、审判公正的事实基础

审判公正的全面实现不仅有赖于程序公正，而且有赖于事实确认的准确性和真实性，也就是诉讼所实现的证明程度。因此审判公正不是一个简单的步骤和方法问题，其本身也包含着丰富的内容，像对人权的保护程度，查明案件真相的程度等都是通过程序来反映其公正的。程序公正不能离开审判中对案件事实确认的准确程序，因为一切裁判是对确认的事实所作出的裁判，如果所确认的事实是虚假的或者部分是虚假的，其裁判的事实依据则不可靠，其结论也就不可靠。不可靠的结论，在本质上就无公正性可言。因而证据的可靠性和充分性，以及对事实认定的准确性就成为审判公正实现的基础。

（1）证据的可靠性。所谓证据的可靠性是针对每个证据，是指审判活动中用来证明案件事实的证据必须具有客观性和关联性以及收集的合法性。从程序上来说，对每一个用来定案的证据必须查证属实，必须通过庭审质证予以确认，必须对非法收集的证据依法加以排除，使证据符合可采的条件。

（2）证据的充分性。所谓证据的充分性是指全案的证据达到应有严密程度，即所有的案件事实，都有相应的证据予以证明；其结论具有唯一性，排除了一切疑点。[①]

（3）证据收集的合法性。证据的收集必须按照法律规定，合乎法定程序与要求，对于违背法律规定收集的证据，除了依法追究违法的责任外，要依非法证据排除法则根据具体情况予以排除，以保证证据的真实性和收集的合法性。[②]

对于符合上述三项要求的证据通过法庭各方当场质证和辩论，按照规定的程序给予认证。一般经过各阶段多次的反复认证程序，确认证据的证明力是可靠的，这样才能够确保案件事实的认定达到准确程度，从而奠定审判公正的事实基础。

四、庭审运作中影响公正的两个问题

按照审判公正实现的程序基础和事实基础要求，我国刑事审判活动中对于实现审判公正要求在程序上和证据上都已作出了许多具体规定，为保障审判公正创造了一定条件，但也有许多问题，其中比较突出的影响审判公正的是以下两个因素：

（一）定期宣判

定期宣判看起来只是一个宣判的时间问题，实际上它严重地危害审判公正，不仅将审判公开化为乌有，而且使法庭控辩对抗也失去应有的效应。目前在司法实践中，采用定期宣判的情况非常普遍，以应对法庭审理

① 宋世杰：《诉讼证据学》，湖南人民出版社 1988 年版，第 191–197 页。

② 宋世杰：《诉讼证据法学》，中南工业大学出版社 1998 年版，第 160 页。

中难以达到的主观想法和当庭不能决定的事项。这种习惯做法，并无法律依据，可实践中却成为毫不产生疑问的经常性的做法。因此，按法庭审理中情况逻辑必然得到的裁判，在这里已经软化，致使有时定期宣判的结果与法庭审理中的辩论毫不相干，使法庭审理变成走过场，在旁听群众和诉讼参与人中产生十分消极的影响。因此，建立完善当庭宣判制度是非常重要的。

（二）对证据庭后确证

一切定案的证据都要经过法庭质证以后才能作为定案的根据。那么这些证据一般来说应由法官当庭确认其证据力，以便让诉讼参与人明确，以增强审理的透明度和准确度。充分发挥庭审的功能，有利于实现审判公正。可是目前庭审活动中一般法官都没有做到当庭确认其证据力，而是庭后通过研究来确认。我认为这种情况的产生，主要原因有三：① 法官素质不高，无法适应当庭确认的要求。② 有些证据确需调查核实，才能确认。③ 受法官主观意志和随意性支配而形成的情况。

以上原因除第二个原因是正常的外，第一个原因是可以创造条件解决的，第三个原因则是必须通过立法加以解决的。所以在审判中一般应实行当庭认证，确认其证据力。在特别情况下，才能允许经调查后确认，但这种确认也必须在下次开庭时予以当庭认定，并说明其理由。

以上两个突出问题妨碍了我国审判程序的正确运行，因而使立法上确立的审判程序不能发挥应有功能，并没有起到预期的作用，所以必须用当庭宣判和当庭确证来代替目前的做法，改善执法状况，确保程序公正。

五、审判公正的价值取向

以上从实现审判公正的程序基础和事实基础以及当前妨碍审判公正的两个突出运作问题进行了概括性论证。但仅解决了对审判公正的具体要求，而最根本的问题却是人们的观念上的评价，即对其理性思考。这里的核心是关于审判公正的价值取向，如何看待刑事审判公正。在这方面存在不同的认识，大体上有四种：① 从实体真实上来评价审判公正。② 从程序真实上来评价审判公正。③ 从实体真实和程序真实兼顾上来评价审判公正。④ 从审判效益上来评价审判公正。当然上述四种不同的价值标准，也不是绝对的，它们有许多相同的要求，只不过是按其主导思想来加以划分而已。每一种观点从本质上来说是由于价值取向不同而考虑的角度不一样，至于论证的方法和使用的概念更是形形色色，无法统一。在四种观点中我认为第三种比较适合我国的国情以及长期以来形成的传统文化心理，也基本符合马克思主义的价值观。

那么，如何来看待审判公正呢？我们认为要将审判过程价值和审判结果价值结合起来思考，应实现审判过程公正和审判结果公正的统一。所谓审判过程公正就是在审判中在程序运作上完全符合人们所追求的平等、民主、公开以及充分满足诉讼参与人的意愿表示等方面的需要，做到法官不偏不倚，在查明案件事实的基础上依法裁判，保护当事人的诉讼权利，体现社会主义的高度文明，具有一种现代诉讼的自身美德和品格。所谓审判的结果公正就是经审判后法官所作出的裁判符合现实中案件的真相以及实体法的要求，达到保护社会秩序和社会公众利益及公民合法权益的目的，使被告人得到相应的制裁，实现社会正义。这两者之间一般是能协调一致的，公正的过程可以保障公正的结果，公正的结果来自公正的过程。在个别情况下如果出现不统一的情况，应加以兼顾和协调，不应片面强调某一方面，力求做到兼容。程序和实体兼容是审判公正中的重要原则，也是对审判公正的内在本质的正确认识。程序和实体是辩证的统一体，不能分割。我们不能片面地追求某一方面。公正既是一种实体，又是一种精神，是精神和实体的结合，既是理性的追求，又是现实的具体的客观存在，所以说两者兼容是对审判活动的本质认识，任何割裂和分离都是对审判公正的扭曲，作为对审判活动的剖析，从方法论上说，将过程与结果分开当然是可以的和必要的。但一个真正公正的过程必有一个公正结果，有时候看起来是公正的，实际上是一种假象，在有假象的情况下，矛盾是必然的，所以偶然的情况不能推倒一般，偶然只能是例外，而一般才具有普遍的价值。

原载《中国法学》1999 年第 2 期

刑事审判监督价值分析引论

如何进一步完善刑事审判机制，实现合理监督与制衡，使刑事审判更符合正义与理性标准，是现代法治国家不断追寻的目标。权力是需要制约的，独立的审判权尤其如此。孟德斯鸠曾说过，绝对的权力必然导致绝对的腐败。因此在进行司法制度改革、强调法官独立行使审判权的同时，如何对之进行有效的监督而不是干预，成为司法制度改革必需关注的问题。本文拟就刑事审判的监督价值作浅陋的分析，以寻求刑事司法独立与法律监督之间的平衡与协调，促进刑事司法的民主与公正。

一、刑事审判监督价值

（一）刑事审判监督价值的界定

“价值”这一词，对许多人来说非常熟悉，因为几乎在各个领域都得以运用。如哲学、社会学、经济学、伦理学、政治学等都以之为重要研究内容或研究方法。国外在20世纪60年代将价值分析研究的方法引入法学研究领域，近十年来在我国法学学界领域得到广泛的运用。然而究竟“价值”是什么意思却又成为一个人们竭力思考的问题。按照马克思的政治经济学观点，价值是“凝结在商品中的无差别的人类劳动”。[①] 哲学之伦理学将价值解释为“善”，即值得人们向往与追求的品质或对实现某种目标的

---

① 《马克思恩格斯选集（第2卷）》，人民出版社1995年版，第172页。

有用性。马克思在《评阿瓦格纳》中指出价值是个普遍的概念，是从人们对待他们需要的外界的关系物中产生的。[①] 从哲学的角度来看，价值并不是一个纯粹的客体或者是物质世界的东西，也不是主体纯主观的精神之需要，而是物质与精神，主体与客体的统一。因此有学者将“价值”定义为是指客体的存在、作用以及它们的变化对于一定主体需要及其发展的某种适合、接近或一致。[②] 一般来说，某一事物由于具备独立的善的品质，从而成为达到或实现主体某个具体外在目的必要或充分的条件或手段时，那么它就是有价值的。把价值归结为客体对主体需要的满足或是对实现某个具体外在目标而言是否有用的、是否一致的一种规定。

刑事审判监督的价值，在于它对于我们所追求的具体审判制度或程序运作的合法与公正，以及由程序而形成裁判结果公正的有用性和有效性。也就是说作为手段的刑事审判监督，对于实现程序公正和实体公正的有用性就是刑事审判监督的价值之所在。如果一项监督机制构建合理，监督及时有效，成为预防所监督对象违法犯罪的有效手段，并能为已形成的错误提供及时的救济渠道与补救途径，从督促与制约的角度，能够促进与保障审判公正实现，具备产生公正结果的能力，我们就可以说它具有价值，是善的，可以说是具备了作为手段和工具的价值。

既然有价值，也应该有一定的具体表现形式。刑事审判监督乃国家监督在刑事审判中的具体反映与运用，其价值形式反映了监督在刑事审判中特有的规定性。监督在刑事审判中的价值可认为是以预防价值和纠错价值两种形态出现。就预防价值而言，一是在观念形态上的预防作用，由于监督在刑事审判中的存在，强化了刑事司法人员公正的司法观念与严格执法的意识，达到对审判中的违法、枉法裁判行为的防微杜渐的实际效果，从而促进对刑事审判严格依法与公正意识的形成；二是对违法行为的预防作用。实际上，上级法院对下级法院审判活动的指导，既是一种业务指导性的活动，也是防止审判中出现违法错误行为，实现有效监督的重要途径。

---

① 《马克思恩格斯选集（第 19 卷）》，人民出版社 1995 年版，第 406 页。

② 李德顺：《价值论》，中国人民大学出版社 1987 年版，第 3 页。

人民检察院派员出席法庭，同样也起到监督的作用。而纠错价值可以体现在审判过程中，但更明显的是体现在刑事判决作出后。在刑事审判过程中，检察院派员出席法庭，随时就庭审活动中出现的违法行为，及时提出监督意见，督促法院及时作出纠正，体现了监督在维护刑事审判程序公正中的价值。在判决作出后，如果发现裁判有误，无论是否已经生效，专门监督机关即人民检察院，可以直接提出抗诉。当然，当事人也可以提起上诉或申诉。进行法院内部监督的上级人民法院，就在此基础上二审或再审，以纠正原错误判决。可见刑事审判监督是进行程序救济，纠正错误判决，维护实体公正最为直接的方式。

（二）刑事审判监督的价值特点

刑事审判监督机制作为一种独特的社会法律现象，由于本身具有结构、功能及特殊的作用方式，决定了它特有的价值特征：

1. 刑事审判监督价值的阶级性

刑事审判监督，作为国家法制的重要组成部分，所反映的意志是在该社会当中占统治地位的阶级或集团的意志，尽管从形式上来看是对国家刑事审判权的一种限制与制约，其目的还在于保障准确及时制裁犯罪、惩罚犯罪，保障国家刑罚权的顺利实施。所以监督机制作为国家上层建筑有机构成部分，从其本质和产生的目的来看，是统治阶级用以维护其在政治、经济上的统治地位，为其赖以存在的经济基础服务的重要手段。因此监督总是以统治阶级利益为其内在价值追求。这是刑事审判价值的阶级性。

2. 刑事审判监督价值的正态性

在刑事审判中，刑事审判监督以其特有的功能，通过对审判权的行使以及审判过程及其裁判结果的监察与督促，达到维护司法公正的特定需要的满足，决定其作为手段或工具价值的必要性。我们已经知道价值是对实现主体外在目标而言是否有用、是否必要的规定性，因此刑事审判价值实现过程是社会主体追求目标的现实化，是人的意志的一种外化。由于主体意识的能动性，因此在趋向上应该是正价值的不断发展。尽管刑事监督机制在发展的某一历史阶段或机制的某一具体方面可能表现出一定的负面效应，如监督不力或过度，从而出现不利于审判权的独立行使与司法公正的实现等情形，但刑事审判监督的功能与整体价值仍然应得到充分肯定。随着司法制度的改革与完善，监督在整个刑事审判中的价值将由小到大、由不稳定到稳定，逐步发展得以充分发挥，这是刑事审判价值的正态性。

3. 刑事审判监督价值实现的间接性与条件性

监督作为一种手段、一种工具，是实现审判公正的必要条件，也就是说在刑事审判中没有恰当、及时的监督，难以实现刑事程序与结果的公正，但合理的监督机制也并非必然导致公正的结果，由于审判监督之机能体现在对刑事审判实施有效的监察与督促方面，因此刑事裁判的质量不仅与监督的效能有联系，而更重要的是取决于刑事审判机制本身是否具备实现公正目标的善的品质。监督，好比工厂产品质量检测监控系统，如果工厂的生产技术、工艺流程或员工的素质等生产要素不具备生产高品质产品的性能，无论怎样地加强监控也是惘然。在刑事审判中，诉讼职能恰当配置、法官的中立、审判权免遭干涉，诉讼主体地位的尊重以及合理的审判程序设计等既是形成公正裁判的基础，也是监督价值之善的品质外化的前提条件。正因为如此，刑事审判监督价值是通过对形成公正结果（包括程序公正与实体公正）具有决定作用的刑事审判机制之运行进行合理、适当的监察与督促而得以实现的。因此刑事审判监督的价值在实现上具有依赖性和间接性。

4. 刑事审判监督价值的不可替代性

刑事审判监督的不可替代性是由刑事审判权之权力性质所决定的。国家授予司法机关以国家强制力作后盾的刑事审判权，以实现对犯罪者的应有刑事惩罚，维护国家与社会的安全与秩序。但一切有权力的人都容易滥用权力，孟德斯鸠早在两个多世纪以前就向世人提出了警示。权力不加以限制便会被滥用。任何权力都必须受到制约，刑事审判权同样如此。制约权力的途径一个是分权，即将权力分为若干个子系统，由不同的主体掌握，使之横向分立、相互独立、相互制约而达到制衡的目的；另一种途径是赋予权力关系的其他主体或专门主体以监督权，来监控、规制该权力的行使，那么对刑事审判权的制约途径，一是通过它与行政、立法权的分立以及与控诉、辩护职能的分离而相互制约；再是通过赋予专门机关法律监督职能以及诉讼参与人和群众的监督权，即运用专门监督和一般监督制衡力，进一步强化制约平衡机制。没有必要的监督措施做后盾，久而久之，机制逐渐弱化，无形中助长司法机关在刑事审判活动中的随意性、越权或失职甚至滥用审判权，导致难以保证国家刑事审判权的合法、恰当行使。人民法院依法行使审判权是实现司法公正的前提，而实施有效监督是保证审判权正当行使的必要条件，因此，刑事审判监督在完成刑事诉讼任务、实现刑事诉讼目标中具有不可替代的作用。

二、刑事审判监督与审判独立之二律悖反

刑事审判监督是对人民法院刑事审判活动的合法性所进行的监察与督促，实质上是一种从内到外对人民法院独立行使刑事审判权的全方位的制约。独立审判是司法独立的基本内容与突出体现，强化对审判权的监督与制约，是否与现代刑事司法所力举与倡导的司法独立相悖呢？如果二者相斥，在刑事审判中如何联结与统一的呢？

审判独立或司法独立，源于西方的三权分立思想，司法独立于行政与立法，司法权由法院独立行使不受任何干预。最初孟德斯鸠提出三权分立是为了抑制政府权力的过度集中与膨胀而导致对人的生命、自由、财产恣意侵犯与剥夺，建立在反封建专制基础上的资产阶级民主把司法权同行政权的分立当作自由存在的前提，把司法权同立法权分离作为对生命与自由的保障，可见司法独立在国家民主、制度民主中的地位与作用。

随着社会民主法制的发展，赋予了审判独立新的地位与功能。当司法公正成为各个国家法律实践中一个普遍遵循的价值准则，成为解决各类社会冲突的法律评价或法律理想时，审判独立成了保障诉讼公正的技术手段和必要的保障，成了评价审判结果公正是否以看得见的、公正的方式来实现的标准。司法的最高理念在于公正，没有公正，审判权便失去了价值与依托。因为司法作为一个国家和平时期的最后一道防线，它的公正与否，维系着国家的安危、社会的稳定、人民的生命、财产安全与自由。犯罪可

以说是国家与独立个人之间的一种矛盾与冲突，被赋予刑事审判权的法院同时肩负着惩罚犯罪、保障人权的重任，面对国家专门机关的追诉与当事人的抗辩，更应当站在公正的立场上，保持一种独立的、超然的境界，否则，刑事审判也就失去其存在的意义。所以从审判独立之本性进行分析，是排斥对审判权的限制与干预的。换句话说，对刑事审判的干涉，必然会影响到审判权的独立行使，从而不利于审判公正的实现。

然而，我们不能忽视权力本质，权力是容易迅速膨胀与极度扩张的，权力的绝对化必将导致腐败。在国家权力结构体系中具有相当权威的刑事审判权也不例外。从前面监督价值的分析我们已经知道，刑事审判监督的价值在于通过防止审判权被滥用来实现对刑事司法公正的维护。就我国目前司法体制而言，没有监督的刑事司法是难以想象的，通过二审程序，实现上级法院对下级法院的内部监督；通过人民检察院支持公诉并依法行使抗诉权和检察建议权，实行对刑事审判的同步监督，而审判监督程序，即对已生效的错误裁判的程序救济，本身就是纠正法院错案的一种更为直接的审判监督。通过这些法定的刑事审判监督形式，保证准确认定事实、正确适用法律，从而准确、及时惩罚犯罪，保障无辜的人不受刑事追究，最终实现刑事司法公正。

因此，独立与监督都是实现审判公正的必要条件。现代刑事审判之所以强调审判的独立性，其根本目的在于审判公正的实现，而非独立本身；而监督则是对公正实现的有力保障。显然，公正性处于比审判独立与审判监督更高的价值层次。公正价值的高位存在，不仅决定审判独立与审判监督的非绝对性，而且也是协调独立与监督两者关系的联结点。司法实践中，强调审判的独立性，必然排斥监督与制约对之形成的各种羁绊与限制，而强化对刑事审判全方位的监督，必然意欲将审判权的行使完全置于监视与控制之下，两者的自然趋势相悖，呈现此消彼长的二律背反关系。而将悖反的两因素共同置于刑事审判统一体中，其协调、统一的“向心力”在于刑事审判公正的理念与标准，基于这一理念，绝对的独立与绝对的监督制约在理论与实践中都是难存其身的，原则上应当将两者界定在一个适当的范围内，在独立与监督之间找到一个平衡点，以相对独立与恰当的监督共同服务于公正这一崇高的价值目标。

三、刑事审判监督之熵值

辩证唯物主义原理告诉我们，事物是矛盾的统一体，存在着肯定与否定两个方面，从价值论的角度出发，每一事物既存在正价值，也存在负效应，而正价值与负效应的矛盾运动，是事物存在与发展的动因[①]，刑事审判监督作为社会存在的法律现象亦是如此。

监督体制的构建可以由人来选择与规定，而且监督的主体是有生命的人，但监督机制一旦形成，一旦存在于社会并作用于法制生活，就不完全以个人的意志为转移，它就会以其特殊的存在和属性对外界的关系体产生效应，所产生的效应可以是各种效应的总和。就效应对主体需要满足的角度来划分，能达到或有助于实现主体既定目标，可满足主体需要的效应就为正效应，就是我们前面所说的价值，反之则为负效应，即熵值或负价值。

刑事审判监督之熵值或负价值是监督机制在刑事审判运行过程中客观存在的，对刑事审判所追寻的价值目标所起到的一定程度上的阻滞或破坏作用，乃监督之负效应在刑事审判中的具体体现。刑事审判监督的负价值通常表现为两种形式：一种形式是对监督对象的违法行为的放任，另一种是对被监督者合法行为的干预及监督主体之监督权能的扭曲。

刑事审判监督负效应可由多方面的因素产生：

（1）刑事审判监督是刑事审判当中的一个由监督主体、监督对象以及监督制度和规范所构成的有机体系。在刑事审判监督价值的实现过程中，监督主体与客体不仅相互对抗与相互制约，还应当是相互促进、统一协调发展的在保证刑事审判权合法、公正地行使的同时，监督体制也不断完善。而这种机制的完善与相互间的协调是一个不断发展与进步的历程，其进程就整体而言，存在一个不合理、不科学的因素必然产生、又不断被克服与完善的发展趋势；而就某具体的特定阶段、具体方面而言，这种不合理、不科学的因素，对刑事审判公正的价值的实现形成了事实上的阻滞与

---

① 杜宝庆：《论刑事审判价值》，载《暨南学报（哲学社会科学）》1996年第1期。

障碍，此乃刑事审判监督负价值之客观存在。

(2) 由于履行监督职责的主体本身不可避免带有一定的主观因素使监督本身具有主观意志性。主观意志性既体现在人的意志的能动性，也体现在人的意识对客观事物的认识在时空上的局限性。这些主观因素所形成的局限性，会给监督机制运行带来一些客观存在的、难以完全得以克服的弊端，从而形成审判监督的负价值。

(3) 对刑事审判的监督是基于国家授予的监督权，而具体行使监督权、履行监督职责、对刑事审判活动的合法性进行监察、督促与督导的，是具体的国家公职人员。如上级法院的法官、人民检察院的检察官等，由于监督人员素质与整体水平的差异，从而使监督的效果不理想、不均衡，而且作为监督主体的人，是社会的人，由于受到各种社会因素的干扰和个人利益的驱使，有可能在实施刑事审判监督的过程中，干涉与监督界限不清、权责不明，对明显违法的不制止、该纠正的不纠正，没有起到应有作用，甚至滥用监督权、徇私舞弊，不可避免地导致其负价值的产生。

引起刑事审判监督负价值产生的因素可能还有其他的，主要原因体现在以上三个方面。而导致负价值产生的因素并不是绝对不能克服的，随着刑事审判监督法制的健全、机制的不断完善与协调，监督在刑事审判中的负价值可逐渐正态转化，使其正价值得以更大程度的发挥。

四、刑事审判监督的协调与完善

刑事审判中独立与监督的背反与协调的存在，以及监督之正负价值间的辩证统一，决定了完善与协调监督机制的可能性与必要性。

构建合理的监督体制，完善专门监督机关的监督职能。现行体制中，行使审判监督专门职能的机关也是控诉职能的承担者，控诉权乃审判权行使的前提，审判主体在控辩双方对抗基础上实现刑事审判职能，因而，控诉职能的实现必然受制于审判权的行使，作为控诉主体的监督主体根本就难以保持必要的超然性，而实践中随着新刑事诉讼法对审判中控辩对抗的加强，身兼侦、控、监三责的公诉人难以从胜、败诉的压力中超脱出来，适时、合理地行使监督职能。这个角色上的反差，客观上会弱化刑事审判监督职能。因此，随着国家法治的发展，有必要实行控、检分离。保持专门监督机关的独立性，真正实现监督职能的专门化。

制定单独的《监督法》，专门的监督机关只有遵照具体的监督法规定履行其职能，才能真正做到依法监督。贝卡利亚曾指出“一个社会如果没有成文的东西，就不会有稳定的管理形式”①，而且，就我国目前刑事犯罪审判监督实践来看，要克服现有的弊端，关键在于制定一部科学的《监督法》，使监督在法律范围内运行，以克服监督权滥用所带来的恶果。一方面，以法律的形式将监督的原则、任务以及监督的主体、内容、方式等予以确定，使监督机关的监督以国家法律的强制执行力作后盾，从而增强监督的法律约束力，从法治化的角度强化对刑事审判的监督力度；另一方面，由于有明确的监督法规，能增强监督人员的法律监督意识，规范监督主体的监督行为与措施，防止其在职权范围外行使监督权，把监督变成横加干预。因此，在监督的实际操作中以及司法实践当中，有《监督法》可依，反而更有利于人民法院独立行使审判权，维护其司法独立性，同时协调审判独立与审判监督关系，是减少监督的随意性的有效途径。

从控制论的角度分析，监督应该有三种状态：事前监督、同步监督和事后监督。在构建刑事审判监督体制时，为了保障审判机构独立行使审判权，应尽量控制事前监督，如审委会对审判庭裁判的决定权，以及人大专门调查委员会针对法院正在审理的案件的调查与阅卷权等，防止对刑事审判形成干预。同时，合理安排监督主体参与刑事审判进行实际监督的方式、明确监督主体的职责、任务。准确把握独立与监督之间的衡平，以保持适度的事中监督；充分考虑刑事审判中可能出现的权力失范而造成的程序违法，以及由此导致的实体不公等情况，对生效或尚未生效的裁决，设置有效的监督程序以及相应的救济途径，加强事后监督，保证刑事审判实践中出现的违法与误判能得到适时的纠正与补救。

原载《中国刑事法杂志》2000 年第 4 期，与陈果合著

① 〔意〕贝卡里亚：《论犯罪与刑罚》，黄风译，中国大百科全书出版社 1996 年版，第 15 页。

人权保障的价值选择

——我国刑事诉讼法修改的应然之路

在我们这个权利时代，在现代法治国家，人权已不仅是一个抽象的思辨命题，人权保障在被广泛地实践着。惩罚犯罪是刑事诉讼的应有之义，随着人权保障运动的发展，人权保障也逐渐成为刑事诉讼的主题。但人们对于刑事诉讼中人权保障的内涵、价值选择等问题却缺乏深思与进一步追问，而刑事诉讼法的修改与司法实践中许多涉及人权的问题需要理论作出科学的回应与解读。本文拟对此作探讨，希望对于理论发展与指导司法实践有所裨益。

一、人权保障的内涵

人权的产生是基于人类的共同要求，是整个人类文明演化的产物。从人权体系产生的历史来看，人权体系作为一种现实运行过程一般可以分为人权思想运动和人权保障运动两个阶段。①

人权思想最早可追溯到古希腊自然哲学中，在逻辑上以超验权威说、平等人格说和本性自由说为其理论论据。② 近代人权概念最先出现于西方，以西方的哲学思想和法学概念作为直接来源。格劳秀斯、洛克、卢梭等提出自然权利说，认为人享有的权利与生俱来、出自本性、不可剥夺，并借

---

① 许崇德、张正钊：《人权思想与人权立法》，中国人民大学出版社 1992 年版，第 94、95、265 页。

② 夏勇：《人权概念起源——权利的历史哲学》，中国政法大学出版社 2001 年版，第 88-89 页。

助社会契约论将自然权利与现实社会相联系，人们依照社会契约放弃自然权利，建立国家，成为具有最高权威的主权者。现代西方人权思想纷繁复杂，但仍以“自然权利”思想为其精髓。马克思主义人权思想建立在辩证唯物主义和历史唯物主义基础上，认为人权是从人的本质和其所有的共同性中产生的作为市民社会成员的权利。[①] 权利永远不能超出社会的经济结构以及由经济结构所制约的社会的文化发展。[②] 指出人权不是天赋的，而是历史地产生的。[③] 并强调权利和义务相统一，提议把“为了所有人的平等权利”改为“为了所有人的平等权利和平等义务”，等等，平等义务，对我们来说，是对资产阶级民主的平等权利的一个特别重要的补充，而且使平等权利失去地道的资产阶级的含义。[④] 并进一步指出，（无产阶级）并不要求享有任何一种特殊权利，因为它的痛苦不是特殊的无权，而是一般无权，它不能再求助于历史权利，而只能求助于人权。[⑤]

人权保障制度的建立是人权思想发展的必然结果，体现出人权发展过程中由应然到实然之逻辑必然，它使人权从理想走向现实。正如马克思所说的，只有由一系列的经济、政治、法律和思想的方法加以保障的权利和自由才是真实、有效的。人权保障制度是指国家或国际组织运用经济的、政治的、法律的、思想的以及其他方法保障国家或国际组织所确认的人权得以实现的一系列制度的总称。在人权的各种保障方法中，法律保障是人权保障体系中最基本、最具权威性的。资产阶级革命后，各资产阶级国家纷纷将人权保障的内容载入法律，如1776年美国《独立宣言》、1789年法国《人权和公民权宣言》等。自此，人权理论进入法制领域。现代社会人权的法律保障分为人权的国内法保障与国际法保障。从不同的视角对人权可作不同的分类：按主体不同，分为个人人权、类人权、集体人权；按内容不同，分为基本权利和非基本权利；按表现形式或存在形态不同，把人

① 罗玉中、万其刚、刘松山：《人权与法制》，北京大学出版社2001年版，第177、22页。
② 《马克思恩格斯全集（第19卷）》，人民出版社1965年版，第22页。
③ 《马克思恩格斯全集（第2卷）》，人民出版社1965年版，第146页。
④ 《马克思恩格斯全集（第22卷）》，人民出版社1965年版，第271页。
⑤ 《马克思恩格斯全集（第1卷）》，人民出版社1965年版，第466、416页。

权分为应有权利、法定权利、实有权利等。不同的法律其人权保障的内涵也各有侧重。如国际人权法中，《世界人权宣言》主要是规定了人人应享有的公民权利、政治权利及社会、经济和文化权利；《非洲人权和民族宪章》的宗旨是为了促进人权和民族权。国内法中宪法保障的是公民的基本权利，而部门法保障的是人权的某一方面。但重要的是出于何种立场上来谈人权保障的内涵，其价值怎样选择，不同的价值选择体现于人权保障的重点必然不同。对刑事诉讼人权保障的内涵进行研究，也就必然探讨刑事诉讼法应保障的人权的性质和取向。

由于人权思想是人权保障制度建立的前提和基础，为人权保障制度提供理论支持，而人权保障制度是人权思想得以实践的载体，因而，基于不同的经济利益、政治立场、文化传统形成的不同人权观念，其人权保障的内涵必然不同。西方国家中，基于自然权利、人本主义、个人主义思想，一般认为在刑事诉讼中，人权保障最基本的内容为被告人的个人人权。国内学者则主要有两种代表性观点：一是认为刑事诉讼中人权的主体就是犯罪嫌疑人和被告人，其他诉讼参与人如证人、翻译人、鉴定人等虽然也进入诉讼流程，但由于他们没有面临国家滥用权力的威胁，所以不应视为刑事诉讼中人权的主体①。二是认为刑事诉讼中的人权保障内涵丰富，大体包括以下四个方面：通过打击犯罪保护一般公民的合法权益，保障集体人权；保障无罪的人不受刑事追究；保障所有诉讼参与人特别是被告人和被害人的诉讼权利得到充分行使；使有罪的人受到公正的惩罚，即做到程序合法、事实准确、定罪正确、量刑适当。② 笔者比较赞成后一种观点，我们认为可将刑事诉讼法的人权保障概括为集体人权和个人人权两方面。一般认为，集体人权的概念是国际人权法第三代人权时期形成的，主要包括“民族自决权、发展、国际和平与安全权、环境权、民族平等权、自由处

① 汪建成：《论刑事诉讼中人权保护的几个理论问题》，载《中外法学》1999 年第 2 期；陈光中：《司法公正和司法改革——诉讼法理论与实践》，中国民主法制出版社 1999 年版，第 347 页。

② 王彦钊：《提升程序价值保障诉讼人权——访中国政法大学教授陈光中》，载《检察日报》，2002 年 12 月 8 日。

置财富和资源权等”,[①] 集体人权的提出“标志着人权内容的丰富和人权理论的成熟”。[②] 笔者认为，集体人权是一种集体性权利，具有社会性。除了以上诸方面，还应指特定领域内公民享有的特定权利，全体公民的权利，与个人的公民权具有相融性和包涵性。即指一国全体人民或大多数人的人权，称为社会人权更为确切。邓小平曾指出，什么是人权？首先一条，是多少人的人权？是少数人的人权，还是多数人的人权，全国人民的人权？西方世界的所谓“人权”和我们讲的人权，本质上是两回事，观点不同。[③] 其所指“人权”即是社会人权。刑事诉讼法所保障的社会人权是一个社会存在必需的权利。个人人权是传统意义上的人权，通常包括：人身权、政治权利和平等自由、生存权三类，刑事诉讼法所保障的个人人权主要包括被告人、被害人以及其他诉讼参与人的人身自由权、财产权等。在刑事诉讼中，由于犯罪嫌疑人、被告人身份的拟制性（有可能是罪犯而被追究刑事责任），有可能遭羁押，自由权等权利可能受到限制，处于一种弱势地位，其应成为刑事诉讼中人权保护的主体，自不待言。但并不能因此而否认被害人、证人、鉴定人等的人权。笔者认为，凡是参与刑事诉讼，在刑事诉讼中享有权利的人都应成为人权保护的主体，不仅包括犯罪嫌疑人、被告人，也包括被害人、证人、鉴定人、翻译人员等，更应包含一般公民所处社会的必要安全、和睦、正常交往、维持生产、生活等必要条件保障的权利。从诉讼史上考察，有关被害人人权保护发展经历了一个由高到低再到高的辩证发展过程。奴隶社会弹劾式诉讼程序中，被害人作为原告享有主体地位。封建社会中国家主动追究犯罪，被害人追诉权逐渐丧失。从15世纪60年代起，各国先后建立起国家公诉制度，被害人仅被当作一个诉讼客体，一个用来对罪犯定罪的证据，一个对付犯罪的工具。即使在近现代，由于普遍认为被害人的利益能为国家所保护，同时将被告人看作刑事诉讼中心，因而，在刑事诉讼程序中，被害人在相当长时间内仍不是诉

---

① 罗玉中、万其刚、刘松山：《人权与法制》，北京大学出版社2001年版，第177、22页。

② 许崇德、张正钊：《人权思想与人权立法》，中国人民大学出版社1992年版，第95、94、265页。

③ 《邓小平文选（第3卷）》，人民出版社1994年版，第164页。

讼主体，而仅被当作诉讼参与人。自 20 世纪中叶以来，随着被害人学的兴起，对于被害人研究的加强，人们逐渐意识到国家利益和被害人利益的交叉性，而非完全重合性，因而，被害人权利应被单独提出，同被告人一样受到尊重与保护。此外，证人由于知道案情，基于对国家的义务作证，享有人身安全受保护的权利，因作证而误工的工资以及差旅费等因作证而支出的费用，有要求补偿的权利等；鉴定人有了解与鉴定有关的案件材料的权利，特殊情况下拒绝鉴定的权利等，都应纳入刑事诉讼人权保护的视野。这里还必须指出，生活、工作、学习秩序的维护等社会一切活动的健康运行等，都属于社会人权重要的内容，一句话，人民大众权益的保障，国家职能顺利运行都是社会人权应有之意。也就是说，刑事诉讼中所保护的人权不应仅局限于犯罪嫌疑人、被告人免受国家权力侵害权，还包括被害人已受到犯罪侵害后的求偿权，其他诉讼参与人为安全、顺利履行诉讼义务而必备的权利，以及履行诉讼义务后导致利益受损的求偿权，一般公民享有的安全权、健康的生存环境权、工作权、劳动权、学习权乃至各项政治权利。

二、人权保障价值选择的必要性

刑事诉讼法人权保障的内涵从其主体上可分为社会人权与个人人权，有学者坚持社会人权与个人人权的均衡保护论，在某种意义上只是一种体现普遍法律价值准则的完美理想，很难在实践中实现。正如马克思·韦伯在其《社会科学方法论》中所指出的，科学上的中间路线，并不比右倾或者“左倾”的最极端的党派思想具有更多的真理性。如果无视令人不快的事实，不能在其全部现实性中认识生活实在，那么，科学的意义和作用最终将会荡然无存。[①] 并且，各种相互冲突的利益和价值体系所代表的力量平衡或均衡，始终是一个运动过程，是变化发展的，无论多么精确的法律都不可能科学地均衡各种利益冲突。[②] 理想与现实的差距使人们“鱼和熊

① 〔德〕马克思·韦伯：《社会科学方法论》，李秋雪、田薇译，中国人民大学出版社 1999 年版，第 54 页。

② 宋世杰：《刑事诉讼理论研究》，湖南人民出版社 2000 年版，第 400、401、410、412-415 页。

掌不可得兼”，迫使人们走上价值选择的道路。

（一）司法资源的有限性导致司法能力的局限性

刑事诉讼是国家投入高额成本追究犯罪的活动，其投入的物力、人力、财力等成本具有物质性，而其产出的司法公正、自由等价值具有精神性。任何一国在社会总资源有限的前提下，其司法资源也是受限的。司法资源为司法机关充分发挥其法定职能提供物质支持，司法能力之充分彰显需要充足的司法资源作保障。在有限的资源条件下，司法能力局限于一定水平。在司法能力不能同时同等地实现对社会人权与个人人权保障时，价值选择问题就凸显出来了。刑事诉讼中许多制度与规则的确立都体现了这种无奈的选择，如有关强制措施的规定。强制措施是公安机关、人民检察院和人民法院为保证刑事诉讼的顺利进行，依法对犯罪嫌疑人、被告人所采取的在一定期限内暂时限制或剥夺其人身自由的法定的强制方法，具有预防性、强制性、不稳定性、非惩罚性等特点。强制措施是在还没有产生生效判决之前，对涉嫌犯罪而可能被追究刑事责任的犯罪嫌疑人、被告人的人身自由进行限制和剥夺。虽然按照无罪推定原则和正当程序观念，个人只对已然行为负责，而不得对未确定的行为负责，但审前羁押是普遍存在于各法治国家的强制措施，并且基于保全证据的目的予以羁押，以保护侦查机关适当行使侦查权力、查明案件事实的正当利益的做法也已被广泛认可。[①] 这种对个人人权的合法损害是以已发生的犯罪行为对社会秩序的破坏以及对社会人权的保障为背景的，在侦查资源有限的条件下，这也是国家侵犯个人人权行为之可接受性的唯一依据。再如期间制度的设立，各个国家依据自己的司法承受能力给刑事诉讼的进行人为地设定期限也体现社会人权与个人人权保护的价值选择，虽然刑事诉讼程序的开启是对犯罪行为的回应，从根本上讲是为了维护社会秩序、保障社会人权，但诉讼期限的设立表明在司法资源有限的条件下，对社会人权保护的限制和对个人人权的关怀（特别在被追诉人被羁押时，表现更明显）。这种关怀说明刑事诉讼中的价值选择虽应当着重社会利益的思考，但丝毫不意味着忽视个

① 孙长永：《侦查程序与人权》，中国方正出版社 2000 年版，第 193-195 页。

人人权的保障，只是表明其价值选择是必须的。

（二）多元利益存在导致价值目标多向性

刑事诉讼是国家机关在诉讼参与人的参加下追究惩罚犯罪的活动，各主体利益的差别，使其在刑事诉讼中承担不同的职能，追求不同的目标。刑事司法活动所保障的利益是多方面的，其中受司法行为直接影响的利益主要有三种①：一是以维护社会安全和法律秩序为内容的一般社会利益。刑事诉讼法本身是源于控制犯罪的需要而出现的，控制犯罪是社会得以存在的必要手段，符合全社会的利益。受益主体的普遍性和利益内容的广泛性使得这种利益有巨大的价值，刑事诉讼必须全力去实现这一目标。二是作为被追诉对象的进入刑事诉讼过程中的犯罪嫌疑人、被告人的合法利益。既然犯罪嫌疑人、被告人不必然是犯罪人，所以刑事诉讼过程中，应充分让被追究刑事责任的对象享有应有的权利，维护其合法利益。三是受犯罪行为直接侵害的刑事被害人的利益。被害人是犯罪行为的承受者，是受到严重损害的个体，基于利害关系，招致比其他人更强烈希望国家追究惩罚犯罪，但其利益与国家公诉机关所保护的国家利益并不完全重合，呈一种交叉关系，具有相对独立性，因而注意保障被害人的利益，使被害人在刑事诉讼中享有当事人的地位和权利是必要的。以上三种利益分别由承担侦查、控诉、审判职能的国家机关，承担辩护职能的犯罪嫌疑人、被告人及其辩护律师，承担控诉职能的被害人及其代理人作为各自的价值目标而在刑事诉讼中求索。利益的差别所产生的国家、社会与个人以及个人与个人间的冲突必须由国家进行刑事诉讼所要达到的预期目标，即用刑事诉讼目的来评判，这样，刑事诉讼过程体现为一个对各种利益与目标进行权衡与取舍的过程。这个过程中，各种利益必然有所冲突，而在冲突时必须有所选择和兼顾，而不可能没有主次，所以刑事诉讼的价值追求只能在选择中定位。

三、社会人权与个人人权价值选择的依据

上述论证中说明刑事诉讼活动中的人权保障无法做到均衡发展，必须

---

① 宋世杰：《刑事诉讼理论研究》，湖南人民出版社 2000 年版，第 400、401、410、412-415 页。

有所选择与侧重，将什么作为保障的重点，就成为价值取向中的关键问题。那么，按照一般的逻辑思维规律，必然要研究其选择的理论依据。笔者认为，这个依据的确立，不能凭由主观喜好，不能盲目照搬外国的作法，而应作客观分析，即应按照刑事诉讼活动的内在规律，依据刑事诉讼法本身的质的规定性进行价值选择。

(一) 刑事诉讼法的公法性质

公法与私法的划分源自古罗马，按罗马法学家乌尔比安的观点，“有关罗马国家的法为公法，有关私人的法为私法”。这种划分一直沿用作今天大陆法系划分部门法的基础，公法与私法的区别，实可称为现代国家法的秩序之基础。[①] 英美法系国家没有公私法的划分传统，但这些国家的法学著述认同公私法划分的日渐增多。我国法学界长期以来一直对将法律区分为公法和私法持否定态度，其基本依据是列宁对这个问题的明确陈述。列宁在给德·伊·库尔斯基的信中说，制定新的民法，确定对“私人”契约的性质的态度……。我们不承认任何“私人”性质的东西。在我们看来，经济领域中的一切都属于公法范围，而不是什么“私人”的东西。然而在市场经济条件下，在重建社会主义市场经济法律体系的过程中，许多学者对此问题进行重新思考，认为我国有必要对法律体系进行公私法的划分。把法律体系要素分为公法与私法，是从社会经济生活的本源上进行的——公法与权力强行干预相适应，私法与市场自行调节相适应。公法与私法的划分和市场经济即自由经济有必然的联系，因此法律调整模式应当把公法和私法区分开来。从目前的情形来看，在学理上，公法私法之分已被一些法学研究者所使用。

公私法划分标准问题在民法法系里也是学说纷然，莫衷一是。“利益说”坚持乌尔比安的划分标准，按法所保护的利益是国家利益还是私人利益划分，凡保护国家公益的法为公法，保护私人利益的法为私法。“主体说”认为应以法的关系的主体为标准来划分，凡规定国家之间、国家机关之间或国家机关与私人之间关系的法为公法，规定私人之间关系的法为私

---

① 〔日〕美浓部达吉：《公法与私法》，黄冯明译，中国政法大学出版社2003年版，第3页。

法。还有“意思说”，认为应以法所调整的社会关系为标准来划分，凡规定国家与个体之间权力与服从关系的法为公法，规定个体之间相互权利和义务关系的法为私法。虽然公私法划分标准一直存在争论，但有关公私法问题已形成一些共识性观点。公法以国家为本位，调整方式以国家的强行干预为主，价值目标上偏重于秩序与安全，私法以个人为本位，调整方式以个人自行调节为主，以平等、自由为价值取向。

刑事诉讼的发生是以破坏国家统治秩序的犯罪行为的存在而引发的，刑事诉讼中存在国家与个人间的法律关系，并且这种关系是主要的法律关系，因而将规范刑事诉讼活动的刑事诉讼法划归公法范畴，这是没有争议的。按照公法的一般要求，刑事诉讼法应以保护国家社会公益、维护正常的国家生活和社会生活秩序不受妨害为目的，在人权保障的价值选择上，应确立社会人权优先原则。对于那种认为刑事诉讼应以保障被告人权为中心的主张是值得商榷的，因为作为保障国家政权之巩固、社会之稳定和人民生命财产之安全的刑事诉讼，在客观上不得不把社会秩序的维持、国家和社会的大局放在首位作为价值目标。人们必须记住，保护被告人权利不是刑事司法所要追求的唯一目标。刑事司法的目标是要让每一个人在日常生活中免除犯罪对人身或财产的侵害或由此带来的恐惧。而且，严重犯罪应该受到有效的侦查和起诉，这是符合每个人的利益的。同时对各方都必须公正。在一个刑事案件中，它要求法官考虑三角形利益关系，包括被告人、受害人或其家庭以及公众的利益定位。① 这些利益的总体可谓社会利益，即社会人权。以社会为本位应是刑事诉讼追求的本位，并以此作为其价值取向与选择。当然也应看到，所谓公法关系不外是团体与其构成分子间的关系，所以，双方的利益是共通的。即当某一方享有某种权利而对方负有与之相对应的义务时，那所谓权利亦不只是为着权利者的利益而存在，而是同时又为着保护对方的利益而存在的。……国家的权力就不单为国家的利益而存在；人民的权利，亦不单为着权利者本人的个人利益而存

① 姚永吉：《英国非法证据规则评介》，载何家弘主编《证据学论坛（第四卷）》，中国检察出版社 2002 年版，第 527 页。

在，而是同时完成国家的利益的。[1] 国家、社会与个人利益的共通性，使之在社会人权保障优先的前提下，兼顾个人人权保障成为可能，并且这也是两者的最佳结合点。也就是说，社会人权保障优先，并不排除对当事人特别是被告人权利的保障。

（二）人的社会性本质

刑事诉讼程序是为揭露犯罪、证明犯罪、惩罚犯罪而设立的，刑事诉讼法律关系的客体是被告人的刑事责任问题，涉及对人的处置，关涉人的生命、自由权等基本人权，因而刑事诉讼法的规定应以符合人性为其标准。

人性，即有关人的本性、本质问题，被认为是人类关于自身认识上争议最大的问题之一，古今中外先哲们著述甚多，在此不一一陈述。马克思有关人性问题的著名论断是，人具有自然性与社会性双重属性。人直接的是自然存在物，而且作为有生命的自然存在物，一方面具有自然力、生命力，是能动的自然存在物；……另一方面，人作为自然的、肉体的、感性的、对象性的存在物，和动植物一样，是受动的、受制约的和受限制的存在物，[2] 但是人不仅仅是自然存在物，而且是人的自然存在物，也就是说是为自身而存在的存在物，因而是类存在物。[3] 认为人的本质不是单个人的所固有的抽象物，在其现实性上，它是一切社会关系的总和。[4] 也就是说马克思认为人性中最根本的、作为人的存在和发展的规定性的是人的社会属性。而正是从社会性角度，即以人与人之间关系为视角，才产生人权问题。

个人与社会的关系在人的社会性问题中居于核心地位。马克思主义认为，个人和社会的具体关系是如下多层面的统一。科学世界观层面：个人是社会的个人；个人是社会发展的结果和产物；个人应按社会发展规律来活动；个人的一切活动是受社会条件制约的。价值观层面：个人创造社

① 〔日〕美浓部达吉：《公法与私法》，黄冯明译，中国政法大学出版社 2003 年版，第 3 页。
② 《马克思恩格斯全集（第 42 卷）》，人民出版社 1965 年版，第 167-169 页。
③ 《马克思恩格斯全集（第 42 卷）》，人民出版社 1965 年版，第 167-169 页。
④ 《马克思恩格斯全集（第 3 卷）》，人民出版社 1965 年版，第 5 页。

会；社会历史是追求目的的个人的活动历史。认识论辩证法层面：二者是对立的，各自具有自己存在的独特价值，彼此不能取代；二者又是统一的，个人是社会得以存在、表现和起作用的形式，社会是个人存在和发展（实现）的内容和本质。[①] 这样，从科学世界观层面来看，社会利益比个人利益更具有价值。而基于价值观层面，则个人利益是实现社会价值的动力，但个人行为在目的上是为自己，他必须力图使达到目的的手段即活动无害于社会，在活动中体现个人和社会的统一。问题是在实践中往往出现个人的利益与需求和社会的利益与需求之间相矛盾的现象，这是因为人从自然人发展为社会人，仍然保留自然属性，这种属性是带有野性的欲望，不受理性约束，其膨胀导致与社会利益的背离。当个人行为和社会要求发生冲突时，个人应服从社会，克服异化了的自然性，以实现人本质属性的回归。这不仅是人道的，反而是个人价值的最高实现。[②]

由此推及刑事诉讼法人权保障方面，应坚持社会人权保障优先，因为个人是社会的一部分，是个人权利社会化的结果，个人人权包涵于社会人权当中，是社会人权的有机组成部分，个人人权的保障受到社会条件制约，并取决于社会人权的实现程度，个人人权必须在社会人权获得保障时对个人才是有意义的，也就是说，个人人权必须在社会人权获得保障时才具有合理性，个人人权与社会相融的那一部分才是正当的，因而应将社会人权的保障作为价值选择的基本方面，这是谈论社会人权与个人人权关系的前提和基础。但是个人人权与社会人权也有矛盾冲突，犯罪即是在人的自然属性作用下产生的，是与人的社会属性相背离的，在冲突中，作为公法的刑事诉讼法必然要维护社会利益，抑制个人自然性的膨胀，贬斥和压制极端的个人主义，使其回归于社会。然而尽管个人人权与社会人权有对立的一面，但也不能忽视对个人人权的保障，因为个人是社会活动的主体，社会的最终目的是每个人，理想社会的最高成果和基本原则是每个人的全面而自由的发展以及建立在这一基础上的自由个性的实现。[③] 个人人

① 韩庆祥：《马克思主义人学思想发微》，中国社会科学出版社 1992 年版，第 65-73 页。
② 韩庆祥：《马克思主义人学思想发微》，中国社会科学出版社 1992 年版，第 65-73 页。
③ 《马克思恩格斯全集（第 1 卷）》，人民出版社 1965 年版，第 416、466 页。

权是社会人权的具体体现形式，社会人权从个人人权的享有与保障那里才获得价值认可，个人人权是社会人权的具体体现形式，没有个人人权也无从谈论社会人权，否则，一切社会人权都是空洞无物的，但是个人利益的存在只有在不危害社会利益的前提下，才允许其存在。也就是说，在保障社会人权的同时应兼顾个人人权。由于个人人权与社会人权存在统一之处，使得这种兼顾成为可能。

四、社会人权与被告人人权保障的协调

在社会人权与个人人权保障的价值选择问题上，我们坚持社会人权优先，兼顾个人人权。这种选择不但是合理的、可行的，也是我国社会主义法的社会性质决定的。它体现了我国的人民性本质，也反映了我国经济基础的要求，但其中不是没有任何冲突的。兼顾中必然涉及协调问题，特别是社会人权与被告人人权的保障的协调仍值得继续研究。如前述可知，虽然个人人权与社会人权有对立与冲突的一面，但也有统一的一面，个人人权与社会人权在质上并不相互否定与排斥，在两者的协调问题上笔者提出以下原则：

（一）共同抑制原则

权利冲突是美国法律经济学家、诺贝尔经济学奖获得者科斯的一个重要发现。在权利冲突时，法律应当按照一种能避免较为严重的损害的方式来配置权利，或者反过来说，使这种权利配置能产生更大的总体社会效益。因此，在一个利益多元化的社会，一种社会政策必然是相互冲突的利益调和、妥协的结果。根据我国刑事司法的实际条件和现实可能性，在实际选择价值取向时，应避免走极端而不注意平衡、协调的思维定式。当社会人权与被告人人权的保障难以同时实现时，往往需要通过冲突某一方或双方的相对牺牲或割让来实现，一方面，为了实现社会人权的保障，追究犯罪，有必要根据法定程序和正当理由限制被告人个人的某些权利；另一方面，为维护被告人的合法权益，国家司法权力的运作也应有所限制和制约。如除美国外的英美法系其他国家和大陆法系国家，对于非法取得的物

证可采性的问题上基本上持肯定态度，即认为非法取得的物证经查证属实后可以作为定案的根据，而不简单地因为非法取证行为侵犯了被追诉人的人身权或财产权否定其证据能力。但对于非法取得的口供的可采性，几乎所有国家都持否定态度，又着重体现了对被告人个人人权的关怀。可见，在刑事诉讼中，为解决价值冲突而作出相对的牺牲或割让是正常的，是必不可少的，我们应当理解并容许这种牺牲或割让。这是刑事诉讼领域所呈现的价值多元和价值共存的必然结果。

（二）动态平衡原则

合理的刑事诉讼人权保障体系应因时因势注意国家刑事政策的调整，保持适当的张力。引起国家刑事司法政策变动的基本因素，一是犯罪率的高低和趋势，二是国家司法权力行使的妥当性程度。一般而言，在刑事犯罪猖獗，法律秩序受到严重威胁，公众普遍缺乏安全感时，应扩大司法权，强化司法手段，简化诉讼程序和手续，缩短某些诉讼期限，以提高效率，达到控制犯罪、保障社会人权的目的。反之，在社会秩序较为稳定时期或在滥用国家权力现象较为严重时，在关注政府权力运用合理性，保障社会人权时，应加强个人权利的保护措施，注重保护司法过程中的个体利益。总之，合理的人权保障体系的弹性，应真正符合政治、经济、文化等因素变化时统治阶级的根本利益和需要。

（三）权衡原则

一旦社会人权与个人人权的保障不能同时实现，为摆脱二选一的困境，必须对两者进行权衡，以便作出抉择。为避免权衡时的极端倾向，在权衡时至少要遵循以下几项要求：首先，应将不冤枉无辜作为一项绝对的价值目标。刑事审判的理想结果固然是不枉不纵，使有罪者受到审判和适当的处罚，使无辜者免受追究并尽快洗脱嫌疑。但在不枉不纵难以同时实现时，应当以不枉作为首要的选择，现行刑事诉讼法因此确立了疑罪从无原则，这是对惩罚无辜和放纵犯罪这两种不公正结果进行利益估量和平衡的结果。其次，严格遵守国际公认的最低限度基本权利保障标准。这些标准一般都是以具体权利保障规则的形式存在于一系列由联合国通过的国际法律文件中，它们超越了各国政治、经济、文化、法律传统等因素的多样性和特殊性，体现了各国共同的伦理价值和目标，普遍适用于各国刑事司法并完全符合正义，使被追诉者受到最大限度的公正对待。最后，权利保障保持适当的限度。个人不是国家和社会的附庸，而是具有独立人格尊严和道德主体资格的实体。因此，国家不得以个人利益为代价获取法治社会的秩序和安宁，然而，无论是立法者还是司法者，都不能为了保障个人人权而不计任何后果和代价，以至于使国家的根本利益受到不必要的牺牲。为了确保国家刑事司法权的正常行使，公民的权利有时应受到适当限制。

（四）合法性优先原则

这是一项具体应用于司法过程的操作规则。合法性优先的实质根据是国家对某些社会价值的尊重，其根据是国家的法制原则——任何执法行为必须以法律为根据。既然立法者已经进行了权衡利弊的法律性选择，那么司法者在现实冲突面前，就应当选择法律程序。如果诉讼不具有法律理由，并且不依照法律规定的程序和要求进行，实际上就是司法者对立法者意图的一种否定。在司法实务中，抛弃合法性优先原则的做法，其实质就是默认司法者的选择高于立法者的选择，这显然是违背现代法治原则要求的。在我国，我们以为不只是一种选择问题。立法是整体意志的体现，而司法是个体性的执行，由具体司法者个人或几个人去作决定，和法律属于全体人民的代表意志是有质的区别的，所以，司法时必须遵循合法性优先原则。

上述这些原则为刑事诉讼中人权保障的协调提供了基本的参照，但并未具体解决协调问题，具体的协调还必须在运用上述原则的基础上进行具体分析，妥善解决。

原载《河北法学》2005 年第 7 期，与彭海青合著

论刑事诉讼中权力因素及其权力与权利的整合

——刑事诉讼法再修改之理论新视角

刑事诉讼活动是主宰司法权的国家机关在诉讼参与人的参加下进行的一种旨在正确解决刑事案件并合法地追究被告人的刑事责任的司法活动。这里面存在权力与权利的交织，需要实现权力的制约与追求刑事责任的正当性，正确处理好这一问题必须妥善地对其进行整合，并通过诉讼程序这一杠杆作为载体，平衡、协调其相互关系，以最终实现对当事人权利的保障和对犯罪的追究。

一

权力是人类社会发展到一定历史阶段的必然产物，它总是以不同的形式存在于各种社会形态之中。对于权力这一概念，古今中外的学者都有不同的看法，有学者认为，英文中的权力（power）一词来自法语（povir），后者又源自拉丁文 potesas 或 potertia，意指能力。而在拉丁文中，这两个词的词根 potere 是“能够”的意思。伯兰特·拉赛尔认为“权力可以被定义为意图结果的生产”，哈罗德·拉斯韦尔宣称“权力乃是参与决策”，而马克斯·韦伯则认为，权力乃是这样一种可能性，即处于某种社会关系内的一个行动者能够不顾抵制而实现其个人意志的可能性，而不论这一可能性所依赖的基础是什么。[①] 我国法理学者周永坤教授曾将权力定义为“权

① 〔美〕E. 博登海默:《法理学：法律哲学与法律方法》，邓正来译，中国政法大学出版社 2004 年版，第 357 页。

力是合法确认和改变人际关系或处理他人财产或人身的能力"[①]。不论人们如何定义权力，有一点是为人们所认同的，那就是权力总是包含着"支配"和"服从"之意。权力乃是由特定主体（国家、组织及个人）在其法律认可的职责范围内拥有对社会或他人实现管理需要的强制力量和支配力量，是一方凭借其所控制和支配的，而另一方所必需的某些社会资源，实现单方面确认和改变人际关系、财产关系与其他支配关系的能量和能力。通过对上述权力概念的界定，我们可以看出，权力具有以下特点：

（1）权力乃是一种强制能力，权力（power）一词在英文中本来就有能量、能力之意，将权力视为能力是其应有之意，但不是一般的能力。

（2）权力是以社会资源为基础，社会资源不仅是权力行使的对象，同时也是权力行使的载体，权力的行使是以社会资源的存在和对社会资源的控制为前提的，没有社会资源、权力将无从行使。

（3）权力以保障和增进社会公益为目的，将权力理解为"国家的统治阶级为了实现其阶级统治职能而享有的一种能力"固然正确，但我们也应当看到，国家具有阶级统治职能和社会管理职能，权力也具有双重性，一方面保障和促进社会公共利益得以顺利实现，另一方面维护阶级统治的秩序。

（4）权力是以等级特权为内核的，也就是说，权力关系在本质上讲，是一种不平等的关系，是一种命令服从的关系，它不像权利的行使具有平等性，总而言之，权力是管理国家、履行国家管理职能所必需的，虽然国家职能的行使，可能因对其赋予过大的能量，而有可能对权利构成某种损害，但这并不能否认权力的存在价值，国家权力是基于社会管理秩序维护的需要而存在的，若无权力，管理国家将无从进行，社会秩序将一片混乱，公民的权利也就无法得到保障了。

可见，权力是柄"双刃剑"，我们所要做的不是否认或惧怕权力，而是应当通过建构一系列的原则、制度，来保证权力的正确合理运用，从而减少对权利威胁或侵害。权力是一种巨大的能力或能量，因而有时候权力

① 周永坤：《法理学——全球视野》，法律出版社 2000 年版，第 240 页。

主体的自由与意志甚至可以凌驾于法律之上，使法律成为权力主体行使权力的工具，正如孟德斯鸠所说的：“一切有权力的人都容易滥用权力，这是万古不易的一条经验，有权力的人们使用权力一直到遇有界限的地方才休止。”正是基于权力可能被滥用的危险考虑，我们应当对权力予以监督与制约。

“权力”作为法学中的一个重要概念，在刑事诉讼理论中鲜有论及，其实，正确地认识和把握权力的概念、性质及其特征，正确地分析研究刑事诉讼中的权力因素，通过权力与权利的整合，加强对权力的监督和制约，对于惩罚犯罪、保障人权的刑事诉讼目的的实现，对于刑事诉讼结构模式的合理设置都具有极其重要的意义。

二

权力乃是特定的主体所享有的一种强制性能力，一般是以武装力量等强制力为后盾的。在刑事诉讼中权力主要表现为侦查权、公诉权、审判权和监督权。需要特别说明的是，作为权力的表现形式之一的国家权力，常常被人们误认为或者等同于行政权，对此观点笔者不敢苟同，一般意义上而言，司法权同样具有权力因素，其与行政权在本质是同质的，而且诉讼的运作过程，亦是以权力为主线的运作过程。

（一）侦查权

侦查是刑事诉讼的一个基本的、独立的诉讼阶段，是公诉案件的必须程序。我国《刑事诉讼法》第 82 条第 1 款[①]对“侦查”下了明确定义，“侦查”是指公安机关、人民检察院在办理案件过程中，依照法律进行的专门的调查工作和有关的强制措施。侦查权则是由法律规定的主体（主要包括公安机关和人民检察院）为了实现查明案件事实真相的目的，从而依法所享有的一种权力。长期以来，我国学者对侦查权的性质有所争论，主要存在“行政权”说和“司法权”说。前者认为，侦查程序在相当大的

---

① 本文所引用《刑事诉讼法》条文，如无其他说明，均指 1996 年修正的《刑事诉讼法》条文。——编者注

程度上不同于司法程序，它不容易受到法律的约束和控制，侦查机关有权在法律规定的限度内依职权主动进行侦查，并享有广泛的自由裁量权。后者认为，侦查机关的侦查行为应当尽可能地做到客观公正，并且要受到法律的严格约束，因为毕竟侦查关系到处罚犯罪、保障人权等一系列重大的问题，其虽然不能和审判程序同等对待，但仍可视为一种类似的司法活动。笔者认为，侦查权是一种兼有司法权和行政权性质的权力。对于侦查权的性质问题，学术界已多有论述，且不属于本文探讨的范围，所以在此不多赘言，笔者在此要讨论的是，无论侦查权被视为一种什么性质的权力，其权力属性是不容抹杀的，认识这一点是至关重要的，侦查权作为一种权力，也具有权力的一般属性，因而也极易被滥用，这在刑事诉讼中的后果是极其严重的，如发生超期羁押、刑讯逼供，还有国家司法机关工作人员利用职权的其他违法犯罪活动。

（二）公诉权

公诉制度是国家追诉犯罪的一种法律制度，是人类诉讼走向文明的标志。公诉权是国家在刑事诉讼中行使的诉权，是国家以法律形式赋予检察机关的，代表国家并依照法律规定所行使的诉权，检察机关通过审查决定起诉、提起公诉和支持公诉来行使公诉权，关于刑事公诉权的性质，有学者提出可以主要从以下三个方面把握：（1）公诉权是一种司法请求权，包含审判发动请求权和有罪判决请求权两项内容。（2）刑事公诉权是一项犯罪追诉请求。（3）公诉权是一项具有专属性的法定职权①。还有学者认为，公诉权产生的制度诱因有三：第一，国家权力体系内部的科学分工，是公诉权得以产生和发展的制度基础；第二，司法独立原则的确立，是公诉权得以产生和发展的制度保障；第三，控审分离原则的实施，是公诉权制度得以产生和发展的直接动因，并且认为公诉权赖以存在的价值基础是人类社会进行民主法治的历史选择。首先，国家设置公诉权是基于权力分工的考虑，且公诉权的设置本身已超出代表国家追究犯罪活动之本意，更多的还有监督公安机关权力行使的目的，因为国家在侦查与审判之中加上一个

① 龙宗智：《相对合理主义》，中国政法大学出版社 1999 年版，第 117 页。

公诉，起着承前启后的作用，“承前”是对公安机关移送审查起诉的案件进行初步过滤。对于符合法定条件的给予“放行”，并移送法院起诉，此乃“启后”。可以说，公诉是刑事诉讼中的重要一环，对于刑事诉讼程序功能的发挥起着举足轻重的作用。另一方面，我们也不能忽视公诉权作为一种权力，亦具有权力的一般属性，亦应当对其予以监督和制约，否则，就相当于割断了侦查—起诉—审判的链条，刑事诉讼活动也就无法正常有序地开展，且往往后果是很严重的。在我国目前的体制下，恰恰检察机关的公诉权往往被忽视，通常是由检察机关自我监督，监督的力度不大，效果自然不好。另外我们还要注意的是，有学者将公诉权分为消极公诉权和积极公诉权。积极公诉权是人们一般意义上理解的公诉权，即起诉决定权。消极公诉权包括法定不起诉、酌定不起诉和证据不足不起诉，其亦是行使公诉权的表现，亦不应为我们所忽视。总之，在我国现阶段，重新审视公诉权，正确地认识和处理刑事公诉权中的权力因素，依然具有重大的理论意义和现实意义。

（三）审判权[①]

审判权实际为一种定罪量刑处罚权，是国家赋予一个中立的机关以裁决权，对其认为有罪的人通过一定的程序给予制裁并对认为无罪的人给予确认的权力。从刑事诉讼的发展上来看，在纠问式诉讼模式下，实行控审不分，且行政权与审判权也是合二为一的，一个地区的地方官既是该地区的行政长官，也是司法长官；在中央高度集权的模式下，皇帝拥有至高无上的权力，对万民苍生享有生杀予夺之大权，集立法权、司法权、行政权于一身，因而从中央到地方，都是处于一种权力不分、高度集权的状态，这样一来，不但不能保证这种权力合法有序合理地进行，更极易导致权力滥用，且更会对公民的权利造成不应有的侵害，因而在这样的体制下，官吏昏庸腐败，人民怨声载道，甚至揭竿而起就不足为奇了。笔者分析，造成上述情况的症结在于权力缺乏制衡，没有对审判权中的权力因素作出科

① 从广义上理解审判权，亦应包括执行权在内，但由于本文的篇幅及笔者的水平有限在此不作探讨。

学的判断，没有形成一整套有序的权力制衡体系。审判权虽为一种司法权，但其本质上仍是权力，亦是以国家强制力保证实施的权力。西方三权分立的学说，将国家权力分为立法、司法和行政三方面的权力，为的是保证各项功能的发挥，防止其权力滥用，但三权分立后的三项权力虽然从整体上起到了分权制衡的效果，各项权力尤其是司法权内部仍缺乏制衡，不能保证该权力合理合法行使，虽然我国诉讼法学界对于审判权从微观上作出了许多卓有成效的探索，并为司法实践的良性运作提供了智力支持和理论准备，但从宏观上，从权力制衡的角度上分析把握该问题仍处于“真空”状态，笔者对此在下文拟作详细探讨。

（四）监督权

法律意义上的监督权是指有关的权力机关依照一定的程序对司法权的行使情况给予监察督促的权力，具体在刑事诉讼中而言，包括侦查监督权、起诉监督权、审判监督权及执行监督权。从监督的形式而言，可以分为外部监督权和内部监督权。外部监督权主要是指检察机关对于公安机关、法院及执行机关的活动给予监督。如对公安机关不立案的监督，对法院的审判监督，对执行机关的执行监督等。内部监督权主要是各侦查机关、检察机关、法院及执行机关的自我监督，主要是以自我纠正的形式来实现，虽然不像外部监督那样有效，但在我国现阶段仍不失为一种重要的监督形式。值得注意的是，监督权本身就是一种极大的权力，但其又有自身的特殊性，我们在考察监督权时，既要注意监督权作为权力的一般属性，又要注意其特殊性，将二者有机地结合起来，以保证监督权效果的最大限度发挥。首先，监督权作为一般意义上的权力，具备权力的一般属性，亦极易被滥用，如目前我国学界讨论较多的“谁来监督监督者”的问题，如何较好解决该问题，笔者认为，应从权力制衡的视角重新审视。监督权的滥用因其自身属性也不同于其他权力的滥用，如其较多的是以消极的不作为的形式出现的。另外，一般来说监督权的实现是通过法定机关的监督执法活动来实现的，但也有例外的情况，即通过间接的方式如个人通过申诉、上访、控告等方式发起的，经法定监督机关审查认为符合法定条件而启动监督程序，监督权从其本质上讲，是第二性的权力，即保护性权力，其效果的发挥有赖于程序的合理设置、权力的适当配置以及相关制度的完善。

三

在人类社会历史的长河中，权力与权利是同时产生和存在的，法定公民（国民）权利与国家权力随着私有制、阶级、国家和法律的出现而同时出现，并趋于不同方向发展。权力始终是强者的象征，趋向扩张；而权利则是弱者的呐喊，一直处于被压制状态，两者具有不同的价值追求，但从实质上来看，权力也并非完全独立于权利之外的东西，其实，权力乃是权利之衍生物，国家权力的存在是以维护一定阶级、集团和人们的权利为前提的，它是以公民的权利为中介对社会经济关系的集中反映，另外，按照西方社会契约论的观点，权力乃为权利之集合，国家全体公民将手中的权力让渡一部分交给一个自己信任的机关——政府行使，这部分权利的集合即为国家权力。权力具有易腐性，极易被滥用，滥用的结果就是对公共秩序的破坏，对人权的严重侵犯。欲防止权力滥用，有学者提出“以权力制约权力”的观点，并认为其逻辑起点是：我国是社会主义国家，一切权力属于人民，国家权力是由人民赋予的，掌权者是人民的公仆，“以权力制约权力”是制约的唯一模式，认为权力与权利不存在对等的法律地位，或缺乏必要的手段和能力，难以保证控制的强制和力度。[①] 笔者认为，上述观点有失偏颇，首先，权力固然具有强制性，权利与之相较确实地位不平等，但这并不意味着权利在权力面前是束手无策的，如果是这样的话，那么任何赋予公民权利的行为与想法都是徒劳的，因为权利不能左右权力的行使。其次，权力是可以通过权利给予监督与控制的，如可以通过设置一定的程序，规定程序参与者对于权力者的裁决不服可以提出异议，要求有关机关给予纠正。另外，笔者还认为，单一模式即“以权力制约权力”模式不足以制约权力，应建立“以权力制约权力”结合“以权利制约权力”

① 李谕宝：《论权利与权力》，载《黑龙江省政法管理干部学院学报》2003 年第 4 期。

的“双向模式”，加之其他相关因素考量，真正建构成“双向一体多层次”的权力监督体系。

所谓“双向一体多层次”的权力监督体系，是指通过整合权利与权力两个方面并形成从直接到间接、从顺向到逆向、从实体到程序的多层次、全方位的权力监督统一体，其哲学基础是联系的观点、矛盾特殊性的观点及世界物质统一性的观点。经过上述整合，可初步实现权力的合理合法行使，权利的有效维护，从而在诉讼中彰显其功能，实现“双赢”的诉讼目的。

（一）权力对权力的制衡

通常认为，权力对权力的制衡是最为有效的，正所谓“以毒攻毒”，但不容否认的是，这种从上而下的监督方式亦有其难以克服的缺点，即很难及时地发现问题并予以纠正，因而也需要权利的配合方能取得较好的社会效果。具体到刑事诉讼中而言，权力监督制约权力主要是通过侦查权、起诉权、审判权及监督权的相互制约实现的，即起诉权制约侦查权，审判权制约侦查权及起诉权、监督权制约侦查权、起诉权和审判权。另外，需要指出的是，任何程序的设置都离不开一定机构的设置，笔者的所谓“双向一体多层次”的权力监督体系同样需要有一个专门机关的设置，该机构我们可以把它命名为“法律监督委员会”，该机构由公、检、法机关选派若干精干人员并由法学专家学者兼职指导或担任顾问。该委员会可设置在法院，但在财政上和人事任免上要完全独立于法院，并直接向上级人大负责并报告工作，受人大监督。有了法律监督委员会的存在，就能保证权力监督体系获得良性的发展。

1. 起诉权对侦查权的监督

对于这一问题我国诉讼法学界早有争论，即所谓的“检警一体化”问题。基于诉讼职能的同向性，从理论上讲，检察机关领导侦查机关从事案件侦查活动是可能的。起诉权监督侦查权可以引导其向正确的方向发展，防止盲目、任意侦查所带来的种种弊端，保证诉讼活动顺利、正常、有序地进行。但仍应注意两个问题：其一，起诉权可能妨碍侦查权的行使，因为相对于破案能手的侦查机关而言，检察机关算是外行，这样一来，若是检察机关任意妄为，就很有可能影响案件的侦破。其二，检察机关有可能会基于其地位和利益考虑，将本应提请公诉的案件作为不起诉处理，从而不利于惩罚犯罪目的实现。

2. 审判权对侦查权、起诉权的监督

审判权对侦查权的监督，西方国家采取令状主义的方式，通过预审法官审前介入侦查程序来实现，其目的是将审前程序改造为一种诉讼化模式，提供一个中立的裁判者居中审裁，有利于更好地维护犯罪嫌疑人的合法权利，防止侦查机关滥用权力。笔者认为，可以建立一个法律监督委员会（前文已述及）专司司法审查职能，在审前程序更多地吸收当事人主义因素，更好地保证实体正义及程序正义的实现。而审判权对起诉权的监督是通过审查是否给予开庭审查以及是否支持起诉的内容来实现。审判权的职能就是防止不当的起诉或告诉进入审判程序，使不该遭受审判的人免受审判的危险，并对有罪的人通过合法程序给予定罪处刑。然而，审判权作为一种权力亦需要监督，我国目前主要是采用审判监督和申诉程序来实现监督，笔者认为这是远远不够的，因为从根本上讲，上级法院或检察院提起的审判监督程序，都是一种自我监督，在程序上未纳入诉讼化模式，很难保证结果公正，而其他外部监督如人大的监督又过虚过空，在实践中往往流于形式，亦很难起到监督的效果。因此，笔者试图在构建一个专门法律监督机关——法律监督委员会的前提下，通过对权利与权力的整合，设置一种合理的权力运行程序，以保证监督效果的最大限度发挥。

3. 监督权对侦查权、起诉权和审判权的监督

建立法律监督委员会，将监督权完全赋予法律监督委员会，检察机关专司公诉案件的侦查、起诉，将其诉讼职能单一化，从而保证其更好地履行法律赋予的职责。

法律监督委员会对侦查权的监督主要是通过发布司法令状来实现的。对于侦查机关提请拘留、逮捕案件，如法律监督委员认为符合法律规定的案件，有拘留、逮捕之必要，可以签发令状，否则不予签发令状，侦查机

关应当立即将犯罪嫌疑人释放。侦查机关或犯罪嫌疑人对法律监督委员会的决定有异议，可以申请复议或向上级法律监督委员会申请复核。

法律监督委员会对起诉权的监督，主要是对于那些侦查机关移送检察机关起诉的案件，若检察机关不起诉，法律监督委员会经审查认为应起诉的，应通知其起诉，检察机关应当作出起诉决定，或提出复议或复核。

法律监督委员会对审判权的监督，主要是通过赋予其提起审判监督程序之主体资格来实现，我国目前审判监督权只能由本级法院院长、上级法院和上级检察院提出，很难保证错案被及时发现和纠正。赋予法律监督委员会以启动审判监督程序之主体资格，即是对于其认为错判漏判（包括事实认定错误、法律认定错误，程序违法）的案件，有权指令其重新组成合议庭进行审判。

通过上述权力对权力的制衡与整合，可基本实现我国刑事诉讼程序改造之目标，但问题在于如果法律监督委员会发生渎职或腐败等情形或者未能及时发现权力机关的违法行为，那么权利该如何保障呢？因而这就需要通过权利与权力的整合来实现。

（二）权利对权力的制衡

一般而言，权力对权力的制衡是一种顺向的、直接的监督权力运行的方式，相对而言，权利对权力的监督是一种逆向的、间接的方式。然而，一种直接的、单一的监督方式不能满足充分保障权利、制约权力滥用的目的，因而，笔者试图从实体和程序两个方面赋予权利主体，即犯罪嫌疑人，被告人及被害人以充分权利并纳入一种诉讼化模式中，从而实现权力监督双向化、层次化和有序化。

1. 完善实体权利

权利主体在刑事诉讼中的实体性权利主要有：

（1）有限沉默权。权利主体在侦查、起诉、审判程序中应享有沉默权，但沉默的权利应当是有限度的，在某些犯罪指控下，如巨额财产来源不明罪，犯罪嫌疑人、被告人应当有举证责任，是为沉默权之例外。

（2）自决权。按照联合国《经济、社会和文化权利国际公约》第一部分第1条之规定，所有人民都有自决权。他们凭这种权利自由决定他们的政治地位，并自由追求他们的经济、社会和文化的发展。① 自决权在刑事诉讼中意为权利主体有自己决定与其人身、民主权利有关的其他重大事项的权利以及不受非法和不当干涉的权利。

（3）物质帮助权。物质帮助权是指权利主体因家庭生活等原因而无力承担诉讼费、律师辩护费等费用时，国家有义务给予适当减免，并指定承担法律援助义务的律师服务，以保证其获得公正的待遇。

（4）平等资格权。联合国《公民权利和政治权利国际公约》第三部分第14条第3款规定，在判定对他提出的任何刑事指控时，人人完全平等地有资格享受以下的最低限度的保证：（甲）迅速地以一种他懂得的语言详细地告知对他提出指控的性质和成因。第16条规定，人人在任何地方有权被承认在法律面前的人格。② 权利主体享有平等资格权是其获得公正待遇的前提，亦是权利主体享有的实体性权利之核心，是由实体权利向程序性权利转换的重要联结点，只要权利主体在刑事诉讼程序中认为其获得了不公正的待遇，其都有权提出异议并要求有关机关给予纠正。

2. 强化程序性权利

权利主体在刑事诉讼中的程序性权利包括：

（1）程序启动权——异议权。权利主体在刑事诉讼程序的任一阶段认为有被不公正对待之嫌疑，均可向该主体机关或法律监督委员会提出异议，由此启动救济程序，即赋予权利主体以异议权，该项权利能启动救济程序。这是权利对权力监督体系中具有决定意义的一环。

（2）程序选择权。权利主体应有选择权，即有权自主决定以什么方式参与到任何诉讼程序之中的权利。在此，意大利刑事诉讼法中的特别程序可予借鉴。意大利刑事诉讼法规定了五种特别程序③，均是针对不同情况

① 〔加〕杨诚、杨宇冠：《联合国人权公约和刑事司法文献汇编》，中国法制出版社2000年版，第110页。

② 〔加〕杨诚、杨宇冠：《联合国人权公约和刑事司法文献汇编》，中国法制出版社2000年版，第193页。

③ 卞建林、刘玫：《外国刑事诉讼法》，人民法院出版社2002年版，第313页。

给予当事人以选择权之典型。当事人可以自主决定认罪并放弃一部分程序性权利，以求获得快速审判的权利，美国的辩诉交易也是这样一种程序选择权的表现方式。

（3）程序参与权。权利主体有权参与到与自己切身利益有关的程序之中的权利。如在审判阶段，人民法院采用书面审理，若当事人认为这样会使其陷于不利的局面，可以要求法院采用开庭审理的方式，法院应当予以满足。程序参与权另外一项重要涵义就是律师参与权，因为当事人的权利主要靠律师维护，赋予律师在场权、程序参与权可更好地维护权利、制约权力。

3. 通过权利的行使，制约权力的运行与滥用

在诉讼中充分发挥诉讼参与者的权利，使权利运用的轨迹与权力运用并行，并制约权力滥用，使权力正确地发挥其功能防止权力侵犯公民权利，保障刑事诉讼活动正确有效地运行，充分发挥程序的功能，克服权力的扩张，使诉讼活动实现民主化、现代化，以确保司法公正的实现与诉讼活动运作的科学性。

综上所述，笔者在对刑事诉讼中权力因素进行考量和深入剖析之后，结合我国司法实际，以权利与权力的整合为视角，试图为学界提供一种新的理论视角——权力视角，并提出管窥之见，进一步确立权力在诉讼中保障当事人人权的功能，引导诉讼运行方向，准确裁判是否犯罪与实现刑罚权，有效地实现诉讼双重目的，完成刑事诉讼任务。为此，必须建立一种“双向一体多层次权力监督体系”以解决我国刑事诉讼法理论与实践中的难题，希冀有助于刑事诉讼法之修改与完善。

原载《湘潭大学学报（哲学社会科学版）》2005 年第 1 期，与彭海涛合著

刑事司法改革制度探索

论律师对刑事被告方诉讼的介入

修改后的《刑事诉讼法》对于律师介入刑事被告方的诉讼活动方面的规定作了很大的变更，使得律师参与刑事诉讼时间提前，其活动的内容和法律地位与原来有许多不同，在理论和实践上对其探讨很有必要。

一

律师介入被告方的刑事诉讼活动，按照我国刑事诉讼法的规定存在一个逐步深入的过程。在这个过程中显示出它与律师参与民事诉讼和行政诉讼不同的性质，因而有其特殊性。对这种特殊性进行理论探索，以实现对其规律的认识是十分必要的。

律师参与刑事诉讼过程是随着诉讼的发展而渐进展现出来的，不仅在时间上显示出阶段性，在内容及其作用上也是不断丰富和强化的。

（一）介入时间的阶段性

根据《刑事诉讼法》第 96 条、第 33 条[①]等条款规定，律师作为被告方的诉讼参与人介入刑事诉讼时间可分为以下三个阶段：① 犯罪嫌疑人在被侦查机关第一次讯问后或者采取强制措施之日起，可以聘请律师为其提供法律咨询、代理申诉、控告。② 公诉案件自移送审查起诉之日起，犯罪嫌疑人有权委托辩护人。自诉案件的被告人有权随时委托辩护人。③ 在起

① 本文所引用《刑事诉讼法》条文均指 1996 年修正的《刑事诉讼法》条文。——编者注

诉时没有委托辩护人的被告人，人民法院可以为其指定承担法律援助义务的律师为其提供辩护。以上规定表明对律师介入时间的阶段性是针对公诉案件而言的。自诉案件受理主体是单一的，而且自诉人有权随时委托辩护人，因此就不存在阶段性。所以，律师介入刑事诉讼的阶段性表现为侦查阶段、起诉阶段、审判阶段。不同阶段介入的程度是有区别的，而且律师介入诉讼和辩护人参与诉讼的时间及其含义并不相同。因为律师介入侦查不是以辩护人身份介入的，并且非律师人员不能接受聘请和委托。

（二）介入内容的渐进性

律师介入诉讼不但在时间上显示出阶段性，而且在内容上也是具有渐进性的，并且这种阶段性又是以内容的渐进性为依托的，即内容的渐进性需要在时间的阶段性上表现出来。也就是说，没有内容的渐进性就无所谓时间阶段性问题，没有时间的阶段性，就难以显示其内容的渐进性。我们从法律条文的规定中就可以看出这两个特征之间的联系，现具体分别进行分析：

在侦查阶段，《刑事诉讼法》第96条规定犯罪嫌疑人在被侦查机关第一次讯问后或者采取强制措施之日起，可以聘请律师，为其提供下列服务：① 为其提供法律咨询，代理申诉、控告；② 可以为其申请取保候审；③ 律师有权向侦查机关了解犯罪嫌疑人涉嫌的罪名；④ 可以会见在押的犯罪嫌疑人，向其了解有关案件情况，并在特定的情况下对律师上述行为作出了法定的限制性规定。

在起诉阶段，律师可以辩护人身份参与诉讼。除了继续享有在侦查阶段的权利外，还可以查阅、摘抄、复制本案的诉讼文书、技术性鉴定材料，可以同在押的犯罪嫌疑人会见通信（而且没有侦查阶段的附加条件），还可以自行收集与本案有关的材料，申请人民检察院调取证据。

在审判阶段，律师除了享有上述阶段所有的权利外，还可以查阅、摘抄、复制本案所指控的犯罪事实的材料；可以申请人民法院调取证据和通知证人出庭作证；可以参加法庭审理，并在庭审中享有举证权、质证权和辩护权等。由此可见，律师介入刑事诉讼是逐步深入的，审判阶段才达到完整和充分的程度。

（三）权利享有的法定性

辩护人享有的各项权利皆由刑事诉讼法及有关法律和法规确定，辩护人在诉讼中的活动不得超出这些规范，因此，辩护人的权利具有法定性。根据法律规定，辩护人的基本权利有如下几个方面：① 有权依法独立进行辩护，不受委托人和指定机关约束，不受非法干涉；② 自担任辩护人之日起有权向检察机关查阅、摘抄、复制本案所指控的犯罪事实的材料；③ 有权同在押的犯罪嫌疑人、被告人会见和通信；④ 有权按照法律规定向有关单位和公民个人进行调查访问；⑤ 有权参加法庭审理，进行质证和辩论，并申请调取新的证据和通知新的证人到庭作证；⑥ 经被告人同意，可以提出上诉。上述这些权利是法律为辩护人充分行使辩护权而设置的，同时法律为防止辩护人滥用辩护权也对其行使辩护的方式及其范围作了限制性规定，设置了禁止性条款。其触犯法律的，须承担法律责任，直至追究刑事责任。

（四）行使职能的单一性

辩护人是犯罪嫌疑人、被告人的合法权益的专门维护者，因而其行使的职能具有单一性。也就是说，根据法律规定，辩护人只能从有利于维护犯罪嫌疑人、被告人的合法权益出发，提供有利于他们的材料和意见，驳斥指控，而不能兼有别的目的。所以尽管辩护人应忠于事实和法律，但这种忠于事实、法律应在诉讼中“公平”地进行辩护、不偏不倚的观点是不对的，这只能是法院的立场。所以作为辩护人只要认真根据事实和法律维护被告人合法权益，就是忠于事实和法律的表现，就尽到了自己的职责。

（五）法律效应的多重性

辩护人参与诉讼履行辩护职能，但其法律效应是多方面的。这种综合效应主要有：① 通过辩护维护被辩护人的合法权益，使法律保护被告人合法权益得以实现；② 通过辩护对司法机关能起到法律监督作用，对正确执法有积极意义；③ 辩护活动本身有利于调动各方面积极性，实现诉讼的民主；此外，对于开展法制宣传教育、扩大社会影响、预防犯罪具有重要的意义。所以，辩护的效应是多方面的，绝不应看成是犯罪嫌疑人、被告人的个人私事，而应有其丰富的法律内容。

（六）辩护性质的社会性

辩护活动是刑事诉讼过程的一种重要的有法律意义的活动，因而它将对健全社会主义民主和法制起重要作用，是保证全面完成刑事诉讼任务的有价值的行为。它的社会性至少表现在以下三个方面：① 有偿性和无偿性相结合。一般情况下是有偿服务，特殊情况下如当事人经济困难时，可以按法律援助制度来援助，进行社会救济。② 法律性与服务性相结合。律师辩护具有法律内容和必须遵守法律规范，属于法律活动范畴，并产生法律后果。但又具有一般服务性业务特征，属于智力服务中的一种。③ 律师辩护不是针对特定对象进行的，它具有广泛社会性。全社会成员只要遇到需要辩护的情况时，毫无例外地都享有辩护权，都依法受到保护，没有附加条件。

二

律师介入刑事被告方诉讼过程可以从立案或侦查开始并延伸到执行终了，甚至终了以后。那么，律师介入刑事诉讼属于什么性质，这一问题在理论上确有深入研究的必要。

从本质上来说，律师介入被告方刑事诉讼是一种具有司法补偿性和权利保障性的民主制度，也是司法民主的重要内容。对于被告人的人权保护有特殊的作用，同时它还是司法公正的必要条件。

（1）犯罪嫌疑人、被告人参与诉讼，由于他们是被指控的对象，一般情况下其人身自由已受到一定的限制。特别是公诉案件中，控诉方是握有重要权力的国家机关，相对来说，犯罪嫌疑人、被告人就要软弱得多，可见在客观上和事实上无法做到和控诉方处于平等地位，这就需要对其进行补救，使之达到或基本达到相当。因而实行辩护制度，对犯罪嫌疑人、被告人进行力量的补偿和帮助，以保证权利对权力的制衡。

（2）对犯罪嫌疑人、被告人保护是刑事诉讼中人权保护的核心。他们在诉讼中要保护自己的合法权益，除了法律规定了他们自身拥有以辩护权为核心的一系列权利，还规定了聘请或委托以及指定律师为其担任辩护人，以全面提供法律帮助，更好地行使辩护权，从而维护其合法权益。刑事诉讼活动是一种国家行使司法权惩罚犯罪的追诉活动，具有强大的威力和特定法律形式。一般来说，犯罪嫌疑人和被告人没有辩护人的帮助，很难维护自己的权利，这是当事人心理上的原因，以及实际存在的困难，只有给他们提供素质高、懂法律、能言善辩的专门的法律工作者为其服务，才能使他们的权利得到保障。因此，设立律师辩护制度既是司法补救制度，又是保证被告人权利所必须的条件。

（3）对犯罪刑事责任的追究是实现刑罚的手段。刑罚是惩罚中最具有强制性、最严厉的剥夺人的权利的方法，使用必须十分慎重。因此，司法公正是实施司法权的最高原则。要做到司法公正必须建立一系列保证体制，切实做到控审分离，控辩对抗是其重要的条件，否则司法公正一般来说是不可能的。因此，确保律师适时地介入刑事诉讼活动，并享有足够的维护被告人的合法权益的权利手段，才能真正实现其任务。

从以上几个方面我们可以认识到律师介入刑事被告人的诉讼活动，其意义远不止提供法律帮助，它是司法民主的重要体现，是实现诉讼平等和公正的重要保障，对于完成刑事诉讼任务和目的都具有不可忽视的意义。

三

从律师对刑事被告方诉讼的介入的特点和它在诉讼中的作用的认识中，我们可以得知律师作为辩护人，其在刑事诉讼中的法律地位是非常重要的。律师和被告人共同行使辩护权，而且作为犯罪嫌疑人、被告人的合法利益的专门维护者，依据事实和法律对案件的处理和诉讼的各方产生广泛的影响，这种影响本身已超出了他自己所处的位置。律师作为有独立的诉讼地位的诉讼参与人，不同于一般诉讼参与人，也不同于司法人员，其作用是别的法律关系主体所不能取代的。律师介入刑事诉讼后的法律地位存在一个不断强化的过程，按其时间和作用的发挥，大体可分为三个阶段。

(一)侦查阶段

律师是以犯罪嫌疑人的委托人身份介入诉讼的，这种聘请和委托与自诉人、被害人的委托不同，是一种辩护委托，委托的范围不得超越。在诉讼中尚不享有辩护人的法律地位，但享有法定的一些权利，如了解犯罪嫌疑人涉嫌的罪名、会见在押犯罪嫌疑人、向其了解有关案件情况等。

(二)起诉阶段

公诉案件律师接受犯罪嫌疑人委托可以充当辩护人，享有法律规定的起诉阶段所享有的法定权利。如可以查阅、摘抄、复制本案的诉讼文书、技术性鉴定材料；可以同在押犯罪嫌疑人会见和通信等。但是这时辩护人享有的权利是有限的，无法完全行使全部权利，如不能全部查看案卷中的案件事实，所以这时的法律地位应为准辩护人地位。

(三)审判阶段

律师受委托或被指定为被告人的辩护人，这时律师已是完全意义上的辩护人，享有法律赋予的辩护人的所有权利。这些权利足以保障辩护人为维护被告人合法权益所要求的手段，从而使被告人合法权益得到维护，并足以显示辩护人的法律地位，且提供了必要的法律保障。

上述三个阶段的情况表明律师介入诉讼的程度和作用是有区别的，其介入程度是随着诉讼过程发展不断加强的。这种阶段性反映了人们对诉讼规律性的认识的深入，是我国刑事诉讼中关于律师辩护规定的科学性、进步性的重要标志，充分地把握它，对于正确认识辩护的实质和意义是非常重要的。

但是律师介入被告方诉讼活动，从法律角度分析，具体规范上也不是没有缺陷的。这种缺陷主要表现在对律师行使调查权的制约过严，使得律师在司法实践中，无法收集到证据，在客观上也就无法在审判中履行举证责任，从而难以充分保障辩护人的作用发挥，难以保证其法律地位的实现，这使得法律上确认的地位在现实的诉讼活动中无法全面实现，从而影响辩护效应。

总之，律师对刑事被告方诉讼的介入，无论在法律上或司法实践中都是一个重要课题，它与一般的诉讼代理活动和诉讼参与人的地位有着明显的区别，其特征是显而易见的。对于它的本质的认识和法律地位的研究，在理论上还需进一步探索，使法律的制定与实施得以进一步完备。

原载《诉讼法理论与实践》1996年卷，中国政法大学1997年出版

论刑事公诉制度及其强化

起诉方式是人类社会发展到一定历史阶段的产物，作为起诉方式之一的刑事公诉制度伴随着国家权力的加强而逐步发展和完善。与诉讼起源时代就已盛行并一直流传至今的自诉方式相比，公诉制度对现代社会和国家权力的影响要深远得多。公诉制度作为诉讼领域里的一个重要内容，在理论和实践中不断引起人们重视，成为方兴未艾的课题。

一、刑事公诉制度的渊源

公诉制度是当今国际社会中普遍采用的主要起诉方式，也是刑事诉讼的基本起诉制度。所谓公诉，是指依法享有刑事追诉权的国家专门机关，代表国家对刑事犯罪分子提起诉讼，要求审判机关进行审判的一种诉讼活动。公诉制度则指与公诉有关的法律规范体系的总和。

在实行现代公诉制度以前，刑事诉讼发展史上曾存在两种控诉方式：一种是自诉，由被害人或其法定代理人直接向有管辖权的司法机关控告犯罪人，这是人类社会最早的起诉方式，这种追究犯罪的方式起源于奴隶社会并被流传采用至今；另一种是公共起诉，也称社会起诉，可由任何社会团体或任何公民提出，这种起诉方式并没有被普遍采用，但该起诉方式本身显然不同于被害人个人的起诉，可以看作是公诉制度的雏形。公元前一世纪左右的古罗马，对于亵渎神圣等没有具体被害人的公罪，除奴隶、未成年人、妇女外，其他人皆可起诉，采取的即为公共起诉方式。

公共起诉方式表明国家加强了对犯罪的控制和惩罚力度，但它并非现代意义上的公诉制度。公诉制度真正得以施行是与诉讼史上的两次大分工密切相关的，一次是行政同司法的分工，再一次是审检分工，即检察机关与审判机关的分离。这两次分工是诉讼史上的飞跃，标志着控诉职能开始走向专门性和独立化。公诉制度的正式形成起始于中世纪末期的英国和法国。12 世纪中叶，英王亨利二世进行司法改革，建立起陪审制度，由若干名地方议员或地方上有法律知识的人作为案件中的陪审官，向法官提供情报，裁决表面上证据确实的案件。1275 年的威斯敏斯特条例规定刑事案件必须实行陪审制。后来又有了大小陪审团之分。1352 年，爱德华三世颁布诏令，对大小陪审团职责予以明确区分，小陪审团职司案件的审理，大陪审团则负责向法庭提出控诉并承担举证责任。事实上大陪审团成为国家的专门公诉机关，代表国家追诉犯罪，这种追诉权具有强制性，不受被害人是否提出控告的限制，由此公诉制度的基本特征得以形成，英国的公诉制度也就此萌生。

而法国，则在 12 世纪末建立起代理制度，出现“国王代理人”，作为国王的私人法律顾问和民事代理人，主要为国王代理王室民事纠纷。后来代理制度进一步发展，至 14 世纪末代理制度扩大到刑事案件，由代理人起诉刑事犯罪案件。1302 年，法王腓力四世颁布教令规定，国王代理人作为国家官吏以国王名义参加有关国王利益的一切诉讼。其后又演变为检察官，设置于各级法院内，他们的一个重要职能即以国家公诉人的身份对犯罪进行侦查、追究，指导法院的刑事诉讼。至 17 世纪，法王路易十四的法令进一步明确了检察官的等级，设立了总检察官，法国的公诉制度正式形成。资产阶级革命后，特别是法国 1808 年《刑事诉讼法典》颁布后，公诉制度进一步发展完善。相比较之下，英国的公诉制度早于法国形成，但若论对后世的影响，法国的检察官公诉制度则要深远得多，世界各国基本仿效法国，从而公诉制度被普遍采用。

那么发展至现代，公诉在刑事诉讼起诉制度中又居于怎样的地位呢？考察世界各国现行起诉制度，一般存在三种格局：① 采取国家垄断主义。公诉是追究犯罪的唯一合法方式，如果没有检察机关的公诉，不得启动审判程序，公诉成为刑事诉讼过程中不可或缺的重要一环。如日本即采取国家垄断主义。② 采取自诉制，认为诉权是属于公民的权利，不允许任何机关享有和替代。但实际上是采取国家追诉为辅、自诉人自诉为主的起诉方式，只有案情复杂、性质严重的案件，由检察机关以公诉方式追诉，一般则均由公民个人进行起诉。新加坡、澳大利亚、巴西等国家皆采取这种追诉犯罪的方式。③ 采取国家追诉为主，自诉人自诉为辅的起诉制度。除主要侵害个人合法权益的社会危害性较轻微的犯罪案件由被害人或其亲属行使诉权外，其他案件均采取公诉控诉方式。公诉范围远远超过自诉的范围，且当自诉的某些案件较大程度地关系到社会成员利益时，检察机关仍有权以公诉方式追诉犯罪。

世界各国现行起诉制度的格局表明不同国家检察机关行使公诉权的范围大小不一，但不论在何种情况下，公诉制度显然都是起诉制度的主要内容。从公诉制度诞生后的发展演进趋势来看，国家追诉犯罪将在刑事诉讼中继续占有重要甚至更重要的地位，公诉作为刑事诉讼的基本起诉制度将继续得到强化。不妨以英国为例，其公诉制度虽萌生较早，但由于文化背景、诉讼观念、政治体制等因素作用，自诉传统源远流长，公诉制度不甚健全，英国的刑事诉讼理论上强调把对犯罪的追诉权赋予公民个人，并在法院中支持自诉，但实际上依旧是自诉案件甚少而公诉案件居多，且近年来又加强了检察官的职权和设置，检察官作用逐步扩大。笔者认为这正是对公诉制度强化趋势的一个印证。

二、刑事公诉制度不断加强的理由和根据

如前所述，公诉制度源于刑事诉讼的实践并在实践中得以发展、完善和巩固，我们说公诉制度是刑事诉讼的基本起诉制度正是基于世界司法实践所证实，但又不仅基于此，而是有其更深层次的理论依托点。

第一，犯罪行为是一种具有社会危害性的行为，犯罪的本质特征是它的社会危害性。任何犯罪所侵害的客体不仅仅是被害者人身或财产权利，同时还指向国家和社会公共利益，扰乱威胁的是人们赖以生存发展的社会关系和社会秩序。犯罪行为所造成的危害往往涉及社会各个方面，这种危

害性显然高于一般的民事或行政违法行为，如果打击不力，必将导致整个社会秩序紊乱。我们知道，刑事诉讼的目的是惩罚犯罪、保障公民合法权益，其最终价值目标是恢复社会关系的平衡状态，维系富有正义、效率的秩序。但是，惩罚犯罪的有效性有赖于一个具有强大权威的力量，缺乏权威有力的追诉机构，犯罪就很难受到追究。而被害人的自诉诚然也能导致国家刑罚权的实现，但它所注重的是被害人与犯罪人之间矛盾冲突状态的解决，相对于代表国家的公诉机关，其控诉是孱弱的，对于正常社会关系和社会秩序的保护当然也是无力的。

第二，犯罪人逃避罪责的本能决定了犯罪行为一般具有较大的隐蔽性。伴随着社会发展和科技进步，犯罪人趋向高智商型，犯罪手段更为多样化，犯罪现象更为错综复杂，犯罪行为的隐蔽性特点也更为突出而难于应付。同时犯罪行为社会危害的广泛性及刑事处罚的严厉程度又决定了人们在刑事诉讼中不得不采取谨慎态度。尤其在证据的运用方面相对于民事诉讼、行政诉讼严格得多，在查证、核实犯罪事实和证据过程中，工作往往纷繁复杂，需要集中大量人力、物力、财力，需要拥有必要的侦查技术和设施，这一切是自诉人个人难以承担的，必须依靠国家专门的司法机关才能实现。

以上对犯罪行为特征的分析告诉我们，应以公诉为刑事诉讼的基本起诉制度，这样才能保证国家更加主动、及时地追究犯罪活动，尽快发现案件事实真相，提高诉讼效益，有效维护国家、集体和公民的合法权益，有效保护正常社会秩序，同时使那些有可能实行犯罪的不稳定分子，清醒地认识到犯罪所要承担的法律责任，放弃犯罪意图，从而达到预防犯罪的目的。

第三，从刑事诉讼的实质内容来看，它是国家依法揭露、证实和惩罚犯罪，实现国家刑罚权的活动。刑事诉讼是一种特定的国家活动，其实质是国家刑罚权的行使。因此，在刑事诉讼中发挥公诉主导作用，才能保证国家刑罚权的高效、及时实现。虽然自诉案件中也离不开各个司法机关的共同活动，但相比较之下，远不及公诉制度能更完整地彻底地体现刑事诉讼的实质内容。刑事诉讼的实质内容决定了作为刑事诉讼基本职能之一的控诉职能主要由国家专门公诉机关行使，大大加强控诉力度，体现出国家权力的强制性，从而保证侦查机关、检察机关、审判机关之间分工负责、互相配合、互相制约机制的良好运作，也保证了国家司法活动的协调一致。

第四，从刑事诉讼诉权的角度来看，诉权源于公民权，公民权包括人身权利，政治权利，经济、文化和社会等方面的权利。公民权是受法律保障的，在其受到不法侵害后，公民有权采取法律手段寻求司法救助，这种法律手段就是诉权的行使。诉权作为公民提起诉讼的一种权利，是公民所潜在具备的。从狭义角度而言，公民是诉权的权利主体。但在刑事诉讼中，诉权的权利主体具有了特殊性。如前所述，有些犯罪行为表面上侵害的只是公民个人的合法权益，如故意伤害罪、诽谤罪等；有些犯罪行为则直接指向国家和社会利益，如危害公共安全罪、破坏社会主义经济秩序罪等。但不论哪种情况，实际上都是对全体社会成员公民权的潜在或直接的侵害，这种侵害的危害性才是犯罪行为的本质特征。因而刑事诉讼中诉权主要应由代表社会利益的专门机关行使，这与保护公民个人合法权益并不矛盾。事实上，个人权益只有与社会根本利益相一致时，才能受到法律和统治阶级的肯定。因此，根据诉权理论，在大部分刑事诉讼法律关系中，诉权权利主体归属应该是国家和所有社会成员，公诉机关则作为这一特殊权利主体代表出现。基于这一点，我们认为刑事诉讼中的诉权固然可由公民个人行使，一定范围内体现为公民个人权利，但刑事诉讼中的诉权更大程度上体现为一种公共权力，国家公诉机关作为这种公共权力的载体行使刑事诉讼中的诉权是理所当然的，公诉权无疑也就是国家在刑事诉讼领域中的诉权。

综上所述，对犯罪行为特征、刑事诉讼实质内容及刑事诉讼诉权的分析表明，公诉制度是刑事诉讼的基本起诉制度。但值得注意的是，我们也无必要因此而全盘抹杀自诉制度。自诉制度是刑事诉讼唯一的控诉方式，自有一份隽永的活力，也自有存在的价值。自诉制度的实行有利于减轻公诉机关的工作压力，有利于减少诉讼成本，缩短诉讼期限，减轻当事人。但在现实的社会条件下，必须坚持以公诉制度为基本起诉制度，对公诉制度应予以强化，而自诉只能是辅助性的控诉方式。

三、可能影响刑事公诉权行使的不利因素

我国刑事诉讼中一直采取公诉为主、自诉为辅的控诉方式。在刑事诉讼中，检察机关是唯一行使诉权的机关，对绝大多数案件实行公诉，只有少数不需要进行侦查的轻微刑事案件和人民法院直接受理的告诉才处理的案件归于自诉范围。我国这种起诉制度，在多年的刑事诉讼实践中，对于惩罚犯罪、维护公民合法权益，保障社会主义建设事业的顺利进行发挥了积极作用。

《刑事诉讼法》对我国刑事司法制度予以了重大改革，是我国法制在民主和科学化进程中的一次跨越。其中就公诉制度而言，《刑事诉讼法》规定了不少具有可行性的完善措施，值得肯定。但与此同时，《刑事诉讼法》中扩大了自诉案件的范围。《刑事诉讼法》第 170 条[①]规定，自诉案件包括："（一）告诉才处理的案件；（二）被害人有证据证明的轻微刑事案件；（三）被害人有证据证明对被告人侵犯自己人身、财产权利的行为应当依法追究刑事责任，而公安机关或者人民检察院不予追究被告人刑事责任的案件。"其中第 3 款的规定意味着只要公安机关或人民检察院未立案或撤销案件或作不起诉决定的情况，被害人均可自诉，自诉案件范围因此扩大了很多。立法的意旨在于走出"告状难"的困境，赋予老百姓充分的权利以寻求法律援助，这一立法愿望固然美好，但自诉案件范围的扩大，有可能会对公诉制度产生一些消极影响。

首先，实践中极可能出现公、检、法三机关因管辖分歧互相推诿责任的状况，制约机制薄弱无力。公、检、法三机关分工负责、互相配合、互相制约是我国刑事诉讼的一项基本原则。1996 年刑事诉讼法在制约机制的具体环节上予以详细规定。如《刑事诉讼法》第 68 条规定，人民检察院作出不批准逮捕决定的应向公安机关说明理由；第 87 条规定，人民检察

---

① 本文所引用《刑事诉讼法》条文，如无其他说明，均指 1996 年修正的《刑事诉讼法》条文。——编者注

院认为公安机关不立案理由不成立的，应通知公安机关立案等。这些规定对于防止司法机关滥用诉讼职权是有积极意义的。然而在自诉案的案件管辖上，公、检、法之间的制约机制极可能“似有实无”；与此相联系，在自诉案件处理过程中，公、检、法之间的制约机制则几乎荡然无存，因为自诉案件从立案、调查取证到审判、执行都只有人民法院主持，无所谓制约，这是自诉制度固有的缺陷。在自诉案件拘于一个较小范围的情况下，对此尚可忽略的话，那么扩大自诉范围后，其不利因素就不可等闲视之了。

其次，自诉人难以承担举证责任。《刑事诉讼法》第171条规定：“缺乏罪证的自诉案件，如果自诉人提不出补充证据，应当说服自诉人撤回自诉，或者裁定驳回。”举证责任由自诉人承担，但刑事诉讼法并未相应地对自诉人收集调查证据的权利予以明确规定和保障，这对自诉人显然不利。事实上，依靠自诉人个人的力量收集调查证据合法必要的证据也是相当困难的，可能受到各种外界因素的干扰而无所得。在以往的实践中自诉人因证据不足孤立无援而败诉的情形屡见不鲜，自诉案件范围的扩大只会令这种现象有增无减。

最后，扩大自诉范围后，社会不安定因素可能进一步增多。一方面，由于自诉程序中，是否起诉是自诉人的自由，起诉后又有撤诉的权利，因此常常因程序上的起诉与否、撤诉与否而混淆了罪与非罪的界限，从而放纵了危害社会的犯罪行为，不平衡的社会关系并未得到调整而继续存在；另一方面，自诉范围扩大后，法院的权限并无相应改变，缺乏专门的侦查手段，没有相应的收集调查证据权利，自诉案件质量难于保证，犯罪活动不能得到及时制止，被侵害的社会关系和社会秩序可能得不到及时恢复。

总之，笔者认为自诉范围的扩大实际上是对公诉职能的弱化，对于从严从快打击犯罪，尽快消除犯罪的社会危害性及切实维护公民的合法权益会造成一些不利因素。当然，自诉案件范围的扩大不可能从根本上改变我国刑事诉讼中公诉制度的主导地位，公诉制度作为基本起诉制度依旧将发挥其积极作用。

四、必须强化与完善刑事公诉制度

综上所述，公诉权本质上是一种公共权力，相对于自诉，公诉更有助于准确及时有效地实现刑罚权，维护公民安全和社会秩序，全面地保障人权。公诉制度是刑事诉讼的基本起诉制度。基于以上认识，联系我国刑事诉讼起诉制度的情况，我们认为必须强化和完善刑事诉讼中的公诉权，用以制约自诉，以保证构成犯罪的案件能顺利交付审判机关审判。

（一）我国公诉人的法律地位和身份应当明确化

纵观各国刑事诉讼制度，公诉人都是作为国家或政府的代理人出庭控诉犯罪的，因而在法律地位上显然与一般诉讼意义上的原告具有原则上的差异。在我国刑事起诉制度中，公诉人是作为检察机关的一员代表国家出席法庭支持公诉。首先，他是站在维护国家、社会利益和公民合法利益的基础上，不是基于某个人或自身的利害关系；其次，公诉人在法庭上执行国家控诉职能的同时，还必须执行法律监督职能；再次，公诉人和被告人在法庭上的地位和权力不是对等的，这是由公诉人的地位和作用所决定的。有的人认为，法庭上的公诉人应该与被告人及其辩护人的地位相等，这样才能体现司法公正的原则。事实上这种看法是片面的，国家既然在惩治犯罪，那么代表国家执行法律的机关又怎么可能与触犯国家法律的罪犯在法律上地位完全平等呢？我们既要反对那种把公诉人在法庭上的控诉职能凌驾于辩护职能之上的做法，也不主张盲目追随国外执行当事人主义，把我国的公诉人作为一种消极的“原告人”摆在与刑事被告方同等地位的做法。我们的理由是必须依法明确公诉机关及其公诉人的法律地位，以利于在执行控诉职能时充分发挥他们的积极作用。

（二）提起公诉的形式有待明晰化

有的人认为，1996 年刑事诉讼法是采用西方的“起诉状一本主义”，但从《刑事诉讼法》第 150 条规定来看，与西方的起诉状一本主义显然存在很多差别。该条规定：“人民法院对提起公诉的案件进行审查后，对于起诉书中有明确的指控犯罪事实并且附有证据目录、证人名单和主要证据复印件或照片的，应当决定开庭审判。”在这里，作为公诉机关向法院提起诉讼，除了提供起诉状外，还必须附有证据目录、证人名单和主要证据复印件或照片。而西方的“起诉状一本主义”则不然，如《日本刑事诉讼法》第256条规定：“起诉书不得附添可能使审判官就案件产生预先判断的文书及其他文件及引用该文书等的内容”。这就是说，提起诉讼只需起诉书，不能附有其他任何文书、材料，包括目录。其主要是为了限制法官的先入为主，但这种限制又不是完全的、绝对的、一刀切式的，而是囿于传统习惯仍然给法官庭前审查准备了一定条件。在司法实践中有些方面也往往是难以界定的，如主要证据复印件，什么是主要证据，包括哪些范围，起诉方与受理方很可能在认识上难以统一，希望在实践的基础上通过立法解释进一步加以完善。

（三）要充分注意到扩大不起诉案件法律适用范围的科学性

从世界各国刑事起诉制度来看，有罪必罚的法定主义原则逐步被起诉便宜主义所取代，用起诉便宜主义原则构筑公诉制度的基础势必成为一种刑事诉讼的发展趋势。如美国，原则上实行起诉便宜主义和起诉变更主义，检察官在提起诉讼时，可以根据被告人的犯罪性质、人格因素、证明犯罪的证据力度等因素来确定是否起诉，日本则更为典型。《日本刑事诉讼法》第248条规定：“检察官对于有充分嫌疑的案件，未必一定要提起公诉。即使嫌疑充分，也可以根据犯罪人的性格、年龄、境遇、犯罪的轻重和情节以及犯罪后的情况，在没有追诉必要时，不提起公诉。”这些规定有利于公诉机关灵活掌握，根据案件实际情况作出恰如其分的处理。我国刑事诉讼法的修改也顺应了这一法制历史的发展趋向，在不再使用免于起诉的同时，相应扩大了不起诉案件适用范围。《刑事诉讼法》第140条第4款规定：“对于补充侦查的案件，人民检察院仍然认为证据不足，不符合起诉条件的，可以作出不起诉的决定。”我们认为这一规定明确了“疑罪”的处理原则，解决了长期以来一直困扰司法部门的“疑罪从挂”问题，也克服了过去司法机关囿于法律条文，一味追求整齐划一的僵硬作法所产生的弊端，具有重要的现实意义。因此，公诉机关应从适用标准上严格把关，把自由裁量权牢牢控制在法律规定的范围内，既要保证国家法律的准确实施，又要做到严守职责，不致把矛盾推向社会。

（四）公诉人出庭公诉应逐步规范化

新的刑事诉讼法对法庭审理作了重大改革，由法官主审转换为公诉人与被告人及其辩护人当庭示证质证，增加法庭中的抗辩性，庭审重心向公诉人偏移，律师提前介入诉讼，诉讼权利、活动范围增大，使审查起诉处于透明状态，加重了公诉人出庭公诉的难度和任务。由于庭审方式的改革，旧的公诉方式显然不能适应新形势的需要，公诉人必须适应公诉方式的转变，具备更高的政治素质和业务素质。

毋庸置疑，随着刑事诉讼法的修改，庭审制度的改革，公诉机关必须转变执法观念。在未来的法庭上，公诉人不可能再像过去那样满足于宣读起诉书，发表公诉词，讯问被告人、证人以协助法官查清案件事实。而是要在指控犯罪的基础上，主动讯问被告人，充分运用事实、证据、法律来揭露犯罪。庭审改革为公诉人提出了更新、更高的要求和标准。因此，加强对出庭公诉人员的培训，提高他们判断证据、运用证据以及出庭公诉的应变能力和水平，创建一支具有很强的政治思想觉悟、较深的法律知识功底、广泛的社会文化知识涵养和坚定的办案业务基础的检察队伍，已成为圆满完成公诉职能必不可少的基本策略。

原载《检察理论研究》1997 年第 1 期，与胡之芳、刘方合著

论刑事诉讼中控审分离原则的理论与实践

由于近现代分权理论的影响以及对刑事诉讼活动规律认识的深化，刑事诉讼职能划分理论也就相应地凸现出来。对此，其说法众多，见仁见智，但将控诉、辩护、审判确认为刑事诉讼三大基本职能已成为共识。其中控诉职能与审判职能的分离被认为是刑事诉讼职能区分赖以维持的重要保障，为现代刑事诉讼合理结构的形成提供了前提。控审分离已成为现代刑事诉讼法定原则中居于核心地位的原则之一。[①] 我国刑事诉讼法中公、检、法三机关分工负责、互相配合、互相制约原则也渗透了控审分离的内涵，表明我国对该原则的认同。但刑事诉讼法具体程序设计以及相关理论探讨中却存在不和谐音符。本文拟就此略陈管见，以求教于法学界同仁。

一、控审分离原则及其功能

控审分离原则早在奴隶社会审判活动中就已确立，但一度为封建纠问式诉讼所抛弃，在资产阶级反封建革命中重新得到确认，成为现代诉讼活动的重要原则。现代意义上的控审分离原则包括以下内容：

（1）控诉职能和审判职能分别由国家不同专门机关承担。在现代诉讼中，由国家专门机关承担控诉职能（自诉案件控诉职能由自诉人及其法定代理人承担），这是区别于奴隶社会“控审分离”的基本点。奴隶社会弹

① 宋世杰：《刑事诉讼理论研究》，湖南人民出版社 2001 年版，第 57-63 页。

劾式诉讼也实行控审分离，它是一种建立在私人追诉制基础上的控审分离，是古代社会带有原始性质的司法民主的一种自发体现，而非对刑事诉讼规律的一种自觉把握。[①] 现代刑事诉讼基于对犯罪本质的更深刻认识——犯罪行为不仅侵犯被害人个人利益，也是对国家利益、社会利益的破坏，而确立了以国家追诉主义为基础的控审分离原则。这表明现代意义上的控审分离并非对奴隶社会控审分离的简单重复，它是一种更高层次上的回归。

（2）控诉职能主要由检察机关承担，审判职能由审判机关承担。检察机关行使控诉权，审判机关行使审判权。检察机关不能分享审判权，审判机关也不能分割公诉权。控诉权和审判权的独立性应一样受到法律和人们同等的关护。

（3）不告不理，它是控审分离原则的核心。其实质是控诉权的效力问题，包括程序和实体双重内容。程序上，体现在控诉权作为一种请求法院对被告人进行审判并追究其刑事责任的请求权，并在发动审判程序上具有主动性。相对于控诉权来说，依赖于审判程序发挥其功能的审判权的行使具有被动性特点，正如一句古老的法谚所叙说的，“没有诉讼就没有法官”。实体上，包括对人的效力和对事的效力两方面。对人的效力方面，审判只限于起诉书中载明的犯罪嫌疑人；对事的效力方面，审判只限于起诉书中载明的犯罪事实。也就是说，法院对起诉书中载明的内容才能进行审理和判决，因为作为国家利益的代表，司法机关在刑事诉讼过程中要通过行使司法权保障刑罚权行使，国家放弃自己的义务将不仅是一种放任行为，而且是一种犯罪行为。[②] 对于虽在庭审过程中发现，但未被指控的犯罪嫌疑人或犯罪事实，只要检察机关或自诉人及法定代理人未追加，审判机关不得自动将其归于审判权适用范围内。审判机关可以建议检察机关或自诉人及法定代理人变更指控，但建议不同于强制性的起诉决定，否则是对控诉权的分割，扭曲了合理的诉讼结构。

---

① 熊秋红：《刑事辩护论》，北京法律出版社 1998 年版，第 11 页。

② 《马克思恩格斯全集（第 1 卷）》，人民出版社 1965 年版，第 168 页。

控审分离原则服务于司法公正，而公正是刑事诉讼的生命所在。亚里士多德认为，理想的法官应该是正义的化身。而程序公正首先要求法官处于中立地位。因为诉讼的本质在于双方利益发生冲突，诉之于他们信任的、权威的第三方——法官来解决矛盾。而在诉讼中，双方心理偏向都归于己方，这时法官为了合理权衡各种利益，作出科学判断，中立是最好的选择。[①] 法官不中立必然导致审判不公。控审分离作为规制控诉权与审判权的重要原则，明晰了检察机关、自诉人及其法定代理人与审判机关的关系，给予控诉职能和审判职能准确定位。特别是法官角色的归位使法官不司控诉职能，不为控诉行为，使其诉讼行为与诉讼目标相一致。审判程序启动后，法官在法庭上同时平等地关注控辩双方的主张，消除了法官同时担任控方时在心理上、情感上可能产生的“偏异倾向”，而在控辩双方之间保持一种超然、无偏袒的态度，使得诉讼结构中，法官中立即法官与控辩双方的等距离设计理念在现实中还原获得支点。同时，控审分离原则也是对控诉权专属性、独立性的肯定，并使之与审判权形成制约关系，有效防止了法官的恣意专断。这是一个问题的两个方面，而不应只强调某一方面。

法官中立、控辩对抗是现代刑事诉讼中的基本格局，是程序正义要求的重要方面。正如美国学者格里·古德佩斯特所说的，对抗制建立在这样一种假定的基础之上：双方律师为其委托人的利益竭尽全力更甚于追求达到揭示真实之目标。对立双方尽可能扩大己方利益的值得尊敬的努力导致这个最好的系统性的结果，尽管没有一方直接为达到这一结果而努力。可见由于辩护制度的存在，在程序正义实现的同时，实体正义也得以伸张。控审分离承认控诉对于审判的约束力，从而明确了控方攻击的焦点，使辩方能够有的放矢地行使辩护权，进行充分有效的防御。根据《布莱克法律辞典》的解释，辩护是指诉讼中被告方所作的提供或声称，如依据法律和事实说明原告不应胜诉或控告不成立……被告人提供证据反驳刑事指控。”

---

① 杨连峰、周星佐：《论“自然正义”法则——兼评我国刑事诉讼程序的完善》，载《法学评论》1996年第3期。

可见，辩护是与指控相伴而生，相对立而存在的，无指控也就无所谓辩护。如若法官对起诉书中未载明的事项进行审理，形成对被告方的突然袭击，无形中剥夺了被告方对这部分内容的辩护权，与辩护制度设计的初衷完全背离，也贬损了辩护制度存在的价值，使程序公正不再具有实体的公正意义。

以上所述，控审分离原则不但是对控审职能关系的理性诠释，而且对于辩护职能也间接彰显了其影响力。因而，控审分离原则在对控、辩、审三大基本职能格局的确立过程中使符合现代刑事诉讼理念的“三角形结构”脉络逐渐凸显。科学诉讼结构的建立，以及与其他因素的互动中，使作为诉讼结构设计出发点的诉讼目的，如安全、自由等价值得以圆满实现。这是对控审分离原则更深层次的价值剖析。

由此可知，刑事诉讼控审分离原则在实现刑事诉讼任务中具有特定的功能。其最突出的功能可概括为处分功能与控制功能。所谓处分功能是指在诉讼中，对案件在发现真实过程中出现的某种情况的处理，如通过侦查证实其罪不成立而作出不起诉决定，以及犯罪比较轻微的不起诉决定。这种处分功能的有效发挥，使某些不符合法定起诉条件的案件不进入审判程序就能解决，从而节约了诉讼资源，减少了诉讼消耗，并有利于当事人权益保护。所谓控制功能是对审判权使用的控制，使审判权的触角不能主动任意延伸到刑事案件中，而固守其权力本身的被动性和中立性等品格，从而保证有效地行使刑罚权。

二、有关控审分离实践中的几个问题

通过对控审分离及其功能探析，联系司法实践，下面就与之相关的几个具体问题进行探讨。

（一）关于法官介入审前程序的问题

英美法系、大陆法系国家的审前程序无论是侦查还是审查起诉活动都受到法官的司法审查。在警察和检察官实施的侦查行为中，涉及剥夺公民人身自由等的羁押措施必须取得法官签发的司法令状，事先取得法官的授权，从而确保任何与公民基本权益有关的事项，都由那些不承担侦查使命的中立的司法机构来作出决定。① 这种制度模式通过法官的介入对侦查、控诉活动形成制约，防止被告人合法权益受到非法侵害。国内有些学者建议在我国建立这种法官介入审前程序进行司法审查的机制。我们认为这是不妥的。因为任何法律都是一种地方性知识（吉尔兹语），它要与特定社会的政治、经济、文化等方面的状况相适应，并受制于一个社会的法律传统，并且往往在与共生制度的互动过程中彰显其价值。因此，我们在进行法律移植时，一方面要用理性的眼光审视外国法律制度本身，另一方面更要关注制度与本土资源的亲合力问题。我们认为西方国家实行审前司法审查制度，至少在程序上、在形式上违背了控审分离原则。因为控审分离原则要求“无诉讼无法官”，将法官审理、裁判权的行使严格框定在控诉方启动审判程序后，案件进入审判阶段这一特定时空范围。而在案件进入审判阶段前，审判权提前运作起来，这种所谓的对控诉权的制约由于时空上的错位变成了对控诉权的侵犯，显然有违控审分离原则。而且在刑事诉讼中，控方承担举证责任，因此法律赋予其与之相适应的对犯罪嫌疑人采取强制措施的特权以保障其顺利完成指控犯罪的举证。审前对犯罪嫌疑人实行拘留、逮捕等羁押措施，主要目的之一是对其进行讯问，获得口供。犯罪嫌疑人对自己是否犯罪及相关情况最为清楚，他的陈述可能是最真实、最全面的证据。犯罪嫌疑人供述作为直接证据，成为查明案件的重要证据来源。而强制措施的实施需由法官批准，甚而经过听证程序，均为控诉证据的获得设置了障碍，抑制了控诉权的顺利行使，也影响了法官的中立地位。尽管这种机制有违控审分离原则，但对英美法系国家来说，其自 12 世纪以来即形成并延续至今的正当程序的价值选择却能够说明这种背离在其本土具有可接受性。还需指出的是，大陆法系国家进行审前司法审查的法官执行的是控诉职能而非审判职能。因此，由其进行审前羁押，起诉的审查、批准实质上并不违背控审分离原则，对控诉犯罪仍然是有利的。而且总体上说，西方国家实行法官独立，进行庭前司法审查的预审法官与庭

① 陈瑞华：《刑事诉讼的前沿问题》，中国人民大学出版社 2000 年版，第 263 页。

审法官是截然分开的。因此，西方国家的这种审前司法审查机制虽然形式上有违控审分离原则，但实际上并未造成庭审法官预断，影响其在庭审的中立地位。在实质意义上并未与控审分离原则的精神产生硬性碰撞。但是，如若将这种审前司法审查机制植入我国司法土壤中，就不仅是在形式上不符合控审分离原则要求的问题，而且在实质上根本与控审分离原则背道而驰。西方执行审前司法审查职能的法官一般是预审法官，与庭审法官完全分离。而我国未实行预审制，并且现时条件下也不存在建立预审制的制度条件。因为在我国，基层法院也进行大量刑事案件审理工作，没有像西方国家那样基层的法院专司预审之职。若由基层法院分设不同的部门分别承担审前司法审查与法庭审理职能，由于我国实行法院独立而非法官独立，实际操作中必然出现两个部门法官互相“通气”、交流信息的现象，从而使庭审法官形成预断，不利于庭审功能的发挥。我国审前程序并非无制约机制。我国诉讼程序的制约机制主要体现在对发生、变更，终止刑事诉讼法律关系行为的“把关”上，审前程序表现在检察机关对侦查机关生产的“产品”的检验上。此外，我国还有西方国家所没有的监督机制。我国检察机关不仅仅是同西方国家一样，属于控诉机关，承担控诉职能，同时也是法律监督机关，承担法律监督职能，两职能分别由其内部不同部门承担。审前逮捕由它批准，即是其履行法律监督职能的体现。这种监督不同于制约之处在于：制约是双向的，而监督是单向的。监督能够避免权力在相互牵制中行使的拖延乃至效能的抵消，因而比制约更有力。至于如何加强、完善监督职能则是另一个问题，至少这种由法律监督机关而非审判机关进行审前权力监督的机制在我国现有司法资源条件下，在制度层面、技术层面对惩罚犯罪、保障人权等刑事诉讼价值目标的实现来说是理想的。生搬硬套西方国家的审前司法审查机制，法官介入审前程序，不但不能使之在异土生根发芽，反而会造成更深层的弊害。

（二）关于二审的审理范围问题

第二审程序又称上诉审程序，是上级法院根据当事人上诉或者人民检察院抗诉，对下级法院尚未发生法律效力的判决、裁定进行重新审理的独立的审判程序，关于二审审理范围，实质上是上诉或抗诉请求对二审法院的拘束力问题，各国通行的做法是二审的审理范围以上诉人申请范围为限，这是一般原则。但也存在例外，即对于共同犯罪，只有部分被告人上诉的，仍对整个案件进行审理，而不仅限于上诉人申请的范围，这是基于共同犯罪行为人间的关联性考虑所作的并不冲击一般原则的例外。我国《刑事诉讼法》第 186 条[①]规定，第二审人民法院应当就第一审判决认定的事实和适用法律进行全面审查，不受上诉或抗诉范围的限制。可见我国对二审程序采取全面审查原则，理论根据是认为“二审程序的功能是纠正一审法院的错误判决，准确惩罚犯罪分子，有效地保护当事人的合法权益，因而要贯彻‘实事求是，有错必纠’原则”。我们认为，我国二审程序的全面审查规定违背控审分离原则，其根源在于对二审程序功能之误解。二审程序并不是一个能够贯彻“实事求是，有错必纠”原则的全面纠错程序。二审程序中有一个重要的上诉不加刑原则。作为资产阶级民主革命的产物，上诉不加刑原则最早为 1808 年法国刑事诉讼法典确认，现为世界上大多数国家接受。上诉不加刑原则是从“不利益变更禁止原则”引申出来的。其基本内容是，刑事案件于一审判决后，被告人或者他的近亲属、监护人以及辩护人不服而为被告人的利益提起上诉的，上诉审法院不得判处比原判决更重的刑罚。只有在为被告的不利上诉时，上诉审法院才可处比原判决更重的刑罚。[②] 我国《刑事诉讼法》第 190 条确立了上诉不加刑原则。上诉不加刑原则的确立有利于保障被告人上诉权的有效实现，保证上诉制度和两审终审制度的贯彻执行。因为根据司法实践，二审绝大多数是由被告人一方上诉引起的。所以，二审终审制度作用的发挥很大程度上取决于被告人上诉权的积极行使，若被告方为自己的利益上诉，反而遭到加刑的不利后果，就增加了被告方上诉的思想负担。被告不敢上诉，怠于行使上诉权，使二审终审制度设计流于形式。因此，认为二审程序是全面纠错程序，实际上是与再审程序功能混淆。二审程序的准确定位应是被告

---

① 本文所引用《刑事诉讼法》条文，如无其他说明，均指 1996 年修正的《刑事诉讼法》条文。——编者注

② 陈卫东：《二审程序论》，中国方正出版社 1997 年版，第 48-53，72 页。

人的权利救济程序。因而，上诉权人得自由处分其权利。原审裁判对被告人不利之处，他感受最深刻。其上诉请求以外的事项，在法律上被认为是公正的、适法的，因此无需审查。[①] 可见，控审分离虽然是调整控方与审方关系的准则，由于二审程序的特殊性质，决定了辩方上诉时，也适用该原则。而检察机关作为控方，其抗诉应遵循控审分离原则，由以上分析，道理是显明的。由此，控审分离原则在二审程序中亦称“诉审分离”。理所当然的二审的审理应受诉的内容的制约。实践中，离开当事人的诉和控诉的内容而另外出现审判不当的事是很少见的。

（三）关于法院启动生效判决再审程序的问题

生效判决再审程序是对已发生法律效力的判决，由于事实认定或法律适用有错误而对案件重新审理的程序。它在性质上是一种全面纠错程序。关于有权启动再审程序的主体，国外一般包括检察官和当事人，法院无权启动再审程序。根据我国《刑事诉讼法》第205条规定，再审程序由最高人民法院、上级人民法院以及各级人民法院院长提交审委会讨论决定提起，或由最高人民检察院、上级人民检察院抗诉提起，而当事人及法定代理人、近亲属的申诉虽然不能直接启动再审程序，但可以作为再审的材料来源，是司法机关发现错判案件的一条重要渠道。可见，我国再审权启动主体是人民法院和人民检察院。从表面看来，我国建立了一种多渠道的监督体系，而且还有独具特色的法院自身监督，似乎更有利于发现、纠正错案，最大限度实现个案公正。但我们认为，法院作为启动再审权的主体有悖于控审分离原则，不但违背了程序正义的要求，并且司法实践表明，也并不能实现实体公正。根据控审分离原则的要求，控诉权是启动审判程序的主动性权力，而审判权则相对具有被动性，在控方启动审判程序前，它应处于一种休眠状态，是一种潜在的权力，只有控方启动审判程序后，它才得以活跃起来，不存在审判权自我启动的法理依据。这在形式上违背了控审分离原则的要求，而且，法院再审的前提是“发现确有错误”，试问不审理，不接触案件实体内容，何以得知“确有错误”？很明显，法官在

---

① 徐静村：《刑事诉讼法学（上）》，法律出版社1997年版，第291页。

审判前已经形成预断，直接影响庭审功能的发挥与审判公正的实现。如若说对于被上级法院发回重审的案件，下级法院重新组成合议庭审理，即使这个矛盾并不十分突出，那么，上级法院发现下级法院审结的案件确有错误而提审时，由于我国法院机构内部的行政化而非司法化的运行机制，并不能达到立法设定的自我监督的目的。况且，自我监督是否符合监督的机理都是值得怀疑的。因为自我否定、自我纠错无论从何种意义上来说，都是困难的，不是可以完全倚重的。因此，法院应排除在再审程序启动权主体之外。其实，上级法院发现下级法院裁判的错误的途径，一般来说，还是当事人的申诉。那么，法院本院院长提出再审的材料又是怎样获得的呢？也是来自当事人或社会的监督。而法律上或理论上不把这种申诉控告或监督者看成是提起的主体而说成材料来源。目的是防止误认为提出申诉、控告者如果是再审启动主体，那么一旦提出再审要求，就可以实现再审。这实际上是理论的一种误导，在这里所指的主体是一种权利性资格载体，权利是否实现，还需要具备必要条件。所以当事人及其法定代理人、近亲属虽是提出再审的权利主体，他们有权要求申诉，一旦这一要求符合法定条件，就应再审。对于检察机关也一样，所以再审的审查权属法院，提起权属检察机关和当事人等。

三、关于启动审判行为的权利性质

审判权是一种被动性的司法职权，能够启动审判行为的必然为审判权范围之外的权利。按照控审分离的原理，启动审判行为的权利应属于诉权性质。可是诉权并非单一的控诉权（起诉权），其表现形式是多样的。诉权主体依法向法院提起诉讼请求，这种请求可分解为起诉、上诉、抗诉或申诉。

前面有关提起审判程序的主体问题就涉及诉权性质这一基本理论，即控诉、起诉、上诉、抗诉、申诉等行为是属诉权行为，不是行使审判权范畴的行为。一般来说，起诉、控告（诉）是诉权没有异议，而上诉、申诉、抗诉并非控方或完全是从控方发出的行为，其行为性质就应认真思考了。如果启动审判程序是属于诉权的行为，而非审判行为，这一问题就很容易分清界限了。无疑的，起诉、上诉、申诉、抗诉都是诉权表示的方式，不能仅因为上诉、申诉等行为方式一般是属被告方提出而把诉只理解为一方的权利，被诉方也有反驳指控、提出请求的权利，这种行为如果向有审判权的机关提出，当然可启动审判程序，它们都是启动审判程序的诉讼动力。

审判权是被动性职权，不能自行启动审判程序，这是现代诉讼不可动摇的基本观点和理论基石。因此上述种种诉的行为形式都属诉权范围的行为，他们的主体应是诉权的主体，而非审判权主体。所以启动审判程序行为虽近似于审判行为，但应界定在诉权的内涵中，正因为如此，无论如何也不能说法院是提起审判程序的主体，启动（提起）审判的主体只能是享有诉权的机关和个人。法院只拥有对诉进行审查的权力，审查是否符合审判法定条件，对不符合开庭法定条件的决定不开庭审判。至于检察机关通过抗诉提起开庭审判要求，权力机关（人大）依法要求法院再审，法院也要审查，但不能驳回。这是因为法律赋予了它们法律监督权，这是法律上的例外。法院虽是审判机关，但法院不享有诉权，所以一般法院就无法成为提起审判程序的主体，那种认为法院是提起审判监督程序的主体的说法，无疑是对开庭前的审查权与启动审判程序权相混淆的结果。当然也有特殊情况。如我国死刑复核程序的提起就是这种情况，不须经过诉的启动，而自行进入复核程序，这也可以理解为二审程序的延伸，而不构成独立的审级。除此以外，都应严格地按控审分离原则设计其程序，克服目前存在的与此原则相悖的情况。

原载《湘潭大学社会科学学报》2002 年第 3 期，与彭海青合著

辩诉交易启示
与对我国刑事基本政策的反思

辩诉交易，又称为答辩谈判，作为刑事诉讼中的一种制度源于美国。近些年来，不仅英美法系，就是大陆法系国家，如西班牙、意大利等国的立法也纷纷效仿。笔者认为，辩诉交易作为一种日趋普适的制度现象，值得深入探讨。而我国刑事基本政策“坦白从宽、抗拒从严”在实践中又出现了一系列新的问题，鉴于这一情况，本文遵循邓小平“解放思想，实事求是”思想，对其进行反思，提出建设性的立法设想，以期对完善我国诉讼立法和指导司法实践有所裨益。

一、“辩诉交易”制度的简要分析

“辩诉交易”虽起源于美国的诉讼活动，但在许多国家法律中都有类似规定。由于美国和意大利的辩诉交易制度分别代表了两大法系辩诉交易的两种存在方式，具有典型性。为此，现拟以美国和意大利为例，对辩诉交易制度进行比较介绍。

（一）美国的“辩诉交易”

本义上的辩诉交易至少一百多年前在美国就已出现了，而默示的辩诉交易历史可能更久。这种过去在暗中进行的做法得到公开承认是在 20 世纪 70 年代。据美国法史学家劳伦斯 · M · 弗里德曼考察，1970 年联邦最高法院在布雷迪诉联邦案的判决中，首次确认了辩诉交易的合法性。该判决中指出，如果每一项刑事指控均要经受完善的司法审判，那么州政府和联邦政府需要将其法官的数量和法庭设施增加许多倍……辩诉交易是美国司法制度的基本组成部分，如果运用得当，它应当受到鼓励。《美国联邦刑事诉讼规则》第11条（e）款至（h）款，对此作了详细规定。（e）款规定：“（1）检察官与辩护律师之间，或者与被告之间（当被告自行辩护时）可以进行讨论以达成协议，即被告人对被指控的犯罪，或者轻一点的犯罪或其他相关犯罪作承认有罪的答辩或不愿辩护也不承认有罪的答辩，检察官应做下列事项：（A）提议撤销其他指控；（B）建议法庭判处被告人一定刑罚，或者同意不反对被告人请求判处一定刑罚，并使被告人理解检察官的建议或被告人的请求对法庭均没有约束力；（C）同意对本案判处一定刑罚是适当的处理。法庭不应参加任何这样的讨论。（2）通知答辩协议。如果双方当事人已达成答辩协议，法庭应要求在公开法庭宣布该答辩协议并记录在案；或者如果有充足理由，在提供答辩时可不公开进行……。（3）接受答辩协议。如果法庭不接受答辩协议，应当通知被告人不接受协议并记录在案……（5）答辩协议程序的时间。除具有适当理由外，应当在传讯时或者在法庭确定的审判前的其他时间通知法庭存在答辩协议。”（f）款规定：“虽然接受有罪答辩，法庭不能未作调查查明答辩存在事实基础便单纯依据答辩作出判决。”（g）款规定：“被告人作出答辩的程序应当逐字记录。”由此可见，美国的辩诉交易其基本含义是，在开庭前，由检察官与被告人及其辩护律师私下进行协商、妥协，甚至讨价还价，达成协议，被告人作出有罪答辩，检察官相应地撤销部分指控、降格指控或者提出有利于被告人的量刑建议，法官不参与协商过程，但可接受协议内容，并以此作出判决的一种简易程序。具有以下特点：

（1）辩诉交易的主体是检察官与被告人及其辩护律师。

（2）辩诉交易的内容是被告人自愿作有罪答辩，检察官以撤销指控或降格指控或建议从轻量刑作为交换。

（3）辩诉交易的过程是双方讨价还价，相互妥协的过程。

（4）辩诉交易的结果是法官可以根据辩诉交易的协议，不经法庭审判，而直接定罪量刑。

尽管辩诉交易一直受到颇多微词，但“在美国州和联邦两级每年全部刑事案件中至少有90%没有进入审理阶段，而适用辩诉交易程序解决了”。[①] 这表明“辩诉交易”已成为美国刑事司法实践中不可或缺的制度。正如有的学者所指出的，没有“辩诉交易”，就没有目前的美国刑事审判制度。[②]

（二）意大利的“辩诉交易”

1987年意大利国会成立了专门委员会，起草了一部新的刑事诉讼法典，并于1989年10月24日正式生效[③]，它是一次用大陆法系的法典化技术来引进、移植英美法系制度的尝试。该法典第444条规定了“依当事人的要求适用刑罚”程序，即在法院开庭审理之前，检察官与被告人及其辩护律师就判刑问题协商，达成协议，并请求法官按此协议作出判决，法官对其审查后，如果他认为有充分的事实根据表明被告人自愿进行协议，所要求的量刑不妨碍被告人的改恶从善，可以按此协议处刑；或者若法官得出被告人无罪的结论，他可以置协议不顾而认定被告人无罪。由于意大利创造性地借鉴了美国的辩诉交易程序，因而，这种“依当事人的要求适用刑罚”程序，又被称为意大利式的“辩诉交易”。其不同于美国“辩诉交易”的表征主要有以下三点。

（1）适用案件范围不同。在美国，对辩诉交易的适用范围并未有限制性规定，不仅适用于轻微刑事案件，严重的刑事案件也可适用。如1994年轰动全世界的美国中央情报局埃姆斯间谍案，作为“美国有史以来破坏性最大的间谍案”，即是通过辩诉交易结案的，案件处理结果是判处埃姆斯终身监禁。[④] 而《意大利刑事诉讼法典》对辩诉交易的适用范围作了严格限制，即主要适用于以下两类案件：第一类是可能对被告人判处罚金的

① 宋冰：《读本：美国与德国的司法制度及司法程序》，中国政法大学出版社1998年版，第393页。

② 宋冰：《程序、正义与现代化——外国法学家在华演讲录》，中国政法大学出版社1998年版，第438页。

③ 宋世杰：《比较刑事诉讼法学》，中南工业大学出版社2000年版，第145页。

④ 李正信：《埃姆斯铁窗伴余生》，载《中国青年报》，1994年4月30日，第4版。

案件；第二类是根据犯罪事实、情节、协商情况以及法定刑，最高可以减少三分之一，而最后协商的判刑不超过 2 年的案件。[①] 这样，辩诉交易就只能适用于轻微刑事案件。

（2）辩诉交易的内容不同。美国检察官与被告人或其辩护律师进行辩诉交易时，可就控罪进行交易，也可就判刑进行交易。而意大利辩诉交易程序只允许控辩双方就量刑问题进行交易，严禁双方就所犯罪行问题进行交易。如果检察官对被告人所指控的罪名与案件事实是相符合的，那么他就不能为了降低被告人的刑罚幅度而将其改为较轻罪名。

（3）法官对辩诉交易的控制权不同。在美国，虽然法律规定法官有权就双方交易的过程和结果进行审查，以确定被告人的答辩是不是“自愿和理智的”，以及“是否具备事实上的基础”，而在实务中，绝大多数场合下，为促使和吸引被告人作出有罪答辩，检察官可以自由地处分指控的内容，而不会受到法官严格有效的司法审查。因为“法官的这种审查往往流于形式，法官对控辩双方所达成的协议一般都会确认和采纳，并以此作为判决的依据”[②]。由于意大利辩诉交易程序中，控辩双方没有罪行交易权，因而法官必须对案件材料进行审查，以确保量刑的准确性与适当性。这样，辩诉交易受法官严格监控。可见，意大利式的辩诉交易中显露出大陆法系国家诉讼程序所特有的职权主义的印迹，从而，使其异于植根于当事人主义诉讼环境中的美国辩诉交易。

二、辩诉交易的启示

与英美法系的有罪答辩和辩诉交易一样，大陆法系国家的选择也是为了减轻刑事司法的负担。辩诉交易作为一种简便、快捷的程序有利于减少诉讼成本投入，提高诉讼效率，契合诉讼经济原则之要求，这是显而易见的，也是毋庸置疑的。但我们认为，这并未囊括辩诉交易之全部精神实质。因此，对于辩诉交易，不应停留在这种一般化的理解上，而应以更高

① 宋世杰：《刑事诉讼理论研究》，湖南人民出版社 2001 年版，第 313 页。
② 陈瑞华：《刑事审判原理》，北京大学出版社 1997 年版，第 380 页。

的理论视角，从更宽泛的意义上挖掘、把握辩诉交易的深层次价值蕴涵。我们认为，至少还应从以下几个方面去理解辩诉交易。

（一）辩诉交易在刑事诉讼中创生了一种非对抗性的案件处理机制

在现代刑事诉讼思想理念中，一般认为，没有比对抗制度更好的制度来考查有罪、无罪，[①] 倡导控辩双方的对立性和竞争性，所谓“真理愈辩愈明”。然而，让被告人承认自己有罪，以便我们不必自己去释疑不是更好吗？被告人接受惩罚或将这种接受作为一种“好行为”欢迎它不是更好吗？辩诉交易作为一种合意机制，为矛盾对立着的控辩双方营造了对话的氛围与空间，在这种对话与交流中，克服自身的矛盾和苦闷。一方面，辩方一定程度的合作使控方从单向艰难地收集确实充分的证据，请求法官将被告人定罪量刑的紧张状态下解救出来。另一方面，在控方优惠条件的召唤下，人的趋利避害之本性，促使被告人自主地脱离单纯逃避打击和惩罚的漩涡，以较小的利益损失为代价，获得减少指控罪行或减轻刑罚处罚的机会。并且，在这种以控辩双方意思自治为制度设计机理的民主的程序中，双方都有一定的程序选择权，避免了把命运处置权交给对方，而各方都拥有相对的主动性，其中尤其体现了对于被告人程序主体地位之关护。

（二）“辩诉交易”使刑事诉讼中出现了控辩双方互利双赢的局面

在传统的将诉讼比作控辩双方之间的战争的对抗机制下，根据博弈论，控辩双方的关系处于“零和博弈”状态，也就是说，如果将控辩双方看成是博弈中的双方，无论采取什么策略，得失总和均为零，即一方所得必意味着他方有所失，不存在双方均得、均失的可能性。而辩诉交易中，控辩双方不再是完全对立的，一方所得未必意味着对方必有所失；反之亦然。在这种“非零和博弈”状态下，控方成功地使案件以有罪判决而告终，被告人则被指控较轻的罪名或处以较轻的刑罚。因而，双方各有所获，使得胜诉为诉讼双方共享。这即是一种双方都认为诉讼结局对自己有利的双赢局面。在这种诉讼双方对诉讼程序与案件处理结果都满意的情形

---

① 熊秋红：《刑事辩护论》，法律出版社 1998 年版，第 105 页。

下，程序公正与实体公正的内涵都得到了最大限度的诠释，并在本质上将二者以最完美的形式统一起来。

(三)“辩诉交易”对于处理疑罪提供了一种新的选择方式

刑事诉讼在某种意义上即是运用证据证明案件事实的过程。而在运用证据证明案件的司法实践中，由于主客观条件的限制，常常明知犯罪嫌疑人犯了罪，他却不承认，因此苦于证据不很充分，不能起诉。而犯罪嫌疑人若要摆脱被追诉的可能性，逃避国家刑罚制裁，也没有办法，因为控方毕竟掌握了一定的证据，并且随着时间的推移，不排除控方获得充分证据的可能性，从而使控辩双方都处于两难境地，都不能解脱。按目前的办法是适用疑罪从无原则，暂时视犯罪嫌疑人无罪，而控方保留控告权，待证据充分了，再提起公诉。这是一种不得已的办法，但并不是一种最佳的选择。因为，按疑罪从无原则来处理，一方面不能揭露真正的犯罪分子，将其绳之以法，另一方面又造成诉讼的过分拖延或诉讼进程的中断。双方面叠加的结果是使得刑事诉讼中的两大价值目标公正与效率两败俱伤。而辩诉交易的结果使得案件真相得以显现，使案件有了一个圆满的解决，实现了公正与效率的双重获得，突破了旧的证据定案模式，创就了运用证据定案的新的、更灵活的技巧和策略。

三、对我国刑事基本政策的反思

“坦白从宽、抗拒从严”作为我国一项产生于革命根据地时期，并沿用至今的刑事基本政策，在瓦解、分化、教育、挽救犯罪分子等方面发挥了重要作用。该政策的核心是以宽大处理来吸引、鼓励犯罪分子坦白认罪，达到较为理想的结果。因为改造罪犯的第一步就是使其认罪，并认识到自己的问题，认罪至少在名义上是回归社会的第一步，因而，对于那些已迈开认罪第一步的人应给予处罚上的仁慈。[①] 马克思曾指出，对于犯罪现象重要的不在于如何严厉地惩罚犯罪分子，而在于对所有的犯罪行为予以彻底揭露。这一精神不但顺应了刑罚目的刑论取代报应刑论所引领的刑

① 孙本鹏：《美国刑诉中的辩诉交易制度》，载《中外法学》1996 年第 1 期。

罚轻缓化之刑事司法发展潮流，即认为无论刑罚对已然之罪的事后报应多么公正，都不可能改变犯罪行为已经发生这一事实，也不可能弥补犯罪所造成的罪恶与损害，或者恢复犯罪行为已经发生前的原状。只有有力地促进了犯罪分子的转化才是有价值的，并借以恢复其正常秩序，维系社会公正。因此，我国的刑事政策内在精神与辩诉交易是相通的，虽然，在司法实践中也曾发生过无与伦比的功效，但近十多年来由于社会情况的变化，执法人员认真贯彻这一原则不够，加上该原则本身的缺陷导致这项原则基本失效。在一些罪犯甚至社会的一定范围内广为流传的“坦白从宽，牢底坐穿；抗拒从严，回家过年”的说法，就以一种歪曲的形态反映了一种司法的“悖论”：国家法律鼓励坦白，但坦白后将被定罪并可能判以重刑；法律禁止奸猾不供，但那种无视法律钻法律空子的犯罪人却可能因案件证据不足而逃脱法网。这样，在很大程度上，坦白从宽成为骗供的同义语。[①]由此可知该原则与辩诉交易两者在适用中的差异也是显见的。如前所述，“辩诉交易”作为一种法律化、制度化的规定，有较完备的程序保障机制。并且犯罪嫌疑人在交易中拥有一定的主动权。这样，程序的处分权为控辩双方所分享，张扬了控辩平等之现代刑事诉讼理念。而我国“坦白从宽，抗拒从严”的刑事基本政策，只是在宏观上对犯罪嫌疑人行为选择的引导，没有严密、规范的程序保障机制。特别对于司法人员没有法律上的强制约束力，犯罪嫌疑人坦白不一定获得从宽处理。不从宽处理，司法人员也无须承担相应的法律责任，是否从宽，怎样从宽的主动权完全掌握在司法人员的自由裁量中，犯罪嫌疑人毫无程序与权利可言，更不用说程序处分权。因而，在司法实践中表现出适用上的随意性与不确定性，导致这一基本政策无法有力得到贯彻，难以取信于民，影响了它的价值和可行性。司法实践需要将其法律化、制度化，予以保障，使其具有操作性、可行性。所以基本的办法就是将此政策上升为法律，并以固定的程序使其可操作。只有在法律程序机制保障下注入新的活力，才能调动被告人的积极性，从而增加其可信程度。

---

① 龙宗智：《论坦白从宽》，载《法学研究》1998年第1期。

四、刑事处罚与认罪交易制度的构想

由于形势的发展变化，执法环境与过去有了很大的不同，近十年来，情况尤其突出，一般犯罪嫌疑人、被告人对于“坦白从宽，抗拒从严”的政策压根就不相信，同时司法机关严肃认真地执行这一政策也存在诸多问题，存在严重的随意性，使这一政策失去了原有的价值。鉴于辩诉交易对我们的启示，对这一基本刑事政策有必要进行改善，将其程序化、定型化，克服其缺陷，发扬其优势，使之在司法实践中为当事人所信任。用法律界定其不同情况，适用不同的处罚与认罪交换机制，形成一种控辩双方参与，共同协定、依法裁判的制度。把双方主动、自愿协商、依法确认等行之有效的规则引入其中，形成一套健全的刑事处罚与认罪交易程序，充分发挥“坦白从宽、抗拒从严”基本刑事政策的优势，吸收控辩交易的具体做法和经验，完善提炼，形成具有我国特色的新制度。新的刑事处罚与认罪交易制度是我国刑事基本政策发展和衍化的必然，它既不同于美国的辩诉交易制度，也有别于“坦白从宽、抗拒从严”政策，是在它们的精神基础上的发展，这种发展具有深刻的理性基础和衍化的动力，可从以下方面分析其制度的基本思想。

（1）刑事处罚与认罪交易制度完全符合人性的要求。人的理性是建立在权利基础上的，处罚和认罪的交易本身就符合平等和权利义务一致的思想，贯彻了人伦的精神，因此这一制度易为控辩双方所接受，弘扬了社会主义的人道主义精神。

（2）刑事处罚与认罪交易制度体现了现代司法民主和平等原则，使当事人真正拥有自主选择权，一般来说又不损害社会利益和刑罚目的，充分表现了诉讼民主思想。双方平等对抗的行为规范，能满足当事人和社会人群的理性要求，表现了对每个人人格的充分尊重和对个人利益与社会利益的共同关怀，将两者有机统一起来。

（3）刑事处罚与认罪交易制度能有效地保障被告人的权益，给予被告人自己在法律面前提供理性思考与选择的机会，只要其能悔悟自己的罪行，并配合公安司法机关查清案件事实，就给其出路，让其回归社会。这与刑事诉讼法和刑法的目的吻合，有益于贯彻法治终极思想，有效实现对社会的治理和对人的改造。

（4）刑事处罚与认罪交易制度有效贯彻了坦白从宽，改恶从善的思想，克服单纯的报复主义目的，并且具有操作性，可行性，能较好地根据被追诉人不同的态度和罪行给予有区别的对待，有利于在真正意义上实现对司法公正的追求，是一种比较完美可行的制度。

当然，世界上一切制度都不可能尽善尽美，刑事处罚与认罪交易制度在有限的范围内也可能伤害被害人的感情，在满足被害人的要求上受到制约，对被害人利益的反应不够，但在另一个角度上这种代价可以获得补偿，即能够减少双方的对抗程度，有利于尽快查清案件事实。

从上述几个方面的分析，说明建构刑事处罚与认罪交易制度适应了时代和人伦要求，也符合刑事法律的原则思想，因而是完全必要的。问题在于如何使这一制度充分体现上述思想，使它具有社会主义特色。笔者对这种刑事处罚与认罪交易制度建构的初步设想是：

（1）在案件发生后到侦查人员尚未接触犯罪嫌疑人之前，犯罪嫌疑人自动投案自首的，可依法免除其刑事处罚或减刑三分之二。在犯罪性质上不受任何限制，一切案件都可适用。其程序是：① 自动投案人向公安机关或检察机关表示投案要求，从而取得投案登记书。② 由投案者持投案登记书，与案件受理人进行协商，将投案的内容、相关证据或线索及免除或减少刑期等事项订立书面条款，双方签字。③ 将协议报请受理单位负责人批准，并交清有关证据和自白材料。④ 经检察机关依法审查，作出不起诉或减刑的承诺决定。决定减刑的应将有关材料和核实后的证据移送同级法院，经法院审查，用判决书形式予以判决。⑤ 在自白的同时，检举他人有功者，可折抵刑期或受奖。

（2）在司法机关第一次讯问犯罪嫌疑人以后到作出起诉决定之前，犯罪嫌疑人可以要求坦白，并与公安机关或检察机关商定处刑和认罪的协议。依法根据案件性质不同，可以减轻处罚二分之一至三分之一。其程序是：① 犯罪嫌疑人向侦查或检察机关提出坦白的申请，也可由侦查或检察机关提出这方面的建议。② 由双方协商条件，制定处刑或认罪的协议，同时应告知被害人及其代理人，取得其认可，并由当事人提交认罪书和有关证据材料。③ 经侦查或检察机关查证核实后，经单位负责人批准，作出有关决定。④ 将被告人的认罪书和有关材料写成综合报告，并附上协议书送至法院审查，法院书面审理后作出裁判。（3）在检察机关已作出起诉决定后到开庭审判之前，对于判处 5 年以下徒刑的案件，可以由控辩双方协商，达成协议，彻底交代所犯罪行，可减轻三分之一的刑期或判处缓刑。其程序是：① 此种情况一般应出现在基本事实清楚、证据未存欠缺的情况，由控方主动提出条件，也可由辩方或律师提出，双方进行协商，提出协议。② 这种协议必须严格控制在法院允许的情况下，即受法院的监督，同时被害人亦无异议，才具有法律效力。③ 法院对符合法定条件的协议及证据材料进行审查，并作出判决。

（4）除根据以上不同情况，在程序和实体上分别对待嫌疑人、被告人的供述外，还应建立必要的、共同的、通用的刑事处罚与认罪交易程序，严格遵守，其一般程序包括：① 告知程序。由于“人们无法行使其不知晓的权利”，因而，告知程序应是刑罚与认罪交易程序的重要环节之一，对于犯罪嫌疑人或被告人可以用主动向司法机关自白换取较轻的处罚甚至免除处罚这一规定通过立法向公众公布。同时，司法人员与犯罪嫌疑人或被告人第一次接触时，必须向其告知主动认罪可以折抵罪行的具体立法规定，使其自行考虑是否接受这种交换条件。② 申请和协商的提出程序。进入刑事处罚与认罪交易程序，可由当事人主动申请，也可以由侦查机关或起诉机关主动提议，然后双方协商。两种方法都可以启动这一程序，应坚持自愿原则，反对任何威胁利诱行为，否则应依法查处。③ 协议程序。这是刑事处罚与认罪交易制度中的核心程序。经过申请和提出协议建议以后，当事人或其律师与司法机关可以进行具体协商，签订具体协议。进入起诉阶段后所签的协议，应征得被害人同意，并不得过多损害被害人权益。协议签订后，立即生效。④ 自白程序。在达成协议以后即启动自白程序，自白人应保证其自白内容的真实性和完整性，否则影响协议的效力，并承担由此而产生的后果。⑤ 审查程序。对被告人自白的内容，对业已收取的证据进行审查，并展开调查核实工作，经查证其自白可信，与案件事实没有出入，则该协议应当生效。⑥ 执行或移送法院审查裁判。在不同阶段有不同的执行方式，在侦查阶段，只需取得起诉机关批准即可执行。在起诉阶段应将其协议移送法院审查，然后作出裁判，依法执行。⑦ 监督程序。对于公诉机关不批准协议的行为，对法院作出驳回协议的行为，嫌疑人、被告人有权上诉，起诉机关可以抗诉。对同意协议的裁定，被害人有意见而不服的可以提出上诉，上级司法机关可以协调处理。

必须澄清的是，这种控辩参与的刑事处罚与认罪交易制度赋予了控辩双方对刑事公诉案件的一定处分权，因此，在某种程度上，类似于自诉案件的调解或和解，易产生刑事公诉案件也适用调解或和解的误解。[①] 笔者认为，这种类似只是一种表面现象，并不能掩盖它们本质上的差异，而这种本质上的差异则是根本的，具有决定意义。首先，诉讼调解、和解的结果一般不给被告人定罪，是一种将某些轻微刑事案件作民事化、非犯罪化处理的方式，而控辩协议则以犯罪嫌疑人认罪为前提。另外，由于自诉案件中诉讼调解、和解制度设计的主旨在于将一些轻微刑事案件看成是双方当事人之间的私事，因而完全依据私法上的意思自治原则处理。对于调解，在法官主持下只要求在形式上遵循自愿合法原则，对调解协议并无实质内容上的要求。对于和解，法院在形式上和实质内容上都不作审查。而在刑事处罚与认罪交易制度中，虽然法官不参与协议过程，但对于协议法官不但要审查形式上是否自愿、合法，更要对定罪量刑的事实依据进行严格的审查，以体现法官对控辩双方处分权行使正当性的制约与对案件处理结果的最终决定权。

刑事诉讼过程中控辩参与的刑事处罚与认罪交易制度的本质是以国家利益为出发点，用对犯罪分子作某些量刑上的让步来换取犯罪分子自认，使刑事案件获得对双方有利的迅速解决，从而解决运用证据方面的难题。

① 根据我国 1979 年《刑事诉讼法》和 1996 年《刑事诉讼法》的规定，刑事和解只限于自诉案件，这也是本文关于刑事和解观点的现实立法背景，但在社会主义和谐社会理念和宽严相济的刑事政策的推动下，其后我国学界和实务界开始积极探索公诉案件的刑事和解机制，并通过全国试点实行进一步推动了刑事和解相关制度的规范化和法制化，最终于 2012 年修订的《刑事诉讼法》中正式确立了当事人和解的公诉案件诉讼程序。——编者注

它的内核在于促使被告人认罪和悔悟，更好地贯彻效益原则，而在根本上不违背刑法、刑事诉讼法目的的实现，有利于化解矛盾的对抗程度，在法律和政策感召下促使矛盾转化，从而让嫌疑人、被告人获得较为宽大的处理，而又不失刑罚的惩治原则。

原载《求索》2004年第11期，与彭海青合著

刑事搜查之初探

作为侦查机关同犯罪作斗争的一项重要手段，搜查对于侦查人员收集证据和查获犯罪分子有十分重要的意义。同时，作为一项具有相当实效性的强制侦查行为，搜查直接关系到公民的人身权与财产权不受非法侵犯的权利。在人权保障呼声日益高涨的今天，有关搜查的概念、特征、适用条件、监督以及体现于搜查中的公民权利与社会公共利益的平衡受到了人们的广泛关注。本文试图对此进行探讨，并简要地提出个人见解。

一、搜查的概念与特征

（一）搜查的概念

论及搜查的概念，我们有必要先了解搜查的称谓。据历史记载，在中国古代奴隶社会和封建社会，搜获、搜缉、搜检均有搜查之意。如，清朝《疑狱集》注："其人悔谢，乃引思竟于告者之党，搜获其妾"。清朝《宦游纪略》中，有"武营详请搜缉，竟成大狱"。《梁书·贺琛传》记载"若家家搜检，其细已甚……"。[①] 我国台湾"刑事诉讼法"将搜查称为"搜索"，但其所指代的侦查行为与大陆相同。而我国澳门"刑事诉讼法典"将对人身的搜查称为"搜查"，对场所、房屋的搜查称为"搜索"。[②]

---

① 高潮、马建石：《中国古代法学辞典》，南开大学出版社 1985 年版，第 323 页。

② 周伟：《中国大陆与台、港、澳刑事诉讼法比较研究》，中国人民公安大学出版社 2001 年版，第 331-333 页。

由于篇幅所限，这里不一一列举。纵观世界各国的刑事诉讼法，称之为“搜查”的占绝大部分，我国也不例外。

什么是搜查呢？依照我国《刑事诉讼法》第109条[①]规定，所谓搜查，是指侦查机关为了发现犯罪证据，查获嫌疑人而依法对嫌疑人以及可能隐藏犯罪证据或嫌疑人的其他人的身体、物品以及其他有关场所进行搜索、检查的一项侦查活动。由此可见，我国《刑事诉讼法》强调搜查是一项专门调查工作，至于实施该措施时可能出现的强制性，则是次要的。因此，尽管搜查是与拘留、逮捕等强制措施相关的侦查行为，但两者有明显区别。前者的目的是收集证据和查获嫌疑人，而后者的运用是为了通过限制或剥夺公民的人身自由而达到保证侦查、审判工作顺利进行的目的，即后者对前者有保障作用；前者运用不当，会导致威胁或侵犯与刑事追诉有关或无关公民的人身权与财产权，而后者则限制或剥夺了公民的基本人身自由。

无疑，搜查还具有丰富而深刻的内涵。如搜查的主体为侦查机关；搜查对象为犯罪嫌疑人和嫌疑人以外的其他人；搜查的范围为人身、物品或场所；搜查可分为有证搜查与无证搜查、公开搜查与秘密搜查，等等。在更深刻的层面上，搜查作为国家权力的运作方式之一，极易侵犯公民的基本权利与自由。因此，在搜查中，无时无处不涉及公民权利与国家权力、自由与责任的冲突与平衡。若未掌握好这个平衡点，必然会造成国家权力的无限扩张和公民权利受到严重侵犯。这不但会使诉讼失之公正，而且有可能使搜查活动因程序违法而失去意义，从而危及诉讼效益。

（二）搜查的特征

搜查是侦查行为的一种，因此，具有侦查的一些特征。同时，搜查也不乏个性，以区别于其他的侦查手段。具体说来，搜查具有如下几个特征。

---

① 本文所引用《刑事诉讼法》条文，如无其他说明，均指1996年修正的《刑事诉讼法》条文。——编者注

1. 搜查的程序具有严格性

作为一项严格的法律行为，搜查与“正当程序”密切相关，因此应依法批准，严格适用。各国有关搜查的法律规范无不体现出此特征。大陆法系国家强调的是搜查程序的有效性和程序被违反时的法律后果。它们不但明确规定了搜查必由法定机关实施，执行严格的审批程序，而且还对夜间搜查作了严格限定，将搜查的合乎时间性作为搜查的合法条件之一。对违法搜查所获证据，大陆法国家认为若查证属实，则可作为定案依据。而英美法系国家对搜查的规范主要体现在对搜查证的要求上，即在哪些情况下必须持搜查证才能进行搜查。如在英国，搜查分为逮捕前的搜查、逮捕附带的搜查、逮捕后的搜查，以及对场所的有证搜查，前三者无需搜查证，而对场所的搜查必须由治安法官签发搜查证。至于违法搜查所获证据，英美法国家往往以违反了法律的正当程序为由，对之持否定态度。

我国《刑事诉讼法》第 109 条至第 133 条规范了搜查的程序和要求，《人民检察院刑事诉讼规则》的第 174 条至第 185 条和《公安机关办理刑事案件程序规定》的第 205 条至第 209 条也有类似的规定。对违法搜查者，轻则追究行政责任，重则追究刑事责任，我国《刑法》的第 245 条的规定便是其法律依据。对于非法搜查获得的证据，我国《刑事诉讼法》并未明确其证据效力。对此，笔者认为，应具体分析，区别对待。一是对于非关键性的证据，一律排除；二是对于关键性的证据，若查证属实，且不危及人权，应予采信，反之，不予采信。这样，既能使有证明力的证据在惩罚犯罪中发挥应有的作用，也能兼顾人权保障，同时还体现出搜查严格的程序性。

2. 搜查的结果具有双重性

毋庸置疑，及时地进行搜查往往能发现犯罪证据，能够取得鉴定对比材料，能缴获一切可以行凶或自杀的工具，甚至能直接查获犯罪分子。[①]这对于找到案件的“突破口”，及时破案往往起着关键的作用。然而，在

① 宋世杰：《刑事诉讼法学》，湖南人民出版社 2001 年版，第 282 页。

实践中，一旦搜查未达到目的，它的负面作用也是显而易见的。第一，一次不成功的搜查无异于向犯罪分子宣告，侦查机关并未掌握相关证据，这样可能增强他们的侥幸和顽固心理；第二，在共同犯罪中，搜查落空往往会打草惊蛇，使得同案犯闻风而逃，或订立攻守同盟，拒不交代罪行；[①]第三，犯罪分子或其家属在搜查后有可能马上转移、隐匿或销毁未被缴获的罪证，这对以后的调查取证是极为不利的；第四，这会给有恃无恐的犯罪分子造成可乘之机，导致其诋毁侦查机关的声誉，破坏其坚实的群众基础。因此，侦查机关对搜查一定要慎重适用，确保准确性和及时性，绝不能因为搜查的有效性而忽视了它的负面效果。

3. 搜查行为具有强制性

首先，作为一项单方法律行为，搜查由侦查人员执行，一经决定，便可实施，无须征求被搜查人的同意。在实践中，很多情况下搜查都是在保密和被搜查人不知情的状态下进行的。正因为如此，丹宁勋爵在《法律的正当程序中》将它称为“军事化行动”。其次，搜查的强制性还体现为被搜查人若避免或阻碍应当进行的搜查，侦查人员可以采用合法手段排除抗拒而强行搜查。如，在日本，侦查人员执行查封证和搜查证时，可以开锁、启封或作出其他必要处分。对此，我国《人民检察院刑事诉讼规则》的第 181 条有所体现。至于在实践中，侦查人员采用破门而入、强迫被搜查人向隅而立甚至使用器具等方式进行搜查也不鲜见。再次，搜查的强制性又体现为搜查与拘留、逮捕等强制措施之间密不可分的联系。德国《刑事诉讼法》将搜查与拘留、逮捕等限制人身自由的强制性措施规定在一起。我国也有人认为无证搜查权是由拘留权、逮捕权派生而来的。[②] 而在实践中，侦查人员有时也不得不采用强制措施保障搜查的顺利进行。

二、搜查的适用条件

正如前文所述，搜查既与人权保障关系密切，又与诉讼的两大价值目

---

① 张仲麟：《刑事诉讼法新论》，中国人民大学出版社 1993 年版，第 338 页。

② 周国均：《侦查程序论》，中国政法大学出版社 1994 年版，第 143 页。

标——公正与效益息息相关。因此，世界各国均对搜查的适用设置了严格的限制性条件，这些条件主要包括以下三个方面。

（一）启动搜查必有正当理由，亦即搜查的实质要件或证明标准

搜查是涉及公民权利与自由的重大侦查措施，理应慎重适用。然而，在实践中，脱离现实需要、过度使用搜查的现象相当严重，这与现代刑事诉讼的基本理念，即强调避免过度的或不当地适用强制性处分不相符合。笔者认为，要杜绝这种现象，明确搜查的实质要件是关键。

在英国，附带于逮捕的场所搜查只能在“合理的根据相信”的情况下进行，对人身的搜查，要取决于是否存在“怀疑的合理根据”[①]。而意大利《刑事诉讼法》将“确有理由”设置为搜查的必要前提条件。日本《刑事诉讼法》第102条、第222条第1款也规定：对嫌疑人的搜查，检察官、检察事务官和司法职员“认为必要时”可以进行，而嫌疑人以外的人则受“足以认为有应予扣押物品存在”的限制。[②] 然而，我国《刑事诉讼法》却无相关规定。为此，有人主张，应用强制性侦查措施应把握“确有必要”原则，其基本涵义是：侦查手段的目的性应当明确；侦查手段能产生实效；侦查手段与处置事件的重要性相符。[③] 搜查的适用条件自然也被规范其中。这对法律规范的完善固然有进步意义，但仍难避主观臆断之嫌。

究竟如何设置搜查的适用条件，最大限度地协调公民权利与社会利益之间的冲突呢？笔者认为，只有存在一定的犯罪证据并确有搜查的必要时，才可以将搜查作为一种获取更多证据的手段使用。所谓确有必要，应指侦查人员根据客观存在的事实而作出的初步判定。这样，客观事实与主观判断相结合，保证了搜查的有效实施。

（二）搜查由法定机关批准和执行，这是搜查的主体条件

作为一项强制性侦查措施，搜查应由有司法权的特定机关行使。在国

① 孙长永：《侦查程序与人权》，中国方正出版社2000年版，第99页。

② 宋英辉译：《日本刑事诉讼法》，中国政法大学出版社1999年版，第53页。

③ 左卫民、周长军：《刑事诉讼的理念》，法律出版社1999年版，第38页。

外，一般来说，批准或决定搜查的人员是法官或检察官，而执行搜查的则是警察或检察官。因各国情况不同，主体各有区别。在美国，搜查权原则上属于法官，侦查机关只有在紧急情况下，才有搜查权。在德国，一般情况下，由法官发搜查证，特殊情况下，即有延误和有危险时，搜查令由检察官或其辅助官员签发，但必由法官确认。在日本，搜查由法官批准，检察事务官或司法警察执行，但法院为了保护被告人而有必要时，审判长可以命法官、书记官或司法警察职员执行。这些国家之所以将搜查的批准权和执行权分开，是它们确立了令状主义的必然结果。所谓令状主义，主要指由处于中立地位的法官判断强制处分的合法性与合理性并负责签署令状。因此，一般情况下由法官掌握搜查的批准权也就顺理成章了。

我国并未实行令状主义，这是长期以来流水作业式的诉讼构造决定的。在我国，侦查机关独立于审判机关，法院与侦查程序不发生直接联系。这表明，侦查机关集搜查的决定权与执行权于一体，除侦查机关外，其他任何单位或个人无权以任何借口实施搜查行为，否则，应承担法律责任。笔者认为，将搜查的批准权与执行权分开，有利于对搜查的制约。因此，顺应世界刑事诉讼的发展趋势，从长远来看，在搜查中建立法官授权机制将是我们努力的目标。

（三）搜查原则上应持证进行，但承认某些例外

在搜查中，搜查证的作用是不可替代的。它不但可以证明搜查活动是侦查人员依职权进行的，而且还能警示被搜查人应接受搜查，否则，搜查便可强制进行。这样，减少了不必要的冲突，保证了搜查的顺利进行。因此，几乎所有实行法治的国家均要求侦查人员原则上应持搜查证进行搜查，当然，这并不排除例外情况的存在。例如，在美国，无证搜查可适用三种情形：合法逮捕附带的搜查，被告人自愿表示同意的搜查，存在特别因素情形下的搜查。

我国《刑事诉讼法》第 111 条的规定表明，一般情况下，侦查人员应向被搜查人出示搜查证，但在执行逮捕、拘留时，遇到紧急情况，不用搜查证也可以进行搜查。所谓紧急情况，依据《公安机关办理刑事案件程序

规定》的第 207 条规定，主要指：① 可能携带凶器；② 可能隐藏爆炸、剧毒等危险物品；③ 可能隐匿、毁弃、转移犯罪证据；④ 可能隐匿其他犯罪嫌疑人；⑤ 其他突发紧急情况。由此可见，几乎在所有执行拘留、逮捕的场合，均可适用无证搜查。这造成在实践中，侦查人员为了方便省事，往往不把搜查证当回事，至于以警服、手枪或工作证当作搜查证使用的现象更是常见。因此，笔者认为，无证搜查的范围应受到更为严格的限制。具体而言，执行拘留、逮捕时，在上述五种情形中，只有第一种和第二种情形可适用无证搜查，除此之外，一切搜查活动均应持搜查证进行。究其原因，主要是因为在第一种和第二种情形中，若不及时搜查，被搜查人有可能行凶、自杀，从而危及公民的人身安全。这样规定有可能造成一部分证据的流失，增加破案的难度，但这是我们为了尽最大可能保护公民合法权利不得不付出的代价。

三、搜查的监督

在刑事诉讼中，为了防止权力滥用，法律监督是必不可少的。根据不同的标准，法律监督可作如下分类：刚性监督与弹性监督，内部监督与外部监督，事前监督、事中监督与事后监督等，那么，在搜查中，法律监督是如何实现的呢？

西方国家中，几乎所有的强制性诉讼手段均受法院的授权与审查，实际上，法院通过掌握搜查的批准权而对司法警察或检察官的搜查活动进行监督。至于检察机关在诉讼中的地位，西方国家的认识基本相似，即检察机关属于公诉机关，不具备侦查监督权。而在我国，检察机关既是专门的法律监督机关，也是侦查机关。因此，若要全面了解搜查的监督，应从以下两方面进行把握。

（一）公安机关搜查中的法律监督

在实践中，对刑事案件的搜查主要由公安机关（采广义，包括普通的公安机关、国家安全机关、监狱、军队保卫部门）进行。《公安机关办理刑事案件程序规定》表明，搜查由县以上公安机关负责人批准，侦查人员具体执行。无疑，公安机关负责人的审查与批准在一定程度上节制了搜查的滥用，但其天生的软弱性却又限制了自身积极作用的发挥。所以，在司法实践中，无证搜查、先搜查后批准的现象似乎成了刑事搜查的习惯进程。

检察机关作为专门的法律监督机关，在搜查中执行的是事后监督的职能，即通过审查批捕、审查起诉监督搜查活动，若发现违法行为，有权对公安机关提出纠正意见。然而，事实上，检察机关既无权对违法人员进行制裁，也不能因侦查中存在违法搜查行为而可以决定不起诉。因而在实践中，公安机关不接受监督的现象比比皆是。这样一种“弹性监督”是难以发生实效的。

西方国家实行法官介入搜查中的做法固然有科学性与合理性，但是若移植到我国的司法制度中，却难以真正运作。我国尚未设置专职的预审法官，若由庭审法庭提前介入，无疑会影响审判的中立性与公正性。因此，笔者认为，目前加强搜查监督应抓住搜查的批准权这个“瓶颈”。换言之，法律应赋予检察机关搜查的批准权。这样不但可以强化原有的检察监督，而且也可以使检察机关更直接地了解搜查活动，并及时纠正违法搜查行为。

（二）检察机关搜查中的法律监督

在检察机关的自侦案件中，搜查也被广泛运用。此时的“法律监督”主要表现为一定的内部制约：① 搜查由检察机关负责人审批；② 上级检察机关可以督促下级检察机关纠正违法搜查行为；③ 检察机关内部的审查部门通过审查批捕、审查起诉活动对侦查部门的搜查行为进行审查。但是，从严格意义上讲，这些都不能称为监督，因为监督在本质上是一种外部的约束，而上述内部制约方式均不具备此特征。

那么，如何实现检察机关搜查中的法律监督呢？有人认为，检察机关自侦活动中根本不可能存在法律监督，因此，在检察机关内部需设立侦查、审查和公诉三个部门，由审查部门对侦查部门包括搜查在内的侦查活动进行检查。对此，笔者持不同看法。立法若将搜查的批准和执行分开，那么，检察机关搜查中的法律监督是可以实现的。[①] 在此，可以考虑法官的介入。具体设置为：在检察机关的同级法院内部设立预审法官，以与庭审法官区别，由他批准包括搜查在内的侦查行为。至于违法搜查所获得的证据，则由预审法官自由裁量，决定其可采性。

四、被搜查人的权利保障

在搜查中，涉及个人利益与社会利益的平衡。一方面，我们需要考虑个人自由，除非有最紧迫的理由，个人住处的安全不得被破坏，而另一方面，我们必须考虑整个社会的利益，找出犯罪，予以镇压。[②] 因此，当我们肯定搜查在收集证据和查获嫌疑人方面不可忽视的意义与作用时，更应该关注被搜查人权益的保障。

（一）权利保障的内容

在实践中，搜查行为往往表现为对有关人的身体、物品或场所进行强制检查，以索取所需证据和查获嫌疑人。据此，笔者认为，在搜查中，法律应当保障的主要是公民的人身自由与财产权。

（1）人身自由权。此处的人身自由权主要包括狭义的人身自由、人格尊严和住宅不受非法侵犯的权利。作为一项基本的宪法性权利，人身自由权对人权保障有着十分重要的意义。因为，人身自由的存在是作为个体的公民获得其他权利的前提与基础，人身自由一旦得不到保障，其他权利也必成为一纸空文。然而，在实践中，侦查人员非法强制检查身体、非法闯入住宅甚至不顾被搜查人的体面而对他们人格进行侮辱等现象，无不体现出对公民人身自由的侵犯。因此，从这层意义上讲，人身自由应当是我们在搜查中所要保护的首要权利。

（2）财产权。财产权也是搜查中权利保障的内容。在实践中，侦查人员为了收集证据或查获犯罪分子，有时不得不毁坏财产。而由于侦查人员的疏忽或不负责任，造成被搜查人财物被损坏的现象也常见。另外，搜查

---

① 李心鉴：《刑事诉讼构造论》，中国政法大学出版社 1992 年版，第 207 页。

② 〔英〕丹宁勋爵：《法律的正当程序》，李克强等译，法律出版社 1999 年版，第 124 页。

往往与扣押连在一起，与案件有关的物品一旦被扣押，被扣押物至少暂时脱离了所有者或持有者控制。侦查人员若扣押不当，或别有用心，随意滥扣，必会对公民的财产权造成侵犯。因此，为了保护公民的财产权，搜查人员应小心谨慎，遵守程序，尽量把损失控制在最低限度。

（二）权利保障的理由

笔者在“权利保障的内容”中已经提出，基于现实的需要应加强对被搜查人基本权利的保障，在此，笔者将继续为其寻找立法与理论依据。首先，这有宪法依据。人身自由与财产权是宪法予以保障的公民最基本的权利，各国宪法概莫能外，我国《宪法》第 13 条、第 37 条、第 39 条对此均有明确表述。因此，为了使宪法精神真正在刑事诉讼中有所体现，我们应加强被搜查者基本权利的保障。其次，这是贯彻“无罪推定”原则的要求。无罪推定的基本内涵是，在发现其有罪之前，每个人应被视为无罪。我国《刑事诉讼法》第 12 条也规定，未经人民法院判决，对任何人都不得确定有罪。因此，在侦查阶段，即使是真正的犯罪分子也只能视为有“犯罪嫌疑”，其基本权利不应受到非法侵犯。再次，这也源于侦查机关与被搜查人员之间地位的不平等。在搜查中，侦查人员不但有广泛的自由裁量权，而且其权力的行使是以强大的国家强制力作后盾的，而被搜查人却只有积极协助的义务，立法对他们的权利也疏于规范，这种不平等性对被搜查人相关权利的保障提出了要求。

（三）对被搜查人权利保障的立法建议

在现代法治社会，一切社会关系以及权力与权利的运作均应受法的支配。因此，为了加强对被搜查人权利的保障，我们应在以下几个方面对立法予以完善。

（1）直接赋予被搜查人相关权利，以与司法权力抗衡。具体而言，法律不但必须保护被搜查人原有的权利，还应赋予被搜查人与其境遇相当的新的权利。如，被搜查人有权要求侦查人员说明搜查的理由与目标，有权要求排除非法搜查获得的证据，有权拒绝违法搜查，有权要求律师到场等。那种认为被搜查人只有配合的义务的观点是片面的，因为它不但违背了权利与义务的对等原则，而且从根本上否定了被搜查人为维护自身利益而从事某种行为的合法性。试想，在这样的指导思想下，公民权利何以维护？法治何从谈及？

（2）明确侦查机关应承担的义务。在此，立法可以采取概括式和列举式相结合的方式。原则上，侦查机关应积极创造条件，保证被搜查人的合法权益。当前，这项原则主要囊括了侦查机关的三项义务：① 搜查前，侦查人员应持相关证件并履行如实告知义务。具体而言，侦查人员除应告知被搜查人有关搜查的理由、法律与事实根据外，还应告知被搜查人享受的权利和应履行的义务，以及违背义务时应承担的法律责任。② 除特殊情况或紧急状态外，侦查人员应提供便利，保证搜查时辩方律师在场。③ 对被搜查人的申辩，侦查人员应认真听取，不能简单地将其视为阻碍搜查而予以处罚。

（3）完善救济机制。没有救济的权利在很大程度上是虚置的。因此，当被搜查人缺乏对抗不必要或违法搜查的救济手段时，无论立法对他们的权利和侦查机关的义务规范如何完善，这些规定往往难以落到实处。为了克服这一现象，建立一套完整的救济机制很有必要。可供选择的途径有三种：一是对违法搜查行为，被搜查人可以申诉于执行搜查的侦查机关，当有必要时，被搜查人还可以继续上诉于上级侦查机关。二是被搜查人可以要求中立的司法机关举行听证程序，以对违法搜查行为进行审查。当然，鉴于在我国当前的司法制度下，法官一般不介入搜查程序中，这一救济途径还有待完善。三是被搜查人有权以其合法权益受到侵犯为由，直接提起行政诉讼，以对抗搜查权的滥用与膨胀。

（4）建立执法监督。除上文提及的检察监督之外，立法还应建立健全律师监督，这在世界许多国家的刑事诉讼法中已达成共识。如，《日本刑事诉讼法》第 113 条规定，检察官、被告人或辩护人，在执行查封票或搜查票时可以在场。而在意大利，当警察进行搜查、扣押、查封等行为时，辩护律师均有权出席和参加。然而，目前我国律师在侦查阶段享受的权利是相当有限的，搜查中，律师一般无权到场，这不能不说是我国立法中的不完善之处。事实上，辩护律师参与搜查，不但对非法搜查行为有一定的防范作用，同时还可以平衡抗辩双方的力量，这保障了被搜查人的权利。笔者认为，在我国，立法不仅应当明文肯定律师在搜查中的到场权，而且还应针对实践中侦查机关设置的种种障碍，为律师的到场权规定一些必要保障措施。

原载《福建公安高等专科学校学报》2003年第2期，与黄柳合著

试论“减刑”“假释”程序的重构

减刑、假释制度自确立以来已有几百年的历史，已为世界各国法律所确认。减刑、假释制度在我国长期运用中存在一些问题，一直未能引起重视，目前更为突出。监管人员在利益驱动下，变相地将减刑、假释变成钱权交易，甚至制造假证，致使本来具有促进改造作用，体现人道主义精神的良好的行刑制度化为乌有。其原因大都为程序上的设置不够严谨。对此，学界多有探讨，但大多着眼于实体方面。笔者以为，任何制度，其价值都要依靠一定的程序为载体而得以外化出来，程序的良莠是制度精神得以充分彰显的必要条件。减刑、假释实践中暴露出的问题大都可以归咎于程序之疏漏。因此，本文拟对减刑、假释程序重构，以还原其制度精髓。

一、减刑、假释制度价值蕴涵

“价值”原是经济学中的术语，它是指交换价值——事物所含的劳动量和使用价值——事物的有用性。19世纪，“价值”一词逐渐被广泛应用于哲学、社会学等领域。经济分析法学派兴起后，价值分析才逐渐被应用于法学领域。在法学领域，一般认为法的价值包括三项涵义：一是指法能促进什么？有哪些意义、作用，即工具价值，或称外在价值；二是法的本体价值，即自身价值，或称内在价值，自身的善（优秀品格）；三是在不同价值之间或同类价值之间发生矛盾时，根据什么来评价，即评价准则。[①] 可见，法学中的价值通常被区分为外在价值与内在价值，即作为方法的善和作为目的的善。我们也可以从这两个层面考察减刑、假释制度的价值。

（一）外在价值：满足刑罚目的要求

刑罚的目的是“国家制定、运用、执行刑罚所希望取得的效果”。[②] 一般认为刑罚目的可分为根本目的和直接目的两个层次。根本目的决定直接目的，直接目的是实现根本目的必要条件。刑罚的根本目的与法律的一般目的相同，即维护宪法体制和社会秩序。刑罚的直接目的包括一般预防与特殊预防两个方面。一般预防是指对犯罪分子运用和执行刑罚，以使其不再实施犯罪行为。特殊预防是指制定、适用和执行刑罚，防止社会上的不稳定分子走上犯罪道路。减刑、假释制度是一种规定罪犯在服刑期间确有悔改或立功表现，可以依法缩减其刑期或将其附条件地提前释放的制度。着眼于引导罪犯向善，早日回归社会。因而其对于特殊预防目的实现之价值是不言而喻的。此外，由于减刑不是对原判决的否定而只是缩短刑期，还有剩余刑期要执行，假释也保留适用余刑的可能性，因而它们对于一般预防的企盼仍然依稀可辨。这表明减刑、假释制度在不放弃一般预防的条件下，最大限度地追求特殊预防之目的，从而充分体现了其对于刑罚直接目的两项内容的双重关护。直接目的的实现为宪政秩序从预期向现实转化准备了充分的条件。

（二）内在价值：契合人道主义思想

人道主义作为一种从欧洲文艺复兴以后正式出现的现代社会思潮，认为人本身乃最高的价值或尊严，主张将一切人都当作人来善待，因为，在所有的东西中间，人最需要的东西乃是人，而且人本身是社会及其发展等一切事物的目的。因而人是评价社会万事万物的价值标准，超越于一切价值之上。[③] 所以对于任何人，即使是罪犯，固然应使其受到相应的刑罚处

① 宋世杰：《刑事诉讼理论研究》，湖南人民出版社 2001 年版，第 16 页。
② 马克昌：《刑罚通论》，武汉大学出版社 1995 年版，第 58 页。
③ 王海明：《伦理学原理》，北京大学出版社 2001 年版，第 216 页。

罚，但首先应肯定的是他并没有被剥夺“人”的资格，仍应把他当人看待，从而给予其人的礼遇。所谓人的礼遇，笔者以为，即将其看作道德主体，并享有相应的权利，应受到社会的人文关怀。一般认为主体性规则包括以下内容：（1）人应当拥有通过自己的努力而自由地决定、选择、支配其命运的能力，能够自主地处分、维护其各项基本权利和利益，而不被动地承受别人为此所作的安排；（2）人应当自主和自愿地进行各种活动、实施各种行为，使每一项活动和行为体现自己自主的意志，……；（3）人应当受到人道地对待，而不能在受到野蛮、非人道待遇的情况下生活，等等。[①] 减刑、假释制度的出发点在于对人抱有最终的信心，相信人类有能力或潜力解决自己的问题，这种解决主要依赖于凭着勇气和运气而加以应用的理性的科学的方法。[②] 对于已被判处一定刑罚的罪犯，只要其在刑罚执行期间确有悔改、立功表现，不再危害社会，就可以缩减刑期或附条件地提前释放，让罪犯看到尽早脱离监禁之苦的希望，并使罪犯自己掌握实现希望的主动权，给予其自主选择其命运的机会，通过努力，可以提前出狱，或获得监外考验期。可见，减刑、假释在承认罪犯主体性基础上充分张扬了人道主义思想理念，体现了这一制度的内在品质，反映了文明社会对曾经犯罪者的极大人文关怀。

二、减刑、假释适用程序中存在的问题

依据我国现行法律，减刑与假释的适用程序是相同的，即《刑事诉讼法》第 221 条[③]第 2 款规定“被判处管制、拘役、有期徒刑或者无期徒刑的罪犯，在执行期间确有悔改或者立功表现，应当依法予以减刑、假释的时候，由执行机关提出建议书，报请人民法院审核裁定”。第 222 条规定：“人民检察院认为人民法院减刑、假释的裁定不当，应当在收到裁定书副本后二十日以内，向人民法院提出书面纠正意见。人民法院应当在收到纠

① 陈瑞华：《刑事审判原理论》，北京大学出版社 1997 年版，第 221-222，62，60-61 页。

② 〔美〕科利斯拉蒙特：《人道主义哲学》，华夏出版社 1990 年版，第 12 页。

③ 本文所引用《刑事诉讼法》条文，如无其他说明，均指 1996 年修正的《刑事诉讼法》条文。——编者注

正意见后一个月内重新组成合议庭进行审理，作出最后裁定。”笔者认为，减刑与假释作为刑罚变更执行制度具有共性，但这种共性仅是形式上的、表面化的，它们在性质上根本不同。减刑是对符合法定条件的罪犯执行刑期的减少，变更原刑罚的刑期，应归属司法权力范围，应由法院经审理确定。假释是对符合条件的罪犯附条件的提前释放，但仍保留执行剩余刑罚的可能性，刑期并没有变化，只是执行方法上的变化，因而假释纯属于如何执行的问题，仅改变其执行方式，应由执法监督机关依法核定。所以两者应有区别，按其性质设定不同程序，并由不同权力主体决定，不能混同。现就减刑和假释情况，有针对性的分别探讨，以求得问题最佳的解决途径。

（一）减刑程序中存在的问题

1. 无控诉审判

现代刑事诉讼秉持的控审分离原则认为，控诉职能和审判职能分别由不同的职能主体承担。在公诉案件中，控诉职能由检察机关承担。审判职能由法院承担，控诉权和审判权分别属于不同的权属，相互不能交叉，也不能混同。检察机关不能行使审判权，审判机关也不能行使控诉权，二者是相互独立的。没有控诉不能启动审判程序，审判权是一种具有被动性的权力，这种被动的权力只经控诉后才能将其启动。正如一句古老的法谚所叙说的，“没有控诉就没有法官”。控诉职能与审判职能的分离被认为是现代刑事诉讼职能划分赖以维持的重要保障，为现代刑事诉讼合理结构的形成提供了前提。而依据法律规定，减刑是由执行机关提出减刑建议书，由人民法院审理而后作出裁定。执行机关的建议书本身不具有启动审判程序的法律效力和权力性质。那么法院审理减刑案件的审判程序是怎么启动的呢？显然只有一个答案：法院自行启动。这属于一种无控诉审判，违背了控审分离的原则。法官在审理时同时职司控诉与审判两职能，系两种诉讼目标完全不同的角色于一身，“法官中立”荡然无存，理想的三角形诉讼结构难以维系，程序公正成为泡影，减刑结果的公正性也成为幻想。

2. 暗箱操作的书面审理方式

对于减刑案件，法律未规定其审理方式，由于实践中减刑案件比较多，并且有的法院不将减刑案件列入工作量计算，所以实践中的做法一般是法官根据执行机关的建议书与报送的罪犯表现材料在办公室里研究决定的。众所周知，只审查材料，而不是具体接触相关人员，不询问被申请减刑者，不具体了解核实实际表现，许多情况是无法真正查明的。单纯的逻辑分析、书面推理很难判定事实情况。特别是这种服刑中的改造表现具有很大的观念性和人为性，具有不确定性，凭书面材料很难真正说明实际情况。监狱中的监督机关，由于人事原因，变得也难以令人信服。在这种书面审理方式下，对证据客观真实性、关联性以及取证行为合法性的判断都是间接进行的，这种判断的正确性是建立在对执行机关移送的材料是真实合法、无怀疑的前提下的，可这个前提往往会因各种法外因素的介入而不真实，因而法官依此作出的结论的公正性和正确性也大打折扣。

3. 服刑者和原被害人无参与权

一般而言，“参与”作为一种活动同时包含以下几项基本要素：（1）参与是一种行为，而不是单纯的心理感应或欲望的冲动，参与者必须亲自通过身体活动参加到一种过程中来，而不能只是作为旁观者静观过程的进行而无所作为；（2）参与的目的在于影响或改变结果的状态；（3）参与必须是自主和自愿的，而不能是被迫、非自愿或由他人以各种方式控制的。[①] 那些与刑事裁判有直接利害关系，权益可能因这种裁判受到直接影响的人能积极主动并且有效地参与到裁判的制作过程中来，是肯定其主体地位，承认其人格尊严，承认其作为目的而存在的核心体现。在我国，减刑与假释都由执行机关向人民法院提出建议，罪犯没有申请减刑的权利，并且服刑者和原被害人不参与减刑程序，只是被动地等待下判，其主体地位被抹杀。这表明减刑并不具备完整的权利形态，法律仅从制度角度而未

① 陈瑞华:《刑事审判原理论》，北京大学出版社 1997 年版，第 221-222，62，60-61 页。

从权利角度对减刑进行诠释。

4. 检察院监督置后并缺乏法理依据

人民检察院对于减刑的监督是在人民法院作出减刑裁定后才开始的，是一种事后监督，这种事后性决定了其不具备监督的主动性，而是被动的，并且很难想象人民检察院能通过书面审查一纸裁定书副本而发现减刑程序或结果的错误。而且即使检察机关发现了错误，其出具的所谓“纠正意见”能否“必然”引起人民法院重视审判的法律后果呢？如前所述，按一般诉讼原理，只有诉权具有启动审判程序之功能，而法律却生硬地将“纠正意见”与审判程序搭接起来，显然有悖于法理。

5. 审结期限规定不完整

刑事诉讼法中对于减刑案件的审结期限未作规定，最高人民法院司法解释也只规定了被判处无期徒刑、有期徒刑罪犯减刑案件的审结期限，对于被判处拘役、管制罪犯减刑案件的审结期限未作规定。笔者以为，有关诉讼期间的规定不是单纯的技术规范或时间制度，而是法律严肃性与权威性的表现，法律对于期限规定之忽视势必影响其权威性，并且制度设计的预期往往会因为裁判结果的迟到而落空。

（二）假释程序存在的问题

如前文分析，现行法律将假释认定为由法院裁定，适用司法程序来解决，这与其性质根本不符。既然假释是一种执行中的执行方式的变更行为，就应该按监督执行程序来运作。可见对假释适用程序及其权力主体应重新思考，构建一种崭新的程序。

三、减刑、假释程序之重构

既然减刑、假释两种制度性质迥异，存在的问题也各不相同，因而应根据其性质，针对各自问题对其主体、适用程序分别予以构造。

（一）减刑程序

减刑程序作为一种司法程序，理应符合司法程序的一般原则，而这些原则的共同点即是追求主体合格、程序公正，一般而言，公正的程序仰赖以下原则：程序参与原则、中立原则、程序对等原则、程序理性原则、程序自治原则、程序及时和终结原则。① 因而，对于减刑程序之设计也应虑及上述原则。

1. 启动程序主体

笔者认为，减刑应由服刑人提出申请，执行机关审查后收集有关材料，向人民检察院提出减刑建议书，同时提交有关罪犯服刑期间确有悔改或者有立功表现的证据材料。人民检察院收到上述材料后，进行审查，必要时可以去监狱向拟减刑罪犯以及其他罪犯了解情况，认为符合减刑条件的，向人民法院提起公诉。被服刑人认为其符合减刑条件而执行机关不向人民检察院提出减刑建议的，可以通过驻监检察机关向人民检察院递交减刑申请及相关证明材料，人民检察院收到上述材料后应立即到监狱核查事实，并在15日内作出是否起诉的决定。如认为条件不符，可驳回其建议。被驳回后，执行机关可以申请复议一次，收到复议申请，应及时研究，予以答复。

2. 诉讼参与人

诉讼参与人应包括拟减刑罪犯、被害人、证人等。这里特别要对被害人参与减刑程序作一下说明，虽然减刑是基于对罪犯服刑期间之表现，似乎与其以前的犯罪事实无关，因而也与被害人关系不大，但是应考虑的是，刑罚的重要的功能之一是安抚功能，“既然现代国家独占刑罚权，禁止私人复仇，并且没有消灭人的复仇心，所以刑罚不能不经营这种机能”。② 通过对罪犯适用刑罚，在一定程度上满足被害人要求惩罚犯罪的强烈愿望，平息犯罪给其造成的激愤情绪，使其精神创伤得以抚慰，尽早从犯罪给其造成的悲痛中得以解脱。那么对已决罪犯要减短其原判刑期，当然应让被害人知情，让被害人知晓给罪犯减刑不是因为先前认定的案件事实发生了变化，而是罪犯在服刑期间的良好表现，以消除其疑惑。此外，被害人参与诉讼的重要意义还在于他的参与为减刑程序的公正性注入了一

① 陈瑞华：《刑事审判原理论》，北京大学出版社1997年版，第221-222，62，60-61页。
② 〔日〕西原春夫：《刑法总论》，成文堂1978年版，第437页。

股监督保障力量，在一定程度上可以防止司法权力因偏袒罪犯而异化。

3. 开庭前准备与法庭审理程序

对于减刑案件原则上按刑事第一审程序的步骤审理。这里只对几点不同之处作说明。

（1）审判组织。对于减刑案件一律由审判人员三人组成合议庭进行审理。

（2）开庭地点。笔者以为减刑案件在监狱内审理较为适宜，因为这样其他罪犯可以有机会旁听，对他们也是一个接受教育，鼓励其改造的机会。人民法院确定开庭时间后，由执行机关负责安排具体地点。

（3）对于强奸案件等的被害人不愿意出庭的，应当尊重其意见。

（4）需强调的是在法庭审理过程中罪犯的申请回避权、调取证据权、通知证人出庭作证权、陈述权等必须给予有效保障。

（5）审结期限。对于被判处无期徒刑、有期徒刑罪犯减刑案件，人民法院应在1个月内审结，对于被判处拘役、管制的罪犯减刑案件，人民法院应在15日内审结。

（6）救济程序。罪犯对于人民法院裁定不服的，可以在其收到裁定书后5日内向上一级人民法院上诉。只有罪犯上诉的，上级人民法院不得作出不利于罪犯的裁定。人民检察院认为减刑裁定确有错误的，包括减刑案件审理程序中的不合法现象，可以提起抗诉。被害人认为裁定有错误的，可以申请人民检察院提起抗诉。

（二）假释程序

假释程序的行政性决定了对其设计思路应符合行政程序的内在要求。有学者针对假释实践中的“了解情况的无决定权，不了解情况的决定案件结果”的现象，认为假释仍由执行机关作出决定。笔者不敢苟同，因为这样一来，假释就由执行机关一家操纵，正如孟德斯鸠在其《论法的精神》中指出的“一切有权力的人都容易滥用权力，这是万古不易的一条经验，有权力的人使用权力一直到遇有界限的地方才休止”。[①] 失去了制约的权力

① 〔法〕孟德斯鸠：《论法的精神》，商务印书馆1993年版，第154页。

必将导致绝对的腐败。笔者主张将听证程序运用到假释案件中去，建构假释听证程序。“听证”一般是指在国家机关作出决定之前，给有利害关系人提供发表意见的机会，对特定事项进行质证、辩驳的程序。听证程序作为一项程序制度溯源于古老的“自然公正原则”，它包括两个最基本的程序规则：① 任何人或团体在行使权力并可能使别人受到不利影响时，必须听取对方的意见，每一个人都有为自己辩护和防卫的权利。② 任何人或团体不能作为自己案件的法官。在由以上理念支持的听证程序中，实际上存在着一个类似诉讼的“三方结构”，听证主持人居中，国家机关与当事人各居一方，国家机关提出作出处理决定的事实和法律意见，当事人对此行使与国家机关决定权相抗衡的申辩权。由于主持人与案件无利害关系，处于一种超然状态，避免了作出处理决定时，只注重己方调查结果，忽视对方意见的偏向性结果的形成。在这一过程中，作为当事人一切程序性权利逻辑起点的参与权首先得到实现，继而质证权、抗辩权成为其发展的必然逻辑结果也得以实现，在这种公开、主持人中立、当事人双方权利对等的环境中，促进了程序正义与实体正义的有机结合。

假释听证程序是指执行人员在作出假释决定前，由人民检察院派专人主持听取执行人员、被害人、罪犯等对假释案件事实进行陈述、质证、辩论，并最终作出处理决定的程序。它使当事人的程序参与更具规范性，增强了当事人对程序的实际影响力，使假释权在透明的程序中受到严格规制。听证程序作为一种程序性制度，具有极强的实践性、操作性，必须从技术层面精心设计才能充分展现其价值。

（1）听证主持人。听证程序本义上要求主持人具有像法官那样独立、中立的品格。因此，笔者认为，听证主持人由人民检察院中法律监督部门人员担任，并可邀请人大代表、相关专家组成听证委员会。并且为保证决定的公正性，与案件有利害关系的人不能担任听证主持人，即实行听证主持人回避制度。

（2）听证参与人。主要包括执行人员、被害人和罪犯、还包括被害人委托的诉讼代理人、罪犯委托的辩护人以及证人、鉴定人员、翻译人员等。

（3）告知程序。执行人员作出假释决定前，应当告知罪犯、被害人近亲属、法定代理人有要求举行听证的权利，并明确规定执行人员不履行该告知义务，该假释决定即因程序瑕疵而无效。

（4）申请程序。罪犯、被害人及其近亲属、法定代理人要求听证的，应当在执行人员告知 3 日内提出，口头或书面方式均可。

（5）通知程序。人民检察院应当在听证 3 日前，通知当事人举行听证的时间、地点。听证的地点设在监狱内为宜，以便于教育、鼓舞其他罪犯认真改造。

（6）听证应当公开举行。举行听证时，执行人员提出作出减刑决定的事实、证据，罪犯、被害人进行质证并可进行辩论。听证主持人依照听证过程中参与人的陈述和辩论提出案件处理建议，执行人员据此作出最终处理决定。听证过程中应当制作笔录，由当事人签名盖章。

原载《社会科学家》2004 年第 3 期，与彭海青合著

论“沉默”与沉默权的区分

沉默与沉默权具有的法律意义不同。沉默是言辞的自主，沉默权是法律的特殊赋权；沉默是消极的言论自由，沉默权是积极的自我抵御；沉默是一种事实状态，沉默权是一种整体的权利。将沉默与沉默权予以区分，可知我国犯罪嫌疑人可以沉默，但不具有沉默权。美国的沉默权制度本身存在诸多非议，“有权沉默”的沉默权制度危害明显，与我国整个刑事司法体制不相符。研究沉默与沉默权的区分，可知沉默行为在实践中一直就有，而沉默权必须经法律的赋权。刑事诉讼中，被追诉人的沉默行为不具有合理性，且沉默权赋予与告知缺乏理论根据，故我国刑事诉讼法的修改中不应规定沉默权制度。

一

沉默权的思想来源于欧洲教会法的“忏悔”原则，即一个人只能对上帝忏悔自己的罪过。英国 13 世纪后，在教会法庭、星座法院及宗教裁判所的刑事程序中，采取纠问式并强令被告人就犯罪宣誓供述，被告人拒绝回答时就要受到刑讯或处罚。这种程序引起国民的强烈反对，于是便产生了这样一种思想，不仅不经告发即要求公民接受讯问是违法的，而且强迫公民答辩更是违法的。这一思想的核心就是对要求个人提供自己负刑事责任材料的这一做法应予限制，因为强迫宣誓或负刑事责任，侵犯了个人自由和尊严。沉默权制度便是基于这一思想而产生、发展的。

（一）无罪推定

1789年法国《人权宣言》规定：“任何人在未经判定有罪之前均应假定其无罪。”我国现行刑事诉讼法中的“未经人民法院依法判决，对任何人都不得确定有罪”并不是严格意义上的无罪推定。无罪推定指被追诉者在经法定程序判决有罪之前，应当假定或认定为无罪的人。无罪推定理论的基础在于，首先法律宣告被追诉者为无罪，然后因某些事件的发生，刑事司法机关圈定犯罪嫌疑人，再去找出有罪的证据，如果找不到确定无疑的证明有罪的证据体系，则推导涉嫌刑事程序中的人为无罪。

无罪推定按诉讼地位的不同可划分为实体上的无罪推定和程序上的无罪推定。实体上的无罪推定是从实体上赋予被追诉者无罪的地位，即我国法律的表述：未经法院判决不得确定有罪。程序上的无罪推定指在整个刑事诉讼程序中，被告人、犯罪嫌疑人也同样处于无罪者的诉讼地位，享有推定的人身权，享有完整的人格尊严和人身自由，除法律规定给予限制外，司法官员不得将其视为罪犯对待。实体上的无罪推定侧重于宣告被追诉者无罪，程序中的无罪推定侧重于保障和维护无罪宣告。由于法律宣告了被追诉者实体上无罪的地位，在人民法院判决前就不得将其示为罪犯来对待和处理，因为这时还没有权威的法定的裁判者作出有罪判决。我国没有确立程序上的无罪推定，对于被追诉者在我国刑事诉讼追诉程序中的地位，可以说是有怀疑的犯罪对象，是有犯罪行为的嫌疑人。

（二）不被强迫自证其罪

1998年10月5日我国签署的联合国《公民权利和政治权利国际公约》规定：“受刑事追诉的人不得被强迫作不利于自己的证言，或者强迫承认有罪”。[①] 不被强迫自证其罪简称不必自我归罪。不必自我归罪由无罪推定原则推导出来，即以被告人无罪这一假定出发推导出被告人享有为自己辩护的权利，不负证明自己无罪的义务，并进而引申出被告人有陈述的权利，无如实回答的义务。它包括以下四个要求：（1）证明犯罪嫌疑人有罪

① 宋英辉：《不必自我归罪原则与如实陈述义务》，载《法学研究》1998年第5期。

的责任由控诉一方承担；（2）犯罪嫌疑人不负必须陈述的义务；（3）不得强迫犯罪嫌疑人承认有罪或提供证明有罪的证据材料；（4）不因其不陈述而受到定罪。该项权利意味着：其一，犯罪嫌疑人、被告人面对有关官员可自愿地陈述相关的事实情况；其二，被追诉者对司法官员的提问可拒绝回答，司法官员不得采取强迫方式要求犯罪嫌疑人提供言辞证据。任何人都没有义务自证其罪或提供不利于自己的证据，已经成为一项基本的原则。①

（三）沉默权

沉默权是指司法官员在讯问之前应明确告之犯罪嫌疑人、被告人享有“沉默”的权利。沉默权有各种不同的表述，以美国为例，沉默权包括三方面的内容：（1）你有权保持沉默；（2）你所说的将成为呈堂证供；（3）你有权请律师。根据美国学者的解释，沉默权的特定含义包括以下三项基本内容：一是犯罪嫌疑人、被告人没有义务向追诉一方或法庭提供任何可能使自己陷入不利境地的陈述或其他证据，追诉一方不得采取任何非人道或有损被告人人格尊严的方法强迫其就某一案件事实作出供述或提供证据；二是犯罪嫌疑人、被告人有权拒绝回答追诉官员的②讯问，有权在讯问中始终保持沉默，司法警察、检察官、法官应及时告知犯罪嫌疑人、被告人享有这一权利，并不得因犯罪嫌疑人、被告人行使这一权利而作出对其不利的推论；三是犯罪嫌疑人、被告人有权就案件事实作出有利或不利于自己的陈述，但是这种陈述必须是在意识到自己行为后果的情况下作出的出于其真实意愿的陈述，法庭不得将被告人非出于自愿而是迫于外部强制或压力所作出的陈述作为定案的根据。③

米兰达案标志着明示沉默权的确立，是沉默权发展到鼎盛时期的产物。米兰达案表明，在刑事追诉过程中，国家有义务告知涉嫌犯罪的人，陈述事实与不陈述事实情况下他可能面临的相关法律后果，使涉嫌犯罪的

① 孙长永：《沉默权制度研究》，法律出版社2001年版，第78-79页。

② 何家弘：《沉默权制度及刑事司法的价值取向》，载《国家检察官学院学报》2000年第4期。

③ 易延友：《沉默权与无罪推定原则之关系》，载《中央政法管理干部学院学报》2000年第2期。

人在充分自知的情况下作出陈述行为。该项权利意味着在刑事诉讼程序中，国家有义务告知犯罪嫌疑人的法律地位，告知供述的证据意义，在清楚地了解法律地位和相关证据规定后，让其自主选择陈述与否。以沃伦大法官为代表的自由派人士希望通过创立这一制度使贫穷人不因为请不起律师，从而在法律知识缺乏的情况下处于与富人相比不利的不平等地位，这是美国平等主义哲学在法律中的体现。①

二

（一）沉默是人的行为方式之一，沉默权是一项特殊的权利

沉默是人的一种本能，也是一个人面对犯罪指控时自然选择的行为方式之一。② 沉默指人选择不采用言辞陈述的方式进行言语表达，意味着不用言辞进行说明或加以辩白。作为一种行为方式和事实状态，沉默是人清楚、明了地了解相关情况后，选择的一种自由言论的表达方式。我国的孔子很早就论述过沉默的思想，《论语》中提倡的言论自由包括三方面内容：一是“放言”；一是“慎言”；一是“无言”，子曰：“予欲不言。”子贡曰：“子如不言，则小子何述焉？”子曰：“天何言哉？四时行焉，百物生焉，天何言哉？”（《论语》阳货篇第十七）意思是：“你看，苍天在上，静穆无言，而四季轮转，万物滋生，苍天还需要说话吗？”庄子也言：“天地有大美而不言，四时有明法而不议，万物有成理而不说。”这就是说，人的思想既要允许发表出来，就应当允许保持沉默。作为意思表示的传达，沉默意味着留待更多的言论空间，沉默的自由是天赋自由，或者说是天赋人权，是符合天道要求的。沉默行为主要以不陈述的方式来表现，对个人而言，陈述与不陈述（沉默）均是个人意义上的自愿选择。沉默是一种事实行为，事实行为中，沉默是最为平常的消极言辞方式。事实行为要具有法律意义，必须由法律来规范。沉默本身没有多少法律意义可言，因为离开了法律规范，沉默的事实行为不具有法律意义，不产生法律后果。

---

① 何家弘：《沉默权制度及刑事司法的价值取向》，载《国家检察官学院学报》2000 年第 4 期。

② 何家弘：《沉默权制度及刑事司法的价值取向》，载《国家检察官学院学报》2000 年第 4 期。

沉默是一种自由，或者说是人与生俱来的不说话的权利，因此，沉默不仅表现为事实状态，法律上沉默还是一种言论自由权。沉默的自由是思想言论自由的重要方面，是自然人选择不言语方式的自我表达，是一种无声的语言。

刑事诉讼是追究犯罪与刑罚的国家司法活动，为了保障犯罪嫌疑人、被告人的合法权益，因而法律规定，受刑事追诉的人不得被强迫作不利于自己的证言，或者强迫承认有罪，即认为，犯罪嫌疑人、被告人有陈述的权利，并进而引申出有权沉默。该项权利表明，被追诉人面对有关官员可自愿地陈述相关的事实情况，对司法官员的提问有拒绝回答的权利。与沉默不同，沉默权是在刑事诉讼中被追诉人享有的一项特有的权利，它包括消极意义上的沉默权和积极意义上的沉默权两层含义。消极意义上的沉默权是指犯罪嫌疑人享有在是否陈述之间进行选择的权利，任何司法官员都不得违背犯罪嫌疑人、被告人的意志而强迫犯罪嫌疑人、被告人作出供述。积极意义上的沉默权则是指犯罪嫌疑人、被告人享有如何进行陈述的权利，即在提供不利于己的陈述与有利于己的陈述之间进行选择的权利。西方学者主张赋予犯罪嫌疑人、被告人沉默权，并不是鼓励犯罪嫌疑人、被告人在刑事诉讼中一律保持沉默，而是给予犯罪嫌疑人、被告人在保持沉默还是做出陈述之间进行选择的权利。① 选择的前提是嫌疑人对自己陈述行为后果能清楚知道。作为权利的一种，沉默权具有两种性质：第一，沉默权是不得被强迫权。现代刑事诉讼不允许采取任何肉体和精神强制手段强迫犯罪嫌疑人自己证明自己有罪，强迫下获得的口供具有极大的不真实性，称之为“毒树之果”。口供名声不佳的根本原因也在于其陈述的取得时常伴随着刑讯，而用刑讯取得的口供极可能带有虚假的成分，影响案件的真实裁判，因而司法机关面对沉默的被追诉者不得采用强迫讯问的方式获得口供。第二，沉默权是对抗讯问权。赋予沉默权的目的之一是对抗司法机关的讯问，是被追诉人对讯问的消极抵抗。沉默权实际上是赋予涉嫌犯罪的人一种对抗性权利，犯罪嫌疑人被赋权后有权拒绝司法机关用讯

① 何家弘：《沉默权制度及刑事司法的价值取向》，载《国家检察官学院学报》2000 年第 4 期。

问的取证方式获得口供证据。

沉默权有特定的适用范围和对象，有特定的权利内容：一是沉默权只能由犯罪嫌疑人和被告人行使，证人不得行使沉默权；二是与权利行使主体相对应的是“追诉者”，即刑事案件中的国家机关工作人员，具体指侦查、公诉、审判人员；三是沉默权有特定的行使范围，各国普遍规定沉默权仅仅适用于刑事诉讼，在民事、行政案件里不适用，它仅仅是一项“刑事沉默权”；四是沉默权在刑事诉讼中有特定的行使阶段，既适用于侦查、起诉阶段，也适用于刑事审判阶段，英国就有侦查中的沉默权和审判中的沉默权①；五是沉默权行使的方式是“不作任何表态”，包括追诉方对他所作的提问均无任何的意思表示作出，犯罪嫌疑人选择沉默权意味着讯问的结束；六是沉默权的行使受一定的限制，对于那些需要犯罪嫌疑人或被告人负有举证责任的罪名，不能行使沉默权，例如，我国《刑法》中就有巨额财产来历不明、走私、持有枪支三个罪名；七是特定的事项不得行使沉默权，如大陆法系国家就规定了对于被追诉人的姓名、地址一般不得行使沉默权。此外，沉默权不是一项单独的权利，需有一系列制度和规则相配套，如律师帮助、认罪程序、诉辩交易等。

（二）言论自由的沉默无需告知，沉默权（以美国为例②）应由国家司法机关予以告知

沉默是消极的言论自由，沉默权是积极的自我抵御权利。沉默是宪法对言论自由权的法律保护，任何人都有沉默的自由。言论自由是个人意愿的言辞表达，表现为言语的自主和谈吐的随意。宪法意义上，沉默本质上是一项公民权，是言论自由的体现。宪法保障人的言论自由，也保障人的沉默自由。言论自由是人的基本权利，这种权利是“自然的、不可剥夺和神圣的”。沉默是人们行使言论自由权的具体体现。人们可以采用各种途径、方式进行言语表达，法律保障言论自由也即是保障人们的沉默自由。选择沉默不语，是行使宪法赋予的言论自由权。选择沉默的方式，表明人

---

① 孙长永：《沉默权制度研究》，法律出版社2001年版，第43页。

② 何家弘：《沉默权制度及刑事司法的价值取向》，载《国家检察官学院学报》2000年第4期。

们在行使宪法规定的不说话的权利进行表达。一般而言，“沉默的大多数”并不是“天生的哑巴”，他们不是缺少说话的欲望，而仅仅是缺乏说话的机会和空间，并且沉默是一项自然权利，即使在法律还未出现的远古时代，作为一自然人，均有沉默的自由。言论自由在特定情况下会受到法律的限制，但沉默的自由很少受到相应的限制。现代社会，很少有因沉默而归之于不利后果的法律规定，即使有，也是当事人在自知其行为后果后，自愿选择的结果。沉默，在法律意义上，更多的是陈述与否的意愿选择。

诉讼程序中的沉默行为具有特殊含义，陈述与不陈述具有截然不同的证据效力。沉默作为自我保护的消极言论，一经产生就具有法律意义。就言论自由而言，沉默的行为仅仅是一种不提供言辞证据的事实行为，是一种保护自己不言语的防卫方法。从诉讼证据上来看，证人的陈述意味着证据的产生，证人（英美证人包括被告人）陈述的不实将会被追究伪证罪。犯罪嫌疑人的言辞与沉默（不陈述）具有非比通常的法律意义。犯罪嫌疑人选择进行言辞陈述时，言语的内容会作为证据被记录，产生证据意义上的口供证据效力。证据规则中，沉默代表着犯罪嫌疑人拒绝提供言辞证据；陈述，意味着特定口供证据的产生。由此可见，陈述与沉默将带来整个刑事诉讼案件证据体系的事实状态改变，并因口供证据的产生而导致证据规则适用时证明力的不等，也就是说，因陈述行为证明的原有状态被打破。而在证据规则的指引下，新的证据材料的出现带来了证明力的改变。在沉默的情况下，原位状态可能有利司法机关，也可能有利于犯罪嫌疑人。但陈述能够有力地打破原有的具象，带来事实状态的不平衡，使认识活动更为深刻。陈述带来诉讼认识活动的深入，使诉讼活动获得更多的事实信息，将证明活动引入查清案件事实的方向，这是证据规则中沉默（不陈述）与陈述相反的两种事实行为不同的证据意义。

沉默不语将使被追诉人处于非常不利的境地。沉默是当事人权衡利害关系后，自主选择的行为方式。在对法律不完全知情的情况下，沉默不一定会使当事人受益。从举证责任方面来看，无罪推定原则下，由专门机关承担证明责任，犯罪嫌疑人不负举证责任。依照证据规则，当有证据证明犯罪嫌疑人极大可能是犯罪人的时候，犯罪嫌疑人应负有说服责任，否则，司法机关将依据法定的证明规则认定犯罪嫌疑人是犯罪人。因为此时的证据已经形成证明体系，除非犯罪嫌疑人提出更有力的合理的言辞说明，或者提供其他相关证据线索，对司法机关的证明锁链进行解锁摆脱，沉默不语会使犯罪嫌疑人处于非常不利的被证据规则归罪的境地。就证明责任而言，处于涉嫌被追究刑事责任时，沉默的状态非但不能保护无辜者的合法权益，反而致使其处于不利的尴尬地被直接归罪的境地。对涉嫌进入到刑事诉讼程序中的人来说，刑事诉讼证明过程中，积极的言辞说明肯定有利于保护无辜者的利益，保持沉默是不利的。整体性的赋权告知，在大陆法系国家没有程序性强制[①]的情况下，选择沉默后依照证据规则将非常不利于保护无辜者的合法权益。因为很多刑事案件的表面证据是假象，真正的犯罪者对于真相最为清楚，无辜者的言辞举证是最有力最能直接击破假象的证据材料和证据线索。在沉默权问题中，我们不能忽视证据规则中犯罪嫌疑人有说明责任这一客观事实。

作为人的自然行为，沉默是无需告知的，而沉默权强调的是法律上的行为后果告知，对于刑事沉默权，一般规定了审讯人员在讯问之前“告知”的义务，以保证被讯问者知情权的实现，也就是沉默的权利告知和行使权利的后果告知。我国现行刑事诉讼法中缺乏的是沉默的后果告知，而不是沉默的权利告知，因为沉默的行为在自然行为中可以成为一种常态，作为一种事实行为，沉默，法律上不需要告知，法律上强调沉默权实际上强调的是沉默行为的后果告知，从而保障被追诉人的知情权。而告知沉默权（美国意义上的为了保障平等权）的最大危害在于，很大程度上不能使有罪的人受到惩罚，相反却放纵了犯罪，造成沉默行为这一在刑事诉讼中不应该有的常态行为因法律的赋权而非正常大量出现并被某些别有用心的人利用和滥用。故而，沉默权（美国）问题实质上是证据规则的告知问题，沉默权解决证据规则中供述与辩解的自愿陈述问题，解决犯罪嫌疑人陈述的法律意义和犯罪嫌疑人的法律地位问题。证据规则问题复杂，涉及推定、内知证据、共同犯罪供述的认定、自认、心证、举证责任倒置等一

① 孙长永：《沉默权制度研究》，法律出版社 2001 年版，第 57 页。

系列证据认知认证规则，口供陈述规则仅是其中的一项。陈述的口供证据制度不是“沉默权”三个字能简单概括的，我们应该从证据体系中来看待沉默权问题。沉默权可以说是解决犯罪嫌疑人在面对讯问的时候要不要告知和如何告知涉嫌犯罪的人他的口供在法律上的法律效果的证据后果告知规则，我们是否应该告知犯罪嫌疑人在被追诉的时候，他的陈述在证据体系中处于怎样的一个法律地位，并导致对他的刑事决定作出不利裁判后果。因此，沉默权涉及国家是否应告知涉嫌犯罪的人在被追诉过程中，陈述事实与不陈述事实法律对他的相关后果规定，使涉嫌犯罪的人在充分自知的情况下作出自愿陈述行为。一方面，沉默权是告知权。沉默权制度下，国家有义务让犯罪嫌疑人了解知道刑事诉讼程序中相关的对他有利害影响的法律条文的规定，国家也有义务保障每一个涉嫌犯罪的人得到这些与其相关的法律知识。另一方面，沉默权是知情权。作为一个理性人，被追诉者有权清楚地了解他在国家刑事诉讼程序中处于一个什么样的地位，在清楚地自知后，在认识到自己陈述行为的后果后自愿地选择法律意义的行为，承担法律后果。所以，有律师帮助，使其了解法律的相关规定。并且有沉默的自由不等于有权沉默，沉默了并不表明法律就赋予了沉默权，也不能说明当事人就有沉默的权利。在沉默权问题上，强调的是当事人对沉默行为或者说是供述行为后果的明知，明知其行为的法律后果，选择沉默与否。刑事诉讼中，犯罪嫌疑人、被告人对于讯问是回答还是缄默不语，其实质是选择行使还是放弃这种权利。从沉默权产生的历史进程来看，沉默权是在反对肉体、精神上的强迫供述上发展成为一项法定告知权的，因此，诉讼中的沉默是法律对人们意志自愿与法律知情的一种尊重，现在各国沉默权争议的背后实际上强调的是告知权。

（三）沉默是一种事实行为，沉默权的行使有特定的法律后果

沉默在诉讼活动和非诉讼活动中均是人的自然行为和可以为的行为，沉默的后果是自然人选择后法律进行拟制的后果。诉讼中的沉默将会导致证明的不均衡出现。对司法机关而言，沉默意味着言辞证据的无法取得和原有证明状况的持续。从证据规则的角度来看，刑事诉讼法中沉默的意义

与言辞的意义相对应，与证据规则相联系。言辞陈述意味着口供证据的取得。这时，与沉默相对的陈述已经不再是言辞上的自我选择表达，而是一种法定证据的产生。因其特定证据效力的影响，沉默与否会带来证明责任分担的不均衡状态出现。证明责任分配的原有状态因口供证据的出现而变得进一步向内在深入，其原有隐藏的状态会呈现出相对显化。证明具象因口供这种证据的产生而发生量、质上的改变。陈述会带来证明状态的更加明朗或不明朗，但更多的是深化了司法人员对原有事实的认识程度。这样，沉默的结果是由证明状态（无口供时）的原位，到打破了沉默带来的整个诉讼证明力的改变。故而，陈述与沉默的事实状态会带来证据力的变化，因之引起证明状态的不平衡出现，并因口供陈述带来其他证据线索的出现从而造成证明状态的不均衡出现，进而导致证明力的倾斜出现。沉默意味着口供证据的缺失，证据锁链的重要一环因选择沉默而丧失体系。依据证据规则，没有陈述也可以定案，但作为证据的一种，言辞的缺失，口供证据独特的证据价值属性的缺失和证据规则体系的缺损会带给本证和反证证明力量的缺乏。这时，证据体系中因一种当然证据的缺乏而变得力量单薄，证明体系也因证明力的缺乏而显出薄弱。证明的事实更多的为与原有事实保持住一定的距离，带来证明体系的脆弱和易受攻击。特别是在证据规则的指引下，因证明体系的形成需要补强，缺乏言辞的说明往往会让司法机关离真相较远处就产生心证，其心证可能是正确的推断，但更多的是与真实失之交臂。这时候，并不是因沉默的事实产生出不利推断，而是因证据的缺损带来证明时认识的匮乏。沉默行为在证据规则中具有特殊意义。此时，不是因为认罪态度不好、不老实交代这一事实导致对其不利的推断，而是因证明体系中证据的缺乏反证力量薄弱而导致本证证明力的加强。例如：巨额财产不明罪，缺乏积极的言辞说明，司法机关可以依据《刑法》直接归罪。沉默意味着犯罪嫌疑人的不言语行为方式，在沉默的后果上，各国一般规定，无论是法官还是控诉方，都不能从被告人在接受讯问时保持沉默这一事实中推导出对其不利的结论；沉默权则意味着国家司法机关整体赋予行使沉默的权利。告知证据规则意味着告知犯罪嫌疑人口供陈述的法律意义和法律后果后，让其选择陈述与否；国家司法机关不得采取强迫方式取得口供证据，也不得因沉默本身即归至犯罪嫌疑人不利后果。沉默被国家赋予权利属性后，权利法定，表现为享有整体性的拒绝回答权和对抗讯问权。任何犯罪嫌疑人都能够对抗司法机关的回答要求，具有了不提供言辞说明的权利。值得注意的是，赋予沉默权以后，证据规则中，沉默的事实行为没有归罪，但因沉默造成的本证证明力加强同样可以导致归罪。这时候不是沉默的事实归罪，而是其他证据证明力发生作用产生效果因证据规则的指向导致的责任归罪。

理论上来讲，赋予沉默权的后果意味着：一是整体性的对抗讯问。沉默权是一项法定的拒绝回答讯问的权利，权利人享有拒绝回答的资格将造成言辞证据的缺损。二是讯问的无法进行。沉默权使讯问行为受到法定阻力，讯问这种认识案件的手段因沉默权的整体赋予而受到遏制。三是实践中被个别运用的沉默不语对策被提升到立法的层面予以规范。沉默不语作为被犯罪人运用的对抗讯问的一种抗拒策略，实践中从来就有。沉默是被追诉人面对侦查人员，一言不发；“坦白从宽，牢底坐穿！抗拒从严，回家过年”，更有职业道德差的律师告诉嫌疑人要“死不认账”就是沉默策略被嫌疑人在刑事诉讼中运用的经验总结。侦查实践表明，赋予并告知有权沉默将是国家犯罪与刑罚追诉程序的一大败笔。沉默权就被英国著名法学家边泌认为是“人的思想所曾发现的最有害的和最荒谬的规则之一”。[①]正如著名学者何家弘所言：“实践经验证明，对于那些犯罪心理不太坚固的有罪嫌疑人来说，初次接受侦查人员讯问往往是其心理防线容易崩溃的时间。如果侦查人员在这个时候必须告诉他有权保持沉默，那就可能失去破案最佳时机。”[②] 在此，我们必须要明确两点：（1）因沉默行为本身导致司法机关的怀疑，导致不利的推断，甚至是因此定罪；（2）沉默事实并没有导致不利推论，而是因沉默造成证据的缺乏因证据规则导致不利推论。例如：我国《刑法典》中就有直接导致不利推断的罪名，上述三种罪名在当事人沉默不语、不说明相关事实的时候，司法机关根据有关的证据

① 孙长永：《侦查程序与人权》，中国方正出版社2000年版，第298页。
② 何家弘：《沉默权制度及刑事司法的价值取向》，载《国家检察官学院学报》2000第4期。

就可以直接归罪。只有在对这两种情况均清楚地了解，被告知、予以知情后，让犯罪嫌疑人自己选择陈述与否，承担后果责任，这才是完整意义上的“沉默”和沉默权的区分理论。考察各国的法律规定，世界上对于沉默权制度有不同的立法模式，就一般原则而言，更多的只是规定不得强迫公民自证其罪，直接规定“有权沉默”的国家并不多。对违背沉默权制度的法律后果，不同的司法制度也有不同的规定，能够达成共识的是不必强迫自证其罪。分析沉默权的性质，沉默权有两层含义：一是国家赋予沉默权；二是国家司法机关告知沉默权。可见，完整意义上的沉默权包括了两项：国家法律条文的赋予和国家司法机关的告知，并且沉默权的内涵还应包括犯罪嫌疑人对其供述行为不利后果的法律认知权和自愿选择权。由此可见，现阶段世界各国强调的是犯罪嫌疑人的认知权和选择权，而不是强调“有权沉默”的法律赋权和告知，也就是说各国更多的是“默示的沉默权（不必自证其罪）”①，而不是“有权沉默”的沉默权制度，后者是美国用米兰达规则确立的。

（四）“有权沉默”不应为刑事诉讼活动鼓励和提倡

就认识活动而言，沉默的言论方式也不应为诉讼行为所推荐。作为恢复过去时空的认知活动，作为亲身经历案件事实的当事人，最为清楚过去发生事件的来龙去脉。在诉讼活动中，事实需要依赖司法人员依据认识活动的科学性来逐步恢复。由于利害关系的影响，此时的事实不再是犯罪嫌疑人陈述的事实，而是司法机关依法从证据中认定的事实，对当事人陈述的事实内容的认定就成为司法人员分析、了解案件情况的重要的一个环节。认识活动依靠大量的信息资料，缺少相关事实的言辞陈述将造成证明案件事实的口供证据的缺失，言辞陈述证据的匮乏将使案件缺乏应有的信息材料，带给诉讼认识活动更大的阻力，造成司法资源的浪费。在正当、自愿的前提下，能够合法取得言辞陈述是司法机关诉讼活动中可以得到的有利的最佳证据资源。鼓励陈述是一项基本的诉讼原则，因为犯罪嫌疑人的言辞陈述与已知的证据相印证，可以帮助司法机关知道相关的情况，找

① 何家弘：《沉默权制度及刑事司法的价值取向》，载《国家检察官学院学报》2000 第 4 期。

出蛛丝马迹或者其他证据线索，得出陈述事实的相矛盾之处。陈述可以帮助了解相关事实，供述可以加深人们对过去情况的了解，使认识更为深刻。所以，沉默的方式不应被司法工作者推荐和鼓励。赋予沉默权的危害在于：其一，整体性赋予沉默权会带来国家、社会、无辜者利益的重大损失；其二，整体性赋权给了真正的犯罪分子逃避法律制裁的保护伞，有权沉默会带来无辜者直接的不利后果；其三，目前侦查科技不发达，在破案技术落后的环境下，整体性赋权会使控制犯罪的刑事诉讼的首要目的受到严重冲击，造成国家司法程序控制职能递减；其四，赋予沉默权将造成口供证据的缺位，言辞证据将失去其存在的逻辑和事实根基是赋予沉默权带来的致命危害。赋予沉默权只会产生消极作用，对于保障无辜者不受刑事追究无价值，对放纵犯罪却起到不可否定的作用。赋予沉默权利弊权衡，弊端明显，因此，不应当进行有权沉默的赋予和有权沉默的国家司法告知。

一言概之，沉默权是一种特殊的整体对抗讯问权，“陈述自愿”是法的一种正确指引，“有权沉默”是一种错误的观念误导。法体现的精神是保障人权，保障人的人身权和人格尊严，保障人的知情权、意志自主权和获得法律帮助权。保障沉默权具有一定的价值意义，但“有权沉默”不具有科学性。明示沉默权①的目的是保护人们的平等的知情权，美国的沉默权在告知问题上走得过远。纵观沉默权思想的确立，沉默权精神的实质是禁止国家司法机关采取强迫性方法令其陈述，我们可对沉默权的合理内核进行吸收，用不必强迫自证其罪以及告知证据规则来表述，因为法的指引方向应当符合道德基础，符合司法体制与司法认识规律。法的指引作用说明，法律不能够将当事人向违背社会伦理道德的方向进行指引，引导公众作出错误的法律逻辑判断，从而造成错误的法律后果。在沉默权问题上，法律不得对公众进行错误的引导，误导人们作出错误的诉讼行为。可以沉默并不代表有权沉默，沉默了并不代表就享有了沉默权，有人杀了人就不代表有权杀人，这是一个应然与实然的关系。由于很多情况下我们未对沉

---

① 何家弘：《沉默权制度及刑事司法的价值取向》，载《国家检察官学院学报》2000 年第 4 期。

默与沉默权进行区分，因而未能理清其间的关系，被追诉人诉讼中会出现有沉默的现象，但这是一项自然权利，不是法律权利，因为根据法的精神和法律重点保护的社会关系，不是让有罪的人以此来逃避刑法的制裁。在侦查能力未达到一定水平的时候，让有罪的人有权沉默，无论从道德良心上还是从对被害人的权益保护上或者是刑法保护的社会关系上均为不妥。因而，沉默与沉默权在诉讼中可以不同时出现，不是有了沉默权才能在诉讼中可以沉默，也并不是因为在诉讼中沉默了就会享有沉默权。法律赋权之前，沉默在刑事诉讼中可以表现为实然，但不是一项应有的权利，这项实然的权利规定为应然，目前来说还缺乏正当的根据，因此，沉默与沉默权两者不同，不应将其混淆。故而，基于沉默与沉默权之间的区别，刑事诉讼活动中可能会出现沉默的现象，但并不代表法律就赋予了沉默权。

三

沉默权问题，法律制度的差异反映出法律文化的差异。从中西传统文化的角度，可以清楚看到，中国的文化土壤不适合移植西方的沉默权制度（具体指美国），将一个个人价值高于社会价值的制度移植到一个社会价值高于个人价值的文化氛围中，只会是“南橘北枳，培植出非驴非马的怪胎”。[①] 我们对待外国法律的正确态度是取其精华弃其糟粕，赋予犯罪嫌疑人、被告人沉默权实际上意味着鼓动其拒不陈述，这样做不利于刑事诉讼目的的实现。我国属于大陆法系，没有英美国家被告人与证人的区分，没有对证人（包括被告人）的程序性强制[②]，没有英美法意义上的沉默权〔英美法上广义的沉默权还包括了知情人的拒绝回答权、证人的不自陷于罪权。[③] 英国一般保障沉默权，但近来对沉默权也开始采取了限制。根据《1994年刑事审判与公共秩序法》第34条至第37条的规定，对于特定情形，如果被告人保持沉默，法律允许法庭作出“看起来适当的推论”（即对被告人不利的有罪推论）。在美国，联邦最高法院通过各种例外判例，

① 崔敏：《关于沉默权与警察讯问权的考察与反思》，载《公安大学学报》2001年第6期。

② 何家弘：《沉默权制度及刑事司法的价值取向》，载《国家检察官学院学报》2000年第4期。

③ 孙长永：《沉默权制度研究》，北京法律出版社2001年版，第1页。

对沉默权适用范围和适用程序进行了限制。如善意的例外、独立来源的例外、因果联系削弱的例外、公共安全的例外，等等①。大陆法系国家规定的更多的是不必强迫自证其罪）〕。相对于美国而言，我国没有教会和上帝的法律渊源，现阶段的中国人没有美国人普遍的强烈的权利意识，也还缺乏富人、穷人平等的法律观念，更没有不得强迫他人说话的刑事政策氛围。中国传统文化重视宗法伦理，坚持礼教中心，强调义务本位，实行刑罚强制。传统观念中更多的是人民对犯罪分子深恶痛绝，人民憎恶犯罪，希望打击犯罪是普遍的社会文化心理。社会治安形式与犯罪问题决定了整体赋予沉默权给了老奸巨猾和重大犯罪团伙等职业犯罪主体逃避法律制裁的机会，加大了司法资源的投入，不利于刑事诉讼打击犯罪的本体价值和保障社会安全的最基本的诉讼目的实现。另外，依靠沉默权来医治刑讯逼供也不一定见得就是灵丹妙药，因为刑讯逼供产生的原因是多方面的，没有赋予沉默权不是刑讯逼供产生的唯一必然原因，人有暴力倾向本性占据很大的因素，现在，“严禁刑讯逼供”的法律条文和刑事政策已经深入人心，但刑讯还是屡禁不止，不是没有赋予和告知沉默权致使刑讯，而是司法人员滥用职权直接导致了刑讯，控制刑讯逼供应加强防范司法人员滥用权力的制度建设，而不是赋予沉默权。实践证明美国的刑讯逼供现象就不少，在沉默权问题上，依靠赋予实际中很少行使的不说话权利来对抗暴力的话往往会不尽人意，我们可用其他措施来控制。

我国的证据规则中同样含有沉默权的“沉默”证据规则内容，仔细研究我国的刑事诉讼法典就会发现，我国法律并没有规定采取强制措施强迫回答司法机关的讯问，也没有规定不“如实回答”的法律后果。法律规定重调查研究重证据，严禁刑讯逼供，不得采取强迫的方式获得口供。另外，虽然实践中有沉默的现象，但沉默不是一项法定赋予的权利。虽然现行的法律规定了“应当如实回答”，但该条款强调的是回答的“如实”，即与犯罪事实的一致，并未说沉默会有不利后果，刑事政策规定的“坦白从宽，抗拒从严”同样强调的是回答的如实，要求供述的真实性。从相同

① 王以真：《外国刑事诉讼法学参考资料》，北京大学出版社 1995 年版，第 399-426 页。

点来看，在沉默权问题上人们对我国证据制度意见分歧并不大。笔者认为，基于沉默权的立法目的和我国的实际情况，我国不宜规定“有权沉默”的法律条款，同时也应当删除“应当如实回答”的法律条款，该条款属于政策导向性的条文，没有行为模式的法律后果，实际中难以掌握和把握，不利于人权保护，更容易受到国际非议。

总之，沉默是一项宪法权利，沉默权是诉讼中增设，或者说强调沉默后果告知的一项告知权。沉默，是行使宪法允许的言论自由权，是一项自然权利，无须告知，而沉默权是刑事诉讼中为了强调人权的保障，特别增设的特殊权利。该特权有其致命的弊端，那就是保障了有罪的人，无罪的人由此受益不大。因此，基于沉默权的危害性，我国法律不应规定沉默权制度。

原载《大连大学学报》2007 年第 4 期，与谌东华合著

论令状主义

法治社会，它的要害在于如何合理地运用和有效地制约公共权力的问题。[①] 侦查权也属于公共权力的一种，而把“一切有权力的人都容易滥用权力”这句话奉为至理名言的高度法治化的西方国家，更对侦查权设置了种种制约。因为国家为了收集证据、查获犯罪人，在侦查权的行使过程中常常不可避免地对嫌疑人使用一些强制措施，因而侦查权一方面能有效地打击犯罪、维护公共安全，另一方面也极易侵犯相对人的自由和权力。正如丹宁勋爵所说：“社会必须有权逮捕、搜查、监禁那些不法分子。只要这种权力运用适当，这些手段都是自由的保卫者，而如果它被人滥用，那么任何暴政都要甘拜下风。”[②] 为了防止侦查权的滥用，各国的宪法和法律普遍要求尽可能少用或不用强制手段，对法定情况下允许的强制侦查也进行了种种规制，其中手段之一便是令状主义。

一、令状主义概述

令状主义是英美法系国家刑事程序的重要特色之一，但现代的大陆法系国家也已普遍采用。它源于英国的普通法，旨在以令状的方式对将要实施的强制侦查行为进行事先的司法审查，以防止强制侦查行为的滥用。那

---

① 徐显明：《论“法治”构成要件——兼及法治的某些原则及观念》，载《法学研究》1996年第3期。

② 〔英〕丹宁：《法律的正当程序》，李克强等译，法律出版社1999年版，第109页。

么，什么是令状主义呢？国内有学者认为，所谓令状主义，是指在英美法系国家和现代的大陆法系国家，执行侦查职能的警察（或其他侦查人员）只有获得了法官签发的令状许可，才有权力执行搜查、逮捕和扣押。[1] 但此定义似乎过于狭窄。从实行令状主义国家的立法通例及司法实务来看，凡是可能被侦查机关滥用的强制侦查行为都是它的规制对象，例如监听、扣押等。虽然广义的搜查包括监听、人身检查等，但在中国的法律语境里，它们的含义显然是不同的。所以，把令状主义局囿于搜查、逮捕、扣押，显然过于狭窄。其次，侦查人员在紧急情况下没有法官签发的令状也有权力进行搜查、扣押等强制侦查行为，这是各国的通例。而在日文的词典里，令状主义是指“在进行强制处分时，必须有法院或审判官签署的令状的原则。其目的在于使作为第三者的机关，就强制处分的理由和必要性做出公正的审查，以免滥用强制处分权而侵犯人权”。[2] 日本的学者也持类似的观点，没有法官签发的令状，原则上任何人均不得被逮捕，也不得侵入、搜查以及扣押任何人的住所、文件以及所有物品，这个原则称为令状主义。[3] 虽然以上的定义都认为令状只能由法官签署，但同样实行令状主义的德国和意大利，由于其历史传统和立法理念，检察官也有签发令状的权力。因此，以上的定义都不全面。

从令状主义的功能和运行原理来看，令状主义的要求有以下几个方面：第一，对可能侵犯公民的自由权、财产权和隐私权的强制侦查，原则上必须根据令状才能进行。第二，以上令状只能由中立的法官或其他官员签发，不能由侦查机关自行决定。第三，法官签发令状时必须有法律的规定。第四，禁止签发一般令状，即不指定具体的强制侦查行为和侦查对象的令状。

综上所述，笔者认为，把令状主义定义为“所谓令状主义，是指执行侦查职能的官员在执行逮捕、搜查、扣押、监听等强制侦查行为时，原则上必须有法官或其他中立的官员签发的令状才能进行的原则”是比较准

---

① 刘善春、毕玉谦、郑旭：《诉讼证据规则研究》，中国法制出版社2000年版，第121页。

② 〔日〕我妻荣：《新法律学词典》，中国政法大学出版社1991年版，第986页。

③ 〔日〕田口守一：《刑事诉讼法》，刘迪等译，法律出版社2000年版，第28页。

确的。

二、令状主义的程序

由于国与国之间在历史传统、司法理念、诉讼结构乃至政治、经济制度方面有着显著的差异，各国令状主义的具体制度也有着许多的不同。总的来说，令状主义的内容有以下几个方面。

（一）令状的申请程序

1. 申请书的内容

一般而言，侦查机关向有权机关申请令状时，必须递交一份证明其申请存在合理根据的书面文件。此书面文件大多数国家称之为“申请书”，也有的国家在某些令状申请中称之为“控告书”，如美国申请逮捕证时必须向治安法官提交一份由被害人或警察制作的控告书，以向该法官证明所要逮捕的人就是该犯罪嫌疑人。但不管该书面文件如何称谓，一般包括：

（1）申请主体。令状申请主体都须在令状申请书上注明，是令状申请书上的一项重要内容。各国通过限定令状的申请主体来防止令状申请权的滥用。如果申请主体不合格，侦查机关是不可能获得令状的。由于各国对侦查体制、侦查主体及各侦查主体之间权力配置的规定各不相同，因此各国有关令状申请主体的规定较为复杂。

在英美法系国家，享有侦查权的法定机关一般都是令状申请的适格主体。在大陆法系国家，基本上没有规律可循，主要依照各国侦查机关之间的权力配置及其法律的具体规定。

（2）需申请的侦查行为。令状主义的首要内容是，要求侦查机关在对公民采取强制侦查行为时，必须事先向有权机关申请令状，得到司法授权。除了传统意义上的搜查、扣押、逮捕之外，随着科技的发展和知识经济的兴起，人们的生产、生活方式的极大改变，需要申请令状的侦查行为的范围正在不断扩大。各国的侦查机关将被迫采用以诸如计算机技术、DNA 技术、测谎技术等现代科技为基础的多样化的侦查手段。这些高科技的侦查手段与逮捕、拘留等传统侦查手段相比，更能轻而易举地侵犯公民权利。在人权保障运动不断高涨的今天，可以预见的是，需要事先向有权机关取得司法授权才能进行某种侦查手段的立法将在世界各国不断出现。

（3）强制侦查行为所针对的对象。如所要逮捕的犯罪嫌疑人的姓名、年龄等，如果不知姓名的，必须描述足以确认其外貌特征。另外，扣押的各种物品及其主人的情况，所搜查的场所、物品、建筑物及其构造、居住情况，所要监听的人等也须在令状申请书中列明。

（4）令状执行的时间和期间。各国对于令状执行的时间和期间大都有明确的规定，如监听最长不得超过 30 天（美国），搜查一般只能白天进行，晚上的搜查仅限于娱乐场所、有前科记录的人等。因此，有关令状执行所需的时间和期间也必须向法官说明，以便法官审查该时间和期间的合理性。

（5）申请的“合理根据”。在这部分中，申请人必须说明相关犯罪情况的事实描述以及警方所认为的犯罪嫌疑人所涉嫌的罪名。

警察在申请书的这一部分所提供的事实是“主观上”的事实。即只要警察没有故意伪造事实，主观上有合理理由相信他所提供的事实是真实的，即使客观上这些事实并不正确或不存在，仍然可作为法官签发令状的依据。例如，在 MaryLand v. Garrison，480 U. S. 79（1987）案中，美国联邦最高法院就认为令状是否有效应依据“警察在令状申请时提供给法官的事实”来判断，而非事后所发现的事实来判断。

（6）誓词。具有基督教信仰传统的国家大都有宣誓的传统，它作为一项制度首先在 1919 年的德国魏玛宪法中被确认。直到现在，许多国家法律制度中仍然存在着宣誓制度。如《美国宪法第四修正案》规定，公民保护其人身、住所、文件和财产不受无理搜查与扣押的权利不得被侵犯，除非有合理根据，并附有宣誓或确认的证言支持和对被搜查或扣押之人或物的具体描述，否则不得签发搜查令。《美国法典》第 2518 条第 1 款规定，侦查机关申请监听状时必须采取附誓词的书面形式。《德国刑事诉讼法典》第 65 条规定，在侦查程序中可以命令宣誓。

2. 申请方式

令状的申请方式以书面为原则，口头方式为例外。书面申请的优点无疑是明确的：首先，书面文件的内容具有清晰、确定、具体、逻辑性强等特点，能使法官进行仔细的思考，作出理性的决定。其次，很多国家要求令状申请时不但需附有申请人的誓词，还需附有相关证人的证词。再次，通过不符合条件的申请书获得的令状意味着凭借此令状进行的侦查行为不合法，因此，辩方往往会在申诉或法庭辩论过程中就申请书的内容进行质疑。而书面形式能为双方的辩论和质证提供物质基础。如美国法律规定，被窃听信息的任何一方当事人或窃听信息被用来指控的人有权对窃听信息、申请书和令状进行审查。[①]

（二）令状的签发程序

令状由独立于侦查机关的法院、检察院等机关或人员签发。有关令状签发的内容如下。

1. 签发主体

各国令状签发主体大都是法官或检察官，除此以外的其他签发主体，如英国的监听由内政大臣签发，非常少见，关于法官或检察官签发令状的情况，有以下几种。

(1) 法官签发。原则上令状由处于中立地位的拥有批准权的法官签发，这是各国的通例。英美法系国家的令状大都由法官签发，这是由他们抗辩式的诉讼构造决定的。法国、日本等国虽然属于大陆法系国家，但他们国家的刑事诉讼吸收了很多抗辩式诉讼的内容。抗辩式的诉讼构造决定了控辩双方的对抗不仅仅限于法庭的审判过程中，而是从刑事诉讼的开端——侦查程序就开始了。因此，侦查程序中需要一位独立于控辩双方之外的裁判者对双方的争端作出公正的裁决。其次，由法官签发令状便于实现对侦查权的制衡。因为检察机关与侦查机关同为追诉机关，“并不是宪法所要求的中立的、超然其上的治安法官”。[②]

(2) 检察官签发。虽然由检察官签发令状缺乏理论基础，实践上也招

---

① 陈永生：《国外的秘密监听立法》，载《人民检察》2000年第7期。

② 〔美〕杰罗德·H·以兹瑞、威恩·R. 拉法吾：《刑事程序法》，法律出版社2000年版，第83页。

致了种种批评，然而有些国家和地区由于其法律传统，检察官也有令状的签发权。但所有令状纯粹由检察官签发的国家已少之又少，且受到很多限制。在各国各地区的立法实践中，主要是德国和我国的台湾地区有此规定。但德国检察官的签发权是有条件的，即延误就有危险时才享有，且仅限于搜查和扣押，逮捕只能由法官决定（《德国刑事诉讼法》第125条）。迄今，台湾检察官签发令状的权力呈不断萎缩趋势。如2001年以前，台湾检察官有签发搜查证的权力。2001年3月以后，台湾“立法院”修改了刑事诉讼法，废除了检察官签发搜查证的权力，规定了令状搜查的决定权属于法官。

（3）法官与检察官均有权签发。法官与检察官均有权签发令状的情况分两种：一是法官与检察官拥有平行的权力，二者都可签发令状，且签发的令状有最终的效力。如《罗马尼亚刑事诉讼法》第146条规定，检察长如果认为在追究刑事责任中需要剥夺犯罪嫌疑人的自由时，有权决定逮捕嫌疑人并签发逮捕证。[①] 二是检察官虽然有签发令状的权力，但仅限于紧急情况下签发，且没有最终的效力，事后须报法官批准，如果法官不予认可，则检察官签发的令状无效。这样的国家如意大利、德国等。

2. 令状申请的审查

英美法系国家，令状的签发标准就是看是否存在“合理根据”。《美国宪法第四修正案》规定：“公民保护其人身、居所、文件和财产不受无理搜查与扣押的权利不得被侵犯，除非有合理根据并附有宣誓或确认的证言支持和对被搜查或扣押之人或物的具体描述，否则（法官）不得签发搜查令。”《英国1984年警察与刑事证据法》第8条规定：“根据警察的书面申请，治安法官如果认为有合理根据相信同时存在下列情形的……可以签发搜查证。”

一般情况下，法官只进行合法性审查，不审查令状申请的合理性。只要令状的申请符合法定要件，法官就应当签发。

---

① 孙谦：《论逮捕》，载陈光中、江伟主编：《诉讼法论丛（第5卷）》，法律出版社2000年版，第94页。

法官审查时不适用严格的证据法则。传闻证据、犯罪嫌疑人的前科记录均可采信。而且，审查时对法官的心证程度要求较低，只要“大致相信”即可。这是与侦查阶段对“嫌疑程度”的证明标准相适应的。

但大陆法系国家的法国是个例外，他们的令状签发既不需要合理根据，也缺乏具体可操作的标准。它的签发主要是根据犯罪行为的轻重。

3. 令状的签发形式

与申请方式一样，令状的签发原则上必须用书面方式，只有美国的少数几个州（加利福尼亚州和亚利桑那州）可以以口头形式申请和发布令状，但仅限于不涉及人身自由的搜查令和扣押令。[①] 有的国家，如加拿大，虽然允许以口头方式（电话）申请令状（如搜查令），但法官签发搜查证时必须以书面形式。[②] 美国的有些州还可用传真的方式签发搜查证，但传真也是书面形式之一。

（三）令状的执行程序

1. 令状执行的时间和期间

（1）按令状指定的时间执行。执法官员首先必须按照令状指定的时间执行，而不必考虑法律的强行规定。因为法官可以不按照法律的规定而根据案情的需要自行指定令状的执行时间。对于可连续执行的令状，如监听，法官一般会在令状中指定执行的期间，执法官员也只需按照令状执行即可。

（2）按法律规定的时间执行。法律一般规定了各种令状的执行时间，如果令状没有指明特定时间的，执法官员只要按照法律规定的时间执行即可。如《英国1984年警察与刑事证据法》第16条规定，对于场所的搜查应当在签发搜查证后一个月之内的合理时间执行。

（3）立即执行。虽然法官没有在令状中指定执行的时间，法律也只是规定了执行的期限，但原则上，只要执行官员获得令状，就须立即执行。

---

① 程味秋、杨宇冠：《美国刑事诉讼中逮捕和搜查》，载《中国刑事法杂志》2001年第5期。

② 〔加〕柯特·T. 格瑞弗斯、西蒙·N. 维登—琼斯：《刑事诉讼中警察的权力》，载江礼华、杨城主编：《外国刑事诉讼制度探微》，法律出版社2000年版，第367页。

以免时过境迁使令状失去了合理性的基础而导致合理根据的不存在。被宣布为无效的令状往往是由于拖延使合理性的构成发生了变化。如美国有些州在令状上虽没有指明执行的时间，只是要求在“合理的时间内”执行，但这个“合理的时间”其实就是要求尽可能迅速执行。虽然由于天气、道路或立即执行会给卧底警员带来危险诸如此类的因素造成的“合理拖延”是允许的。

2. 执行范围

对逮捕、拘留等涉及人身自由的令状，不存在执行范围的问题。但对于搜查、扣押、监听等涉及财产权和隐私权的令状，执法官员执行的范围也常常是控辩双方争议的问题。

执法官员执行上述令状时除了按令状指定的范围执行外，超出令状所指定的范围，在一定程度上是允许的。这要根据令状的性质和目的而定。但是，如果警察超出令状指定的范围执行时，必须有“合理根据”认为其与案件有关。

3. 执行时的义务

(1) 出示令状的义务。出示令状的作用是，将执行活动限定在令状所指定的范围内，以此保障犯罪嫌疑人的防御权。因此大多数国家规定了出示令状的义务。即执行令状时，必须向对方出示令状。但在紧急情况下，可以不向当事人出示令状，这在大多数国家都是允许的。如日本大阪高等法院认为，在事先出示令状可以导致销毁证据这种紧急情况下，也可以在令状出示前搜查嫌疑人。①

也有的国家不要求在执行令状时出示令状。如美国警察执行逮捕时不必出示逮捕证，但如果嫌疑人提出请求应当尽快向其出示。②

(2) 告知的义务。执法官员执行令状时，一般都须向当事人告知他将要采取的措施，以取得当事人的合作及避免暴力的发生。如《英国1984年警察与刑事证据法》第28条规定，当某人被逮捕时，要告知他已被逮

---

① 〔日〕田口守一：《刑事诉讼法》，刘迪等译，法律出版社2000年版，第65页。

② 孙长永：《侦查程序与人权——比较法考察》，中国方正出版社2000年版，第77页。

捕，无论逮捕的事实是否显而易见。其次，还须告知他逮捕的理由，无论逮捕的理由是否显而易见，否则逮捕是非法的。

但在有些情况下，警察可以不事先告知。如室内之人已经知道警察的目的和权力，警察合理地相信室内之人处于紧迫的危险中，警察合理地相信室内的人正在销毁证据或逃跑等。

执行完毕后，警察还须向嫌疑人告知他应享有的权利，如告知他有权提出复查申请等。著名的“米兰达”警告就要求美国警察在实施逮捕时必须立即告知嫌疑人的权利。

（四）令状的例外

令状的目的和作用在于保护公民的自由、财产、隐私等基本人权，侦查机关在进行强制侦查行为时原则上必须实行令状主义。但各国的司法实践及诸多判例一致表明，没有令状的强制侦查行为也不一定不合法。只要有“合理根据”的存在，某些无令状的强制侦查行为，仍然是具有正当性的。即在某些情况下如果实行令状主义所取得的法律利益——保护人权，不及通过无令状强制侦查行为实现追诉犯罪、维护公共安全所取得的法律利益大，那么这时候的无令状强制侦查行为是正当的。也就是说，警察在执行搜集证据、查获犯罪嫌疑人等公务行为时，经常会遇到一些紧急情况和突发事件，如果遇有必须立即采取强制侦查行为的紧急情况，仍要求警察先申请令状，而坐视犯罪嫌疑人销毁证据、杀害被害人，无疑不利于社会秩序的保护，也不符合设立令状主义的初衷。因此，各国大都规定了司法令状的例外情形。

总体看来，无令状强制侦查行为的例外情形通常有以下几种。

1. 时间的紧迫性

首先，当时间紧迫来不及申请令状时，各国的法律通常允许进行无令状强制侦查行为。因为这时候打击犯罪显然比保护人权更为紧迫。其次，往往在存在一定程度的“合理怀疑”时，警察才会以时间紧迫为由进行无令状强制侦查行为。因此，此时所进行的无令状强制侦查行为侵犯人权的可能性比较小。所以，时间的紧迫性是无令状强制侦查行为的合理根据之一。这主要包括对现行犯的搜查和逮捕，对汽车和转运中的货物的搜查。

2. 合理隐私权期待的放弃或停止

人人都期待自己的隐私权受到法律的保护。侦查程序中关于隐私权保护的判断理论，美国的判例称之为“合理隐私权期待”。如在卡兹诉美国（Katz V. United Sates，1967 年）一案中，最高法院认为，只要一个人“合理地期待某种隐私权”，那么他就应当不受政府的侵犯。[①] 要求当事人对其隐私权的期待是合理的。例如，房间里有两个毒贩关着房门和窗户并小声地商议买卖毒品的事，如果警察贴着窗户听到他们的谈话而逮捕他们，他们就可以主张警察的无证搜查是非法的。因为他们期待他们的谈话不为外人听到，且此期待是合理的。相反，如果毒贩开着窗户或大声讲话，而被一个路过的警察听到了，他们就不能主张警察的搜查非法，因为一个正常的路过的人都能听到他们的谈话，他们对此隐私权的期待是不合理的。

合理隐私权期待的放弃或停止有以下几种情况：当事人同意、合法查封后的搜查、目光所及、开放视野、丢弃的物品等。

3. 保全证据的需要

搜集证据往往发生在各种附带的扣押（如逮捕附带搜查、搜查附带扣押）中。因为搜查时发现了搜查证上没有指定的证据，而不予扣押的话，在重新获取另外一张搜查证前，犯罪嫌疑人很可能已把该证据毁灭。所以如果侦查时发现令状上没有指定的而与犯罪有关的物品，可以无令状扣押。如美国的判例认为合法逮捕附带的搜查所发现的与犯罪有关的物品或违禁品，都可以无证扣押。《德国刑事诉讼法》第 108 条规定：“搜查时发现虽与本案侦查无关，但却表明发生了其他犯罪行为的物品，要将该物品临时扣押。”日本也有另案扣押的规定。在逮捕被告人时，许多被告人可以迅速地毁掉其可立即控制范围内的证据，如把身上的毒品扔进海里等。

---

① 李义冠：《美国刑事审判制度》，法律出版社 1999 年版，第 39 页。

因而，逮捕时对被告人进行无证搜查，即逮捕附带的搜查，各国也都是允许的。如《英国1984年警察与刑事证据法》第18条规定，警察如果有合理的理由怀疑某一因犯有可捕罪而被逮捕的人居住的或控制的场所内存有与该犯罪有关的证据，可以进行无证搜查，对该无证搜查所获得的任何物品，均可无证扣押。

4. 警察自我防卫的需要

警察逮捕嫌疑人时，常会遇到犯罪嫌疑人的激烈反抗，甚至取出身上或藏在附近的武器袭击警察，警察出于自我防卫的需要，各国法律一般允许对此犯罪嫌疑人进行无证搜查。对于逮捕嫌疑人时的附带搜查，美国联邦最高法院认为，“保护性搜查”之所以合法，是由于被告人随时有可能取出身上的武器攻击警察或毁灭证据，因此，警察如果在屋内逮捕人犯，除了被告人身体或其手可及之处外，对整栋住宅亦可进行搜查，以确定有无其他共犯足以威胁警察安全或毁灭证据。警察巡逻时，如果看到嫌疑人形迹可疑，并根据经验合理地认为犯罪嫌疑人身上带有武器时，可以对其进行暂留和搜身，这就是美国著名的特里暂留与搜身（即无证搜查）。搜身的目的就是防止疑犯身上藏有武器而对警察造成伤害，是一种自卫性的措施。警察出于自卫除可对嫌疑人的人身进行搜查外，还可对其人身以外的其他空间进行无证搜查。在1983年的Mich v. Long案中，法庭的判决理由认为，“（警察）对驾车嫌疑人的汽车进行的自我防卫性搜查仅限于汽车内可能用来放置或隐藏武器的地方。如果警察根据特定、细致的事实加以合理的推论或有理由相信嫌疑人存在重大的攻击危险性，而且武器就在嫌疑人伸手可及之处，那么警察进行的这种自我防卫性搜查就是合法的”。①

5. 维护公共安全的需要

目前，全球性的暴力犯罪和恐怖犯罪日益加剧，为了满足维护公共安全和社会秩序的需要，对法律资源的需求不断增加，各国立法不得不在一

---

① 〔美〕杰罗德·H·以兹瑞、威恩·R·拉法吾：《刑事程序法》，法律出版社1999年版，第127-128页。

定程度上牺牲个人权利。具体到侦查制度上而言，各国往往以维护公共安全为其价值理念，更多地允许警察进行无令状强制侦查行为。《英国1984年警察与刑事证据法》第25条规定，警察有合理理由相信，存在可捕罪以外的犯罪，为保护儿童或其他弱者免受有关人员的侵害，可以无证逮捕。在美国的亚利桑那诉亨特案中，一名锅炉房的雇工向执法人员报告说他发现雇主的小女儿被绑在锅炉房里，负责此案的官员坚持要求允许他陪小姑娘的母亲到锅炉房去。法院认为他这样做是合法的，无论他是否持有搜查证。①

（五）令状主义的救济程序

直接涉及公民基本权利的强制侦查行为一旦适用，势必给嫌疑人及相关公民带来诸多非常不利的后果。因此，法律应当设置赋予嫌疑人及相关公民以相应的程序性救济和实体性救济的机制。英国有句法谚说："无救济即无权利"，如果不设置相应的令状主义的救济制度，令状主义就起不到它应当起到的保护公民权利免受侦查权非法侵害的作用。

1. 赋予当事人异议权

首先，搜查、监听等强制侦查行为所适用的相对人有权对令状本身的合法性提出异议。其次，当事人可以对令状执行的合法性提出异议。再次，当事人可以对警察执行令状时收集到的证据提出异议。

异议一般向签发令状的法官所属的法院提出，这样有符合诉讼经济的原则，也有利于法院迅速地给予当事人救济。但有的国家出于审判公正的考虑，规定异议必须向该法官所属法院的上级法院提出。如意大利法律规定，当事人提出扣押令复查要求的，由作出决定的司法机关所在省府驻地的法院经辩论程序后作出判决。②

此异议提出程序也可称为申请听证程序。因为此异议成立以后，法院将举行初次听证程序。此申请听证的程序类似申请令状的程序，不适用通

---

① 〔美〕乔恩·R·华尔兹：《刑事证据大全》，何家弘等译，中国人民公安大学出版社1998年版，第48页。

② 孙长永：《侦查程序与人权》，中国方正出版社2000年版，第129页。

常的证据规则，被告人也无须聘请律师。

另外，并非所有的国家都给予所有的令状以异议救济，如法国法律规定，预审法官以书面形式作出的“截听决定”，不具有司法裁判权的性质，不得对其提出任何上诉。[①]

2. 非法证据排除

法律的效力体现在它的强制性和制裁性，即违反法律的人将承担不利的法律后果，包括实体性后果和程序性后果。具体到令状主义制度而言，程序性法律后果就是对违反令状主义的强制侦查行为所收集到的证据予以排除，不得进入审判程序作为定罪的根据加以采用。如《意大利刑事诉讼法典》第271条第1项规定，如果窃听是在法律允许的情况以外进行的或者没有遵守法律规定的程序，所获得的材料不得加以使用。[②]

到了现代，世界各国普遍设立了非法证据排除规则，但各国大都没有彻底排除非法证据。例如，加拿大最高法院认为，“任何对《宪章》权利的侵害都是严重的，但《宪章》第24条第2款的规定并不是一个自动排除规则”。换句话说，并非警察犯了错，就能自动排除证据。出于审判公正和司法正义的考虑，各国不得不在发现实体真实和保障人权之间进行平衡，而不是对违反令状主义的强制侦查行为所搜集到的证据一概加以排除。

那么，对违反令状主义的强制侦查行为所搜集到的证据是否加以排除的判断标准是什么呢？有两个标准：（1）看该强制侦查行为是否构成重大违法；（2）看警察违法执行强制侦查行为时主观上是否出于故意。

另外，美国非法证据排除规则中有几个例外，如公共安全的例外、善意例外、最终必然发现的例外等也应当是非法强制侦查行为所获得的证据是否加以排除的判断标准。

3. 民事赔偿

虽然非法证据排除规则有效地抑制警察的违法侦查行为，并对警察违

① 〔法〕卡斯东·斯特法尼等：《法国刑事诉讼法精义（下）》，罗结珍译，中国政法大学出版社1999年版，第583页。

② 黄风译：《意大利刑事诉讼法典》，中国政法大学出版社1995年版，第92页。

法侦查所得的证据予以排除，使嫌疑人的权益得到某种程度的救济。但是，单凭这一救济措施并不能弥补当事人被侵犯的权利，因为当对嫌疑人或被告人以外的其他公民个人进行违法侦查时，或侦查过程中由于警察的行为对公民个人的财产造成不应有的损害时，他们的权益就不是非法证据排除规则所能救济的。何况，在警察“扑空”的情况下，即警察进行违法侦查行为却搜集不到任何证据的场合，非法证据排除这一救济措施根本发挥不了作用，因此，有必要为公民个人权益的保障设立别的救济途径，即必须对当事人因违法侦查行为所遭受的损失进行民事赔偿。

4. 处罚违法的执行人员

对实施非法侦查行为的警察进行处罚已是世界各国的刑事诉讼法中的惯例。因为单纯的民事赔偿和非法证据排除，对警察而言，几乎没什么意义。在司法实践中，通常只要破案，警察就能获得奖金和其他奖励，如果不对违法人员进行处罚的话，警察未必因为以不当方式取得证据在审判中被排除而受到不利的处分，证据排除和民事赔偿很难起到扼制警察不当职务行为的作用。所以，还应当对实施非法侦查行为的警察进行处罚。

（六）禁止一般令状

一般令状又称普通令状，是指不指明特定人、特定物、特定场所的令状，它的基本特征是缺乏“特定性”。例如，法官仅仅在搜查证上指明搜查犯罪嫌疑人经常出没的场所，而具体搜查什么场所由警察自行决定，这样的搜查证称为一般搜查证。

禁止一般令状的原则要求令状具有“特定性”，但一定程度上的“相关性”和“概括性”也是允许的。例如，日本判例认为，在令状上列举应予查封的物品名称后加上以下表述是有效的，即“其他一切与本案有关的文件与物品”。[①] 因为有时有些与犯罪有关的物品事先是无法确定的，如果警察只能扣押令状上指明的物品，那么等警察发现扣押状上没有指明但与案件有关的罪证而又去申请令状时，犯罪嫌疑人很可能已将该证据毁灭。

---

① 〔日〕田口守一：《刑事诉讼法》，刘迪等译，法律出版社2000年版，第63页。

所以，《美国联邦刑事诉讼规则》第41条第2款对有证搜查、扣押的对象也只做了相关性和概括性的描述：“（1）构成证明实施了犯罪的证据的物品。（2）旨在用做犯罪工具或已经用做犯罪工具的物品。”

但是禁止一般令状的原则也有例外，例如，美国的判例认为，在公共安全受到严重威胁的情形下，签发一般令状是允许的。美国最高法院法官罗伯特·杰克逊在一项裁决中写道，如果某个小孩被诱拐，警官在附近设置路障，并搜查每辆驶过的汽车，这是严厉的不加区别的搜查。然而，如果这是拯救受威胁的生命并发现邪恶罪行的唯一办法，那么理所当然地让过路者服从这种无礼。但是，我不主张滥用这种路障，以广泛搜查丢失的几瓶威士忌酒和抓获一个私酒贩子。[①] 可见，在美国，如果犯罪分子的犯罪行为严重威胁到公众的安全与生命时，法官可以签发一般令状。德国的法官在某些情况下也可签发一般令状。如《德国刑事诉讼法》第111条也规定，为了打击恐怖犯罪，法官可以决定在街道、广场等公共场所设卡检查，凡经过检查卡的任何人，都有接受搜查的义务。

三、令状主义的理论基础

（一）令状主义是权力制衡理论在侦查程序中的具体应用

权力的制衡模式有以下几种：按制衡者的角色划分，可分为内部制衡和外部制衡；按制衡的属性划分，可分为权力的制衡和权利的制衡。由于人都有利己的本性，所以内部制衡远不及外部制衡公正、有效。由于权力具有天然的不平等性和扩张性，因而权利制衡的效果显然远不及权力的制衡。

从政治学的角度来看，权力表现为人与人之间的一种管理与被管理、支配与被支配的关系。人都有征服别人的欲望，人的本性都有利己的一面，以及利益具有可交换性，这些因素决定了权力具有天然的不平等性和扩张性，且权力在行使过程中很容易异化。孟德斯鸠曾言：“一切有权力的人都容易滥用权力，这是万古不易的经验。有权力的人们使用权力一直

---

① 程味秋：《外国刑事诉讼法概论》，中国政法大学出版社1994年版，第64页。

到遇有界限的地方为止。”[①] 一个拥有绝对权力的人总是试图将其意志毫无拘束地强加于那些为他所控制的人。[②] 因此，权力制衡应作为制度创建者进行制度设置时必须考虑的一项基本原则。

首先，侦查权是国家权力的一种，其运行同样遵循权力运行的客观规律，同样受权力本质属性的限制。以内部制衡为主的侦查权制衡体系是十分脆弱的。虽然侦查权的内部制衡的确为侦查权制衡体系中一个不可或缺的组成部分，但由于侦查机关是行政机关，往往实行首长负责制，内部实行行政领导体制。搜查等强制侦查措施的决定权和执行权虽属于不同的部门，但同属一个行政首长的领导，其制衡主要是依靠自律，而自律性的制衡受法外因素干扰较多，有时难以抵御利益的诱惑和上级部门或其他权力部门的压力，难以保证其制衡行为的中立和公正。其次，内部制衡的操作程序缺乏公开性和透明度，缺乏诉讼程序应当具备的公开性、中立性、自治性，难以获得当事人的尊重和信赖。所以内部制衡的手段缺乏权威性，制衡的结果缺乏稳定性。其制衡的效果自然是值得怀疑的。

以权利制衡权力也是权力制衡的一个重要手段。博登海默认为，一个发达的法律制度经常试图阻碍压制性权力结构的出现，其依赖的一个重要手段更是通过在个人和群体中广泛分配权力机构以达到权力的分散与平衡。[③] 按照卢梭的社会契约论，人民把属于自己的一部分权利让渡给主权者行使，从而使这一部分权利转换为主权者手中的权力，因而权利是权力的唯一合法来源，也是权力行使的目的和界限。如果权力的行使侵害了人民的权利，人民则有权恢复行使主权者手中的权力。这一学说为权利制衡权力提供了最为充分的理论依据，也无疑是最为有效的权力制衡手段（假如人民随时可以恢复行使主权者手中的权力）。但这种虚拟的理论在权力制衡体系中所起的作用是十分有限的，因为权力具有天然的不平等性和扩

---

① 〔法〕孟德斯鸠：《论法的精神》，商务印书馆 1982 年版，第 14 页。

② 〔美〕E. 博登海默：《法理学——法学哲学及法律方法》，中国政法大学出版社 1999 年版，第 358 页。

③ 〔美〕E. 博登海默：《法理学——法律哲学及法律方法》，中国政法大学出版社 1999 年版，第 358 页。

张性，作为持有权利的公民个人无法与掌握权力的主权者——国家相抗衡。即使在权力制衡体系十分发达的西方国家，权利对权力的制衡在权力制衡体系中也至多起到补充作用。

因此，最为有效的制衡应当是外部的制衡、权力的制衡，即检察机关的制衡或法院的制衡。但由于检察机关与侦查机关同属追诉机关，检察权对侦查权的制衡属于广义的权力内部制衡的范畴。而法院的司法审查权是独立于侦查权的，其超然、中立的地位使其对侦查权的制衡更具有公正性。因此，对侦查权制衡的具体的制度设计就是法院的制衡，由法院的司法审查权制衡侦查机关的侦查权。司法审查程序所具有的公开性和参与性使审查结论易于被当事人接受；法院的裁判一般具有终局性，因而这种制衡结果具有权威性、有效性和稳定性。所以，侦查程序中由法院的司法审查权来制衡侦查机关的侦查权是十分必要的，也是十分有效的。

（二）令状主义是正当程序理论在侦查程序中的体现

在现代法治社会，任何一项司法制度的设置都必须具有内在的正当性，即符合正当程序的要求。正当程序源于古罗马的自然正义论。在当时，为了实现自然正义，审判程序上有两项基本要求：① 任何人不得作自己案件的法官；② 应当听取双方当事人的意见。[①] 正当法律程序的概念最早出现在1354年爱德华三世颁布的一项法令中，“任何人无论其身份、地位状况如何，未经正当法律程序不得予以逮捕、监禁、没收财产或者处死”。第二次世界大战以后，随着比较法学的发展，正当程序的观念不但在全世界广泛传播，而且也扩大了其适用范围，意味着在广义上剥夺某种个人利益时必须保障他享有被告知和陈述自己的意见并得到倾听的权利，从而成为英美法中人权保障的根本原则。[②]

由于国家机关在侦查程序中的行为最容易侵犯人权，因此正当程序的适用范围也逐渐扩大到侦查程序中，而侦查程序的正当化必然要求司法审

① 陈瑞华：《刑事审判原理论》，北京大学出版社1997年版，第5页。

② 〔日〕谷口安平：《程序的正义与诉讼》，王亚新、刘荣军译，中国政法大学出版社1996年版，第4页。

查对侦查程序的介入。正当程序首先应当是公正的程序，在侦查程序中，仅仅只有控方和辩方是不够的，而应具备控辩审三方，各自承担相应的职能，才能保持程序的公正。刑事诉讼中，检察机关、侦查机关承担控诉职能，是国家追诉犯罪的专门机关，并为此从事着收集犯罪证据、查获犯罪嫌疑人的活动。而犯罪嫌疑人在刑事诉讼中属于被追诉的角色，一定程度上行使着辩护职能，他总是力图避免受到刑事追究。而侦查机关一旦裁定适用搜查、逮捕等强制侦查措施，就会设定相应的诉讼权利和诉讼义务。不但会严重影响犯罪嫌疑人的各种合法权益，也与刑事诉讼活动能否正确实施密切相关。因此，搜查、逮捕等强制措施的适用决定权，本质上属于司法裁判权。所以，如果承担侦查控诉职能的侦查机关、检察机关享有上述侦查措施的决定权，就违背了“任何人不能审理自己或与自己有利害关系的案件”的正当程序之最低标准。因此，侦查程序的正当化必然要求司法审查对侦查程序的介入，使侦查结构具有控、辩、审三方的组合，即侦查机关与嫌疑人作为平等的当事人，法官作为中立的第三方处于三方组合的顶点，对控辩双方有争议的事项作出裁决。法院在必要时，还应通过听审程序作出决定，从而体现了正当程序所应有的公开性、参与性和自治性。这一点，在刑事诉讼中彻底实行当事人主义的英美法系国家体现尤为明显，他们大都将搜查、逮捕、窃听等强制侦查措施的适用决定权从侦检机构剥离出来，交给中立的不承担追诉任务的法院或法官，由后者进行裁决。如《英国治安法院法》第 1 条规定：“签发逮捕证的权力属于治安法官。”在美国，逮捕由治安法官根据控告或者侦查人员提交的经宣誓的提请签发令状申请书，由警察或其他执法人员执行。[①] 侦查机关在法定的情况下，也可以无令状实施强制侦查行为，但必须马上报告治安法官，由后者对它的合法性进行裁决。

（三）令状主义是保护公民基本权利的需要

不论刑事诉讼的目的是惩罚犯罪还是保障人权，也不论刑事诉讼的价值观是出于个人本位还是国家本位，刑事诉讼的一个重要作用是保护公民

① 卞建林译：《美国联邦诉讼规则和证据规则》，中国政法大学出版社 1996 年版，第 56 页。

的基本权利。如果满足人类最基本生活需求的生命、自由、财产权利得不到保障，不要说个人的利益无法实现，社会的稳定、经济的发展等这些国家的根本利益更无从谈起。因此，国家无疑应承担保护公民基本权利的义务。国家对公民基本权利的保护在刑事司法活动中应得到重要体现，尤其应体现在刑事司法活动之一的侦查程序中。因为追诉机关在刑事侦查中的主要任务是查明犯罪事实，查获犯罪嫌疑人。而侦查权的行使往往意味着对公民自由、财产、隐私等权利的限制和剥夺，涉及强制侦查措施时尤其如此。作为一个个体存在的、处于被追诉地位的犯罪嫌疑人，凭借其自身的力量根本无法与代表国家行使侦查权的侦查机关相抗衡。我们不能幼稚地把保护被追诉人权利的希望寄托在以追究犯罪为目的的侦查机关身上。同一官署忽而忙于维护国家利益，忽而又将国家利益弃置一边，忙于维护正义，显然极不协调。[①] 而侦查机关出于打击犯罪的思维定式的影响，很容易对被追诉人实施非法侵害，因为发生了一件非常事件，他就会自然想到那也许就是一件犯罪案件；查获了一个犯罪嫌疑人，他会努力去证明那就是罪犯；查明了一个犯罪事实，他会推测还会有其他罪行；查明了一个轻罪，他会估计还会有其他重罪；查明一个罪犯，他会努力去挖可能存在的同案犯等等。[②] 基于以上认识，西方各国都强调司法‘法院或法官’对侦查程序的介入。通过确立令状主义，使侦查机关的搜查、扣押、逮捕等涉及公民重大权益的强制侦查行为都纳入司法权的控制领域，以保护公民的基本权利不受侵犯。

（四）令状主义是“司法最终裁决原则”在刑事诉讼中的体现

司法权往往直接称为司法裁判权。司法裁判是指按照事先颁行的法律规则，作出一项具有法律约束力的结论，从而以权威的方式解决争议各方业已发生的利益争执的活动。[③] 在法治国家，司法权具有很大的权威性。虽然争端各方可以选择和解的方式自行解决争端，也可以选择仲裁、调解

① 〔德〕拉德布鲁赫：《法学导论》，米健、朱林译，中国大百科全书出版社 1997 年版，第 101 页。

② 李心鉴：《刑事诉讼构造论》，中国政法大学出版社 1992 年版，第 188 页。

③ 陈瑞华：《刑事审判原理论》，北京大学出版社 1997 年版，第 30 页。

或申诉等途径解决争端。但是，这些争端解决方式都不具有最终的效力，有关各方可继续寻求司法保护，即由行使国家司法裁判权的法院以国家的名义对争端各方的权利义务作出权威的裁判。这种裁判一旦生效，往往具有最终的效力。争端各方都受到裁判的约束，都必须按照该裁判的规定履行。其他任何组织、个人都不得推翻法院所作出的生效裁判。就司法裁判的内容来看，司法活动总体上表现为两种方式：一是实体性裁判；二是程序性裁判。程序性裁判是司法机关就诉讼中所涉及的事项是否合乎程序规则所进行的裁判活动。① 在刑事诉讼中，公诉案件一般要经过侦查、起诉、审判三个阶段才得到最终处理。但是，人民法院的裁判权并不仅仅存在于审判阶段，裁判的内容也不仅仅限于被告是否有罪及是否应负刑事责任的问题。因为侦查机关在侦查阶段为追诉犯罪所采取的搜查、逮捕、扣押等强制侦查行为必然会在一定程度上限制或剥夺公民的人身自由、财产权、隐私权等权利，同时在二者之间设定了一定的权利和义务。作为被追诉人不但会力求避免在审判阶段被判定有罪和承担刑事责任，在侦查阶段也会力求避免人身自由、财产权、隐私权遭到限制或剥夺，因而侦查机关和被追诉人之间在侦查阶段就存在不同的诉讼利益，二者发生激烈的冲突和对抗在所难免。这些冲突和对抗为裁判权在侦查程序中的存在提供了基础。因为二者需要一个中立的法官对他们的权利、义务作出公正的裁判。为使这种对抗和冲突的解决符合法治原则，西方各国普遍在侦查程序中设立了司法授权和司法审查制度。要求侦查机关在采取涉及公民重大权益的强制侦查行为前必须获得法官的授权，即由一个不承担侦查职能的中立法官对侦查机关所采取的强制侦查行为进行合法性审查，即进行程序性裁判后签发许可令状。为了打击日益猖獗的犯罪，在紧急情况下侦查机关可以自行决定采取强制侦查行为，但这些程序性决定没有最终的效力，假如有关公民对此持有异议，他也可以就该程序性争端向法院提起诉讼，由法院通过法定的程序作出最终裁决，使采取非法侦查行为的侦查机关承担其相应的后果，合法权利受到不法侵犯的犯罪嫌疑人及时获得救济。

---

① 陈瑞华：《刑事审判原理论》，北京大学出版社 1997 年版，第 30 页。

四、我国令状主义规则的构建

（一）构建我国令状主义规则的必要性

根据我国刑事诉讼法的规定，侦查是指公安机关、人民检察院在办理案件的过程中，依照法律进行的专门调查工作和有关的强制性措施。按照我国刑事诉讼法教材的通常解释，所谓专门调查工作，是指讯问犯罪嫌疑人、询问证人、勘验、检查、搜查、扣押、鉴定、通缉等诉讼活动。所谓强制性措施是指公安机关、人民检察院在侦查过程中所采取的拘传、取保候审、监视居住、拘留、逮捕等限制或剥夺犯罪嫌疑人人身自由的强制措施。从我国刑事诉讼法关于侦查程序的规定来看，侦查机关采取的所有专门调查工作均由侦查机关自行决定并执行。此外，我国刑事司法实践中大量使用包括窃听、卧底等极易侵犯人权的秘密侦查手段，刑事诉讼法都没有对其作出任何规范性的规定，更别说司法审查。

就强制措施而言，除了逮捕之外，公安机关可以自行决定对犯罪嫌疑人采取何种强制措施。根据刑事诉讼法规定，公安机关要逮捕犯罪嫌疑人，必须报请人民检察院审查批准。从表面看来，人民检察院对公安机关报请批准逮捕的案件的审查是一种司法审查，但检察机关在刑事诉讼中承担控诉职能，尽管法律要求其作为法律监督机关应全面顾及有利和不利于犯罪嫌疑人两方面的证据，但作为行使追诉权主体的角色，必然促使其更多地关注控诉证据而不是辩护证据的收集。行使控诉权的检察机关同时又必须客观地作为裁判者来决定逮捕措施的适用是否合适，这两种互相冲突的诉讼角色很难协调。所以检察机关在审查批捕时难以保持中立的地位，对公安机关逮捕权的制约极易流于形式。而人民检察院办理自侦案件时，所有的专门调查工作和强制性措施，均由检察机关自行决定，我国侦查程序中仅有的一种“司法审查”形式也不存在了。

所以，严格来说，我国的刑事诉讼法没有规定令状主义规则，而将强制侦查行为的决定权交由侦查人员自行行使。我国的刑事程序之所以不存在令状主义，主要有以下几个原因。

第一，我国的侦查机关警力严重缺乏、装备落后，治安形势严峻，犯罪率持续增长。这些客观现实要求侦查机关在决定采用强制侦查行为时有更大的自主权，以充分发挥公安机关打击犯罪的主观能动性和灵活性，以协调我国刑事犯罪的复杂性、多发性与侦查技术、侦查力量有限性之间的矛盾。

第二，我国的立法理念一直认为，警察实施扣押、搜查等强制侦查行为主要是为了收集证据、查获犯罪人。如我国《刑事诉讼法》第 109 条规定："为了收集犯罪证据，查获犯罪人，侦查人员可以对犯罪嫌疑人以及可能隐藏罪犯和犯罪证据的人的身体、物品、住处和其他有关地方进行搜查。"而实施这些侦查行为所伴随的强制性，则认为是无关紧要的。

第三，"重实体，轻程序"的观念长期以来影响着我国的刑事诉讼法，立法指导思想过分偏重于对犯罪的惩罚和社会整体利益维护，忽视了对个人权益的保护，对可能侵犯公民人身权利、财产权利、隐私权的侦查行为的程序制约不够重视。

第四，公、检、法三机关之间的关系没有理顺。我国宪法和刑事诉讼法规定了公、检、法三机关分工负责、互相配合、互相制约的原则和检察监督原则。使公安机关、检察院、法院成为平起平坐的三大司法机关，法院没有至上的地位，法官没有至上的权威，缺乏法官对公安机关的侦查行为进行司法审查的理论基础。

由于以上原因，我国的侦查程序中基本上不存在令状主义。这造成了许多严重的后果，使侦查程序成为犯罪嫌疑人最为可怕的程序。在我国这种缺乏制约、封闭式的侦查程序中，侦查机关拥有广泛的侦查权，且缺乏必要的制约和监督。代表国家利益的侦查机关在侦查程序中很难兼顾到被追诉人的权利。为了提高打击犯罪的效率，侦查机关可能会滥用逮捕、拘留等强制措施，使犯罪嫌疑人在未被依法判决有罪之前便丧失了正常的社会生活。在采取强制措施错误时，为了掩盖错误而坚持将犯罪嫌疑人移送起诉，或本应作绝对不起诉处理的作存疑不起诉处理。这些都极大地损害了法律的严肃性、司法的权威性和公众对司法机关的信任感。

因此，我国应制定一系列刑事程序规则，既保障无辜的人不受刑事追究，也要保障犯罪嫌疑人受到正当的追究。而西方各国为防止公民的自由、财产、隐私等权利受到侦查机关无理限制和剥夺，所建立的由中立的法院对强制侦查行为进行事先审查的司法控制机制——令状主义，应当成为我国侦查程序改革的借鉴方向。

（二）我国令状主义制度的具体设计

1. 令状的申请

首先，在刑事诉讼法中要明确规定，依照刑事诉讼法行使侦查权的一切机关，包括公安机关、国家安全机关、走私犯罪机关、监狱、军队保卫机关及办理自侦案件的检察机关，在实施涉及公民重大利益的强制侦查行为前，必须向法院申请令状。所有的上述侦查机关及其派出机构（如派出所），都有权向法院申请令状。不必像我国台湾地区和日本那样，限制最低级别的侦查人员某些令状的申请权。因为我国警力不足，治安形势严峻，如果作类似限制，将不利于及时、有效地打击犯罪。

其次，刑事诉讼法应规定涉及公民重大利益的强制侦查行为的内容。该具体内容应当包括涉及自由权、财产权、隐私权的强制侦查手段（如扣押、逮捕等）及技术侦查手段（如监听、邮检等）。但考虑到我国打击犯罪的紧迫性现状，对涉及公民财产权的强制侦查行为，可暂缓实行令状主义。

最后，侦查人员必须以书面形式申请令状，不得以口头或电话方式申请，以此杜绝侦查人员以口头形式为借口的规避行为，并且应以个人名义提出申请，以免出现申请书弄虚作假时无法追究责任的情形。至于英美等国普遍要求的令状申请时的宣誓行为，我国可不作要求。因为我国的法律文化没有宣誓的传统，宣誓对申请人而言没有多少心理强制力。此外，侦查人员申请令状时应当向法官提交相应的证据材料，以说明申请的合理根据。该证据材料可以包括传闻证据、品德证据等，但不能单纯以传闻证据、品德证据作为申请时的证据材料向法官提交。

2. 令状的签发

由于检察机关职能上的缺陷，令状不宜由检察官签发，而应由法官签发，但紧急情况下可由检察官签发。检察官签发的令状应提交法官认可，法官在3日内不予认可的，检察官签发的令状无效。为了防止法官因提前介入而先入为主地形成预断，可以在侦查机关所在地的基层法院设立专职的令状法官，法官应以“一般人是否也会这样认为”的标准作为判断合理根据存在与否的标准。法官签发令状时必须明确、具体说明侦查行为实施的对象（物品、场所、人身等）以及令状的执行时间、期间、有效期等，禁止签发一般令状。

3. 令状的执行

令状一旦被批准，执行人员就必须在令状指定的时间、期间内执行，并向被执行人出示令状，告知其相关的权利和义务。执行完毕后，应当将执行记录迅速送达签发令状的法院，被执行人羁押的情况也要迅速告知法院。因特殊情况不能在规定时间内执行的，此令状失去效力，并应将此令状交回原签发令状的法院。如果需要再次采取有关强制措施的，须重新申请令状。

4. 令状的例外情形

侦查机关在侦查过程中，如遇有紧急情况，在来不及申请令状的情况下，可以不事先申请令状，直接实施相应的侦查措施。但在采取措施后，该机关必须3日内请求有关法院予以确认。如果法院不予确认，则应立即解除该侦查措施，该侦查措施取得的证据也就不具有证据能力。关于“紧急情况”，可以参照我国刑事诉讼法目前关于先行拘留的基本规定执行，以后在司法实践中逐步加以完善。

（三）我国令状主义制度的保障措施

令状主义不能孤立地存在侦查程序中，必须设置其他的保障措施以真正发挥它制约侦查权、保护公民权利的作用。

1. 赋予当事人异议权

当事人可对令状的合法性、令状执行的合法性及令状执行过程中收集到的证据提出异议。当事人可以在执行人员执行令状时提出其异议，也可在执行后的一定时间内向执行人员所在机关或其上一级机关提出。当事人对异议的处理结果不服的，可向签发令状的法官所属的法院或其上一级法院申诉，受理申诉的法院应当在收到申诉书后的一定时间内组织听审程序进行听审。听审的处理结果可以是撤销或变更侦查措施，或驳回申诉，申诉以一次为限。

2. 非法证据排除规则

违反令状主义的直接后果就是证据排除，因而世界上设立令状主义的国家在设立令状主义的同时也制定了非法证据排除规则。美国排除规则的适用对象非常广泛，包括不自愿的供述和非法逮捕、搜查、扣押所取得的证据。根据《日本宪法》第35条的规定，违反令状主义进行搜查、扣押所取得的证据必须予以排除。但如果官员的违法行为同证据之间的因果关系不密切的，可以认定其有证据能力。

我国《刑事诉讼法》第43条①规定，严禁刑讯逼供和以威胁、引诱、欺骗及其他非法的方法收集证据。最高人民法院《关于执行中华人民共和国刑事诉讼法若干问题的解释》第61条规定："严禁以非法的方法收集证据，凡经查证确实属于采用刑讯逼供或者威胁、引诱、欺骗等非法的方法取得的证人证言、被害人陈述、被告人供述、不能作为定案的根据。"由此可见，我国已确立了非法证据规则，但不完善，表现在对非法取得的证据的排除只限于言词证据，对非法逮捕、搜查、扣押所获得的实物证据并未予以排除。

对此，我们可以借鉴西方非法证据排除的规定，对违反令状主义进行的搜查、扣押等强制侦查行为所获得的证据予以排除。但如果违法行为与取得证据之间的因果关系不密切的，可以不予排除。

3. 民事赔偿

对受非法侦查行为侵害的公民予以赔偿也是令状主义的应有之义。我国《国家赔偿法》第16条②规定，行使侦查权的机关及其工作人员违法对

---

① 本文所引用《刑事诉讼法》条文，如无其他说明，均指1996年修正的《刑事诉讼法》条文。——编者注

② 系指1994年颁布施行的《国家赔偿法》。——编者注

公民财产采取扣押措施的，受害人有取得国家赔偿的权利。也就是说，公民只有在遭受非法扣押时才有获得国家赔偿的权利，即国家只对公民的财产权予以救济。但是关系到公民切身利益的权利并非只有财产权一种，受非法侦查行为侵害的公民权也不止财产权一种。所以我国《国家赔偿法》对公民遭受非法侦查行为侵害的赔偿的规定还很不完善，还应当明确违反令状主义的强制侦查行为侵犯公民的自由权、隐私权时予以赔偿的法律依据，以实现公民个人权益在受到国家侦查权侵害后的全面救济。

4. 处罚违法的侦查人员

仅有非法证据排除规则和民事赔偿，还不足以威慑违反令状主义的侦查人员。对违反令状主义的侦查人员还应予以处罚。这种处罚包括刑法上的惩罚、行政上的处分、纪律上的惩戒等。例如，对在申请书上伪造证据的侦查人员予以伪证罪的刑事处罚，对故意违法搜查的须承担非法搜查罪的刑事责任。对因违法行为轻微、不予刑事处罚的违法人员，也应予以行政处分（如降级、撤职等）或纪律上的惩戒。

五、结语

首先，在刑事诉讼中，侦查程序历来是各国理论界和实务界关注的焦点之一。侦查程序是打击犯罪最为重要的程序，也是最易侵犯人权的程序。而令状主义作为对侦查权的制衡的一个重要手段，已是各国侦查程序中一项不可或缺的制度。但是，由于各国的犯罪形势普遍十分严峻，恐怖犯罪、毒品犯罪等严重危害国家安全和社会秩序的犯罪层出不穷，这一社会现实客观上要求增强警察的犯罪控制能力。从立法趋势来看，有的国家的立法在加强令状主义（如俄罗斯），也有一些国家越来越普遍地承认无令状强制侦查行为的合法性。如《英国1967年刑事法》确立可捕罪后，大多数严重犯罪的逮捕决定权已经由治安法官转移给了具体实施逮捕的警察。但从总体来看，令状主义在各国的适用范围不断扩大，适用频率不断增高。

其次，令状主义也有很多局限性。为了提高打击犯罪的效率，各国的令状主义普遍只要求法官对警察的令状申请书作书面审查，和对警察进行简单的询问就可签发令状。但是司法实践中的犯罪情形往往十分复杂，仅仅通过“书面审查”和“简单的询问”如何保证法官签发令状的正确性？并且警察为了使他们容易获得令状，往往倾向于与个别法官发展长远的合作关系，并且“依赖于例行合作使任务变得轻松”，“偶尔，这种合作关系会使法官不加询问就签发搜查令”。[①] 因此，在司法实践中，令状主义的存在价值是有限的。人们普遍怀疑令状的签发只是形式而已。

最后，从我国目前的司法制度来说，即使推行令状主义也不能完全发挥它的作用。令状主义是一项保证司法权对侦查权进行制衡的制度，西方国家的法学理论认为政府是“恶”的，为防止行政权的滥用，需要独立的法官对其进行监督。因此令状主义存在的前提是法官是公正且独立的。对于实行司法独立和法官精英化的西方国家来说，此假说尚具有一定的合理性。然而我国的法官并没有独立，政府干预法院办案的事时有发生。且我国司法腐败严重，法官来历、背景都十分复杂。因此，在目前，即使我国设立令状主义制度，也难以完全发挥它对侦查权的制衡作用。

但是，虽然令状主义存在着种种缺陷和局限性，但它仍是各国侦查程序中一项不可或缺的制度，应当成为我国侦查程序改革的一个借鉴方向。

原载《诉讼法论丛》2005 年 00 期，与陈志敏合著

① 〔加〕柯特·T·格瑞弗斯、西蒙·N·维登—琼斯：《刑事诉讼中警察的权力》，载江礼华、〔加〕杨诚主编：《外国刑事诉讼制度探微》，法律出版社 2000 年版，第 365 页。

律师整体独立论

2004年4月30日，四川省资阳市雁江区司法局出台一份“红头文件”，要求各律师事务所、法律服务所不得接受涉及沱江特大污染事故索赔一方的委托代理。这种做法引起了诸多争议，人们对司法行政机关干预律师执业范围的做法提出了质疑。然而，根据我国律师法的规定，我国的律师管理体制为司法行政机关监督、指导与律师协会行业管理相结合，司法行政机关在律师管理体制中居于主导地位。由此得之，司法行政机关的干预行为在我国似乎是有着法律依据的。然而，从公民基本权利保障的角度而言，在现代的法治社会，还存在着人为限制律师执业范围的情况是令人十分费解的，这不仅不利于公民权利的保障，也是与我国建设社会主义法治国家的目标背道而驰的。

一、律师整体独立的内涵

律师如何才能排除外部不当干预，有效地履行其维护公民合法权益的使命呢？针对这一问题，发达国家普遍确立了律师独立的理念，认为只有确保律师职业的相对独立，才能有助于律师成功履行其职能。而在我国，过去律师事务所是国家司法行政机关的组成部分，律师是国家法律工作者，虽然近年来，我国律师行业取得了很大的发展，通过完善法律服务市场，将律师个人的收入与所提供的法律服务相联系，从而调动了律师的积极性，拓展了律师的服务领域，提高了法律服务质量。但是就我国律师行业在社会生活中的总体地位而言，还是不尽如人意。有学者甚至提出，中国要律师干吗？用处不能说没有，比如可以缓解城乡过剩劳力的就业问题。[①] 对律师的社会评价偏低，既受传统观念的影响，也与律师在现实社会政治结构中实质作用的有限性息息相关，而这均与我国律师行业独立性的缺乏有着内在的联系。因此，如何研究借鉴发达国家的律师独立，对于促进我国律师制度的进一步改革有着重要的现实意义。

美国学者罗伯特·戈登认为律师独立的类型可以分为以下几种：首先为社团的自我管理，即律师协会可以自由地管理其自身的事务，而不受外来干预。其次为控制工作条件，即律师独立地决定工作条件的权限。理想的律师独立在于他们能自由地决定代理哪个当事人和何种案件，怎样在当事人和其他活动之间分配时间，为了胜诉而采取的战略战术等。最后为政治独立，即律师作为一个独立的阶层或自治的社会力量。[②] 可见，律师独立的实质在于通过律师自我管理机制的建构，使律师能够自主地提供法律服务而不受外部的不当干预。笔者以为律师独立应当包括两个方面的基本内容：其一，律师的整体独立，形式上的律师整体独立指律师实行了以行业管理为主的律师管理体制，律师协会享有自治的权利；实质上的律师整体独立是指律师行业作为一个整体，能形成相对独立的社会力量。其二，律师的个体独立，即律师在维护当事人合法权益、尊重当事人意愿的前提下，能够自主地提供法律服务而不受到非法的干预，律师个体独立的实现要求律师在执业时的权利应得到充分的保障。就律师整体独立和律师个体独立之间的相互关系而言，律师个体独立是律师独立的实质内涵，只有律师能够自主提供法律服务，律师独立才能真正地得以实现。从某种意义上而言，律师整体独立的终极目标在于保障律师的个体独立。律师整体独立是律师个体独立的前提，缺乏律师的整体独立，律师无法形成一个共同体来维护自身的合法权益，律师的个体独立也就失去了依托。本文的论述以律师整体独立的实现为其着眼点。

---

① 冯象：《政法笔记》，江苏人民出版社 2004 年版，第 271 页。

② 〔美〕罗伯特·戈登：《律师独立论——律师独立于当事人》，周潞嘉等译，中国政法大学出版社 1992 年版，第 8-12 页。

二、发达国家的律师整体独立

在西方国家，律师在社会生活中的重要性被普遍认同，律师往往被赋予了特殊的地位，律师制度被普遍认为是国家司法制度的重要组成，而不是一般的中介服务机构，更不是商业经营者。特殊的社会地位是律师整体独立得以实现的前提。

如何实现律师的整体独立？律师整体独立以律师能够形成独立的社会阶层为其表征。就律师整体独立的实现进路而言，以律师能否成立专门的行业组织，管理律师日常事务，代表律师形成一个整体，来共同维护律师的合法权益为其基本诉求。

发达国家都成立了全国性的律师行业组织。虽然在律师行业组织的名称上各国称法不一，如日本的全国性律师组织被称为“律师联合会”，美国、德国等国的全国性律师组织则称为“律师协会”，但是各国都确立了律师自治管理体制，主要通过律师行业组织对律师和律师执业机构的业务进行领导和监督。律师协会是独立的法人团体，是自律性的行业组织，同时，律师协会的会员均由律师组成，领导成员也从律师中产生，因此，律师协会的管理能够符合律师执业的自身特点。如日本通过 1949 年《律师法》的相关规定摆脱了司法大臣的监督，获得了自治权，首次实现了“律师自治”，并于同年 9 月 1 日成立了日本律师联合会（包括了全体律师与各地律师会），日本的律师都必须加入所在地的律师会，否则不能执业。美国是以律师协会为主对律师进行管理的，联邦政府的司法行政部门并不管理律师。法国的律师必须加入律师会，律师会的会长和理事由所有律师组成的律师会全体大会选举产生。概言之，各国律师行业组织管理的范围主要包括以下内容。

第一，律师日常事务的管理，如法国各律师会的领导机构是理事会，而理事会由律师会的会长主管。理事会承担了律师日常事务的管理职能，如制定与修改规章、管理律师会的财政，对律师会会员的监督以及处理律师职业活动中的有关问题等。美国的律师协会是具有民间性质的职业组织，律师以自愿的方式加入。美国律师的年度注册、登记、律师的对外交流与活动均由律师协会的常务委员会负责管理。此外，在法学教育方面，美国律师协会发挥了重要作用，美国律师协会负责对美国全国的法学院进行考察与鉴定，从宏观上对法学教育实施监督管理，根据1992年的统计，全美有176所法学院经美国律协鉴定为合格，有50所法学院美国律协认为不合格。[①]

第二，律师执业资格，律师执业资格的授予权，是控制律师行业“入口”的关键环节，各国普遍将律师执业资格的授予权赋予律师协会。如在法国，律师名册是律师资格的基础，成为一名正式的律师必须在律师会的律师名册上注册。律师名册由理事会负责管理，律师会理事会在两个月以内作出注册与否的决定。美国律师协会负责律师资格考试的组织，以及对律师资格申请者的审查。日本律师联合会有权对律师进行资格审查，从事律师业务登记，并设置律师名册。英国没有建立统一的全国性的律师协会，只有地区性的律师组织。英国传统上有着事务律师和出庭律师的分工，同样律师组织也存在着出庭律师公会和事务律师协会的划分。英格兰、威尔士出庭律师公会下设的法律教育专业委员会负责实施出庭律师资格考试，事务律师协会如英格兰、威尔士律师协会负责对事务律师资格的授予和考核。在德国，尽管对于律师资格的申请司法行政机关有决定权，然而，律师资格是司法行政机关在律师协会鉴定书认可的基础上授予的，律师协会理事会在律师资格审核上有着重要的作用。

第三，律师惩戒，对律师惩戒权的行使目前主要存在三种模式，其一为完全由律师协会行使，其代表国家为日本。《日本律师法》对违反职业道德规定的律师，对其惩戒类型与惩戒权人作了明确规定：（1）律师对有违反本法或所属律师会或日本律师联合会的会章，妨害所属律师会的秩序或信用的行为，无论是在职务内或职务外，有足以丧失律师品格的不当行为时，应当受到惩戒。（2）惩戒由该律师所属的律师会，依据惩戒委员会的决定执行。[②] 为此，日本律师联合会和日本律师会都设有惩戒委员会对

① 青锋：《中国律师法律制度论纲》，中国法制出版社1997年版，第528页。

② 陈宝权、苏醒、庄嘉辉等：《中外律师制度比较研究》，法律出版社1995年版，第103页。

律师的行为进行监督，惩戒违法律师。其二为律师协会与法院共同行使惩戒权，其代表国家为美国和英国。美国各州的律师协会设有申诉委员会。申诉人可向申诉委员会控告违纪的律师。对可能遭受警告、停止执业、吊销律师资格惩罚的律师，律师协会有初步的调查权，往往由律师协会的相关委员会在调查的基础上提出处理建议，然后由法院作出惩戒决定。美国现有的50万律师中，每年约有2000名律师受到处罚，占律师总人数的千分之四。[①] 另外，英国由于存在出庭律师和事务律师的分工，因而，对律师的惩戒也分由不同律师协会负责，出庭律师公会负责对出庭律师的纪律惩戒，事务律师协会有权调查和惩戒事务律师的违法违纪行为。但是在一定情况下，对事务律师的惩戒可由律师案件惩戒法院来进行。其三为名誉法院行使对律师的惩罚权，其代表国家为德国。名誉法院的法官由律师会推荐，司法行政机关选任的律师来担任，司法行政机关对于名誉法院的工作行使监督权。对律师的惩戒，无论是完全由律师协会、名誉法院，还是由律师协会与法院共同行使惩戒权，都排除或限制了司法行政机关对于律师的惩戒权，从而能够有效地避免司法行政权力对律师组织内部管理和律师执业行为的不当干预。

律师协会作为律师自律性的行业组织，其会员均由律师组成，律师协会的管理能够符合律师执业的自身特点。律师协会的行业管理，是通过从律师资格的赋予、日常事务的管理以及律师惩戒等方面，来实现律师的自我约束、自我管理。尤其是对于律师的惩戒都排除或限制了司法行政机关的干预，无论是由律师协会独立行使还是由律师协会与法院共同行使都体现出了对律师惩戒的慎重态度，以捍卫律师的独立性。因此，通过律师协会的行业管理能够排除外部的不当干扰，使律师组织能够实现自治，自主管理律师组织内部的事务，使律师行业作为独立的社会阶层得以形成，律师整体独立的目标最终实现。

律师整体独立的实现是通过律师协会对律师行业进行自治管理，然而律师自治并不表明律师对于自身行业的管理可以完全超脱于国家的监督和

---

① 陈宝权、苏醒、庄嘉辉等：《中外律师制度比较研究》，法律出版社1995年版，第126页。

管理之外。国家适度的监督与管理对于规范律师行业的正常发展也必不可少，但是，国家对于律师行业的监督和管理应以不妨碍律师的整体独立为前提。为此，发达国家对律师行业的规范主要侧重于从宏观上对律师行业进行监督和管理，如通过制定法律来引导和规范律师的行为和律师行业组织的运作。

三、律师整体独立的内在机理

从司法制度改革的角度而言，律师制度作为司法制度的重要组成部分，其承担着重要的司法功能，律师在维护权利和实现司法公正方面有着不可或缺的作用。如果律师所承载的司法功能不能有效地发挥，那么司法制度的运行必然会受到阻滞，从这个角度而言，律师整体独立的实现不仅是律师制度自身发展的必然，也是我国司法制度现代化的基本要求。

（一）司法公正的基本要求

司法公正是社会公正的基本内容，也是实现社会公正的最后保障，律师在司法公正的实现过程中发挥着不可或缺的重要作用，主要体现在以下三个方面：第一，协助公民了解法律权利的内容；第二，协助公民正确行使法律权利；第三，协助公民通过诉讼救治被侵害的权利。律师在诉讼中的辩护、代理及其发表的意见，是司法公正实现中司法者正确认定事实和适用法律的要素。[①] 然而，律师功用的充分发挥以律师的独立为基本前提。律师首先应当独立于国家，自由辩护观念主张，法律应当允许律师，特别是刑事律师，为当事人的利益辩护。事实上，律师应当享有像一个男爵那样的封建权力中心，他们既不依附于执政官也不附属于法官，在某些方面，律师比公诉人或警察享有更广泛的权力。[②] 否则当事人的利益无法得到有效保护，诉讼过程中对于案件事实的认定和法律的适用不可避免地会出现偏差，有碍于司法公正的实现。律师应当独立于当事人，即与当事人

---

① 谢佑平：《社会基础与技术支撑：律师与司法公正》，载《中国法学》2003 年第 1 期。

② 〔美〕罗伯特·戈登：《律师独立论——律师独立于当事人》，周潞嘉等译，中国政法大学出版社 1992 年版，第 12 页。

的目的保持一定的职业距离。不要与当事人有情感联系，不要轻信他们陈述的每件事情，不要把他们的意见当成了诉由……否则，律师会丧失客观地分析、处理问题的能力。[①] 缺乏自主性的律师，无论是沦为当事人的附庸，还是成为国家权力的工具，都必然不利于司法公正的最终实现。而律师整体独立地实现使律师行业能够成为一个整体，增强对于外部不当干扰的“免疫力”，保障律师只服从于事实和法律，以实现司法公正为其终极使命。

（二）权利保障的客观要求

随着社会的发展，人们越来越重视对自身的权利保障，权利本位意识逐渐在人们的法律观念中占据着主导地位。从某个角度而言，中国社会进步的过程，就是公民权利得到切实保障和全面实现的过程，就是人的主体意识得到充分实现的过程。现代律师制度从其产生而言，是应社会对其成员权利保障的必然要求而出现的。律师通过为当事人提供法律服务，以维护当事人的合法权益，尤其是当国家权力与公民权利发生冲突时，律师作为独立的社会力量来维护公民的合法权利就显得尤为必要。从某种意义上而言，律师制度的出现体现了对国家权力的监督和制约。程序正义的核心内容是对当事人的个人权利加以保护，而对于国家权力加以制约。艾伦·德肖微茨尖锐地指出，认真负责、积极热心的辩护律师是自由的最后堡垒——是抵抗气势汹汹的政府欺负它的子民的最后一道防线。辩护律师的任务正是对政府的行为进行监督和挑战，要使这些权势在握的尊者对无权无势的小民百姓做出格行动前三思而后行，想想可能引起的法律后果；去呼吁，去保护那些孤立无援、无权无势的民众的正当权利。一个国家是否有真正的自由，试金石之一是它对那些为有罪之人、为世人不耻之徒辩护的人的态度。在大部分专制国家里，独立自主的辩护律师队伍是不存在的。诚然，专制压迫肆虐无忌的明显标志之一就是政府开始迫害辩护律

① 〔美〕罗伯特·戈登：《律帅独立论——律师独立于当事人》，周潞嘉等译，中国政法大学出版社 1992 年版，第 13 页。

师。[1] 而律师对国家权力的监督与制约以其能否独立为基本前提，如果律师自身缺乏独立性，作为国家权力的对立面在维护公民权利时，必然会时时担忧遭到打击报复。我国刑事案件辩护率的逐年降低归根结底源于律师执业过程中权利保障的不足，1997 年至 2000 年间，至少有五百名律师被“滥抓、滥拘、滥捕、滥诉、滥判”，其中 80% 由司法机关“送进班房”，“绝大部分（占 80%）又最终宣判无罪”。[2] 基于此，律师在权利保障机制不够健全的情况下自保尚且困难，其维护公民权利的功能无疑只能是空谈。

（三）律师职业的内在要求

律师制度本身是民主制度的产物，律师既是个人权利的捍卫者，同时又具有特殊的地位。德国的律师被认为是“独立的司法工作者或不具有经营性质的自由职业者”。《日本律师法》第 1 条规定：“律师以维护基本人权，实现社会正义为使命。律师根据前项使命应当诚实地执行职务，努力维护社会秩序和改进法律制度。”《加拿大出庭律师与初级律师法》第 17 条规定：“每一个获准在最高法院担任初级律师的律师协会会员，均为加拿大自治领地的所有法院官员。”《美国律师职业行为标准规则》规定：“在法院工作繁忙、法官人员不够时，律师有应法院指定代理法官的义务。”同样，在我国律师的独立性不是孤立的属性，它是在统一的社会主义法制下的独立性，它必须与律师的阶级性、民主性等属性构成一个整体，才能发挥其应有的作用。承认律师的独立性，绝不意味着必然动摇或改变律师的阶级性、民主性等其他属性；相反，它会有助于与其他属性相互协同，共同构筑一个律师性质的整体。在充分发挥各自属性的应有功能的基础上提高整体属性所应发挥的全局效应。[3] 律师的独立性是律师行业本身的内在要求，律师独立性的缺乏不仅会限制律师的行为，无法作为国家权力的对立面来维护和保障公民权利，甚至律师制度自身的存在价值也

---

① 〔美〕艾伦·德肖维茨：《最好的辩护》，唐交东译，法律出版社 1994 年版，第 483 页。

② 冯象：《政法笔记》，江苏人民出版社 2004 年版，第 268 页。

③ 谢佑平：《论我国律师制度的改革和完善》，载《湖南政法管理干部学院学报》2000 年第 1 期。

会受到人们的质疑。

四、目前影响我国律师整体独立的障碍

我国依据《律师法》[①] 的规定成立了全国性的律师协会，律师协会是社会团体法人，是律师的自律组织。仅仅从条文的规定而言，似乎我国已经实现了律师的自治管理。然而，细究起来，我国离真正意义上的律师整体独立还存在较大差距，以至于出现类似于“司法部向律师下命令，为解决民工工资”的相关报道。

目前我国律师管理体制最突出的特点就是行业自治形式化。从形式上而言，我国成立了全国性的律师协会，实行了以行业管理为主的律师管理体制。然而根据我国《律师法》的规定，律师协会、律师事务所以及律师都要接受司法行政机关的监督与指导，司法行政机关在律师管理体制中居于主导地位，司法行政机关可以对律师行业进行政策指导，对律师行业的人员、机构和业务实施管理并享有对律师事务所和律师个人进行行政处罚的权力。因而，从实质上而言，我国现行的律师工作管理体制是一种以行政管理为主的管理模式。在这种行政化的管理模式下，实质性的律师管理权利往往掌握在司法行政机关手中。律师协会的管理权限往往被架空，其权限主要限于律师工作的保障、服务、培训和业务交流等方面。而在律师管理方面缺乏实质性的权力，如律师资格的授予权在很多国家往往由律师协会掌控，而中国律师协会没有授予律师资格的权利，而是由司法行政机关来授予律师资格；又如对于违背律师行为规范的律师进行惩戒的权利，在很多国家均被赋予律师协会。而在我国对律师进行惩戒的权力为司法行政机关所专有。另外，律师协会的组成人员多由司法行政机关指定，甚至仍有相当一部分律协秘书处人员与司法行政管理处人员系一套人马两块牌子。因此，律师协会作为律师自治的组织形式其维护律师合法权益的功能令人怀疑。[②]

---

① 本文所讨论《律师法》系指2001年修正的《中华人民共和国律师法》。——编者注

② 全国律师协会和司法行政机关完全实现分离的省级律协仅6个，完全未分开的省级律协共10个。

在这种传统的行政管理方式管理下，由于司法行政机关本身即是国家权力的代表机关，司法行政机关对于律师行业进行的行政化管理，必然导致在国家权力与社会权利发生冲突的情况下，律师无法保证其独立性，而往往不得不屈从于司法行政权力的外部干预。从律师协会的角度而言，由于缺乏实质性的管理权力，并没有成为真正意义上的行业协会，使律师无法形成一个独立的阶层，其维护律师合法权益的能力令人怀疑。同时这也决定了律师协会难以独立地对律师行业实施有效管理，从而导致律师自治在某种程度上被虚无化。

五、我国律师整体独立实现之进路

目前，我国的律师自治相对于西方国家的律师整体独立而言，还存在着诸多差距，司法行政机关对于律师行业的管理是行政化的，我国律师的行业自治远未实现。律师协会在律师管理方面实质性权力的缺乏，是律师整体独立无法实现的主因。

笔者以为，为了实现律师的整体独立，首先从宏观上应确立我国律师管理体制的改革目标。我国律师管理体制的初级目标应当从我国的国情和律师工作的实际出发，确立司法机关的行政管理与律师协会行业管理相结合的管理体制。当前，人们已经普遍认识到律师自治管理的重要性，虽然各地在具体的做法上存在着差异，但是司法行政机关将具体管理权力向律师协会转移已成为一种发展趋势。[①] 我国律师管理体制改革的终极目标应为律师整体独立，即由律师协会对律师进行行业自治管理。只有律师行业自治才能够保障律师整体独立的实现，律师才能够形成独立的社会阶层，排除外来的不当干扰，依法独立地提供法律服务，而不至于成为司法行政权力的附庸。值得注意的是，律师整体独立的实现并不意味着律师的行业自治可以完全超脱于国家的监督和管理之外，国家应当通过制定相关的法律和法规来规范和约束律师和律师行业组织的行为。这主要体现在从宏观

① 尽管这种具体管理权限的让渡在很大程度上还只能依靠司法行政机关的推动。贾午光：《亲历和见证北京律师体制改革》，载《中国律师》2004 年第 7 期。

上对律师行业所进行的监督和管理之上，而不是体现在对于律师行业的具体管理上。

从微观上而言，应将律师管理的实质性权力逐步让渡给律师协会，从而实现其自我管理。当前急待解决的问题是：首先，确立律师协会对于律师惩戒的权力，如果律师对于律师协会的惩戒决定不服，可以向法院起诉。惩戒权的获得有助于律师协会管理权威的确立，增强律师对于律师协会的归属感。而且律师协会作为自律性的行业组织其本身并不承载社会管理职能，由其行使律师惩戒权有助于抵御外来行政力量的干预。其次，我国律师行业经过二十多年的发展，在2004年全国已有执业律师10.2万人，[①] 从数量上而言已位居世界第二。然而，法律服务市场容量却相应有限，律师之间的业务竞争非常激烈，甚至出现所谓“一元律师”，[②] 导致司法实践中种种不公平竞争手段的广泛采用，使律师行业内部的竞争呈现出无序状态。通过明确律师资格的授予权和执业资格的发布权由律师协会负责。从而使得律师协会能够控制律师的“入口”，这样一方面保障了执业律师有着较高的法律素质和业务能力，能够提供高质量的法律服务。另一方面，可以规范法律服务市场，使社会法律服务的供给有序化。

此外，律师整体独立的实现，不仅需要制度层面的变革，也需要人们对律师在观念上的认同，西方国家律师独立的实现是与律师的特殊社会地位密不可分的。当前，我国律师的整体社会形象并不令人满意，有学者甚至指出，律师的形象在社会上现在是每况愈下的，并不是呈上升的趋势。[③] 因此，律师行业自身形象的塑造对于律师获得社会的认同有着重要的作用，如果缺乏社会对于律师地位和作用的认同，律师的整体独立将会失去伦理上的正当性。因此，从某种角度而言，律师整体独立的实现过程也是

---

① 中国人民共和国司法部：《2004年中国律师业发展政策报告》，载《中国律师》2004年第5期。

② 杨金志：《“一元律师”风波折射行业现状》，载新浪网。

③ 江平：《做人与做律师（一）——著名学者江平教授对中国律师的忠告》，载《中国律师》1997年第8期。

律师行业内部重塑律师自身形象，提高法律服务的质量与水平，获得社会理解和尊重的过程。

原载《河北法学》2006年第1期，与伍浩鹏合著

我国刑事诉讼法适用的思考

——以佘祥林案为例

一、引言

佘祥林，系京山县公安局马店派出所原治安巡逻队员，因涉嫌杀死妻子而被刑事拘留。1994年和1995年两次被宣告“死刑”，后因证据不足，1998年6月15日，被京山县人民法院以故意杀人罪判处有期徒刑15年，剥夺政治权利5年。然而2005年3月，被佘祥林“杀害”达11年之久的妻子张在玉突然现身，一件天大冤案由此浮出水面……[①]经过深入的调查之后佘祥林案件内幕逐渐被揭示，令人震惊之余，也使人警醒。

二、从佘祥林案看我国刑事诉讼法适用中存在的问题

审视佘祥林案，以及随后的几起媒体揭示的类似案件，我们可以得出这样的一个结论，佘祥林案作为个案而言其产生有其偶然性，然而，偶然之中存在着必然，凸显了我国当前刑事诉讼法适用过程中存在的诸多问题。

（一）刑讯逼供在一定范围内仍然存在

尽管我国《刑事诉讼法》第46条规定：“对一切案件的判处都要重证据、重调查研究、不轻信口供。……”但是获得犯罪嫌疑人的口供在实践

① 《“杀妻”冤案何以酿成》，网址：https://www.cctv.com/law/20050512/102382.shtml.

中仍然是侦查工作的重心，而犯罪嫌疑人往往不会主动承认犯罪，在这种情况下，通过刑讯逼供等非法的方式来获得犯罪嫌疑人的口供无疑是最便捷的途径。佘祥林案中的有罪供述就是在警方的逼供下被迫作出的。佘祥林在申诉材料中指出，我敢说那10天11夜的痛苦滋味并不是每个人都能理解的，鼻子多次被打破后，他们竟将我的头残忍地按到浴缸里，我几次因气力不足喝浴缸里的水呛得差点昏死……长期蹲马步，还用穿着皮鞋的脚猛踢我的脚骨。[①]

（二）案件主要事实的认定缺乏合理依据

在佘祥林案件中案件事实的认定缺乏规范，致使对案件关键事实的认定出现重大偏差。具体而言，首先，体现在未作司法鉴定的情况下，认定死者为张在玉。虽然张在玉的家属认为在吕冲村附近发现的女尸为张在玉，张在玉母亲说明的张在玉的一些身体特征与女尸尸检的情况也一致，但由于尸体已高度腐烂，面貌已浮肿难辨，准确辨认存在困难，因此很难得出排他的结论证明死者为张在玉。张在玉的家属提出进一步确认尸体时，当地警方却以没有办案经费为由让张家出两万元做亲子鉴定，“不出钱，我们也就相信了”。其次，证据的取舍没有合理依据。在该案中佘祥林共作出了4份口供，供出了4种不同的作案方式，杀人的手段与情节均存在明显的不一致，但法院只采纳其中对定罪最有利的口供，而并未提出合理的理由。一份证明张在玉曾经出现的“良心证明”却被司法机关忽视，司法人员不仅没有对该证据调查核实，相反“良心证明”的4位提供者后来却均以涉嫌“包庇”等罪名被羁押和监视居住。

（三）法官难以居中裁判

在“良心证明”出现后，湖北省高院在死刑复核程序中认为除供述内容反复、证据锁链无法形成以及无法排除张在玉自行出走的可能外，还特别提出了两个疑点，即凶器的去向和蛇皮袋提取笔录的证明力的问题。但是却没有依法改判，而是直接以“事实不清，证据不足”为由发回重审。

---

① 《六月这样飞雪的——佘祥林有罪推定全记录》，载《东西南北》2005年第6期。

在湖北省高院发回重审后，1995 年 5 月 8 日，人民法院以“主要事实不清、证据不足”，退回原荆州地区检察院补充侦查。其后，京山县检察院要求京山县公安局补充侦查。在京山县公安局的补充侦查过程中，佘祥红不得不进一步作出违心供述。通过对上述情况的深入分析表明，在该案中，公、检、法及其工作人员之间的配合可谓默契，共同致力于将被告人“绳之于法”，法官未能发挥居中裁判的应有功能，在庭审中倾向于采用控诉机关的观点与证据，而对辩护方的观点和证据没有予以足够的重视。

（四）疑罪从轻

京山县人民法院在案件的最终判决中认定佘祥林故意杀人罪成立，但是却未依法判处死刑抑或死缓，而仅判了有期徒刑 15 年，这显然不符合常理。表明法院已经认识到了案件本身在经过补充侦查之后仍然存在疑点，没有达到案件事实清楚、证据确实充分的定罪要求，但是基于“疑罪从轻”的观念，为免“放纵犯罪”，以平息社会矛盾，仍然判处了佘祥林 15 年有期徒刑。上级法院也未对此提出异议，而支持这一缺乏法律依据的判决。

（五）先定后审

2005 年 4 月 7 日，新华社在通讯《冤案是怎样造成的？——湖北佘祥林“杀妻”案追踪》中披露了一份总结材料中谈到的佘案教训：要排除一切干扰，依法独立行使审判权。佘祥林案件的处理结果是经过市、县两级政法委组织有关办案单位、办案人员协调，并有明确处理意见后，由两级法院作出的判决。这种“先定后审”的做法，违背了刑事诉讼法的有关规定，是导致冤案发生的重要原因。审判机关应严格依法办案，即使有关部门组织协调，法院也必须依法独立审判。

三、佘祥林案中刑事诉讼法适用存在问题的深层原因分析

我们在分析佘祥林案中存在的诸多问题的深层原因时，不仅应从刑事诉讼法适用的机制、依据及主体着手，而且也应当考虑诉讼理念，以及整体社会环境对于刑事诉讼法适用所造成的影响。

(一) 刑事诉讼法适用机制的缺陷

我国的刑事诉讼过程实质上是一种“流水作业式”的构造。刑事诉讼中公安机关、人民检察院、人民法院的“分工负责、互相配合、互相制约”，过于强调权力之间的“合作”。而对法院独立居中裁判的职能没有给予足够的重视，虽然我国宪法也规定了“人民法院依照法律规定独立行使审判权，不受行政机关、社会团体和个人的干涉”。可见，我国宪法已经确立了在全国人民代表大会统一行使国家权力下的二级分权中的“司法独立”的原则。然而，西方国家的“司法独立”是一级分权，强调的是法官个体的独立，而我国侧重的则是法院的整体独立，此“司法独立”并非彼“司法独立”。法院的整体独立固然有利于法院成为一个整体来抵御外部的不当干扰，在我国目前的社会背景下有其积极的意义，然而，司法独立的本质在于法官的个体独立，如果法官缺乏对于案件审理的自主权，那么现代刑事诉讼的一些基本原则，如直接、言词原则就形同无物；“审案的不判，判案的不审”这样的怪现象仍然会普遍存在；法官在审理案件的过程中，还会受到来自法院内部的干预，而且这种干预还会披着合法的外衣。①

(二) 刑事诉讼法适用的证据规范疏漏

完善的证据规则对于引导司法人员调查、收集、审查、判断、认定案件事实有着重要作用。我国现行的刑事诉讼法虽然专章规定了证据制度，但是证据规则规定粗疏，在司法实践中缺乏可操作性，难以有效地避免司法人员在审判判断证据时的武断与片面。例如，我国《刑事诉讼法》第43条规定严禁刑讯逼供和以威胁、引诱、欺骗以及其他非法的方法收集证据，然而，在司法实践中，对于通过刑讯逼供等非法手段所获取的口供，法官在认定时存在着困难，如对刑讯逼供的举证责任由谁来承担、非法手段的具体范围等问题法律都未予以明确界定。在此立法背景之下，尤其是近年来在“命案必破”的要求下，侦查人员通过刑讯逼供等非法行为获得口供不失为一条捷径，尽管也存在着被追究其刑讯逼供行为的风险，但是

① 比较典型的是审判委员会的介入对法官独立审判的影响。

被告人对于刑讯逼供行为存在着举证困难的问题，因此，非法口供往往能被法庭采纳成为定罪的根据。对于法官而言，我国的证据规则并未对法官的事实认定设置规定，虽有利于法官自由裁量，但是也存在着一定的盲目性，由于法官取舍证据过于自由，导致对部分案件事实的认定极不合理。加之我国判决不必说理，法官的心证无需公开，这样必然导致法官对于案件事实的认定的论证过程往往不够严谨。

（三）刑事诉讼法适用主体的构成人员素质偏低

刑事诉讼法的适用主体是保证刑事诉讼法能够准确适用的最关键因素，主要包括警察、检察官与法官。相对于检察官而言，我国法官与警察的职业现状问题突出，更令人忧心。目前，我国的法官在职业素质与职业道德建设等方面还存在明显不足，2004 年，全国法院有 461 人因违法违纪行为被查处[①]，如肖扬所言，我国法官队伍缺乏的是现代精英法官阶层所应有的“职业传统和职业气质”。法官个体司法能力存在的不足，使得案件审理的效率与质量都难以获得充分保障，其抵御外部不当干扰，独立审判案件的能力也会相应受到限制。

就我国的侦查机关而言，首先，公安队伍的人员素质不能令人满意：1999 年，全国公安队伍中达到大专以上文化程度的民警仅占 30%多，从警校毕业的只占 22.5%，尽管到 2003 年全国公安机关大专以上学历的民警占到总数的 57.35%，但受过大学法律专业训练者仍然是偏少，基层“综合素质普遍偏低”现象更是没有彻底改变。其次，我国公安人员的数量不足，1986 年，中国警察的数量为 65 万人；目前，中国警察的数量为 170 万人。按人口平均，目前我国每万人有 12 名警察，警力配置水平大约是西方国家平均水平的 1/3。而与此同时，随着科学技术的发展，犯罪行为呈现出范围更广、隐蔽性更强、手段更狡猾的特点。专业训练的缺乏与警力配备的不足必将导致侦查的投入有限、侦查的水平不高，而在某种程度上不得不依赖于非正当的侦查手段。

---

① 肖扬：《最高人民法院工作报告（2005 年）》，载中华人民共和国中央人民政府网。

（四）刑事诉讼法适用理念的误区

就佘祥林案的成因而言，可归咎于刑事诉讼制度层面的缺失，然而，司法人员在刑事诉讼法适用理念上的误区也不容忽视，尤其值得我们关注的是“程序虚无主义”与“有罪推定”的思想还影响着相当一部分司法人员。

1. 程序虚无主义

我国向来缺乏程序正义的观念，传统上就以惩罚犯罪为刑事诉讼的中心，“程序虚无主义”的诉讼观念盛行，尽管近年来程序的重要意义在法学理论界[①]已被普遍认同。然而，在司法实践部门，“程序虚无主义”仍居于主导地位，认为程序只是保证案件实体结果正确的工具，只要刑事诉讼程序运作的实体结果最终是正确的，即使是诉讼过程存在瑕疵也无伤大雅。在这种观念的支配下，司法机关为查明案件的真实情况，往往可以不择手段，被告人在诉讼中的地位客体化，刑讯逼供现象十分普遍。所以冤案背后总是附随着刑讯逼供，尽管有少数刑讯逼供行为能够被揭示并使相关人员受到应有追究，但是大量的刑讯逼供行为还是隐藏于背后，未能得到及时处理。

2. 有罪推定

在传统的纠问式诉讼模式下，奉行有罪推定，受到刑事指控的人被推定为有罪。被告人必须承担证明自己无罪的责任；如果被告人无法证明自己无罪，就会被认为有罪，如果被告人不如实供述犯罪行为，警察就可以采取刑讯等手段来逼取口供。口供被认为是“证据之王”，我国古代早就有“断罪必取服输供词”和“无供不录案”的断狱原则。刑讯逼供是有罪推定观念支配下的逻辑必然。尽管新中国成立之后纠问式诉讼已经被消灭，但几千年来封建法制的影响并不可能在短期内迅速消除，作为诉讼观念，有罪推定仍然影响着部分司法人员，干扰着现代刑事诉讼的正常运

① 较有代表性的著述，如季卫东著的《法律程序的意义——对中国法制建设的另一种思考》，中国法制出版社2004年版。

转。佘祥林案件中的“疑罪从轻”实际上就是有罪推定的现代翻版，与现代刑事诉讼的无罪推定原则背道而驰。

四、佘祥林案对我国刑事诉讼法适用的启示

从世界范围来看，冤案往往能给人们带来更大的触动，推动刑事诉讼的改革。在英国，现代改革的直接促进是由对马克斯韦尔·康费特死刑案件的司法调查引起的，在该案中，两名少年被判有罪，但是1975年该案被重新审理，上诉法院撤销了有罪判决。后来亨利·费希尔调查的许多结论直接指向刑事司法制度的核心部分，提出了有关警察工作的情况，嫌疑人的权利以及防止错案问题。在此基础上，英国成立了刑事程序国家委员会，成了英国现代程序改革的第一步。[①]“前事不忘，后事之师”，如果我们不以佘详林案为契机推进我国刑事诉讼法的完善，等待我们的将是一个又一个的佘祥林案。

（一）刑事诉讼制度层面的改革

虽然制度并非万能，不能解决一切问题，但是好的制度设计是刑事诉讼正常运转的前提和基础。我们认为我国刑事诉讼制度应改革“流水作业式”的诉讼构造，以确立“裁判中心主义”为基本目标，强化对于侦控权的监督和制约，实现刑事诉讼中的控辩平衡。具体而言，应从以下四个方面着手。

1. 改革侦查制度

侦查权是国家权力中最为活跃的权力，因而也是最需要控制但又难以控制的权力。由侦查的任务所决定，侦查机关应该享有拘传、拘留、逮捕、搜查、扣押等对人或对物的强制处分权，即侦查权。但这些强制手段大都涉及公民的各种权利，如果缺乏有效的制约手段或程序保障措施，普通公民，特别是处于被追诉地位的犯罪嫌疑人，其诉讼权利和人身安危更是极易受到国家有组织的暴力行为的侵犯。因此，如何规制侦查权的行

① 〔英〕迈克·麦康维尔、岳礼玲选编；中国政法大学刑事法律研究中心组织编译：《英国刑事诉讼法（选编）》，中国政法大学出版社2001年版，第23-25页。

使，防止检察机关和警察机关滥用国家权力、侵犯公民权利，就成为现代诉讼制度必须解决的课题。各国普遍通过完善立法来规范侦查权的行使。

笔者以为，应从以下四个方面来规范侦查权的行使：第一，律师提前介入，确立讯问时律师在场的制度；第二，强制措施的令状主义，对剥夺公民人身自由的强制措施，应由中立的预审法官来审查批准；第三，羁押场所中立化，防止警察讯问时滥用权力；第四，对讯问实行全程监控，采用讯问时的录音录像制度。

2. 刑事证据规则的制定与完善

专门刑事证据法的制定既便于控辩双方的证据准备，也便于法官的认定，从而消除诉讼中偶然因素对于案件处理的影响，增强诉讼结局的可预测性，使案件的裁判能够真正实现“以事实为依据”。由于我国法官整体素质不高，如果法官的自由裁量权过大，缺乏具体证据规则的指引，既不利于案件事实的准确认定，也不利于法官依法来抵御外部的不当干扰，另外，也使少数法官“权力寻租”的空间大为增加。因此，我们认为刑事证据法的制定不宜过于宽泛，而应在现有基础之上，制定出较为详尽的证据法规则。

具体而言，针对我国刑事证据的立法现状和佘祥林案件中所表露出的司法实践层面的突出问题，我们以为非法证据排除规则的制定以及确立证据效力的评价标准最值得我们的关注。我国刑事诉讼法对非法获得的证据能否使用并未作出明确规定，也未规定防止非法取证的具体措施，致使刑讯逼供等非法取证行为屡禁而不止。通过明确非法证据的排除，规范侦查人员的行为，追究其违法取证的责任，对于遏制非法取证的行为有着决定性的作用。

目前我国并未确立统一的证据效力评价标准，对什么是证据，什么样的证据才有证据效力，人们的认识往往存在分歧，法官在司法实践中对证据的认证也难以统一。因此必须通过立法确立证据评价标准，并建立专门的对有争议证据的复议机构。

3. 法庭审理实质化

法院对案件的审理应当是整个刑事诉讼的中心，然而，在佘祥林案件中法院的地位明显被边缘化，法院并未在案理审理过程中发挥实质性的作用，其居中裁判的职能消弭于无形，反而成了使不当追诉正当化的工具。尽管我国刑事诉讼法自1996年修改之后，改变了以往全部案件案卷移送的方式，确立了“复印件主义”，希望以此能够避免法官的庭前预断，然而就制度运行的实效而言，不仅限制了律师的阅卷权，也未达到避免“先定后审”的目的，更有甚者，法官一般采取“庭后阅卷”的做法，使法庭的审理流于形式。切实保障法庭审理的实质化是我国刑事诉讼法进一步修改的重要目标。

首先，应完善证人出庭制度，在我国证人出庭率很低，法庭采纳的往往是证人的书面证言，对证人的质证无从实现，法官也无从审查证据的真伪。只有确立直接、言词原则，明确最低限度的证人出庭作证的标准并切实保障证人的合法权益，才能从根本上解决证人出庭难的问题。

其次，保障辩护律师的合法权益，我国刑事案件辩护率的逐年降低归根结底源于律师执业过程中权利保障的不足，1997年至2000年间，至少有五百名律师被“滥抓、滥拘、滥捕、滥诉、滥判”，其中80%由司法机关“送进班房”，“绝大部分（占80%）又最终宣判无罪”。① 基于此，律师在独立保障机制缺乏的情况下自保尚且困难，其维护公民权利的功能无疑只是空谈。因此，加强刑事诉讼中律师合法权益的保障，发挥其辩护职能，对于实现控辩平衡，保证法官“兼听则明”有着重要意义。

其三，法官应保持中立，所谓中立原则，就是指裁判者应在发生争端的各方参与者之间保持一种超然和无偏袒的态度和地位，而不得对任何一方存在偏见和歧视。同时裁判者在刑事审判过程中给予各方参与者以平等参与的机会，对各方的主张、意见和证据予以同等的尊重和关注。② 法官能够在法庭审理过程中保持中立的前提为司法独立，只有真正实现了法官个体的独立，使法官能够摆脱各种各样复杂社会关系的困扰，真正清明的司法才会展示于我们的面前，使司法不至于沦落为权力的工具，丧失司法

① 冯象：《政法笔记》，江苏人民出版社2004年版，第268页。

② 陈瑞华：《刑事审判原理论》，北京大学出版社1997年版，第65页。

独立的品格。

（二）司法理念的更新

值得我们注意的是，制度层面的变革往往可以“疾风暴雨式”地推进，在短期内予以实行，司法理念的更新则是一个漫长的过程。然而，司法理念的更新也不容我们忽视。如果作为制度的执行者在理念层面仍然停留在有罪推定、实体至上的观念之上，则刑事诉讼制度的运行必然受到阻滞，难以发挥其预设的功能。

1. 程序正义

程序正义源于“自然正义”原则，自然正义有两项基本的要求，其一为任何人不得做自己案件的法官；其二为应当听取双方当事人的意见。[①]程序并不应是实现实体目标的工具，程序应有自身独立的价值，程序正义的标准主要包括六个方面的内容：程序参与原则；中立原则；程序对等原则；程序理性原则；程序自治原则；程序及时和终结原则等。[②]从某种意义而言，只有真正尊重程序的独立地位，才有助于实体公正的最终实现，保证准确认定事实、适用法律、不枉不纵、各得其所。正如朱孝清所指出的“程序正义是防止冤案的根本”。程序正义内化为司法人员的司法行为，使审判以公正的方式进行，不仅有助于实体公正的实现，而且可以消融极少数案件处理实体不公所带来的消极影响，促进社会公众对于司法的认同，增加司法的权威。

2. 无罪推定

无罪推定最早由意大利刑法学家贝卡利亚提出，其在《论犯罪与刑罚》中指出，在没有作出有罪判决以前，任何人都不能被称为犯罪分子；任何人当他的罪行没有得到证明时，根据法律他应当是被看作无罪的人。现代意义上的无罪推定是指在没有被发生法律效力的裁判确认为有罪之前，都应该推定被告人为无罪。基于无罪推定，被告人不承担证明自己无

---

① 陈瑞华：《刑事审判原理论》，北京大学出版社 1997 年版，第 55 页。
② 陈瑞华：《刑事审判原理论》，北京大学出版社 1997 年版，第 60-61 页。

罪的责任，证明被告人有罪的责任应由控诉方承担，从而保证了被告人的诉讼主体地位，在一定程度上纠正了刑事诉讼中的控辩失衡。

对被告人的有罪判断存在怀疑时，则应作出对被告人有利的解释，换言之，如证据不足，不能认定被告人有罪时，应当作出证据不足、指控不能成立的无罪判决。虽然，我国的刑事诉讼法也体现了疑罪从无的精神，但是在司法实践层面，并未获得广泛的认同，有罪推定还潜藏在相当一部分司法人员的内心深处，否则也不会出现佘祥林案件中的“疑罪从轻”。

3. 人权保障

我国刑事诉讼法将惩罚犯罪与保障人权作为我国刑事诉讼的基本目的。然而，从法定权利向实有权利的转化还需要相关人员的观念认同，法定权利规定得再完备，如果缺乏制度保障及观念的认同，则是一纸空文。长期以来，我国在惩罚犯罪与保障人权的关系问题上，往往倾向于惩罚犯罪，以至于我国近年来司法实践中出现了“命案必破”的要求，客观地讲，强调侦破率，有效控制犯罪，以维护社会的稳定，在中国目前社会治安形势严峻的情况下，有其现实意义。但是“命案必破”的要求在某种程度上显然违背了刑事诉讼的规律，基层的侦查机关在强大的压力下，往往不择手段，无视于我国刑事诉讼法中的人权保障规定，冤案的发生也就不可避免了。

（三）刑事诉讼法适用主体的职权规范化与人员素质标准化

人与法之间存在不可分割的关系，人的素质高低与法的良莠之间是互为补充、互相牵制的，良法需要高素质的人来实施，才能有效发挥其作用。同样，刑事诉讼法的准确适用必须依托司法人员来进行，因此，刑事诉讼法适用主体的职业素质对于刑事诉讼法的准确适用有着决定性作用，相关法官、检察官、警察等司法人员素质不高是我国面临的具有普遍性的问题。近些年来随着国家统一司法考试制度的推进以及职业竞争机制的确立，我国法官队伍的专业化建设近年来已取得了相当大的成效，尽管法官精英化的目标还相距甚远，但是已有根本性的进步。在把好法官入口的基础之上，应加强法官的职业培训，向其灌输法官职业共同体的理念，强化其职业道德的教育。此外，法官保障制度是法官个体独立的关键之所在，确立相关法官保障制度对于加强法官的职业道德，促进法官职业共同体的形成有重要的意义。西方国家普遍确立了高薪制、不可更换制、特权保障等法官保障制度。尽管我国还存在明显的差距，但是，我们认为完善我国的法官保障制度，消除对法官的外部不当影响，是我国实现司法独立的必由之路。

同样，加强警察队伍的建设，对于规范警察的侦查行为，提高侦查的水平也有着重要作用。首先，应提高警察的“门槛”，增强警察的素质，目前，在我国开设法律专业的大学已经近400所，在校法律专业的学生约36万人。从数量上来看，每年毕业的法学毕业生以及公安院校的毕业生为我国警察队伍提供了充足的后备资源。其次，应加强对侦查的投入，提高其科技含量，转换侦查模式，由口供中心主义向证据中心主义转换，从根本上杜绝对于口供的依赖。此外，高科技手段的广泛采用，在一定程度上也可以弥补我国面临的警力不足问题。

五、结语

综上所述，刑事诉讼法的适用，除了完善刑事诉讼法，使法律规范进一步细化，更为重要的是提高程序的价值，增强司法人员对于程序的认同；强化执法者的素质，使执法者的使命感、个人素质得到进一步提高，从而使法律的适用更贴近于案件的要求与符合诉讼规律。此外，我们认为，适当的采用判例法，对于弥补成文法的不足，从而保证刑事诉讼法适用的明确化、科学化与民主化也有重要作用。

原载《湖南社会科学》2006年第4期，与伍浩鹏合著

中国刑事预审制度科学建构概论

我国《刑事诉讼法》第90条[①]规定："公安机关经过侦查，对有证据证明有犯罪事实的案件，应当进行预审，对收集、调取的证据材料予以核实。"这是现行刑事诉讼法关于预审的规定。该条文中的"预审"安排在诉讼过程的侦查阶段，实质上是侦查的讯问制度。换言之，我国目前尚无真正意义的预审制度。所以，在刑事诉讼修改时有必要科学并现实地对预审制度加以创建与规范，以填补立法上的缺位。

一、我国构建刑事诉讼预审制度的必要性

首先，从理论上讲，现代刑事诉讼必须将审判与侦查、起诉隔断，但又要保持这三者必要的内在联系，即达到一种"藕断丝连"的效果，预审恰能起到这个承前启后的作用。目前我国实行"半个起诉状制度"，既没有建立完全的庭前证据开示制度，也没能有效阻止庭审法官形成预断，最终造成检察院的起诉和人民法院的审判活动出现诸多问题。所以，在刑事诉讼法再修改中，有必要重新思考并解决这些问题。预审可以说是保证整个诉讼既理性又现实地运行的"瓶颈"，只有建立预审制度才能祛除这些病症。

其次，考察和借鉴国外刑事诉讼通常的做法，预审制度被各国普遍设

① 本文所引用《刑事诉讼法》条文均指1996年修正的《刑事诉讼法》条文。——编者注

置。法国著名法学家勒内·达维德曾经说过，比较法有助于更好地认识并改进本国法。事实上，不知别国法律者，对本国法律便也一无所知。[①] 考察诉讼程序比较完善的主要国家发现，英国法律规定，凡是按正式起诉程序由刑事法院审理的案件，除法律另有规定的以外，都必须经过治安法院的预审。美国也规定，重罪指控要接受预审，但不是必须经过的程序，被告人可以选择放弃。在法国的刑事诉讼中，预审程序具有十分重要的地位，其具体而复杂的操作从《法国刑事诉讼法典》第199条的规定中可见一斑。而在德国，审查起诉并不是独立的诉讼程序，但当检察官将刑事起诉书提交到法院后，必须经过一个与英美的“预审”相似的程序，即居间程序。意大利等其他国家也有类似的规定。预审制度在大陆法系和英美法系的许多国家这样广泛地采用说明在刑事诉讼中构建预审制度有其科学性和合理性。

再次，完备的预审制度是顺利、高效庭审的保障。从司法实践来看，一个组织严密、高效、客观、公正的庭审，往往需要受理法院开展一系列的庭前活动，其中，独立法官预审是必不可少的内容之一。目前，我国开庭正式审判存在一系列问题与困扰，具体表现如下：第一，法庭的质证、对抗、辩论缺乏应有的基础，证据无法当庭确认。第二，被告律师的辩护权不能有效行使。依据现行刑事诉讼程序的规定，律师在审前享有阅卷权和调查取证权，但司法实践中，律师的这些权利很难充分实现，辩护律师无法预先了解控方将要出示的证据和争议的焦点，导致其在庭上的辩护权流于空谈，被告人的合法权利不能得到保护。所以，无论是从诉讼效率角度，还是保护被告人的诉讼权利方面来说，预审制度都是不可或缺的。

最后，预审制度有利于被控告一方对起诉或不起诉决定的审查行使参与权。我国检察机关的审查起诉透明度、公开化不够，没有中立法官的主持、审查和监督，被告人更无参与和辩护权。实践中由于检察机关基于各种不当利益的考虑，常常在不符合起诉条件的情况下，把被告人强行推上法庭。在预审制度下就可以对公诉案件进行独立的司法审查，把不该起诉

---

① 〔日〕大木雅夫：《比较法》，范愉译，法律出版社1999年版，第68页。

的案件排除在法庭之外，防止被告人遭受不当追诉。

基于上述四点理由，在我国的刑事诉讼法典中构建预审制度有其必要性和紧迫性。

二、预审制度的定位

关于预审制度的建构，我国学者和实践部门大多持赞同态度。但对于把预审制度设置在哪个阶段，如何构建，存在较大争议。

首先，明确预审权的性质。笔者认为，预审权是一种审判权，它符合审判权的一切特征。预审是庭前审查准备程序中的重要活动，主要是对案件是否符合起诉条件进行司法审查，通常由中立的预审法官主持进行，在预审过程中，控辩双方可以互相辩论和质证，分别展示各自的证据，同时预审法官可以询问和调查案件。由此可得，第一，从主体上来说，预审程序要有控、辩、审三方共同参与；第二，从内容上来说，控辩双方出示证据和质证并围绕争议的焦点进行辩论，可以有辩护律师进行辩护；第三，预审法官通常由中立的第三方担当，独立主持审理，必要时有权组织听证、询问，调查案件，调取证据；第四，预审法官进行评议并得出结论，只不过这一结论不是关于定罪量刑，而是决定是否起诉、是否移交法院开庭审判。所以，预审权本身是一种司法审判权。

其次，既然预审权本质上是一种司法审判权，那么它就必然不能设定在侦查阶段，不能由侦查机关来行使。第一，侦查权本身有司法和行政双重性质，而侦查阶段的预审性质上属于侦查讯问权，它往往以追诉犯罪为使命。特别是公安机关一向是以行政命令作为管理体制的主导方式，这种方式不可避免地给行政领导人带来极大的权威性，这种权威又极可能地产生官僚和腐败，由侦查机关行使预审权，保持公正和中立是不可能做到的。第二，整个刑事诉讼过程中的证据收集工作主要是在侦查阶段完成，由于侦查机关肩负惩治犯罪和维护社会治安的任务，受其职业利益的影响，收集证据时往往积极地收集犯罪嫌疑人有罪的证据，消极地收集犯罪嫌疑人无罪或罪轻的证据。预审若设在侦查阶段，就不可能有证据开示的内容。第三，预审自诞生之日起，就起着对侦查活动监督的作用，只有预审法官有权决定、签发各种强制措施的许可证，发布有助于查明案件事实的各种命令，并且亲自参与讯问和调查，直至将案件移交起诉。预审制度这一侦查监督职能的客观行使同样要求其独立于侦查程序之外。

再次，预审制度也不能设置在审判阶段，作为审判开庭前的准备活动。虽然预审权是审判权性质，但是又不同于正式庭审中的审判权，不能成为审判阶段的组成部分，因为审判程序是认定受理的刑事案件是否成立犯罪以及定罪量刑的程序，而预审制度的重要内容就是对侦查和起诉等审判前的诉讼活动进行司法审查和监督，进行证据开示。

审查是否存在合理根据以支持对被告人提出的指控，从而确定是否交付审判是预审制度的目的，我国法律规定的在审判阶段庭前对公诉案件的审查制度是不科学的。《刑事诉讼法》第 150 条："人民法院对提起公诉的案件进行审查后，对于起诉书中有明确指控犯罪事实并且附有证据目录、证人名单和主要证据复印件或者照片的，应当决定开庭审判。"立法的本意是想通过这种折中的规定，既防止法官先入为主又对公诉案件进行审查。这种"犹抱琵琶半遮面"的做法在实践中的结果却是，既没有阻止法官的预断，又使审查流于形式，起不到限制公诉权的作用，因为不进行实质审查就很难准确判断起诉的合理性。由此，将预审制度设置在审判阶段是与预审制度的性质和功能相悖的。

最后，基于以上分析，并参照国外的立法例和司法经验，我国应该将预审制度作为独立程序为宜，即独立于侦查和审判阶段，作为两者的中间程序。只有这样才能解决前部分所提到的非正常现象，起到预审制度应有的功能。

三、我国刑事预审制度构建的设计

（一）建构的原则

（1）刑事诉讼客观规律与现代刑事司法理念应当有机统一。构建我国刑事预审制度应当在符合控审分离、控辩平等、控辩对抗、审判中立、审判终局等基本要求的前提下，将那些具有普适性的诉讼原理和基本观念，充分体现到新的刑事诉讼法典中来。例如，预审制度要符合刑事诉讼的重要原理——程序主体性原则，它要求作为程序主体的当事人，应成为参与、发现及适用“法”的主体，应受适时审判请求权及公正程序请求权的保护，以使其实体利益和程序利益不致受程序制度运作、使用或未能予以适用而减损和消耗。①

（2）公正兼顾效率原则。刑事诉讼的基本价值目标包含以下几个方面，即公正、自由、秩序、人权、效率。一项制度的建构要符合刑事诉讼的价值追求。公正与效率的博弈是个永恒的潜规则，偏废任何一方的制度都将是没有生命力的。预审制度的设置既要保证程序的公正，又能兼顾效率。

（3）节约资源原则。在原有司法体制基础上的改革和创建必须基于我国现有的资源和法院组织体系，这样才有现实的可行性。我国预审制度的建构也要遵循这一原则，不能完全照搬其他国家的程序设计，在充分考虑现有的法律资源和司法状况下，不作大的修改，不增加过多配套的人力和物力资源。

（4）外国先进立法例与中国司法实践相结合原则。对于国际上的一切先进法律文化思想和立法经验我们都要吸收，但不能照搬。要结合我国的司法实践，从实际出发，合理地、有条件地予以吸收和改进，使之适合我国的现实情况。

（二）具体设置

根据上述原则，结合外国的立法例，从我国实际情况出发，预审制度具体设置在立法上可按以下六个方面设计。

第一，在时间阶段上，将预审程序作为一个独立的诉讼阶段设置在正式法庭开庭审判前的审查起诉阶段为宜。这样既可以实现对检察机关起诉权的监督和制约，有利于提高检察机关起诉的质量，又确保阻断起诉与审判的联系，防止庭审法官预先掌握证据，了解案情。同时也可以实现对侦查阶段诉讼行为的监督。

① 邱联恭：《程序选择权论》，三民书局2000年版，第33页。

特别强调的是，预审法官的起诉决定对预审法官来说是一种相对决定权，不同于外国。在检察官提出起诉要求的申请时，预审法官必须即时主持预审庭预审，所作出的起诉决定，只有与检察官意见一致时，才发生效力。检察官有异议时，所作的决定应报上级检察机关审议，是否起诉，最终由上级检察院决定。同时，预审法官认为尚不完全符合起诉要求的案件，预审法官可作出要求检察机关补充材料的决定，待材料补充后，重新开庭审查是否决定起诉。不起诉权原则由检察机关拥有，预审法官享有监督权。

第二，在预审的对象上，不是所有案件都必然经过预审程序，考虑现有司法资源的有限性和提高审判质量的诉讼需求，目前建立预审制度只限于中级人民法院管辖的第一审刑事案件，把预审权留给基层法院。依据《刑事诉讼法》第 20 条："中级人民法院管辖第一审刑事案件：（一）反革命案件，危害国家安全案件；（二）可能判处无期徒刑、死刑的普通刑事案件；（三）外国人犯罪的刑事案件"，《刑诉法解释》[①] 第 4 条："人民检察院认为可能判处无期徒刑、死刑而向中级人民法院提起公诉的普通刑事案件，中级人民法院受理后，认为不需要判处无期徒刑以上刑罚的，可以依法审理，不再交基层人民法院审理。"因此，预审的审理对象也仅限于这几种案件。事实上，美国等许多国家的预审也只是对重大及重罪案件进行。我国预审制度的审理对象也应该是有限的，不可能针对所有案件，这样是兼顾公正与效率原则的要求。

第三，在机构设置上，建议将预审程序设置在基层法院，专门成立预审庭。既然我们将预审的对象限定在中级人民法院管辖的第一审刑事案件，那么将所有这些案件的预审程序设置在基层法院之后送交上位法院正式审，而不是在各级法院都设立单独的预审庭，将更有利于保证预审程序的独立性，防止庭审法官在审前非法获得待审案件相关信息，形成先入为主的预断，不利于审判的公正。同时，也可以充分利用基层法院的诉讼资

---

① 即指《最高人民法院关于执行〈中华人民共和国刑事诉讼法〉若干问题的解释》（法释〔1998〕23 号）——编者注

源，如不需要增加人员、办公场所等。并且在这一基本制度的基础上改革现行我国基层法院的管辖制度，所有基层法院都有预审制度的管辖权，不受自己有权裁判的案件的预审限制。这样更有效地阻断侦查、起诉和审判的联系，客观上也可以减少法官的腐败。

第四，预审法官的产生。从基层法院的法官中选拔出素质较高的优秀法官担任预审法官，基于预审地位的关键性和预审活动对正式庭审等后续诉讼程序的重要影响，只有具有司法资格，经选拔、培训和特殊任命的非常优秀的法官才能从事预审工作。同时，这些有预审资格的法官仍然享有对基层法院其他普通案件的审理权，也就是身兼二职。当然，由于上述对预审对象范围的限制，不必担心同一个法官预审的案件与正式庭审的案件出现重复的可能。

第五，预审内容。首先，预审制度主要是对起诉的合法性进行实质审查，以决定案件是否交付正式审判。其次，控辩双方出示各自掌握的证据。在预审程序中，控辩双方就自己所掌握的证据要完全展示，并进行质证，互相辩论，明确案件争讼的焦点，以提高审判阶段的诉讼效率。预审阶段没有出示的证据在庭审中也将不被采纳，除非是在预审之后新获得的证据。再次，预审法官审查和筛选证据。预审法官要对双方出示的证据进行实质和形式进行审查，特别要注意对证据的真实性、合法性和关联性审查，把不具有证据力和证明能力的证据材料排除在外，遇有形式不完整需要补充的证据材料，要告知控辩双方在正式庭审前补充完整。最后，预审法官也有对侦查活动的监督权，有对侦查强制措施等发布司法令状的决定、批准权和监督权，可以受理犯罪嫌疑人对强制措施不服提起的申诉和控告。

第六，审理方式。要有控、辩、审三方同时参加，预审法官负责召集和主持。在预审中，被告人可以聘请律师为其辩护。依据案件的具体情况，如案情的复杂程度等设定书面审理和开庭审理两种形式。若被告人要求开庭预审，应当遵照当事人的意愿，即赋予被告人程序的选择权，体现诉讼的民主和对被告人人权的保障。为查清事实的必要，预审法官可以进行讯问和对有利于被告人的证据调查取证。

四、结语

如果说立法的完善为司法改革的前行提供了准则，那么，司法实践在更深层面上则推动着立法的完善。在刑事诉讼法再修改过程中，构建一个科学合理的预审制度是必要的和紧迫的。预审制度对于实现案件分流和集中审理，提高诉讼效率和实现审判公正都至关重要。根据诉讼原理，集中审理可以遏制法官腐败，减少审判的拖延，减轻诉讼对被告人造成身体和心理的摧残，保护、实现程序正义，只有设置预审制度才能实现案件的集中审理，为此，预审制度也是必不可少的。而在我国现有诉讼传统和司法资源基础上，借鉴国外有价值的做法所建构出来的有中国特色的预审制度才具有现实的可行性。当然，任何改革都是一个系统工程，这远非短短几千字所能解决的，本文只就几个重要的方面作了简要概述，以期抛砖引玉。

原载《社科纵横》2007 年第 10 期，与张佳华合著

试论刑事当事人的程序选择权

拥有刑事程序选择权即意味着当事人在客观上面对多个可适用的程序，其行使的前提是程序机制中存在两种以上功能相当、权利义务及其效果又有所差别的平行关系的程序设置。在不违背法律禁止性规定和社会公益的基础上，使当事人通过程序选择来权衡利弊，实现自己的利益与价值取向，也是一种对当事人的人文关怀。因此，司法机关对当事人的程序选择问题应持积极态度，在不侵犯当事人最终选择决定权的前提下，引导其正确行使程序选择权。

一、对刑事程序选择权涵义的分析

（1）刑事程序选择权。从刑事程序选择权的内在应有之义来看，其内涵应包括三方面：一是对程序的启动权，又称程序动议权，指刑事诉讼过程中当事人在意图选择适用某项程序时，所享有的向法庭提出程序性请求的权利。其目的在于影响或改变审判程序的运行轨迹。程序动议权在本质上属于一种程序请求权，即请求人并不针对指控事实、适用法律等实体问题，而仅就程序的适用和程序的进程提出自己的主张，希望通过对程序的选择来影响法庭对事实的认定和对适用法律的判断。当事人拥有了程序选择的启动权，也就意味着其拥有了在程序选择中的主体地位和主动权。二是对程序性提议的同意或否决权。即当司法机关作出适用某项程序的提议时，当事人有同意适用或者拒绝适用的权利。三是对所选程序的变更权。即当事人在作出选择后、程序进行过程中，出于对某些因素的考虑，认为当前所适用的程序将会对自己造成不利影响，有提出要求变更所适用程序的权利。同样，在赋予刑事当事人程序选择权的同时还要保证程序的稳定，因此，还有必要对当事人的权利内容加以限制。鉴于此，刑事程序选择权可划分为完全的刑事程序选择权和限制的刑事程序选择权。又鉴于诉讼程序的公益性要求，完全的刑事程序选择权由于过于恣意而不可能在法律中适用，所以理论上的研究仅限于限制的刑事程序选择权。

（2）限制的刑事程序选择权。在司法实践中，限制的程序选择权要求当事人只能在法律规定的可选择范围内行使其选择权，而不能随意取舍诉讼程序的具体内容，更不能改变既定的程序规则。刑事程序选择权是一种典型的限制的程序选择权，而且刑事程序选择权在范围上所受的限制要大大多于民事、行政诉讼。首先，刑事诉讼的目的是打击犯罪、保障人权，其价值选择是在打击犯罪的基础上保障人权。又由于打击犯罪是与公共利益紧密相关的，因此，刑事诉讼在实现打击犯罪的目的的同时，不得不在一定程度上对人权进行必要的限制，具体表现为限制当事人的某些诉讼权利。特别是对被追诉者而言，在很多情况下，其意愿都与国家公权力的目标背道而驰，因而其选择权就要受到更多的限制，否则刑事诉讼就无法顺利进行下去，其惩罚犯罪与保障人权的价值目标也就无从实现。其次，由于刑事诉讼是针对犯罪行为展开的追诉，因而往往会牵涉到人身安全和财产安全等重大利益，这种所涉利益的重大性不允许被追诉者在所有的或较多的程序与程序性事项上行使选择权，否则国家和社会的利益就会受损。所以，限制的刑事程序选择权要求当事人的可选择事项必须限定在一定的范围内。对那些法律明文规定必须适用的程序和程序性事项，当事人无权任意选择。

二、赋予刑事当事人程序选择权的正当性及其意义

（1）赋予刑事当事人程序选择权是程序主体性原则的必然要求。程序主体性原则要求当事人应成为参与、发现及适用法的主体，应受适时审判

请求权及公正程序请求权的保护，以使其实体利益和程序利益不致受程序制度运作、使用或未能予以使用而减损和消耗[①]。程序选择权的设立为当事人提供了自由选择的空间和机会，为当事人在实体利益与程序利益之间进行权衡搭建了平台，体现了立法对当事人意思自治的尊重和诉讼程序对当事人的人文关怀。如果在适用程序过程中没有让当事人充分参与，只是把其当成一个被指控的客体（被追诉者）或一个可有可无的“证人”（被害人），将其实体利益置于一种无足轻重的地位，一切诉讼进程和方式均由司法机关决定，那么这种程序即使公正也缺乏可信度。

（2）绝对程序法定主义的负面效应使得当事人对程序进行选择具有了合理性。程序法定是指包括法院在内的各方诉讼主体在诉讼过程中必须严格遵守的、不允许当事人以作出相反的行为排除其适用或以合意的方式变更其适用的程序规范体系。从诉讼法的角度来看，程序法定有利于社会公共利益。但在实践中无变通地适用程序法定原则，不但会造成诉讼程序的僵化，而且也会使当事人感觉不到诉讼中对其个案的针对性，进而会对程序失去信任。对程序规范加以较为灵活的解释是对程序法定的适度调整。在我国构建和谐社会的大背景下，法律在强调惩罚犯罪的同时，也应当为当事人的意思自治留一定余地。司法人员应在无禁止性程序规范的情况下，最大限度地尊重当事人的程序选择权。

（3）赋予当事人程序选择权是刑事诉讼结果的惩罚性和严苛性的内在要求。刑事诉讼程序的目的是解决犯罪问题，其直接结果就可能是对被告人的刑罚。基于刑罚结果的严酷性，如果在刑事诉讼过程中赋予当事人一定的自主选择权，势必会满足当事人、特别是被追诉人的趋利避害心理，使当事人在冰冷的程序中感觉到人文关怀的气息。再者，与民事诉讼相比，刑事诉讼关涉到被追诉者最基本的重大利益，如财产权、人身自由权甚至生命权，因此，刑事诉讼对当事人利益造成的影响要大于民事诉讼。既然在民事诉讼中都允许当事人行使程序选择权，那么在刑事诉讼中就更应当赋予当事人特别是被追诉者对重大程序事项的选择权，使其充分参与

---

① 邱联恭:《程序选择权论》，三民书局2000年版，第33页。

到诉讼过程中。

（4）赋予当事人程序选择权是正当程序的应有之义。刑事诉讼中的正当程序表征的是一种规范的正统的执法理念。在本源上，正当程序意味着在广义上剥夺某种个人利益时必须同时保障个人享有被告知和陈述自己意见并得到倾听的权利。由当事人自己负责判决的逐步形成是审判获得正当化机制的最关键点。赋予当事人程序选择权“不是从案件处理和客观存在的法规范之间的适合性来寻找判决的正当性根据，而是通过展开能够保障当事人主体性、自律性的程序这一过程本身，给处理结果带来正当性”[①]。程序选择权的实现正是在程序本身的完善与正当的基础上，增加了当事人自主选择的环节，不仅可以保障当事人的程序利益，而且可以提升权利主体对程序制度内容及其运作程序的信赖度、信服度和接纳度。因此，程序选择权的实现是使正当程序成为有序的、可以“看得见”的过程的内在应有之义。

综上所述，刑事当事人的程序选择权具有其存在的合理依据。该权利的确立在司法实践中将具有重要的现实意义：第一，有助于提高诉讼效率。程序选择权可以使当事人通过对不同程序与程序性事项优劣的判断和选择，促进自己利益的实现。对国家而言，通过当事人对法律预先规定的各项程序及程序性事项的选择，可以使不同的案件进入繁简不同的程序中得到处理，有助于降低司法成本，提高诉讼效率。第二，有助于增进判决的公信力和接纳度，增强司法权威。程序选择权使当事人充分参与到对自己的诉讼中，从而提升当事人乃至公众对司法的信任程度和接纳程度，同时也反映了立法者对刑事诉讼弱势群体的关怀和尊重。第三，可以防止国家司法人员在程序适用问题上滥用权力。分权制衡是抑制权力滥用的最佳途径。强调刑事当事人的程序主体地位并赋予其程序选择权，实质上是通过当事人行使程序选择权制约司法机关的司法权，以在诉讼中充分保障人权，防范和遏制滥用司法权的现象。

---

① 〔日〕古口安平：《程序的正义与诉讼》，王亚新、刘荣军译，中国政法大学出版社 1996 年版，第 11 页。

三、刑事程序选择权的内容及对其的限制

刑事诉讼程序基于惩罚犯罪的特殊预防职能要求，其程序规则的刚性要大大高于民事程序，而其柔性即可选择性自然要受到更大的限制。我国立法中现今虽然没有关于“程序选择权”的系统表述，但国外的立法与司法实践中不乏其例。结合我国情况，笔者认为刑事当事人的程序选择权应包括如下内容。

（1）在适用简易程序和普通程序上的选择权。这是大多数国家行之有效的制度设置，也是当事人程序选择的重要对象。从选择的模式来看，大体可分为两种形式：一是完全的程序选择权。即对于被指控的罪行，无论轻重，当事人均可就适用简易程序或普通程序进行选择，具有完全的控制权，不需要受到法官过于严格的司法审查。二是不完全的程序选择权。即当事人虽然能够根据自己的意思决定适用何种程序，但其选择范围要受到限制：若被指控的罪行为法律规定的重罪时不能选择适用简易程序。

简易程序虽然在一定程度上剥夺了刑事当事人（特别是被告人）的一些诉讼权利，但是它也有简单快捷、可以使当事人早日摆脱诉累的优势，所以赋予当事人对简易程序与普通程序的选择权，是充分尊重当事人意思表示的必要机制。在程序设置上，应该充分尊重当事人的意思表示，选择结果要建立在当事人双方合意的基础之上，对任何一方的选择，另一方都可以行使否决权。对于那些不需当事人参加诉讼就可以查明案情作出裁判的案件，还应允许自诉人（或公诉案件的被害人）单方面选择适用简易程序，并可以选择言辞审理或书面审理。

（2）在审判公开与否问题上的选择权。审判公开是指法院在开庭审判时，允许诉讼参与人以外的人在场旁听，包括允许新闻记者采访并通过媒体向社会公开。审判公开原则的本意在于使民众监督法官的执法行为，保障司法公正的实现，但是，审判公开在受害人名誉保护方面也有负面影响。加之目前我国新闻方面的法制尚不健全，新闻媒体对诉讼案件的报道或多或少会带有一定的倾向性，极易对审判活动的公正性产生影响。所以，在防止秘密审判所带来的权益伤害的同时，也要防止公开审判所导致

的舆论压力的过分介入对审判公正造成的消极影响。因此，笔者认为，应赋予当事人自由选择的权利，使被告人、被害人和证人等有关人员在合意的基础上选择审判的公开与否，最大限度地保障人权。

（3）在适用取保候审和监视居住措施上的选择权。虽然取保候审和监视居住这两种强制措施的适用条件和对象相同，但二者给被适用人造成的人身限制程度有较大的区别。所以，被追诉者可以基于自身利益的考虑，对具体适用何种强制措施进行选择。其中，如果选择了适用取保候审，则在取保的方式上，被追诉者也应享有选择权，即在财保与人保这两种方式上，被追诉者可以根据自身情况进行选择，有关司法机关不能强行要求被追诉者采取其中某一种保证方式或强制要求采取双重保证。

（4）在是否适用陪审审理的问题上，当事人也理应享有选择权。我国《刑事诉讼法》第 147 条规定，人民法院审理第一审刑事案件，应当由审判员或审判员和人民陪审员共同组成合议庭进行。这是一个选择性条款，意味着被追诉人可以选择是否适用陪审程序。陪审制度设立的初衷就在于引进社区价值，引进民间智慧，体现司法民主，保障人权。但陪审制度也存在弊端。陪审员一般缺乏法律知识和实践经验，可能无法正确理解案件和证据。陪审制度是司法民主的体现，但只有在遵循被追诉者意愿的基础上才能充分发挥其功能。因此，是否采取陪审制应由案件的直接关系人（被告人）来决定。这种选择也使陪审法庭所作的裁决是建立在被告人事先信任的基础之上。[①] 2005 年 5 月 1 日开始实施的《全国人民代表大会常务委员会关于完善人民陪审员制度的决定》第 2 条就规定：刑事案件被告人、民事案件原告或者被告、行政案件原告申请由人民陪审员参加合议庭审判的案件可以适用陪审程序。

（5）二审程序中的选择权。《刑事诉讼法》第 189 条[②]规定：“第二审人民法院对不服第一审判决的上诉、抗诉案件，经过审理后，应当按照下列情形分别处理：……（三）原判事实不清楚或者证据不足的，可以在查

① 宋世杰：《刑事审判制度研究》，中国法制出版社 2005 年版，第 261 页。
② 此处条文系指 1996 年修正的《刑事诉讼法》条文。——编者注

清事实后改判；也可以裁定撤销原判，发回原审人民法院重新审判。”这也是一个选择性条款，其中，二审法院直接改判和发回重审这两种方式对当事人来说各有利弊。直接改判减少了当事人的诉累，但是其判决是终审判决，当事人不再享有上诉抗诉权；发回重审是按照第一审程序进行，对其结果当事人不服可再次向上一审级寻求救济，但实践中的发回重审往往导致案件程序“逆行”，甚至重新从公安机关的侦查开始进行，当事人，特别是处于羁押状态的被告人在此期间，还必须忍受来自诉讼方面的压力。因此，当事人既会有为早日摆脱诉累而选择二审法院直接改判的愿望，也会有为追求公正而愿意发回重审的要求，还会有选择审级以防对方当事人“托关系”影响司法公正的想法。所以，针对在二审中认为证据不足、事实不清的案件，应当赋予当事人选择发回重审还是二审直接改判的权利。

（6）刑事附带民事程序中的选择权。设立刑事附带民事诉讼制度旨在程序上方便当事人诉讼，使其免遭诉累，同时在实体上及时弥补刑事被害人因不法侵害所遭受的损失。但现行附带民事诉讼制度一方面割裂了民事法适用的统一性和确定性，另一方面忽视了附带民事诉讼救济的独特性。不仅导致了诉讼程序之间的冲突，很多情况下还产生了法律救济的真空①，其弊端具体体现为案件受理范围、请求赔偿的范围存在局限，合并审理也使审判过程表现出了诸多的不便利、不经济，甚至使有的判决结果的公正性受到质疑。

当然，刑事附带民事诉讼这一程序设置本身的正确性是无可置疑的，造成上述弊端的原因之一就是对符合刑事附带民事条件的案件一律适用合并审理，忽视了案件的多样性。所以，首先应树立民事诉讼并不必然为刑事诉讼所附带的观念，是否以附带方式一并解决刑事责任和民事责任，由当事人自主选择。可做如下程序设计：凡因犯罪行为所引起的民事赔偿请求，均可以在刑事诉讼中附带提出，也可在刑事案件审结后向民事审判庭另行提起民事诉讼（需未超过民法规定的诉讼时效），还可在刑事案件未

---

① 肖建华：《刑事附带民事诉讼制度的内在冲突与协调》，载《法学研究》2001年第6期。

立案时向民事审判庭单独提出。

当然，任何权利都不是绝对的，也非不受限制的，没有界限的权利往往会导致对权利自身的否定。因而刑事当事人的程序选择权也面临适度限制的问题。笔者认为，应在时间、空间和对象上对当事人的刑事选择权加以限制，比如当事人只能在特定的诉讼环节对特定的诉讼程序进行选择。另外，当事人的选择权应以无损于社会公益为限，不能妨碍国家追诉、打击犯罪和保障人权的宏观目的的实现。

四、完善刑事程序选择权的配套制度建设

（1）完善立法，明确并增加刑事诉讼程序中可选择的范围。制度设置的完善是选择的前提，只有在通往最终裁判结论的道路上有不同的程序设置且各程序中权利义务及其效果有所差异，当事人对程序和程序性事项的选择才有现实的可能性和有效性。

（2）完善法官的告知义务。因为当事人对可选择程序范围的了解有赖于法官的帮助，在当事人选择程序的过程中，法官应对其尽到有效的告知义务和解释义务。法官的这种告知与解释应当集中于以下两个方面：一是告知当事人对其所面临的程序有无选择权；二是对各程序的要点及利弊作出明确解释，由当事人在充分了解的基础上自主决定。

（3）强化律师的帮助作用。律师的帮助可对法官的告知起到补充作用，其可以基于自身的知识和经验，从当事人的最大利益出发，在对各项程序和程序性事项作审慎的考察后，协助当事人作出最有利的选择。因此，强化律师的帮助作用，建立依靠律师分析利弊的机制，是程序选择权得以顺利实现的基本保障。

原载《河南公安高等专科学校学报》2007年第2期，与文娟合著

扭送立法新论

我国《刑事诉讼法》[1] 第 63 条规定："对于有下列情形的人，任何公民都可以立即扭送公安机关、人民检察院或人民法院处理：（一）正在实行犯罪或者在犯罪后即时被发觉的；（二）通缉在案的；（三）越狱逃跑的；（四）正在被追捕的。"这是我国法律对扭送的规定。但是，在理论界对于扭送的研究十分薄弱，在司法实践中，公民在实施扭送的过程中出现的问题也层出不穷，不利于实现控制、惩罚犯罪和保障人权的目的，因此对于扭送的研究具有重要价值。

一、扭送的概念

从《刑事诉讼法》第 63 条的规定我们可以得出扭送是指：公民将具有法定情形的人强行送交公、检、法机关处理的行为。这一表述基本反映了扭送的内涵，但没有全部把握其特征。

正确理解扭送的概念，还应当把握扭送的以下特点并进行分析。

（1）扭送主体的广泛性。实施扭送行为的主体可以是任何公民。这说明扭送是公民一项普遍的权利，法律赋予每个公民扭送权，公民可以运用这种权利保护自己、帮助他人，同一切违法行为作斗争。也伸张了正义，

① 本文所引用《刑事诉讼法》条文，如无其他说明，均指 1996 年修正的《刑事诉讼法》条文。——编者注

体现了国家支持的社会正气。

（2）扭送对象的特定性。按照刑事诉讼法的规定，公民可以扭送四类人：现行犯、通缉犯、越狱逃跑者或被追捕者。扭送的对象只限于上述四类人，任何人不能随意扩大范围。

（3）有不同于强制措施的强迫性。首先，从“扭送”的词义可以推断出扭是一种送的方式，带有迫使将其送交公安机关、司法机关的性质，不同于强制措施的强迫性。但公民只有首先控制住扭送对象才能将其送交公安机关、司法机关，这当然不是扭送对象自愿的，即迫于某种形势、迫于扭送主体行为的正义性和合法性。同时还存在来自社会、群众的压力和法律的权威，从而在精神上迫使扭送对象随同扭送主体一起去司法机关。所以它不同于司法人员的执法有特定身份和权力做后盾，不具有法定强制性。

（4）具有即时性和暂时性。该特征对应的是《刑事诉讼法》第63条中的“立即”一词。公民在发现具有法定情形的人时，在控制住扭送对象后应“即时”将其送往公安司法处理。必须立即送交，不得拖延。因此，扭送对于扭送对象人身自由的限制是暂时的，当公民将扭送对象移送至司法机关时，扭送行为结束。

（5）保障性。扭送的另一层词义是“送往”，侧重点在于“送”。在这个过程中，公民不得对扭送对象进行关押和体罚，不能随意进行搜查，不得随意伤害扭送对象的身体或侮辱其人格。笔者认为扭送这一规定，有保障扭送对象人权的含义在其中。如果在扭送过程中，被扭送人行凶伤人，应从重追究其责任，而且如属犯罪其性质上应予从重定性，以保障扭送主体的合法权益。这种保障应是对双方的保障，不能做片面理解。

二、扭送适用中存在的问题

一方面，扭送在动员公民协助公安机关、司法机关缉拿犯罪分子，弘扬社会正义，保障人权方面起着不可忽视的作用。另一方面，扭送在具体操作过程中出现诸多问题，根源在于我国刑事诉讼法对于扭送的规定在立法上存在缺陷。

（一）扭送的法律性质规定不明确，对扭送主体的法律地位缺乏明确界定和权利保障机制

纵观其他国家的法律，无论是大陆法系还是英美法系，基本存在类似我国“扭送”的规定，英美法系国家把任何人有权在没有逮捕证的情况下对现行犯逮捕称之为“无证逮捕”，德国则叫“暂时逮捕”。法国、日本则称之为“对现行犯的逮捕”。这些国家都是将这一类似于“扭送”的规定归纳在强制措施之中，而我国的刑事诉讼法中的扭送制度并非刑事强制措施。扭送行为是公民根据法律，对具有法定情形的人所采取的个人的行为，不具有职权性，是法律赋予公民的一项权利。但是在现实中，为何往往极少有人行使这一权利，以至于我们经常看到类似案例：青岛一女青年勇斗小偷，而一名的哥不但不见义勇为，反而拉着小偷逃走；重庆市一公安在一中巴车上与两歹徒搏斗 30 分钟后，只有一名保安最终站出来，其他 40 余名乘客自始至终充当的都是现场的看客；广东省某保安员帮助一对男女夺回了被抢走的皮包，在保安员与歹徒搏斗时，这对男女非但没有援助，在保安员被击伤倒地后，他们既没有报警也没有进行必要的急救，而是选择仓皇离去。英雄流血又流泪的事件时有发生，扭送这一见义勇为之举可能会对自身权益带来损害，有时扭送犯罪分子可能还需要配合公安机关、司法机关取证和帮助调查。对于这些有利于社会的行为，我国法律并没有制定相关法律进行保障。对于公民实施扭送行为时，其合法权益遭到侵害时如何救济；公民错误实施扭送时，是否应追究其法律责任？造成的损失是由国家承担还是公民个人承担？都没有进行明确的规定，这不能不说是我国刑事诉讼法需要关注和完善的问题。

（二）扭送实施中的对扭送对象的人权保障不够

刑事诉讼法中规定了扭送的对象是四类：现行犯、通缉犯、越狱犯和被追捕者。我国一直都提倡同犯罪分子做斗争，公民对具有法定情形的人实施扭送是法律所鼓励的。但是，有时也有将仅违反了公共道德的人扭送到有关部门的事件。这说明，扭送实施的随意性比较大，对扭送对象的确定也比较困难。公安机关、司法机关在执行法律的过程中都会有错捕情

况，更何况无侦查权、无强制能力且没有受过相关专业训练的普通公民。但是执法机关的错捕是否违法，有严格的法定程序来加以衡量。扭送没有相应规定，扭送的随意性也增加了扭送对象的人权遭受侵害的风险。

另外，对扭送过程中扭送对象的处置问题。在司法实践中，往往由于公民对于犯罪的痛恨或被害人一方受到伤害的报复欲望，而出现一些过激的行为，如侮辱、示众、拘禁、人身伤害等。我们身边也不乏这样的事件出现。这些行为显然是错误的，甚至是违法犯罪的行为。因为《宪法》第37条规定："中华人民共和国公民的人身自由不受侵犯。……禁止非法拘禁和以其他方法非法剥夺或限制公民的人身自由，禁止非法搜查公民的身体。"第38条规定："禁止用任何方法对公民进行侮辱、诽谤和诬告陷害。"一个公民即使犯了罪，他的合法权益仍然受到法律保护，即使要限制或剥夺他的某些权利，也应当依照法定的程序来处理。但是这个原则往往被忽视，"痛打小偷"被认为是大快人心的"正常"事件，扭送对象往往也因为"做贼心虚"而自认倒霉。然而，这个问题是不容忽视的，是不符合国际人权保护准则精神的，对扭送对象的人权亦应保障。

（三）扭送制度的规定太过原则和抽象，易被滥用

我国《刑事诉讼法》第63条仅以不到百字规定了扭送制度，如此"简陋"已不能适应社会发展的需要。现在我国大力提倡共建和谐社会，扭送制度对于营造和谐的氛围具有相当大的调整功能。但是我国扭送的立法出现了大量空白和欠缺，规定得极为原则和笼统，在具体适用的过程中，无法应对出现的各种各样的问题，扭送功能的发挥也几乎处于沉睡状态，致使如今社会无法形成敢于与犯罪做斗争的好的风气。甚至出现容忍犯罪，惧怕罪犯，"英雄流血又流泪"的不正常的社会现象。滥用扭送，借扭送名义对他人进行诬告、陷害、打击报复。这些实践中层出不穷的问题，不得不令我们反思扭送制度规定的漏洞。

1. 扭送主体范围的缺陷

我国《刑事诉讼法》第63条规定："对于有下列情形的人，任何公民都可以立即扭送……。"笔者认为，从立法本意来看，国家是鼓励一切人

同犯罪做斗争的。一切人既包括我国公民、外国公民和无国籍人。但是“任何公民”的表述是比较模糊的。即使从广义来讲，指我国公民与外国公民，但无国籍人是不包括在其中的。有人提出不会造成很大歧义，但是如果出现扭送对象以扭送主体是外国人或无国籍人无权扭送而起诉其侵权的情况，会造成我国与外国交往中由于这一规定的缺陷成为他人攻击的口实。笔者认为还是以“任何人”表述更为妥当。

2. 扭送时间规定的缺陷

我国刑事诉讼法要求公民“立即”扭送，“立即”是个不确定的时间要求，需要立法进一步明确。比如说：“立即”到什么程度，衡量的具体标准是什么？如果是客观原因如路途遥远、交通不便、发生意外事件等造成扭送时间过长，是否应认为非法拘禁？笔者认为应对“立即”作出限定，具体要求是扭送过程的连续性，扭送行为的不间断以及扭送行为在合理时间限度内完成。①

3. 扭送结果规定的缺陷

从我国刑事诉讼法对于扭送结果的规定来看，公民只能将扭送对象送交公安机关、人民检察院或人民法院，不能是其他机关或单位。这一条件对保护扭送对象不受非法处置很有必要。但是，在司法实践中，这一做法不利于顺利扭送，因为有很多犯罪分子总是想逃脱，而不顾一切反抗，这必然会对扭送主体的人身安全构成严重威胁。所以根据我国的实际情况，应扩大接收扭送对象的单位和个人。建议规定为：除司法机关外，公安机关的人民警察、基层公安保卫组织或人员（包括治安联防部门、街道、村镇的治安保卫组织、人员）都有义务接收扭送对象。但对扭送对象的处理权仍只归于司法机关。这样才能真正便利扭送，鼓励扭送。

三、扭送的实现及保障

（一）应对扭送实行专门立法

正如上文分析，我国扭送立法规定得极为原则和笼统，其对社会生活

① 李勇：《对扭送制度的若干思考》，载《河南省政法管理干部学院学报》2005 年第 5 期。

的调整非常乏力。所以，当前应着重强化对扭送的法律控制，应当在法律上有统一、明确的界定。实践中，已有的国家立法无论是刑事诉讼法还是民法，都难以对扭送制度的实现及保障作出切实、完善的规定。所以要充分发挥扭送制度的作用，实现扭送的目的，应强化相应立法。

（二）扭送立法的框架设计

笔者认为，关于扭送的立法，可以制定《扭送条例》，分为四部分进行构思：（1）总则部分。具体规定该法的制定依据、目的、扭送的明确定义、适用范围、主管机关、原则与要求等内容。（2）分则部分。应分别规定出扭送的方式、强度、处理扭送的程序等；对实施扭送的公民的特殊保护和奖励；法律责任，规定实施扭送的公民和其他相关机构在扭送中的义务和预设的法律责任。（3）救济措施。扭送过程中可能出现对扭送主体和扭送对象发生诸多情况，产生一定后果，甚至发生难以预料的情况。出现后，法律采取一些应对措施，应以列举式加以规定具体的办法，予以救济。（4）附则部分。具体规定实施该法的制定机关，其生效时间、准予援用的法律或法规等内容。

（三）扭送立法应注意的问题

扭送程序中应注意的问题，笔者在上文中已基本论述过，不再赘述。下面将重点论述立法分则部分的对实施扭送公民的权利保障和扭送中各主体的法律责任问题。

1. 对于扭送主体和扭送对象合法权益的保障

（1）对扭送主体合法权益的保障与救济扭送是法律赋予公民同犯罪行为做斗争的一项权利，这一权利的行使往往伴随着行为者包括生命在内的重大利益的付出。我们对实施扭送的公民，需要的是有各种支持、关怀的保障机制。只有通过立法，建立健全社会保障机制，才能使“扭送”英雄流血不流泪。

首先，要建立健全全国性的法律保障体系。设定的规范要切实保障公民的人身不因扭送受到损害；受伤的得到及时、完善的治疗；受到经济损失的得到及时赔偿、补偿；死亡的能真正善后。我们认为对于由于实施扭送在与犯罪做斗争中牺牲的公民，对于事迹特别突出的可以由人民政府授予其“烈士”称号，其遗属应享受抚恤待遇，尤其是其子女的就业、入学、入伍问题应适当予以照顾。

其次，该立法应特别支持扭送主体补偿请求权利的主张。具体包括：对被扭送对象侵害的人，即被救济者的必要费用偿还请求权；对扭送对象的损害赔偿请求权。在此特别需要说明的是，立法应明确国家是保护扭送主体的责任承担者，还应授权专门的机关来履行这一职责。在国家向扭送主体履行该责任后，再向扭送对象或被救助对象追偿。再次，设立扭送基金，加强政府和社会各界对公民实施扭送的扶持和保护力度。要设立各级扭送基金，从法律上明确各界、各行业都有责任和义务扶持公民扭送，确保基金来源在制度上和法律上的保障。同时由政府设立表彰、奖励等规定，对公民的扭送行为进行表彰。这是从精神层面对敢于同犯罪做斗争的公民的肯定，是鼓励群众见义勇为的重要手段之一。

（2）对扭送对象合法权益的保障与救济。扭送是具有强制性的，对未犯罪或者被错误追究的扭送对象来说，这种强制又是以牺牲其人身自由和其他权益为代价的，但即使是犯了罪的人，他的合法权益仍然要受到法律保护。因此，为防止侵犯扭送对象的权利，立法应许可扭送对象采取一些措施，对自己的权利进行救济：扭送对象可以进行申辩，对于公民的错误扭送可以及时澄清；可以要求送往司法机关处理，防止扭送主体非法拘禁、滥用私刑；扭送主体主观存在过错造成侵权时，扭送对象可以要求扭送主体赔礼道歉、赔偿损失；如果被公安机关、司法机关错误处理的，可以要求国家赔偿。

2. 由扭送引发的法律责任问题

首先要正确处理扭送不当造成侵权应承担的责任问题。因扭送而侵权的情况基本有两种：一种是无过错侵权，另一种是过错侵权。对前者一般按紧急避险或正当防卫处理。需要特别注意的是后者，这又有多种情况，如避险过当、防卫过当。对主观上有故意的过错的，因其行为性质发生质变，实际上已对社会不利，已不符合扭送的价值要求，则该追究什么责任就追究什么责任。对于主观上存在过失的则应对其见义勇为实施扭送的方面该保护的保护，该奖励的奖励，对其侵权方面该承担什么责任就承担什么责任。但在刑事责任方面应将扭送作为特别的从轻情节。这样无论对扭送主体还是被侵权人都体现了公平的原则。

其次要对扭送制度中有关机关的责任问题作出明确规定。这些机构包括公安机关、司法机关、医疗机构等。

对扭送对象不及时处理或相互推诿造成严重后果的；扭送人员的有关情况应该保密而不保密，对需要保护的扭送主体及其亲属未采取措施予以保护，造成严重后果的，由其主管部门或者监察机关对直接负责的主管人员和其他直接责任人员依法给予行政处分。

医疗机构对负伤的实施扭送的公民应及时组织抢救和治疗，不得推诿或拖延。如有条件抢救治疗而故意推诿或拖延救治的，由有关行政主管部门责令改正，拒不改正的，由其主管部门或监察机关对直接负责的主管人员和其他直接责任人员依法给予行政处分。

贪污、挪用扭送专项基金及其受益，尚不构成犯罪，由其主管部门或监管机关对直接负责的主管人员和其他直接负责人员依法给予行政处分，构成犯罪的，由司法机关追究刑事责任。

其他相关机关可以参照以上规定处理。

原载《广西政法管理干部学院学报》2008 年第 2 期，与杨柳合著

诉讼证据基本理论研究

关于诉讼证据概念的表述及其特征的管见

诉讼证据概念是证据学许多概念中最重要的中心概念，正确理解和认识证据概念的涵义和特征，对于研究“证据学”具有重要的理论和实践意义。它可以帮助划清马列主义认识论与各种唯心主义观点在运用证据这一重大原则问题上的界线，指导侦查、起诉、审判等司法实践活动，提高办案水平，防止认定案件事实中的某些失误。

什么是诉讼证据？中外法学界进行过长期的争论，至今仍是各抒己见，未有定论。在国外简单地说有：原因说，他们认为证据就是使法官对某一待证的事物确信不疑的原因，也就是产生所谓心证的原因；结果说，他们认为证据是对待证事实存在与否的认定，把证据同运用证据证实案情的结果等同起来；方法说，他们认为证据是确认待证事物或事项的方法；证明说，他们说证据是用已知的事实为基础对待证事实的推测；综合说，他们认为证据是指那些可被证明的事物和证明的方法。他们主要的共同之点都是没有把握证据的本质——客观存在的能够证明案情的事物，而把证据看成是证明的方法或手段。其根本原因是因为他们信奉“自由心证”，他们在概括证据特征时，失去了客观标准，而从各自的认识出发，看成是人的意志决定的，这是他们唯心主义世界观和方法论所必然导致的结果。在国内回答什么是证据及其特征问题上同样存在许多不一致的认识，对于证据概念的表述至少有八九种之多。而对证据的特征从20世纪60年代起就有分歧，至今仍是议论纷纭，各不一致。争论的主要焦点是关于是否具有法律性（合法性）的问题。坚持有法律性的同志认为证据只有经过司法人员的依法收集认定，才能成为诉讼上的证据，才能纳入诉讼轨道，它是证据客观性的保证。但对于法律性的解释上也很不一致。上面这些分歧的根本原因仍然是对证据性质有不同认识而产生的，表面上虽然都表示承认证据是客观实在的事实，但许多同志实际上仍然把证据认为是证实案情的手段，所以有的说有合法性，有的说证据有主观性等。关于对这样一个问题的理解和认识我们必须按照马列主义、毛泽东思想关于认识事物的观点、方法去研究，必须统一到辩证唯物主义的立场上来，才会得出正确的统一的科学的结论。

马列主义认为，原则不是研究的出发点，而是他的最终结果。根据这一马列主义的观点，我认为研究证据概念和特征必须坚持以下两点：第一，研究问题不能从概念出发，而必须从具体的事物出发。研究诉讼证据也就必须从具体的证据出发，而不能从现成的证据概念出发。第二，理论来源于实践，又为实践服务。理论指导实践，又被实践所检验。因此研究证据必须从实际出发，能够经受司法实践的考验，解释实践中的问题，并为司法实践服务，反对主观随意性。

对于诉讼证据的概念的研究必须抱着唯物的辩证的科学态度。证据概念是对证据的本质属性的高度概括，而证据的特征就是证据概念的内涵。要对证据概念有完整的正确的了解，必须首先认识证据的特征，而证据特征又是从具体的各个证据中进行归纳而来的。因此研究证据概念必须从研究具体证据的特征开始。

我们讲的证据是《刑事诉讼法》和《民事诉讼法》中用来查明和证实案情的证据，这些证据在《民事诉讼法》中规定有七种，在《刑事诉讼法》中规定有六种。它们有些什么共同的本质特征呢？对这样一些证据的认识，在司法实践中是从立案开始的，到审判终结结束。人们对它本身就有一个不断认识的过程。所以有的同志主张证据在不同阶段上有不同含义、不同概念。这种主张显然是不妥当的。人们对证据的认识有不同的阶段，有浅有深，但这并不改变证据本身固有的属性。同样，有的同志也把法律上对收集运用证据的要求认为是证据属性，这也显然是不对的。证据的属性是证据本身的质，而不是外部对它的约束。所以我认为证据的特征只能从证据自身的特性中去寻找，正如任何事物一样，外部条件不是事物的本质，事物的本质是事物的特殊矛盾所规定的，是不由人们的意愿决定的。因此从诉讼实践来看，我认为证据有以下三个主要特征。

第一，证据是客观存在的真实事实——客观性。这里讲的客观性是指客观实在性，不能把它与哲学上的客观存在完全等同起来，否则就会使我们对证据的理解发生错觉，那样甚至会把不实之词认为是证据，因为不实之词也是一种客观存在。当然，如果已构成诬告罪，对这种诬陷材料也可作为证据用，但这是从另一种意义上来讲的。我们通常所讲的证据，是指实在发生过的事实，而且必须是如实反映的不加入主观的分析和推测。从证据的形成，我们可以清楚地知道，证据是伴随着案件发生过程客观地留下来的事实，这些事实是能被感知的，它是刑事、民事案件的主体按照特定的方式进行活动所留下来的各种痕迹、物品以及这些活动在人们感观上反映而产生的印象或记忆。此外为了证实上述这些证据所需要查实的材料——佐证，也是证据，它的形成都是案件主体行为活动作用于外部世界的结果（包括案件的客体物）以及与此在客观上有空间或时间联系的事实。它是不以司法人员主观愿望为转移的客观存在。因此它也是当事人或犯罪行为人无法掩盖和抹杀的。这些痕迹、物品、印象及其能佐证上述事实的事实就是证据，在实践中千姿百态，无法一一枚举。但它们的共同点都是曾经在一定空间和时间内发生过的事实，具有客观真实性，而且是旁人和案件的行为人不能再改变的。可能有人会说犯罪分子或民事案件当事人他们可以事后制造假象。但马列主义认为，假象是能够查清和识破的，这些假象可以证实真相，假象是对真相的歪曲反映，是真相的一种表现形式，我们可以透过假象见真相。实践中正是这样，不少犯罪分子制造假象，却与制造者愿望相反，为破案提供了线索，使假象成为查明真相的向导，搬起石头砸自己的脚，这就是认识事物的辩证法，进一步证明证据是不能为人们意志所左右的客观真实。当然这种假象用来作为证据，是在当人们识破它之后，用来证明制造假象者说了假话或伪造了事实，而不是承认这种假象是原来意义上的证据，这一点是从另一层意义上来理解证据的涵义，而绝不是说证据可以不是真实的事实。同样，上述所说在证明说假话或制造假象这一点上仍然要求是真实的。

第二，证据是能证明案件的事实——证明性。这种证明性表现为它和案件的联系性，即相关性，不相关就不能证明。证明性有两方面的意义：一方面，证据事实是与案件有客观联系能证明案情的事实，而不是一般的关联性。有的证据，就是案件事实。如刑事案件中犯罪行为人留下的物品或凶器；民事案件中争议的标的物或证明文件，如契约。另一方面，证据还可以是证明不存在某一情况的事实。特别是当司法人员把对象弄错了的情况下，这种证据与那一案件本身从客观上来说是不发生内在联系的。这种联系的形式，是司法人员主观误认。在司法实践中，并不是罕见的现象。如反标案件把一个与反标毫无关系的人作为案件嫌疑人，要证实这一事实，必须查证有关证据，这些否定该嫌疑人的证据，与反标作案的真实情况是不存在联系的。此外，证明证据事实的事实也是一种证据，因为法律规定，证据的真伪是要经过查证的。所以把这些联系概括为证明性比用关联性一词更为准确和完整。有人说这是同义词。其实这并非同义语反复，证明和证据不是同义词语。这些联系按其与案件的关系和内容大致上可以分为三种形式：一是案件行为人的行为直接作用下产生的与案件直接联系的事实，这里所说的直接联系是指证据的来源而言，而不是直接证据意义上的直接联系；二是证明证据事实的事实，是与案件间接联系的事实。这些事实本身只与案件中证据事实能挂起钩来，不能直接证明案情，所以它与案情是间接联系；三是对证明案件某个问题有意义的事实。这要根据待证事实而定，可能与查明案情没有什么关系，但按照法律上要求或者对处理该案有意义需要用来作证据。比如诉讼法要求的一些需要证明的问题，如累犯、责任年龄、免予起诉的几种情况等，虽不涉及案件本身，但对处理案件有意义。

第三，证据是形成了特定形式的真实事实——定形性。证据和任何事物一样是内容和形式的统一体，有一定的内容，必然有与它相适应的表现形式。诉讼证据存在的形式虽是诉讼这种特定活动的规定性的反映和表现，但它是按照自身的特点客观地表现出来的，因此这种特定的形式也是客观的。法律规定是对它的承认和认可，尽管对它有一定的限制作用，但不是对它的形式的拟制。远在法律未规定六种或七种证据种类之前，证据存在的形式早就随着它的产生而存在着。因此证据具有特定的形式是证据客观性在形式上的表现，而证明性则是证据客观性在内容上的表现，它不是由人们任意可以创造和改变或者消灭的，人们只能发现和承认它。这种独特的存在方式也是它和一般意义上的证据的区别之一，无疑应是它的特征。

但是，不能因此说诉讼证据具有法律性，那种认为证据具有法律性或合法性的说法是值得商榷的。认为证据有合法性或法律性的人，他们的说法和理由虽然不一致，但主要的都是说证据的收集、运用及审查需要依法办事，要由法定机关的法定人员，按照法定程序进行，否则不能纳入诉讼轨道。要遵守法制，办案人员要依法办事，法律在证据问题上作了必要规定，这无疑是正确的，而且必须严格执行。但是不是因此说证据本身就有一个法律性问题呢？我的回答是否定的。

其一，证据的属性与法律对证据的要求是两个不同的范畴。证据属于事实，是客观存在。法律对证据的规定和对办案人员的要求属于主观意识，是统治阶级意志的表现。是两种不同性质的东西，是两个不同范畴的概念。

其二，证据概念是对证据的本质特征的概括，也是人们对诉讼中用来查明案情的事实这一特定对象的认识，这种认识是来源于每一个具体的证据，是对它的本质属性的抽象，也只能是对具体证据本身的属性的概括，而不应也不能包含与它相联系的属性。法律的属性只能对证据外部有所制约，而不是什么证据本身具有法律性。也就是说证据的属性无不存在于具体证据之中，它是来源于证据本身，而不能来源于证据之外。而法律的种种规定是证据外部的关联，是人的意志的体现，而不是证据固有的属性。正如人们进行某种产品的生产一样，需要遵守一定操作规程和纪律，否则生产无法进行，至少也不能生产出合格的产品。尽管人们遵守纪律和操作规程是必需的，但绝不能因此而说该产品具有什么纪律性等属性，一句话，认为证据具有法律性是把证据和证据法混同一起的结果。

其三，法律对证据的限制和收集、使用证据应遵守的规定是保证主观认识必须符合客观实际的必要条件，是司法实践经验的总结。它随着时间的推移，科学文化以及法学的发展，法制的不断健全和完善而不断发展变化。可是证据的属性也就是说证据这一概念特定的含义，只能因认识的深浅有所不同，但它本身固有的本质属性是不会变化的，这就是事物的规定性，由诉讼证据这一特殊矛盾规定的，只要证据还被称之为证据，证据的属性就不会变，如果变了，那证据已不是原来意义上的证据了。

以上充分说明，证据本身不能解决法律性问题，也无所谓合不合法。法律性或合法性是指办案人员在收集、判断、使用证据时，依不依法办事，有没有按照法律要求去做，是由办案人员的行为决定的，合法性只能体现在办案人员的活动中，而不能体现在证据概念之中，不能成为证据构成的要素。偷来的鸡蛋和买来的鸡蛋都是鸡蛋，区别在于取得鸡蛋的行为不同，而不是诉讼上的程序。实践证明，合法性是可以离开证据而独立存在的东西。比如某一用来作为证据的事实是虚构的，本身并不具备证据资格，可是它是法定机关法定人员按照法定程序收集的，具有合法性。这就证明合法性是可以离开证据的客观性而独立存在的。所以说证据具有法律性的说法显然是不科学的，在实践中也是有害的。这里我们清楚地看到法律性是人为的对证据概念内涵的扩大，我们不能以此来指导实践。我们承认法律对证据的各项规定可以更好地保证证据的客观真实，但这些规定和对司法人员的要求不能归结于证据本身的特征或作用，这正是我们需要强调的。法律是统治阶级的意志。我们是社会主义国家，社会主义国家的诉讼证据的基本原则是实事求是，我国诉讼法体现了这一精神，它要求司法人员和所有公民依法办事，而且我国的司法机关也是应该和能够做到这一点的。这正是我国法律的特色，法律的规定和实施的一致性，使它区别于一切资本主义在内的剥削阶级国家。如果我们把这也叫作证据的法律性，那是对我国法律评价上的一种降格，是不应有的混淆。

前面关于对我国诉讼证据的特征论述，为我们在后面对证据概念的准确表述打下了基础。那么，证据的概念究竟怎样表述才更加科学呢？由于对于证据的特征的认识不同，各有不同的表述。根据上述所阐明的证据本质属性，结合《刑事诉讼法》第 31 条[①]关于对证据所下的定义，证明案件真实情况的一切事实都是证据。以及该条第 2 款、第 3 款精神，我认为对证据概念理论上的表述是可以在不违背法定概念的原则下作若干补充，以更加完备。法定概念为理论上的探讨提供了方向，但并没有禁锢理论的研究。

我认为诉讼证据的概念是，证据是能够证明案件真实情况及其有关问题而形成了特定形式的一切真实事实。这一表述比《刑事诉讼法》上的规定主要增加了两点。第一点是在证明对象上增加了“及其有关问题”。这些问题在司法实践中主要包括两种，一是证据真伪需要查证，二是虽不能证明案情，但对处理该案有意义的事实。这都是证明活动中要解决的任务。如证人证言的真伪要查证，这种证明证据真伪的事实也是证据。此外如按照诉讼程序的要求查明的某些事，虽然不涉及案件情况，而对量刑和处理案件有一定意义，这些当然也是证据。

第二点是在一切事实上增加了“真实”二字，并用“形成了特定的形式”作定语。这是因为实践中的各种证据无不是以一定形式表现自身，而这种形式又是诉讼证据所特有的品格规定的，没有这一定的形式就不能成为诉讼上的证据。这些形式主要表现为言词证据和实物证据两大类，而言词证据又分为若干种形式，它们都有形式上的特定要求。比如证人要在证言上签章，要对自己的陈述真实性负责；鉴定人要对鉴定的事项具有专门知识等，这些都是该种证据本身特性要求的，并为法律所认可。这一点本身就是客观性，而不是人们意志决定的，法律不过反映了这一客观要求而已。因此这些规定是证据客观性和证明性在形式上的反映。有的同志认为事实本身就有真实的涵义，不必要加真实二字，这种看法也不完全，往往一个证据事实所涉及的全部内容，可能其中存在一些并不完全真实的情况。当然也有完全真实的，由于主客观的原因，这样的证据实践中是少数。多数是部分真实或基本真实。那我们在认定事实时，只能采用实事求是的态度，有多少真实的，我们就认定多少，一部分真实，我们就采用其

① 此处系指 1979 年《刑事诉讼法》条文。——编者注

中的一部分。一切从实际出发，这正是我国诉讼制度上的特色。

我们这种对证据属性的归纳和对证据概念的表述，既坚持了唯物主义观点，又没有把问题绝对化，看到了内容和形式的一致和联系，坚持证据的客观性，并不排斥证据存在的特定形式，并把两者有机地结合起来，能够说明司法实践中的各类问题，只有符合这一概念要求，才是我们诉讼上的证据。这就是从根本上划清了证据概念上的辩证唯物论和各种唯心主义观点的界限，把证据和运用证据的证明活动区分开来，把事实和手段区分开来，使证据概念建立在客观的司法实践的基础上，能够完整地反映证据的特征，实现内容和形式的始终统一。对于指导司法实践和解释司法中提出的问题有一定意义。以上就是我对证据概念的表述及其特征的初步看法，可能是一种大胆的拙见，仅供法学界研究和探讨。

原载《湘潭大学学报（社会科学版）》1985 年第 1 期

诉讼证据理论杂谈

一

什么是证据，证据有什么属性？它是证据学的一个根本性问题，搞清楚它们有重大的理论意义和重要的实践意义，否则就无法使证据理论建立在坚实的科学基础之上。

对这一问题，历来存在不同的认识，而且经过漫长岁月的争论，至今仍不能取得一致的看法。关于什么是证据，国外就有原因说、方法说、结果说等；国内也一样，有事实说、反映说、两义说、信息说等。其实，这里有很深的学问，既有理论问题，也有实践问题，有观点问题，也有方法问题。方法是入门的向导，观点是认识的实质，理论和实践应相统一。所以，全面地结合起来进行研究，才是正确之道，才是辩证唯物主义认识论。依此深入研究，才能得出真理性结论。

二

概念是本质问题，但概念不是研究的出发点，而是研究的结果。所以，研究证据问题，不能从现成的证据概念出发，而必须把现实中存在的一切证据现象作为研究的起点，具体分析每一个证据，通过典型剖析，从而把握和抽象了证据的一般本质。

现实中的证据是形形色色的，但不是所有的证据都能称得上诉讼上的证据。诉讼上的证据和一般所说的证据不同，它不能假设，也不能在实验室中去寻找，而是产生于案件主体的行为过程中，是行为人实施某法律行为过程留下的可供查明案件真相的物品痕迹以及在人们头脑中留下的记忆和印象，或智能工具的制品等，如计算机储存的资料以及录音录像资料……这些物品、痕迹、资料和人脑中的印象记忆，通过人们的归纳、整理、鉴别和逻辑推理等办法，可以再现已经发生过的实事情况。所以，我们把这些能证明案件事实真相的事实称为证据。也就是说，通过某些已知事实，而能认识已经发生过的未知事实，这种已知事实就是证据。但已知事实并非完全是已经发生的事实本身，它的表现形式，如上所说是多种多样的。人们可以通过这些表现形式形成的事实材料，认识证据的本质，从而把握证据的概念内涵，归纳出诉讼证据科学的概念。

三

我们认识了诉讼证据是案件形成过程中留下的诸多形式的已知的事实。但是，对这事实的理解是有不同看法的。比如裴苍龄同志在《证据法学新论》一书中指出：在什么是证据的问题上存在重大的分歧，必须从解决证据观着手。他认为："证据法学中存在着两种证据观，一种是形式证据观，另一种是实质证据观。形式证据观是从形式上理解和把握证据，即把事实的各种反映形式看作证据。实质证据观则相反，它不是形式上理解和把握证据，而是从实质上理解和把握证据，也即不是把事实的反映形式看作证据，而是把事实本身看作证据。"① 最后认定"事实属于'存在'这一范畴，事实的反映则属于'意识'的范畴，存在是第一性的，意识是第二性的。依据辩证唯物主义的基本原理，是存在决定意识……。"② 因此"把反映看作证据是讲不通的。反映，不管它具有什么形式都是由事实产生，为事实制约，受事实检验的第二性的东西，本身就处于被决定的地位，怎么能起到证据作用呢？"③ "把反映看作证据，就会作出意识决定存

① 裴苍龄：《证据法学新论》，法律出版社 1989 年版，第 35-36 页。
② 裴苍龄：《证据法学新论》，法律出版社 1989 年版，第 35-36 页。
③ 裴苍龄：《证据法学新论》，法律出版社 1989 年版，第 35-36 页。

在的结论。……由此看来，人的反映是不能作证据的。”①

上述这些论证，似乎是站在世界观的高度来谈证据观问题，并运用马列主义哲学的基本原理“存在决定意识”，作出了“人的反映是不能作证据的”的结论。我们暂不去讲他的理论是怎样存在明显的缺陷，就单从逻辑上来看，其缺陷也是显而易见的。他首先提出实质证据观和形式证据观，然后指出事实是存在。事实是一种存在这无疑是对的，那么形式是不是就不是存在呢？我们认为，事实和事实存在的形式是不能分开的，更不应对立。首先，形式并不都是抽象的，事实本身也有自身存在的形式。其次，即使形式是事实的反映，这反映也是形式和事实内容的结合体。意识是人脑的产物，是客观事物在人脑里的复写。人脑能正确地反映客观世界，正是人脑的认识能力的体现，是人能认识世界的源泉。因此，人脑对客观事物的反映，本身具有真实性，它并非单纯从头脑中想出来的东西，而是头脑对外部状态的感觉，它是主观和客观相结合的产物。所以，我们不能简单作出反映不能作证据的结论。否则，在司法实践中，能有什么东西可以证明身边发生的每日每时的变化呢？又有什么可以证明已经发生的案件呢？人的认识世界的能力又如何体现呢？很简单的事实是：客观世界，不管你是否认识，它都存在。但只有你看到和感受到的事物，才能产生感觉，才能通过人们的头脑反映到你的思维中，没有反映，人是不可能认识事物的。同样，没有事物，也不可能在人脑里产生对该事物真实的反映。因此，不能得出由于存在决定意识，所以反映是不可靠的，而否定反映的客观性和真实性以及其反映的证据作用。比如，某甲、乙两人共居一室。某日，甲从外买回一斤花生，放置于房中，后出外一小时，出去时乙在房中。甲归，不见其花生，而只看见一堆花生壳。问乙，“有人来否？”乙答：“没有谁来过”。甲由此而得出结论：“乙偷吃了花生”。这一事实的认定，其证据有三：(1) 甲回到房里，不见花生，只见花生壳。(2) 乙说，“在甲走后没有人来过”。(3) 物证——花生壳。这三个证据，你能说谁是事实，谁是事实的反映吗？我认为：上述证据，无一是乙吃花生的

① 裴苍龄：《证据法学新论》，法律出版社 1989 年版，第 35-36 页。

事实本身，而皆是事实与事实的反映。甲自己知道和看见的情况，不是事实和事实的反映吗？乙回答的情况也是事实和事实在乙头脑中的反映。至于花生壳，虽是物证，看样子是事实的本身，其实也是乙偷吃花生这一事实在客观上对花生造成的反映，因为它是在乙“吃”这一行为作用下形成的花生壳，而不是吃花生这一事实本身。总之，都不是事实本身，但又都与事实本身不可分割。难道能按裴苍龄同志的观点，把以上三个证据排除在证据之外吗？显然是行不通的。原因在哪里呢？这种理论其实并非都是错的，问题在于他对证据观、对事实和形式，对事实本身和事实存在的形式及其反映作了形而上学的理解，并把它们对立起来。从根本上来说，事实和事实存在的形式及其反映是对立的统一，是不可分离的，正确的对事实的反映，本身在形式上看是反映而非事实，而从实质上来看，其内容就包含了事实本身。

一般来说，特别是在诉讼活动中，多数情况下，证据不是事实的本身，而是对过去的事实的准确反映。而且这些反映要通过自身的特有形式表现其自身特定的内容。存在和反映，内容和形式，是不可分而又可分的，是辩证统一的。司法人员办案，就是凭证据办事，也就是运用主客观环境对案件事实的反映来揭露案件事实，再现案件的本来面目。因此那种认为只有事实本身才是证据，而对事实的反映不是证据的观点，本身就离开了社会实践，是头脑里想出来的结论，是经受不住实践考验的，所以是错误的。

坚持辩证唯物主义，就是坚持实践的第一性，坚持实践是检验真理的唯一标准，也就是既要讲唯物主义，又要讲辩证法。存在是客观的，但不能说意识就绝对是主观的，意识也有客观的一面，因为意识是物质的产生物，没有客观世界供思维去复写去思索，就无所谓意识。因此，事实是客观的，对事实的反映也应是客观的。如某人通过摄影留下了相片，人像不是人的本身，但人像不能离开人而独立发生，因此人的客观性决定了人像的客观性。所以并没有什么纯主观的意识，从根本上来讲，不能说人的思维都是主观的，它是对思维材料的反映，没有思维材料的真实性，也就没有思维的真理性。不能认为因为意识是属于第二性的东西，而推论出反映是主观的不可靠的，因此不能作证据。进一步说，存在决定意识，也只谈到问题的一面，意识也能反作用于存在，在一定条件下，它也可以起决定作用。

四

上述论证中，我们从理论与实践相结合上知道了什么是诉讼中的证据。但是，如何才能准确地表述这一概念呢？我以为只需对法定的证据概念稍加充实即可：证据是指证明案件真实情况的一切真实事实，包括事实本身和对事实准确地反映及其一切形式。这一概念强调作为证据的事实的真实性与范围及其表现的诸种形式。那种认为这样是把事实和事实的反映平摆在一起。这样势必会模糊两者之间的决定和被决定的关系。从而在认识上陷入“二元论”[①] 的论调完全会不攻自破，因为这与“只允许有马，不许看见马”是一样可笑的。事实与对事实的反映是辩证的统一，通过现象去认识本质是认识事物的规律。那种只承认所谓事实本身才是真实的，对事实的反映不能认为是证据的说法是形而上学的。

我们既然知道了什么是证据，再去把握证据的基本属性就很容易了。我们从证据的概念中可以看出作为证据的要素有以下三方面。

一是证据必须是具有真实性的事实。这就是所谓证据的客观真实性。它排除了一切虚假的主观的东西。凡是证据必须是真实的，那就不能是想象的东西，因此也就具有客观性。这种客观性是以真实为前提的，没有真实性的客观存在不能作证据。比如捏造的事实，误认的事实，就其本身也是一种客观存在，但它不是证据，因为缺乏真实性。

二是证据必须是与案件事实相联系的事实。与案件没有联系，即使具有客观真实性，也不是证据。因为只有与案件事实之间有某种联系，才能与案件的发生和过程产生某种关系，也就因此而可以证明案件的某一情况。与案件没有联系的事实，不具有证明作用，不可能成为案件中的证据。但证据和案件之间的联系形式却是多种多样的，有直接的、间接的、

① 裴苍龄：《证据法学新论》，法律出版社 1989 年版，第 35-36 页。

必然的、偶然的。那种认为只有必然联系才是证据的观点是片面的，我们必须认识证据事实联系的广泛性。有时这种联系还不易被发现，发现这种联系是确认证据证明力的关键，也是审查证据中的一个重要方法。正确地把握和理解证据的关联性十分重要，它是证据客观性在证明案件中的具体反映和表现形式，认识了证据和案件事实之间的关系，就认识了证据的证明力。

三是证据事实包含事实的本身和对事实的真实反映。也就是说证据事实所包含的范围是全面的，它是案件发生过程中形成的物品、痕迹和在人们头脑中留下的印象记忆，以及用智能工具收集的各种信号，如计算机储存的资料和录音录像等，它们有的是事实本身，有的是人脑和智能工具对客观事物的真实反映。它们都可以证明案件真实情况，都是诉讼中的证据。因此证据这种事实包括事实的本身和对事实的反映及其一切形式。对事实的准确反映是事实的复写，也是事实存在的一种形式，也属于事实。这也可称为证据事实的双重性。

以上三个方面，概括了证据的基本特点，它是证据自身存在的要素，因此也就是证据的本质属性。可以简称为证据的客观真实性与案件事实的相关性以及证据范围的双重性。凡是称得上证据的都必须具备这些属性，否则就不能成为诉讼上的证据。把握了它们的本质属性，对于判明什么是证据，什么不可作证据，就有明确的界限。在司法实践中，对于指导审查判断证据，认识证据的证明力，以及用它来认定案件事实都有重要的作用。当然，对证据本质特征的把握是一个复杂的理论和实践相结合的过程，其内涵也是十分丰富的，上面仅是初步的认识，全面地把握其特征，还有待进一步研究和发掘。

原载《湘潭大学学报（哲学社会科学版）》1995 年第 1 期

论刑事诉讼证明标准的性质及层次

刑事诉讼证明标准是证明理论中的一个重要课题，对其进行深入研究有助于发展诉讼证明理论、完善证据理论，并以此指导司法实践。本文拟对刑事诉讼证明标准的性质及其层次进行探讨，以期从理论上对该问题作出一定的贡献。

一、刑事诉讼证明标准

刑事诉讼证明标准在刑事诉讼证明理论中有着重要的地位，但是要准确地把握刑事诉讼证明标准，首先必须弄明什么是刑事诉讼证明。笔者认为，它是指司法机关在当事人、诉讼参与人参加下，依据查证属实的证据，按照法定程序，查明和确认案件事实和有关事实的诉讼活动。这种诉讼活动具有自己的特点，主要表现在以下四个方面。

（1）证明主体一般是司法机关及司法机关主持下的有关公民个人。在我国，能成为证明主体的司法机关包括公安机关、国家安全机关、人民检察院、监狱、部队保卫机关和人民法院。除此以外其他任何机关都不能成为刑事诉讼的证明主体。在证明中，上述6个机关并非处于平行地位，人民法院是所有证明机关中最重要的机关，具有最终的决定权。作为诉讼参与人的有关公民在诉讼中不能成为独立的证明主体，他们只能在司法机关的主持下参与证明活动，与其主体机关组成共同的主体。

（2）证明依据是依法收集并经查证属实的各种证据。证据是证明主体完成证明活动的依据，在刑事诉讼中，能够成为证明依据的证据必须符合一定的条件：① 经过法定机关收集和认可；② 依一定程序查证属实；③ 一般应为合法证据，除特殊情况外，以非法手段获取的证据应予排除。

（3）证明活动必须严格按照法定程序运行。也就是说，证明活动必须按照法律规定的程序，遵循证明原则以及证明责任与举证责任分配的规定严格地运作，以确保不致因证明活动的偏差而影响证明结果。

（4）证明范围和对象受法律规定和案件事实的限制，因而是特定的。证明范围和对象一般来说是由实体法明确规定的。但在涉及具体案件时，还要受刑事案件的事实制约，因此不同案件的证明范围和对象总是各不相同的。

从上述特点我们可以知道刑事的证明具有自己固有的属性，它不是任何情况下都可以形成诉讼上的证明的，它与一般的证明，如单纯的当事人证明具有不同的本质属性，具体表现在以下方面：① 诉讼证明是集体性证明或司法机关的证明，带有极强的独占性和权威性，而不是任何个人的行为。它是依照法定的规则和程序进行的，一般属于集体意志活动的结果。② 具有法律性质。刑事诉讼中证明的产生及其结构具有强烈的法定性和不可推翻性，它受法律制约，具有法律确认的效力。一般情况下诉讼证明结论不能推翻，若要变更，必须根据法定程序和条件进行。

以上两个属性互相联结，不可分割，更不能对立，究其本质而言，它是属于法律上职权性机关证明，具有国家权力性和严格的法律性质。

那么，什么是刑事诉讼证明标准呢？笔者认为，刑事诉讼证明标准是指刑事诉讼的实现证明所要达到程度的标尺和原则。这一标尺包含着证明目标和证明程度所概括的内容。这就是说，刑事诉讼的证明标准和我们通常所说的证明要求或证明程度并非同一含义。证明要求是对证明活动的结论达到何种程度的具体要求，似乎与证明标准很相近。但只要仔细分析，就可发现证明标准不但包含了证明要求这方面的内容，而且还有证明要求没有包含的目的性，即目标。至于证明程度，是证明已达到的度的指标，也不能完全概括其证明标准的意思。证明标准作为诉讼中对证明标尺的要求，比证明程度和证明要求更为科学和确切。所以证明标准不完全等同于证明程度或证明要求，而是它们的综合和规范化。其具体内容包含：（1）证明标准是一种证明目标；（2）证明标准是这一目标所要求达到的一种程度。二者都含有对证明要求的内容。所以证明标准就是上述内容的综合。

二、证明标准的性质

从刑事诉讼证明标准的概念中我们可以发现下述事实：

（1）证明标准是证明程度的量化尺度，也是诉讼证明要求的集中体现。这种量化尺度和证明要求并非具体、可以度量的，也不是对具体案件的要求，而是一种抽象的客观标准。

（2）证明标准既然是证明要求的集中体现，因而究其实质也就是证明要求的概念化、规范化。如高度盖然性标准是常见的证明标准之一，它有特定的内涵，是具体证明要求的高度概念化和理论化，是对证明程度的一种高度抽象化的说明。

（3）我国刑事诉讼证明目标是再现案件事实真相，实现诉讼公平正义原则。我们这样来理解我国刑事诉讼证明标准，对于指导司法实践中的证明具有理论上和实践上的双重意义，有利于诉讼证明活动的顺利实现，充分保障刑事诉讼中当事人的权利。

以上三个方面在形式上或者说在外部表现上反映了证明标准性质的综合性，其核心是对再现案件事实真相要求的目标化。但这种分析只是从外部表现形式去研究证明标准的性质，如果我们透过该事物的现象去认识它的本质，将不难发现特定的证明标准后面总有着某些起支配性作用的因素存在，它们决定了诉讼证明标准的性质。不同国度、不同诉讼性质的案件由此表现出不同的证明标准。笔者认为，刑事诉讼证明标准的实质是特定的政权意志和传统文化意识在刑事诉讼证明中的体现，这种特定的政权意志既是占统治地位利益集团整个要求的反映，也是一定历史阶段中社会生产力发展水平和物质经济条件的体现。同时它往往还是政权所有者们的特定利益追求基础上的理性观念要求处于某种两难处境中的选择。与此同时，证明标准也不能不受传统文化的影响。诉讼证明标准本身作为一种价值目标，它是特定社会人们的诉讼价值取向的反映，而这种价值取向的形成又同时是历史传统的积淀和缩影。正因如此，某一特定的国度在确定自己的诉讼证明标准时总是要采用同自己民族意识和传统文化相适应的标准。

证明标准这一实质使得它成为在诉讼中贯彻国家意志与传播法律意识的重要杠杆，法的意志和作用也借此得以充分发挥；有利于保证实体任务和诉讼目的实现。因此准确地认识和理解诉讼证明标准对诉讼的运作和证据的选择适用都有导向性作用，其意义已远远超过证明标准本身。正因为这样，加强对诉讼证明标准的研究，特别是加深对证明标准的性质的理解，有助于更好地把握证明标准并将之贯彻于实践之中，使刑事诉讼活动始终运作于既定的目的模式之中而不致偏离。

三、证明层次

诉讼证明本身具有层次，是客观的，证明标准也是分层次的。由于客观事物的性质在不同阶段上的展现各不相同，因此人们在不同的认识阶段对该事物的认识也总要经过一个由浅入深的过程。这一切决定了证明本身和人的认识都具有客观的结构模式。刑事诉讼证明标准也是具有自身的结构的，在同一诉讼阶段的结构的不同部分上，有不同的证明程度要求或不同的证明标准状态，这表现为证明层次的横向性特征。从纵向上来看，它也是由不同层次构成的，不同的诉讼证明阶段有不同的证明标准。因此研究证明标准不可忽视对证明层次的研究，换言之，研究层次对于揭露证明标准的本质，认识证明标准是无法回避的问题，也是必不可缺少的途径和方式。

（一）从横向层面上研究诉讼证明结构

（1）当事人证明。当事人在诉讼活动中，依靠自己把握的证据，按举证责任分配的原则进行举证，各自证明其主张事实。不论何种诉讼，都不能没有当事人的证明，因此当事人证明是诉讼证明的起始层次的证明，也是证明的基本形式。但是在诉讼证明中当事人的证明不能成为证明的终结形式，刑事诉讼尤其如此，绝不能单凭当事人证明而作出最终结论。因而当事人证明是表层证明，是证明的开始层次。可是有时候，也可直接转化为机关证明。

（2）侦查机关证明或起诉证明。侦查机关是破案机关，它有查明案件事实、查获犯罪人的任务。因此侦查机关担负着证明责任。它既可以公诉证明的前奏，亦可经过审查后转化为起诉证明。自诉案件则不一定经侦查机关证明，而直接由当事人证明进入起诉证明，按我国新刑事诉讼法规定，经检察机关决定不起诉或撤销案件的，若被害人不服，依法定条件可以提起自诉。这类案件也有一些是经过侦查机关证明的，但它同样不是终结形式的证明。它是证明的中间层次，其证明程度一般高于当事人个人证明，但也不能绝对化。

（3）法院证明。它是指在当事人证明、查证明的基础上通过起诉和审判活动进入证明的核心层次，在自诉案件中也有由当事人证明直接进入法院证明的。法院证明是在法院主持下，通过法庭质证和辩论、核对证据，在查明事实的基础上作出对案件事实的认定。由于法院证明直接关系到案件的实体结果，因此它成为诉讼证明中最有权威性的具有法律效力的证明。

总之，从审判活动的证明的横断面可以清楚地看到证明可以分为三个或四个层次，即最外层为当事人证明，其次是侦查机关的证明、公诉证明，内核为法院证明。其证明层次数目的变化主要体现在自诉案件同公诉案件的差别中。有时自诉案件只存在当事人证明和法院证明两个层次，有时亦可包括上述三个或四个层次，但这同公诉案件的证明层次并无根本区别而只是认识上的原因罢了。当然每个层次证明程度实现的要求是有精确性不同的。

（二）依据不同的证明程度或标准从纵向层次划分

（1）盖然性证明。盖然性证明是诉讼证明中起码要达到的层次，也是诉讼活动中的一般性证明。它要求对案件的基本事实或单个事实应该是查明了的，达到了基本的证明要求，一般来说当事人证明和侦查机关的证明即属于这一层次。此时对案件的认识尚不能达到十分可靠的程度，还不能据此对案件事实作出最终确认。

在刑事诉讼中盖然性证明是证明程度的一种，它也有一定的证明要求，即案件基本事实大体查清。但它不能成为刑事诉讼的一种证明标准。从这里也可看出证明标准和证明程度、证明要求是有判别的。在此问题上，无论中外概莫能外。凭盖然性证明，一般是不能定案裁判的，否则会使案件证明失误的概率太大，不能保证办案质量。

（2）高度盖然性证明。高度盖然性证明是比盖然性要求较高的证明层次。其对案件认识真实性的概率较前者要大。一般说来它是民事诉讼所要求的证明程度。在此时对案件事实的证明已经达到了一个相当可靠的程度，但尚未达到完全可靠，没有排除一切其他可能性。理论界认为，它作为民事诉讼的证明标准是可行的，一般情况下达到这样的水平就可以对案件事实作出确认。在刑事诉讼中，人民检察院在起诉阶段上的诉讼证明属于这一层次。因为人民检察院在侦查的基础上通过对案件的审查，必要时通过补充调查和核实，其证明程度已经达到这个标准。根据我国惯常的理解，一般认为高度盖然性证明仍不能作为我国刑事诉讼的证明标准。但是笔者认为不能一概而论，高度盖然性证明能否作为刑事诉讼证明标准要依案件的性质和具体情况确定。轻微的刑事案件，即性质不十分严重属于自诉范围的刑事案件，也可以适用高度概然性标准。这些案件具有以下性质：① 多数属于个人性质，情节不严重，刑罚在三年以下有期徒刑；② 有一部分案件虽然严重，但经人民检察院的侦查和审查，事实已经清楚，只是处理上有分歧。③ 社会危害性不是十分严重，有从轻、减轻或免除刑罚处罚的情节。所以按高度盖然性证明标准来结案，一般来说不会发生冤、假、错案问题。最多只会在量刑上产生某些偏差，这也是极个别的现象。同时高度盖然性证明，其可靠性就已基本接近于事实本来面目，将其纳入刑事诉讼作为部分案件的证明标准有如下好处：① 符合司法实际，切实可行，基本上没有副作用；② 提高刑事诉讼的效益，有利于迅速及时处理案件；③ 有利于解决人民群众告状难问题，缓解当前办案中的矛盾。

（3）客观真实的证明。客观真实证明是诉讼证明中的最高层次，也是最高要求。它要求以充分确实的证据证明案件事实真相，排除了一切其他可能性，使查明的案件事实和客观发生的案件达到高度的一致性，刑事诉讼中的证明就要求达到这个程度，行政诉讼也基本相同。因此人民法院对刑事案件作出的证明所要求的证明标准一般要达到这一证明层次。相对于其他证明层次而言，它具有最高的权威性，达到了最可靠的真实程度。诚然，对所有的刑事案件来说都能达到这一标准固然很好，但一般自诉案件的证据要求很难达到这一证明标准。因此笔者认为客观真实的证明标准是针对公诉案件要求的，而且主要是针对性质比较严重、社会危害性大的那些犯罪。对刑事案件根据其性质有区别地提出证明标准，既是司法实践的需要，也是从实际出发的。它可以使实际做法和理论保持一致，有利于正确地惩罚犯罪，更好地发挥刑事法律的作用，能够集中力量处理重大刑事案件。当然，即使是按高度盖然性标准要求也必然力求准确，认真办好每一个案件。

再现案件事实真相、实现公平正义原则是我国刑事诉讼追求的目标，也是最高的证明标准，适用这一标准，对于充分保证办案质量无疑具有十分重大的意义。

刑事诉讼证明标准及其确定必须切合实际，必须充分保护被告人、被害人双方以及国家和社会的利益，实现最公正的全面的人权保障。当然，对于人权保障必须正确理解，现实中的人权是具体公民权和社会集体权益。因此，尽可能保护当事人双方的合法权益和社会利益、国家利益，正确处理个人权益和集体利益、国家利益的相互关系，而不能片面地强调一面而忽视另一面，从而侵害某一主体权益。正确地把握证明标准，对于准确地维护各方面权益有极重要的意义，因为只有这样才能使刑事诉讼的公平正义原则得以实现，从而推进我国的社会文明与进步。

原载《湘江法律评论》1998 年第 1 卷

刑事诉讼的双重证明标准

诉讼活动就其本质而言，是一种证明案件事实并作出裁判的活动。这种证明离不开人的逻辑思维，因而运用证据的严格逻辑思想是证明活动的本质和精神所在。证明理论是诉讼法学、证据法学研究的重要内容，刑事诉讼证明理论又是诉讼证明理论中内涵最精深的部分。刑事诉讼证明理论不仅是个理性思辨问题，而且是个程序运用问题，也关涉到司法实践和诉讼公正，值得深入研究。本文就此进行初步探讨，以求教于法学界同仁。

一、证明的双重性

证明的界定十分复杂，而探讨刑事诉讼证明标准应从对刑事诉讼证明的研究开始，一般来说，证明是指用可靠的材料来表明或断定人或事物的真实性的活动。[①] 那么，诉讼意义上的证明则是依法定程序用证据来表明或断定案件事实的真实性的活动。它具有程序性与真实性的要求。从某种意义上来说，证明有一般证明与程序证明之分，诉讼证明属于程序证明。一般证明是证明主体运用证据表明或断定案件真实性的活动，它所追求的是客观真实——再现案件事实本来面目，主体没有确定性，也没有特定的程序，允许采用可以采取的任何手段，并且也没有法律的限

---

① 《现代汉语词典》，商务印书馆 1996 年版，第 1608 页。

制。程序证明是诉讼法上所要求的证明，主体依法定权力规定，有法定的程序，受法律限制。它是一种法定专门机关根据查证属实的证据，按照特定程序，查明和确认案件事实的活动。刑事诉讼证明与一般证明相比有如下特点：

（1）证明主体。诉讼证明主体是由诉讼法所规定的享有特定证明权的机关。在刑事诉讼中，仅限于法定侦查机关、检察机关和审判机关。一般意义上的证明主体具有广泛性、不确定性，不受法律的制约。

（2）证明根据。诉讼证明依据是已查证属实且依合法程序取得的证据。而一般证明依据的证据不一定要有法定的载体，只要求客观真实，可以验证，能证明需要证明的对象即可。

（3）程序要求。诉讼证明必须遵照严格的法定程序，如有罪判决案件的证明必须经历侦查、起诉、审判三阶段，特别是经法庭质证、认证程序，然后由拥有审判权的法官作出裁判。并且证明中必须严格遵循证明原则，如：无罪推定原则、直接原则与言词原则等，以及运用证据的具体原则，如：重证据、重调查研究、不轻信口供原则，证据要确实充分才能定案原则，未经查证属实的证据不能作为定案根据的原则等。而非诉讼证明并无此严格程序要求。

（4）证明效力。诉讼证明具有法律效力，能产生程序上和实体上的法律后果。如有罪判决、不起诉等。而一般意义上证明只要求具有证明效力而不具有法律上的效力问题。

可见，诉讼证明是一种程序证明，有特定顺序和运行规范，与证明权紧密联系，具有法律上的性质和意义，并且受诉讼法制约。它也有时间上的要求，追求实现诉讼法上的目的以及与其相对的实体法上的目的。其结局产生一定的法律效力，成为实施法律的依据。在这里所追求的是程序的真实和法律上的有效性。当然，它希望这一结论与客观真实有一致性，能够实现客观公正，但直接追求的是一种裁判真实，又称为法律真实。这种真实在本质上是程序真实。它强调法定机关对程序的严格遵守，强调主体权利的保护，强调证据收集和运用过程中的合法性，强调法官判断力的公正性。这种程序证明旨在强调程序的价值，法定程序及程序中规则的正当适用是证明具备法律效力的决定性因素。正如有的学者所指出的，程序追求的是纠纷处理过程的透明度和一般规律，关注解决的是权力、权利的正当过程以及程序主体在诉讼体制内最大限度的自由。并且公正的法治秩序是正义的基本要求，而法治又取决于一定形式的正当过程，正当过程又通过程序来实现，[①] 而且是“程序决定了法治与人治的区别”。[②]

二、实体证明标准和程序证明标准

所谓标准，根据《辞海》的解释是：“衡量事物的准则”。[③] 因而证明标准应是衡量证明主体的证明活动是否达到证明要求及具体达到何种程度的准则和标尺。那么，刑事证明标准即是衡量刑事证明主体的证明活动是否达到刑事证明要求及具体达到何种程度的准则和标尺。刑事证明标准概念的准确把握是深入研究证明标准的前提，不过它仍只是一种表层认识，还须深入。真理是朴素的，未曾深入便难以浅出。要想真正把握其品格，还需从它与相似概念的比较中凸显出的特征作深入解析，从中求得“质”上的收获。根据证明标准的概念可以得知，证明标准包含着证明目标和证明程度所概括的内容。这就是说，它与我们通常所说的证明要求或证明程度有相似性并且联系紧密。但差异性是不能忽略的，关注到这一点，才能对其进行理性的刻画和描述。证明要求应该是指刑事证明主体的证明活动应达到的程度或目标。证明程度是证明主体的证明活动已达到的度的指标。由此可见，刑事证明标准不但包含了证明要求这方面的内容，而且还有证明要求没有包含的目的性，即目标。证明要求和证明标准属于主观范畴，存在于应然领域。证明要求比较抽象，而证明标准使之确切化、科学化。若把证明要求等同于证明标准就抹杀了证明标准的可操作性。有了证明标准，才谈得上证明程度。证明程度是司法现实中已经达到的证明标准，它属于司法范畴，存在于实然领域。这样，证明标准作为诉讼证明活动的衡量标尺是比证明要求、证明程度更规范、更科学的概念，实际是对

① 毛国辉：《论法治社会与现代程序法理念的重塑》，载《政治与法律》1998 年第 3 期。
② 季卫东：《程序比较论》，载《比较法研究》1993 年第 1 期。
③ 参见《辞海》，“标准”词条。

它们的综合和规范化，具有法定性、规范性等特点。介于应然与实然之间，或两者兼有。同时，证明标准也是维系证明要求和证明程度的桥梁和纽带。从上述分析中，我们得出关于刑事证明标准的质的规定性，也是实体证明标准的规定性。

（1）刑事证明标准是证明程度的量化尺度，也是刑事证明要求的理性体现。这种量化尺度和证明的理性要求并非具体可以度量的，但通过证明活动可转化为一种抽象的客观标准。

（2）刑事证明标准是证明具体要求的观念化，因而实质也就是证明要求的理念化、规范化。

但是，诉讼中还有另一类属实然性标准，即程序证明标准，由实体证明标准衍化而来，具有操作性。

（一）实体证明标准

刑事证明的双重性决定了证明标准有实体与程序之分。所谓刑事实体证明标准，笔者以为，是指衡量证明主体运用证据证明案件事实真相所达到刑事证明的实体要求以及具体达到何种程度的准则和标尺。可见，我们通常所谓的证明标准实际上是从实体意义上理解的。在一定程度上也可以说是应然标准。

关于刑事实体证明标准我国法律无明确规定，只能从具体法条去品味。我国《刑事诉讼法》第 46 条[①]规定："没有被告人供述，证据充分确实的，可以认定被告人有罪和处以刑罚。"第 137 条规定："人民检察院审查案件的时候，必须查明：（一）犯罪事实、情节是否清楚，证据是否确实、充分……。"第 141 条规定："人民检察院认为犯罪嫌疑人的犯罪事实已经查清，证据确实、充分，依法应当追究刑事责任的，应当作出起诉决定，按照审判管辖的规定，向人民法院提起公诉。"第 189 条第 3 款规定："原判决事实不清楚或者证据不足的，可以在查清事实后改判。"第 162 条第 1 款对第一审法院判决条件作了规定："案件事实清楚，证据确实、充

① 本文所引用《刑事诉讼法》条文，如无其他说明，均指 1996 年修正的《刑事诉讼法》条文。——编者注

分，依据法律认定被告人有罪的，应当作出有罪判决。”由上述法律规定，可见我国刑事诉讼的实体证明要求是案件事实清楚，证据确实、充分。这表明了我国在刑事证明要求上的双重性：事实标准和诉讼证据标准相结合。笔者认为这是科学的。因为刑事诉讼所要解决的是有关被告人定罪量刑的问题。对被告人有罪的认定是国家对其进行的法律上的评价，关系到被告人的生命权、自由权等一系列作为“法治”逻辑起点的人道主义道德权利所包容的权利。生命权是人作为有其独特价值的社会存在的最低度的人权，而“自由乃是人生来就享有的和不可剥夺的一项权利”，是“每个人据其人性所拥有的一项唯一的和原始的权利”。[①] 人是社会存续的基础，由个人而及于社会，可见刑事诉讼活动对个人利益、社会利益影响之深远。因此，这种双重要求构筑起一道维护被告人合法权益的坚固屏障，蕴含我国刑事实体证明要求确立的理性内涵。

我们将刑事实体证明要求加以规范化，并进行理性概括，一般通称为客观真实的证明标准，可见我国刑事诉讼证明的高标准要求，并体现在对侦查阶段、起诉阶段、审判阶段的证明程度的要求也要达到这个证明标准，说明我国刑事实体证明标准的一元化。有一种观点认为，在我国由于现行刑事诉讼法改革了庭审方式，赋予被告人、辩护人较过去大得多的权利。律师提前介入诉讼取得的辩护性证据，检察官在起诉时不一定掌握。起诉后，律师取得的证据检察官更不知晓。由于庭审活动实质化，庭审对案件的最终处理具有最终决定意义。在庭审过程中如果证人作证不理想，检察官举证和辩论不力以及检察官提出的某些证据不符合证据要求而不能作为定案依据。加之被告人和辩护人很可能提出新的辩护证据，使得即使起诉时认为证据充分的案件经法庭审判后也不一定产生定罪的法律后果。由于起诉中不确定性因素增加，起诉、公诉难度加大了，因此应确定新的起诉方针，对起诉中的证据要求不应过严。还有学者认为，侦查取证工作是逐渐完善过程，公安机关侦查阶段为检察机关起诉作准备，检察机关起

---

① 〔美〕E. 博登海默：《法理学——法律哲学与法律方法》，邓正来译，中国政法大学出版社 1999 年版，第 279 页。

诉阶段为法院审判阶段作准备，因此前一诉讼阶段的证明程度只能较后一诉讼阶段低。[①] 上述观点实质上主张刑事诉讼证明标准多元化。目前，英美法系和大陆法系的一些国家对侦查程序的证明要求明显低于审判程序，而“把真实发现交给审判程序”。例如日本学界有一种共识性观点：“检察官起诉时所依据的证据不一定要达到有罪判决所要求的证明程度。”[②] 笔者认为，西方的“审判中心主义”固然有其理性化的一面，但通过降低起诉证明标准来突出审判在诉讼中的地位是不可取的。因为这必然导致由于检察官控诉证据不足而补侦、休庭，造成诉讼拖延，司法资源浪费，不符合刑事诉讼经济合理性的要求。并且我国程序设计的法理依据是——各个诉讼程序是以前一诉讼程序为基础的，但却不是以前一程序为基准。划分程序的基本思路是后一程序对前一程序作出的处分进行重新验证和评价。[③] 而且在运用证据认定案件事实这一实体内容、实体过程上是重复的，起诉阶段是对侦查阶段的重复，审判阶段是对起诉阶段的重复，重复是为了保证案件质量，求得互相制约。并且根据我国刑事诉讼法的规定，公、检、法三机关有共同的任务，同时它们还拥有为完成这一任务所必需的诉讼活动方式。三机关都有权向有关单位和个人收集、调取证据（《刑事诉讼法》第 45 条）。有学者统计，我国现行刑事诉讼法要求公、检、法三机关共同遵守的条文多达 20 多个，[④] 而且三机关对启动、运行、终结诉讼程序有独立的决定权，体现了三机关分离化特点。这种程序设计模式并不必然导致弱化审判的中心地位，因为这由庭审实质化足以保证，但却回应了诉讼公正、效益、效率等程序设计理念。

另外应考虑的是，我国刑事实体证明标准的一元化还表现在对所有刑事案件适用无差别的证明标准来衡量。英美法系根据案件性质不同采取了差别对待的政策。如美国强调对严重危害社会治安的犯罪的起诉，根据不

① 杨树启：《论刑诉三阶段案件证明程度的统一与公检法三机关刑诉证明活动的协调》，载《法制与社会发展》1999 年 4 期。

② 龙宗智：《论刑事证据标准及起诉方针》，载《人民检察》1996 年第 12 期。

③ 李心鉴：《刑事诉讼构造论》，中国政法大学出版社 1992 年版，第 183 页。

④ 陈瑞华：《刑事诉讼的前沿问题》，中国人民大学出版社 2000 年版，第 232 页。

同情况可采取有差别的证据标准。美国法律家协会制定的《刑事检控准则》第9条规定："对于那些严重威胁社会公众的案件，即使检察官所在的司法管辖区的陪审团往往对被控犯有这类罪行的人宣告无罪，检察官也不得因此而不予起诉。"在美国的一些州也实行不同性质犯罪差别性证据标准。例如华盛顿州的刑事检控准则要求，对侵犯人身的犯罪，只要所获证据足以对案件完成庭审送至陪审团裁断即应起诉，而对其他犯罪则要求在证据充分，足以使有罪判决成为可能时才应起诉。[①] 这实际上是对打击犯罪和保障人权权衡下的刑事策略。不同性质的案件适用不同程度的证据要求，这是一个十分科学的决策，值得借鉴。我国已经将刑事案件按性质不同划分为公诉案件和自诉案件。笔者认为，可以在此基础上设立二元化证明标准。具体说来，对公诉案件设立"客观真实"的定罪标准。因为公诉案件性质严重、案情复杂，其证明经历从侦查经起诉到审判的全部诉讼过程，应该、必须也能够达到这种最高层次的证明标准。而对于自诉案件，由于被害人担当证明主体角色，其个体收证能力不彰，要求其证明也达到"客观真实"标准，未免过于苛刻，也不现实，容易放纵犯罪。并且国家设立自诉制度是考虑到自诉案件中犯罪行为主要侵害的属被害人个人利益，是国家在利益权衡下对追诉权的割舍，因而允许当事人自由意志的介入，如调解、和解、撤诉制度在自诉案件中的确立等，宽容度几乎类似民事案件。因此，笔者认为对于自诉案件应设立"高度盖然性"的定罪证明标准。以使证明标准与程序中的原则、制度的规定能够双向说明、传导一种共同的程序设计理念。此外对有些社会危害性特别严重，而且证据收集又特别困难，在一定刑罚幅度内，也可以酌情设立独立的标准，以利于对这些犯罪的打击。

（二）程序证明标准及其独特价值

我们以上讨论的是刑事实体证明标准。当然，在阐述中必然也涉及诉讼的阶段和程序，是程序中的一种实体追求，而不能截然区分。这就是人们观念中通常所说的证明标准。但如若我们将证明标准置于刑事诉讼运行

---

① 龙宗智：《论刑事证据标准及起诉方针》，载《人民检察》1996年第12期。

过程中，不局限于实体，而以法律程序的视角重新审视证明标准，就会发现还存在一个程序证明标准，而且是刑事诉讼活动中更为现实的具体的证明标准。它十分清晰地推动着证明活动，使证明沿着程序证明标准有步骤地实现证明任务，一步一步地使证明达到可以裁判的程度。如果要给程序证明标准下定义，笔者认为，程序证明标准是衡量证明主体的证明活动是否符合法定证明步骤、方法、方式的准则和标尺。它是证明效力产生的源泉。它是一个渐进过程，是有层次的。它和实体证明标准相比有以下特点。

（1）程序证明标准在诉讼过程中呈现阶段性特点，表现为侦查阶段的单方证明、审查起诉阶段的复式单方证明和审判阶段的对抗双方在场下的裁判证明。而实体证明标准在整个诉讼过程中体现出一元化特点，即对侦查阶段、起诉阶段、审判阶段适用无差别的“客观真实”标准。而客观真实的发现又必须有一个过程，这个过程只能用程序证明标准来体现。

（2）程序证明标准随诉讼进程体现递升的趋势。一般来说，复式确认单方证明标准在层次上要高于单方证明标准，而双方对抗下的裁判证明标准又高于复式确认单方证明标准。实体证明标准由于其一元化表征而无此特点。

（3）程序证明标准是一个动态概念，在诉讼过程中是由低向高运动的，运动着的程序作为这种证明标准的载体也使它在诉讼中处于运动状态，而实体证明标准在诉讼过程中处于一种外观上的静态，虽然其内容也在不断充实。

实体证明标准与程序证明标准尽管在理论上是独立的，但在诉讼过程中是绝对不能分离的。从实质性意义上来讲，程序证明标准是刑事证明标准的实质内容，实体证明标准要通过程序证明标准的载体去实现。而且程序证明标准的层次性和发展过程是发现真实的过程，是刑事诉讼活动中的真谛，是正当程序的体现，因而它在诉讼活动中具有真实性、可操作性和现实性等品格。它所追求的是程序性真实，这种真实以实体真实来检验和衡量，受实体真实监督。因此实体证明标准也应作为程序证明标准的追求的终极目标，程序证明标准受实体证明标准检验，两者一般情况下应是一致的，背离是一种偶然情况。程序证明标准和实体证明标准是形式和内容的关系，每个程序证明标准都是实体证明标准鲜活精神和内在生命的体现，并在各诉讼阶段呈现出一种和谐状态。在诉讼过程中，若只注意实体证明标准——“客观真实”的实现，而忽视了程序证明标准，是对这种和谐状态的破坏，使之不能达到一种完整意义上的证明标准。从而易于造成忽视程序的正当性价值。其实，实体证明标准的正当性受程序证明标准正当性的制约，程序证明标准在诉讼过程中有独特的价值。程序证明标准注重证明标准的合法程序，这种程序为实体证明标准的实现提供了特殊的空间和环境。强调程序证明标准对消除“程序虚无主义”影响有重要意义。程序证明标准首先要求确立程序的主体地位，法律程序的设计者、指挥者时刻不能忘记面对的是有自由意志的自治主体。[①] 同时倡导一种将司法权力看作是保障诉讼权利的出发点和归宿的理念，并且要求那些权益可能会受到刑事裁判或诉讼结局直接影响的主体，应当有充分的机会富有意义地参与刑事裁决的制作过程，并对裁判结果的形成发挥其有效的影响和作用，即所谓“程序参与”。这不但保证了实体证明标准能得到实现，而且还以人们能够看得见的方式得到实现。程序证明标准中的“裁判证明标准”还暗含须保证程序参与者在法庭审判过程中拥有对应的权利及实现权利对等的手段，并且要求法官应始终保持中立，不偏袒任何一方，奉行理性原则。美国学者 L·富勒曾精辟地指出：程序理性原则要求制作司法裁判的法官在审判过程中须做到：① 仔细收集证据并对各项论点进行讨论；② 仔细地对这些证据和论点进行衡量；③ 冷静而详细地对案件作出评议；④ 公正而无偏见地解决问题并以事实为根据；⑤ 对判决和决定提供充足的理由，而且法官作出的决定必须建立在当事者所提出的证据和辩论的基础上，并与此相对应，即所谓的“程序自治”。[②] 由此可见，程序证明标准的内涵之丰富，特别是从中体现出的对实体证明标准之实现的价值以及自身流露出的“那种与人性相一致，从而为人所接受的那些品质。[③] 这些程

① 陈端洪：《法律程序价值观》，载《中外法学》1997 年第 6 期。
② 陈瑞华：《刑事审判原理论》，北京大学出版社 1997 年版，第 61 页。
③ 陈端洪：《法律程序价值观》，载《中外法学》1997 年第 6 期。

序品质的合理性价值指法律推理过程的逻辑整合性，各项程序制度对非理性因素的排他性。法律程序规则本质上无非是逻辑与常识的准则，是法庭上健全推理的技术。因而，“先定后审”、人民检察院庭后不移送卷宗及定期审判是不能被接受的，一个主要的理由就因为这种做法违背逻辑，是有悖于程序标准内在精神追求的。我国传统上就有“重实体轻程序”之“遗风”，马克斯·韦伯称“中国人寻求的是实际的公道而不是形式法律”。[①]程序证明标准实质上是衡量证明活动符合程序性及法律效力的标尺，蕴含颇为丰富的底蕴，与诉讼基本观念和基本价值关系密切。虽然它直接实现的是法律上的真实，这种法律真实具有现实性，使人们能直观地感受到并为人们所接受。一般来说它与客观真实具有同一性，背离只是个别情况。同时，正因为有时会出现背离，我们就要以客观真实作为对法律真实的检验。因此，重视程序证明标准的研究对实体证明标准实现之理性化具有深远意义。

三、程序证明标准的实现

侦查程序及侦查前程序是我国刑事诉讼程序运行中的查明案情的程序，经历立案、批捕、侦查终结等阶段。立法对这个阶段提出的证明要求分别是：有犯罪事实、有证据证明有犯罪事实、犯罪事实清楚、证据确实充分。有学者基于此认为我国《刑事诉讼法》证明标准具有阶段性。[②] 笔者认为，他实际指的是实体证明标准而非程序证明标准，不应有阶段性特点。因为证明标准与证明责任有关，在侦查阶段，侦查机关是证明主体，它的证明达到了证明标准就意味着证明责任的完成。而实际上以上三项证明标准的递升体现的是侦查阶段当中对案件事实的认识过程，侦查机关即使完成了前两项证明标准仍不能完成证明责任，不能移送检察机关审查起诉。只有其证明程度达到了最后一项侦查终结的证明标准，才得以卸下证明责任。这里不同阶段的证明要求是诉讼程序上的要求，是一个渐进过

---

① 〔德〕马克斯·韦伯：《儒教与道教》，王容芬译，商务印书馆 1995 年版，第 154 页。

② 郑旭：《刑事诉讼中的证明标准》，载樊崇义主编《刑事诉讼法专论》，中国方正出版社 1998 年版，第 216 页。

程，这里的定罪也是程序上的定罪而不是实体上的定罪。侦查阶段实体证明标准仍然是“客观真实”。因此与其相适应的证明要求是案件事实清楚、证据确实充分。但在程序上，不同阶段有具体要求，这些要求是不同的，是一个向前推进的过程。所以，它属于侦查阶段的程序性证明。

侦查机关侦查终结时达到“客观真实”的证明标准，是立法要求，也是实体要求，是衡量其证明责任完成与否的标志。但这个“客观真实”是公安机关单方认定的结果，在程序上表现为单方确认证明。这个“单方”是指公安机关的一家之言，也指控方的一面之词，暗含的主观因素是公安机关办案人员的内心确信，是一种指控时要做到的证明性和法律上认定行为的正确性。虽然立法规定侦查机关的任务是收集证据、查明犯罪事实、查获犯罪嫌疑人，同时排除无罪的嫌疑人，全面收集证据，包括对犯罪嫌疑人有利的和不利的证据。但不能否认的是追查犯罪是其主要职责，而且在诉讼中的角色也决定了公安机关必然极力搜集犯罪嫌疑人有罪、罪重的证据。这些证据是对方当事人不知道的，是未经过被告人的检验和质证的一方确认的证据。若要公安机关同时收集罪轻、无罪证据，承担辩护职能，“这同心理学全部规律相矛盾”。[①] 这样，侦查阶段极易成为犯罪嫌疑人最可怕的阶段，侦查机关好像在扮演着威胁公民权利的不光彩角色。这就必然要求加强犯罪嫌疑人的防御能力。由于犯罪嫌疑人在侦查阶段大都被采取了强制措施，并且由于法律知识上的不足导致自行辩护能力不彰，强化犯罪嫌疑人防御能力必然要求律师介入，但刑事侦查毕竟是国家为追究、惩治犯罪而展开的活动。若真正基于公正理念使控辩双方不仅地位平等，权利对应，而且实现权利的手段对等，犯罪嫌疑人可能会利用诉讼权利抵御法律追究，使法律赋予他的诉讼权利成为逃避指控的工具。因此，一般来说，为了保障高效追究犯罪，通常是强化司法能力而弱化防御能力。虽然立法允许律师介入侦查阶段，也只是提供一般性的法律帮助，如告知相应权利，对侦查机关关于事实的认定并不能产生实质影响。因此，侦查机关达到的这个证明标准在程序上表现为控方的一面之词。并且，由

---

① 《马克思恩格斯全集（第1卷）》，人民出版社1965年版，第30页。

于未经检察机关审查，未经审判机关公开审判，而不能产生定罪后果。因为根据“无罪推定”原则，定罪权专属法院。而且根据“有罪的一致性”规则，确定有罪必须由公、检、法三机关意见一致。所以，侦查终结是相对的而非绝对的，它只是侦查机关在侦查阶段的结论和处置，在审查起诉时，公诉机关发现事实不清，证据不足，可以退回补充侦查。这样，侦查机关达到的这种单方确认有罪证明只产生程序上的法律后果，即将案件推向审查起诉阶段。

审查起诉程序是刑事诉讼运行过程中承前启后的程序。所谓“承前”，是对公安机关侦查终结的案件审查，决定起诉或不起诉；“启后”是指在“控审分离”诉讼观念引领下，提起公诉是启动审判程序的动力源。检察机关提起公诉的实体证明标准也是客观真实，与之相适应的证明要求仍是案件事实清楚、证据确实充分。但应指出的是，这个证明标准是检察机关实际达到的证明程度，不是起诉时移送的主要证据复印件所达到的证明标准。检察机关达到的“客观真实”的实体标准在程序上表现为复式确认单方证明标准。这里的“复式”是指这个证明标准的实现是公、检两家机关联合发挥作用的结果。有学者形象地描述了公安机关、检察机关在刑事诉讼证明活动中的关系：侦查程序生产出产品，起诉程序是对产品的初步检验程序，人民检察院虽有权对废品作出不起诉决定，但无权对应“出厂”产品作出“出厂”——定罪量刑的决定。[①] 这里的“单方”也指这时仍未超出控方的一面之词，只是多了一层复核，在原有基础上证明程度有所提高。从理论上讲，人民检察院作为国家专门机关应该对犯罪嫌疑人承担实质辩护义务，立法上也要求人民检察院对犯罪嫌疑人有利的、不利的证据一并收集，但由于公诉权实质是一种追诉权，即请求法院通过审判对被指控人适用刑罚，人民检察院要在庭审时出庭支持公诉，追求法庭指控成功是其目标，要求它为对立方收集辩护证据在实践中行不通。律师的介入也只是对犯罪嫌疑人提供一般意义上的法律帮助，与真正意义上的法庭对抗不可同日而语。因为此时被指控人尚处于犯罪嫌疑人地位，真正意义上的

① 李心鉴：《刑事诉讼构造论》，中国政法大学出版社 1992 年版，第 183 页。

控辩关系尚未建立。因而人民检察院虽然也要讯问犯罪嫌疑人，律师也要收集证据，但这都对人民检察院认定事实不产生实质性影响。审查起诉程序与侦查程序不同，比侦查程序更公开，更有透明度，但开放性远不及审判程序。因而，虽然这个复式确认单方证明标准包容的“客观真实”比确认单方证明标准包容的“客观真实”更严密，但实际上在主观上表现为人民检察院的内心确信，由于仍不具备法庭审判这个定罪的程序要件，也只能产生程序上的法律后果，即将案件最终推向审判阶段。

应该指出的是，根据“无罪推定”原则，定罪权专属法院，即有罪判决的案件必须依次经历三项证明标准的检验，这是符合“有罪的一致性”诉讼规则的。但按照“无罪的非一致性”规则，确定无罪的权力由公安机关、人民检察院、人民法院共同分享，而非由人民法院独家把持。公安机关认为犯罪嫌疑人无罪的，可以撤销案件；人民检察院遇同类情况有权作出不起诉决定，这也是法律赋予它们自由裁量权的体现。由此看来，单方确认证明标准、复式确认单方证明标准在无罪案件中，也会产生终止诉讼程序的实体结果。

审判程序是整个刑事诉讼证明运行过程的终点，在诉讼程序中处于中心地位。人民法院也是一个“检验部门”，它在审判阶段对于构成犯罪并需追究刑事责任的案件的所有材料全面、彻底、深入验证。但与人民检察院的单方验证不同的是，这是在控辩双方参与下的共同验证，是控辩双方正面交锋，控辩模式最终形成的阶段。真相能通过双方强有力的陈述而获得最好的发现。[①] 在庭审中，为了证明犯罪事实的存在及被告人之罪责，人民检察院作为公诉人向人民法院提出和展示有罪证据，同时辩方提出无罪、罪轻的辩护证据。在这个出证、质证的过程中，随着证据逐渐增加，案件事实之间、证据之间、事实与证据之间的关系也逐渐明朗化，综合证据体系的脉络逐渐清晰、明白。正如美国学者所说的，对抗制建立在这样一种假定的基础之上，双方律师为其委托人的利益竭尽全力更甚于追求到

---

① 〔日〕西原春夫:《日本刑事法的形成与特色 日本法学家论日本刑事法》，李海东等译，中国法律出版社、日本国成文堂出版社 1997 年版，第 431 页。

揭示真实之目标。对立双方尽可能扩大己方利益的值得尊敬的努力导致这个最好的系统结果。尽管没有一方直接为达到这一结果而努力。同时，"审判中心"构造模式使程序自治、程序理性、程序参与等一系列构筑程序公正的理念在法庭审判中、在双方的对抗中得到张扬。在贯彻直接言词原则的法庭对抗中，不但使程序主体性人格得到伸张，通过理性证据规则的应用，法官也能够在更开放性的场合下直接听取控辩双方的辩论。现代"证据裁判主义"给了法官认定事实的充分空间，审判行为作为对个别事件的适用，得分为两方面：① 根据事件的直接单一性来认识事件的性质……② 使事件归属于法律下……[①]在这两个方面法官都享有自由裁量权，法官自由裁权是法律赋予他的司法上的优先权力，应该承认这种优先权力的存在，但并不意味着法官的这种自由裁量权是一种无边无际的权力。丹宁勋爵的比喻诠释了现代法律及程序设计对这种自由裁量权的态度——一个法官绝不可以改变织物的编织材料，但是他可以，也应该把皱褶熨平。[②] 法官作为理性和情感的"双重人格载体"在行使这种自由裁量权时容易滥用权力，"这是万古不易的一条经验"。[③] 而以对立统一规律为哲学基础的辩论制制约了法官自由裁量的随意性。客观事实的发现对案件的正确裁判也起了推动作用。日本学者棚濑孝雄指出，审判的本质要素在于，一方面当事者必须有公平的机会来举出证据和说明为什么自己的主张才是应该得到承认的，另一方面法官作出的判断必须建立在合理和客观事实的规范基础上，而这两方面结合在一起就意味着当事者从事的辩论活动对于法官判断的形成具有决定意义。[④] 这样，法官有罪认定的判决所达到的实体证明标准——客观真实外化为一种程序上的控辩双方对抗下的裁判证明标准，最终克服了单方确认证明标准和复式确认单方证明标准的程序缺陷，在程序上也达到了最严密的层次，排除了一切可能性和模糊性，进入了一种事实、证据认定的确定性状态。有罪判决的实体、程序要

① 〔德〕黑格尔：《法哲学原理》，商务印书馆 1979 年版，第 233 页。

② 〔英〕丹宁：《法律的训诫》，杨百揆等译，法律出版社 1999 年版，第 13 页。

③ 〔法〕孟德斯鸠：《论法的精神》，商务出版社 1961 年版，第 154 页。

④ 〔日〕棚濑孝雄：《纠纷的解决与审判制度》，中国政法大学出版社 1994 年版，第 256 页。

件齐备，产生实体上的法律后果——定罪量刑，同时伴着程序上的法律后果——终结诉讼。此时，实体证明标准和程序证明标准的结合达到极致，证明标准的品格得以完美化。

原载《法学研究》2001 年第 1 期，与彭海青合著

刑事证据规则的理论基础与立法观点之我见

诉讼证据立法是当前国人关注的问题，有关证据立法在法学界众说纷纭，没有完全形成共识，但必须尽快立法则是法学界和司法界的共同要求。证据法的核心是证据规则，也是实践中最迫切需要解决的问题。因此，笔者想就刑事证据规则的理论基础和立法观点，发表一些粗浅的看法，以尽微薄之力。

一、刑事证据规则的理论基础

制定证据法在英美法系国家最为普遍，而大陆法系国家一般都没有系统证据法，不过证据规则还是有的，但没有英美法系国家那么系统和复杂。为什么会有这样的差异呢？这与它们的理论和传统有关。那么，什么是刑事证据规则的理论基础呢？为此，我试想从以下方面进行理性思考。

（一）基于对当事人个人权利的有效保障

理论往往站在社会发展的前沿，古典自然法思想从欧洲流入美洲后，17 世纪该法学流派已相当普遍，并渗入立法。经验告诉人们，为防止政府违反自然法的精神，迫切需要一些防止政府侵犯个人自由的武器——那就是法律。自然法学家洛克认为，人们在建立政府时仍然应保留着他们在前政府阶段的自然状态中的所有生命、自由、财产的自然权利。美国学者詹姆士·威尔逊进一步把自然法同人民主权论结合起来。他认为每个人对其财产、人格、自由及安全都拥有自然权利，确保这些自然权利免受政府的侵犯乃是法律的职能所在。这样就把法律同自由、权利紧密地结合在一起了，而这种思想在美国宪法中获得普遍反映，因而自然法思想在美国法律中起到很大的作用，这也就是包括非法证据排除规则在内的证据规则为什么在美国比其他任何一个国家确认和发展得更为彻底的原因。

自然法学派倡导的个人权利意识反映到法律中，就是要求法律承认并保护人的权利，人的个人价值的至高无上，使每个人在个性、精神、道德和其他方面的独立获得最充分、最自由的发展。于是在他们个人意识里，认为人是平等自由的，人人都享有大自然赋予的不可让与的、不可剥夺的权利，这些权利包括生命权、自由权、财产权以及追求幸福的权利。这些思想意识所反映的个人本位主义在现代资本主义社会的法律中得到了极为广泛的贯彻，贯穿在整个国家法律制度的各个层面上，也必然体现在对当事人保护的证据制度和证据规则的立法和运用中。

自由资本主义时期，个人本位主义空前发展，渗透到立法和法律适用中，从而使司法活动特别强调对当事人权利的保护，其中特别是对刑事被告人的保护。为了限制警察、法官滥用权力，以防止侵害当事人的权益，在司法过程中强化了证据规则。虽然到19世纪末20世纪初曾出现过对这一情况的反思，从立法上对个人本位进行纠偏，但到了20世纪60年代后，一批新的法哲学家提出复活社会契约论，又重申了对个人权利的保护。联合国也在这方面做了大量工作，通过《世界人权宣言》《公民权利与政治权利国际公约》《欧洲人权公约》《保护人人不受酷刑和其他残忍、不人道有辱人格待遇或处罚宣言》等国际性文件，从而进一步掀起一个重视人权国际保护的浪潮，冲击着每一个国家。而首当其冲的就是刑事诉讼中获取证据的手段问题，因此这样就强化了各国特别是西方国家制定一系列证据规则来保护当事人，特别是被告人的权利。因此，这也是制定证据规则的一般理由或思想基础。

（二）对公共权力的限制和司法公正的要求

权力是保障权利和自由必不可少的强制力量，但为了切实保障权利和自由必须限制权力。这是因为权力并不是一个很好把握和驾驭的东西，权力在一定程度上与行政重叠，旨在实现对人的绝对统治，一个拥有绝对权力的人总是试图将其意志毫无拘束地强加于那些为他所控制的人。因此，人们既认为权力是必需的力量，但同时又把权力视为非正义、专制、罪恶的渊源。对之既渴望、崇拜，又对之怀疑、警惕、恐惧。

法律既可授予权力，但法律的另一基本作用之一是约束和限制权力。在有法律统治的地方，权力的自由行使便受到了规则的阻碍，这些规则迫使掌权者按一定的行为方式行事。① 因此，法律为无限制行使权力的做法设置了障碍……一个发展的法律制度经常试图阻碍压制性权力结构的出现，其依赖的一个重要手段便是通过在个人和群体中广泛设置权利机构以达到权力的分散与平衡，当这样一种权利机构建立起来时，法律将努力保护它，使其免受严重的干扰和破坏。② 自由和权利必然要求以一定法律规则为界限。如果公共权力越过了这种法律界限，就构成了“权力的滥用”，也就必然会损害自由与权利，所以在司法过程中，特别是在收集证据活动中，所涉及的是国家与当事人之间的关系，要使这种关系保持正常状态，不致侵害公民权利，就有必要设置一定的行为规则，对政府和司法机关的权力进行必要的规范，以防止权力的滥用。孟德斯鸠指出，有权力的人们使用权力，一直到有界限的地方才肯休止。③ 因此有权力的人不会自觉停止权力的使用，而必须制定必要规则加以约束，特别是在司法过程中，收集、判断、运用证据更必须限制权力的滥用，无数的事实也说明了这种规则制定的必要性。

特别是司法的目标是实现正义。对于什么是正义有诸多的不同解释，然而都公认正义是人们的追求，当然这就决定了司法活动必须以此作为目标。必须把保障人的自由、平等、安全、公正等作为司法行为的准则，以

---

① 〔美〕E. 博登海默：《法理学——法律哲学与法律方法》，邓正来译，中国政法大学出版社1999年版，第272页。

② 〔美〕E. 博登海默：《法理学——法律哲学与法律方法》，邓正来译，中国政法大学出版社1999年版，第360页。

③ 〔法〕孟德斯鸠：《论法的精神》，商务出版社1961年版，第154页。

维护人的权利。它们的实现，唯一可以依靠的就是法律规范，这就要求任何机关和诉讼参加人必须平等地遵守预先设定的规则，使其活动具有理性。司法公正能否实现，取决于证据的运用情况如何，所以司法公正需要证据规制的完善与科学。这就必须通过对实践进行总结，探求其证据运用中的客观规律性，并以公正作为出发点，从而钳制证据运用中各种不公正行为，以公正作为合法的最高准则，追求真实和人权保障的统一。

（三）制定证据规则是刑事诉讼过程客观规律的要求

刑事诉讼过程是一个收集、审查判断证据，对案件事实进行认定，并作出公正裁判的过程，这一过程必须按照刑事诉讼本身的规律进行运作，从而准确地实现诉讼的目的：惩罚犯罪、保护人权。要做到这一点要经过由立案开始到审判结束的过程，这个过程中的程序上有许多要求。目前现代刑事诉讼中已设定了一套完整的制度，这些制度在一定程度上反映了诉讼的规律性要求。我们从现实的刑事诉讼过程中发现一些具体活动与证据规则相关，现作如下分析。

（1）陪审制，特别是陪审团制，将法官裁判权进行了实质的分割，从而强化了审判活动过程中的证据规则的要求。在审判活动中实行陪审制是当今世界各国普遍适用的审判分权制。特别是英美法系国家普遍实行陪审团制，对案件的事实认定，是否构成犯罪以及犯什么罪问题是由陪审团来确认的，而陪审团成员是非职业法官组成的，缺乏应有的法律素养，为防止陪审人员先入为主，或出现判断上的偏差，必须有一定的证据规则来规范证据的采纳与运用，避免外界的干扰和影响，从而准确地判断证据的可信度和是否具有效力，既要防止偏见，又要准确地确认证据的真实性和证据力，即使是职业法官也是有困难的。为此必须借助于证据规则来完成对证据的采信。

（2）庭审中实行控辩对抗，当事人双方举证，没有证据规则无法有序和有效地进行，这也就要求制定一定的证据规则。当事人双方举证不但在顺序上要有规则，判断证据真伪以及是否采纳上亦应有规范，否则双方很难分清是非，法官也无法判断和裁量。在证人出庭的问题上，就需要许多规范，谁传唤，怎样询问，怎样质证，当双方有分歧时由谁来裁断，一时难以确认时，在程序上如何处理？证据的采信上存在重要分歧时，按什么方式和标准作出决断，等等，都需要一定的规则。否则，难以保证审判活动正常有效进行。

（3）英美法系国家追求法律真实（形式真实）必然要求在诉讼活动中严格遵守正当程序，其中证据收集运用过程中亦有许多程序问题，这些程序必须表现为规则，使之运用证据做到有序可循。即使大陆法系国家，追求实质真实，诉讼中的证据运用，也必须有一定规章可循，否则不利于发现真实。因此规则虽有多少之分，但绝无有无之别，需要一定的规则，这也是情理之中的事。不过相较之下，英美法系国家更强调规则作用，更需要许多具体规则来调整司法行为。

（4）侦查过程是一个收集证据，认定案件事实，查获犯罪嫌疑人的过程，这一过程中许多收集证据的活动都涉及相关人的权利，特别是犯罪嫌疑人的权利，没有一定行为规则，更容易损害公民的权利，破坏法制。所以任何文明的现代侦查活动，都必须遵守一定规范，因此侦查活动客观上必须要对证据的收集采用进行必要的规则限制，当然也就要求制定必要的证据规则。

（5）什么是证据，什么样的证据可以采用或不可采用，在实践中司法人员存在认识不统一的情况。怎么办？有必要设置一定的证据规格，即证据的资格。因此也必须对证据有所规范，制定一定的标准和条件，否则无法统一认识，也就无规范可遵循，以致造成严重相互隔膜和对立，有损案件的查明和处理。

由上述可知，必要的证据规则制定无疑是必须的，且已成为司法界和法学界的共识，甚至也是绝大多数人民群众的要求与愿望。

二、对制定证据规则的基本观点

虽然刑事司法需要制定一定的证据规则，但我以为证据规则的制定是一件十分复杂的事情，绝对不能一哄而起，马虎从事。必须经过调查研究，既考虑需要，也要考虑可能，既要考虑国际环境，更要考虑我国国情和传统文化。正确处理国外立法和国内立法的关系；法律移植和本土资源的关系，法律现代化与我国现实的关系；惩罚犯罪、保障社会安全与保障人权、防止冤案的关系；实现民主法治与维护稳定的关系；司法改革与发扬优秀传统的关系；证据制度与相关法制的关系。上述种种关系在一定程度上可促进规则的制定，我们制定证据规则时必须看到相关的问题，防止盲目性，确保立法的稳妥。改革应有革新精神，但立法却要求有慎重、稳妥、均衡的科学态度。因此我以为在证据规则的制定上要坚持以下原则。

（1）积极推进证据规则的立法，具体规则的确立则必须采用“成熟一条，制定一条”的立法方针。证据规则与证据采信和运用直接相关，它是办案的准则，关系到诉讼的结局，十分重要，必须具有科学性、合理性和可行性。因此不能简单地移植国外的规则，一切要经过实践，要结合我国的执法环境和执法主体状况，要与我国传统文化和诉讼上追求的目标相吻合。所以，其规则在立法后，都将与人民的生命财产安全、国家安危、社会秩序产生密切的联系，一定要慎之又慎，丝毫也不能粗心。

（2）证据规则的立法，最好建立在我国原有规则的基础上，是对原有规范的补充和必要的修正，而不是推倒重来。我国在证据方面已有少许规范，虽然远不够用，但它是长期经受实践检验的，绝大多数是可行的、合理的，因此应予以保留。新制定的规则也应是产生在对司法实践运用证据的经验和理性思考的基础上，并有必要借鉴国外的立法成果，特别应借鉴大陆法系国家的经验，因为我国的法律传统与大陆法系有密切联系，比较易于契合。当然英美法系一些有益的可行的规则也可借鉴。对一些有争议的规范，影响特重大的举措是否采用应特别重视和谨慎，如沉默权原则，非法证据排除原则等。

（3）证据规则的确立必须先易后难，宁缺毋滥，宜粗不宜细。我国虽在法律上没有明确确立自由心证原则，可是在司法实践中是在适用自由心证，法官享有极大地对证据的自由裁量权。制定证据规则本身体现了对自由裁量权的限制，同时运用证据需要通过复杂的思维逻辑过程，这就要求司法人员应有较大的主动权和积极性，否则会妨碍他们的积极性，影响查明案件事实，从而阻碍发现真实。同时，我国是一个没有建立陪审团制的国家，职业法官对案件事实的认定起支配作用。所以制定证据规则有必要控制在一个适度的范围内，应对自由心证的任意性进行必要的限制，因而规则不可不要，但也不可太细太多，正确把握这个度十分重要，当然更不能采取轻率的态度，这是在立法中必须注意的。

（4）证据规则的立法，必须稳步向前推进，有步骤分阶段地进行，急用先立，逐步完成。证据规则立法是一项庞大的立法工程，不必要也不可能一蹴而就，应科学地安排。

① 制定证据标准，以解决证据采信问题。实际上就是应制定必要的证据可采性规则。目前公安机关、检察机关和法院对于证据的采用存在许多不同的认识，矛盾很多，是办案中急需解决的问题，律师也对此意见不少。为此制定科学的证据采用规则，可以解决证据的效力标准，既可减少不必要的争议，又可防止法官采用证据的任意性。

② 证人出庭制度也是当前证据规则中急需解决的。法庭审判如果证人不出庭，其控辩对抗就无法形成，法庭审判改革也就难以实现，对证据的审查也就会遇到很大的障碍，所以必须先着手解决证人出庭规则，确保大部分证人能出庭作证，以利于查明事实真相，发挥庭审的功能。

③ 开庭前的证据开示制度也应尽快解决。由于将法庭审判开庭前的实质审查改为形式审查后，实践中就出现了许多问题，律师无法了解全部案情。如果突然“袭击”出现在庭审中，不利于正确保护当事人权益，也不利于法官正确判断和裁判。因此有必要在开庭前控、辩双方进行证据展示，从而克服目前运用证据中许多始料不及的问题。

④ 鉴定的管理和审查规则。对证据鉴定是在司法中是常常遇到的情况，目前存在管理混乱和质量不高等问题，需要法律加以规范，制定必要的鉴定规则已是形势所迫，是急待解决的事。

⑤ 法庭认证规则。目前法庭审判由于缺乏有关证据确认规则，对案件事实无法当庭认定，因而也就无法作出当庭裁判，所以一般案件都采取择期宣判，造成绝大多数案件都是庭审后进行研究才能确定，因而极大可能出现运用证据上的暗箱操作，危害庭审功能的发挥，致使法庭审判活动的价值贬值。为此，有必要尽快制定庭审认证规则，提高当庭裁判的比率，

使大部分案件实现当庭裁判。

以上是仅就目前司法实践中证据方面急需解决的问题所提出的一些不够成熟的想法，系统的证据规则立法应在此基础上分阶段地制定，经历一个较长的时间完成，才是比较稳妥的。

原载《湘潭工学院学报（社会科学版）》2001 年第 3 期

论非法证据排除规则

近代各国刑事证据法或刑事判例，基本上对证据取得方式必须符合法定程序的要求给予了充分肯定，盖因建立在通过依法收集的、客观真实的证据基础之上的裁判，才有可能达到实体公正的要求、符合程序道德标准。然而，由于非法取得的证据在刑事司法实务中，有效追究犯罪，迅速查获犯罪嫌疑人的突出价值，使得各国立法、司法乃至学者们对非法证据的证据能力，即能否作为认定案件的依据的争议与分歧颇多。但终究诉讼民主的进程势不可挡，对人权的维护已为现代社会日益关注，为求实体真实之目的而不择手段的办案方式已逐渐为人们所不能接受，人们开始思考如何实现刑事诉讼中有效追诉犯罪、公正审判与加强人权保障之间的平衡。这两者的动态平衡关系在非法证据的排除规则的适用过程中体现得尤为明显。

一、非法证据排除规则概述

（一）非法证据的概念

非法证据所界定的是获得的证据资料违反了法律准则，其使用价值上有疑问的证据概念范畴。

我国刑事诉讼法明确规定，证明案件真实情况的一切事实都是证据。同时规定：审判人员、检察人员、侦查人员必须依照法定程序全面收集证据。严禁刑讯逼供和以威胁、引诱、欺骗以及其他非法的方法收集证据，并对法定七种证据形式予以明确。可见，我国刑事诉讼法从积极方面，对证据的收集程序以及证据所必须具有的形式的合法性进行了规范。

那么，什么是非法证据呢？应当说非法证据有广义与狭义的区分。广义上的“非法证据”是指所有违背了有关的证据法律规范而获得的证据。中国《诉讼法大辞典》就“非法证据”释义为：“不符合法定来源和形式的或者违反诉讼程序取得的证据资料”。[①] 其范围不仅包括司法人员违反法定程序、以非法手段而获得的证据，还包括证据的内容、证据的表现形式、收集证据的主体等因素不合法的证据。而狭义上的非法证据，是指司法人员违反法律规定的程序或方式而取得的证据，也就是说在取得证据的手段、方式上不合法的证据，有的学者称之为“非法取得证据”[②]。本文在探讨非法证据排除规则的问题时，所采取的是狭义上的非法证据，即非法取得的证据。

详言之，非法证据是国家司法人员采用刑讯逼供、威胁、引诱、欺骗，以及非法搜查、扣押、窃听等非法侵犯公民基本权利的方法而获得的证据。[③] 由此概念可以看出，非法证据的取证主体是国家司法人员。因为司法人员的取证行为是国家行为，代表着公共权力，以国家的强制力作后盾。这种具有巨大强制力作后盾的行为相对于公民个人而言，可以说是一种绝对的权力，绝对的权力必然容易被滥用。因此，必须通过法律设置一定的程式来约束、规范该行为，并且规定对不依照法定程序的行为使其承担相应的法律后果，这样才能有效保障公民的合法权益不受侵犯。而非国家司法人员的行为并不代表国家，非法取证行为不具有国家强制力作后盾，也就难以普遍对公民个人合法权益构成巨大威胁，但在某些特定情况下也可能对他人权益造成侵害，应按其性质，对其行为人追究法律责任，其所获得证据，可比照非法证据予以排除。

---

① 柴发邦：《诉讼法大辞典》，四川人民出版社 1989 年版，第 505 页。

② 〔美〕摩根：《证据法之基本问题》，李学灯译，世界书局 1982 年版，第 243 页。

③ 熊秋红：《英国刑事诉讼中对非法获得的证据处理之评析》，载《中央检察官管理学院学报》1997 年第 2 期。

根据各个国家的法律规定与司法审判实践，法律所禁止的、非法取得证据的方式是多种多样的。如：以违反法定程序的行为而取得被告人的供述，强迫自证其罪，侵害当事人的沉默权而取得的供述，非法逮捕或拘禁所取得的证据，非法搜查和扣押所取得的证据，非法录像、窃听所取得的证据，侵害拒绝证言权而取得的证据等。既然法律要求证据必须依法定的程序与方式取得，非法取得的证据理应无可采性。但矛盾在于非法证据并不见得就不合理，不一定是对案件事实情况的歪曲与虚假，反而可能对查明案件事实、查获犯罪人具有重要的作用。如果某一具体非法证据对于案件事实的查明不具有证明价值而予以排除，当然不会引起任何争议。问题就在于非法取得证据，同时又具有一定的证明力，能够在一定程度上对查明案件事实有意义，是否也应予以排除？能否成为认定某一案件事实的基础？如何适用？这就是非法证据排除规则所要解决的问题。因此，此等有关非法所取得证据限制其证据能力的法则，即所谓证据排除法则。[①]

（二）非法证据的分类

对非法证据依据不同的标准，可以划分为不同的类型。如依据非法因素的不同情况，可将非法证据划分为四种类型：① 收集或提供主体不合法的非法证据；② 取证程序不合法的非法证据；③ 内容不合法的非法证据；④ 表现形式不合法的非法证据。[②] 若要对非法证据排除规则进行探讨并作相应比较研究，如果根据上述标准分类阐述则显得比较困难，不便于反映对非法证据予以排除之历史形成与发展的特点。因此，我们不妨根据对非法证据排除规则所适用的对象的特点来对非法证据作分类研究。

非法证据的排除应当说最早出现在英国的刑事司法判例中，却在后来的美国刑事司法实践中得以充分肯定，到现在，英美法系和大陆法系国家或其他法域国家，基本上采用了这一证据规则。非法证据排除规则在各国的建立经历了或长或短的历史发展、演变过程。最初，立法者将其视线主

① 王茂松：《非法取得证据有关法律问题研究》，台湾金玉出版社 1987 年版，第 4 页。

② 刘广三、孙世岗：《刑事诉讼中非法证据及其证明力辨析》，载《烟台大学学报（哲学社会科学版）》1998 年第 4 期。

要集中于非法取得的被告人自白，或称为非任意性自白，继而又逐步开始考虑以非法搜查、扣押的行为而取得的证据的排除问题。随着科技与社会的发展，大约到了20世纪70年代，对非法证据的排除开始关注运用秘密手段，如窃听、电子截取、坐探、设置陷阱等秘密侦查手段获得的证据的排除问题。因此，可以根据排除规则所适用的手段特征，将非法证据分为如下四类：① 非法取得的自白或非任意性自白；② 非法搜查、扣押的证据；③ 使用秘密侦查手段而非法取得的证据；④ 其他违背程序规则的非法证据。

对于非法取得的自白，我们首先要弄清楚什么是自白。英国学者Edmund M·Morgan认为，多数州法院谓自白为一种有罪之自认，亦有更进而谓自白并不包括一种陈述，自该陈述可以引申有罪以外任何其他之推论。因此，自白故意杀人出于免责之自卫，即不谓之为自白。[①] 日本学者团藤重光认为，自白者，系刑事被告（犯罪嫌疑人）就犯罪事实之全部或一部分，承认自己有刑事责任之供述之谓。[②] 我们可以认为，自白是指犯罪嫌疑人、被告人对犯罪事实之全部或一部，在诉讼中，向司法人员就自己犯有应承担刑事责任罪行所作的有罪供述。而非法取得的自白即运用刑讯、变相刑讯或以之为威胁施加精神压力，或者以利益为诱导、以欺骗为手段，使对方失去自由的意愿而作的供述。

非法搜查、扣押的证据是指国家司法人员违反法律规定的搜查、扣押程序而实施取证行为所获得的证据。非法扣押、搜查情形是多种多样的，如搜查扣押的主体不合法，没有搜查扣押权；没有搜查、扣押批准文件或在搜查扣押时不予出示搜查证、扣押证；即使有批准文件，但其搜查、扣押的范围不符合规定等。

第三种类型及第四种类型的非法证据，可以说是除以上两种非法取证方式以外的，以其他非法手段而获得的证据。

随着科学技术的发展，有时会采用高科技手段进行窃听、截取书信、

① 〔美〕摩根：《证据法之基本问题》，李学灯译，世界书局1982年版，第280页。
② 王茂松：《非法取得证据有关法律问题研究》，台湾金玉出版社1987年版，第11页。

电报、电话而取得证据，还有如使用坐探、盯梢、设置陷阱等秘密侦查手段来查获犯罪、取得证据。对于这一类型证据的取得，其行为对被告人、犯罪嫌疑人的合法权益的侵犯，如侵犯其通信秘密、隐私权，或引诱其实施犯罪行为，通常是非常隐蔽的，甚至不为当事人所知晓，但应当说还是从不同程度上违背了被告人的自由意志，至少在当时没有给予当事人表达自由意志的机会。

而其他违背程序规则的非法证据也还可能是来源于收集、调查证据的手段，以及运用证据的主体不合法，没有收集、调查、运用证据的权能的非法证据。如法律规定法官只有在法庭证据调查阶段对当事人所提证据有疑问时，才有权调查核实该证据。而实际司法审判当中，有的法官享有包揽全部证据调查收集以及主动调取新的证据的权力，而这样的证据通常忽略了法庭质证、认证程序，是否能作为定案的依据，很多学者提出了否定的观点，认为也应将之列入非法证据的排除范围。

对于非法证据的分类如此划分，从一定程度上是为了便于在研究、论述时对相关制度作横向的比较。实际上，对某些非法证据要依此严格划分还有一定的难度。如对于用非法手段截取的声讯资料、书证或网上下载私人信件，既可以看作是以其他方式获得的非法证据，但在某种程度可否认为是非法扣押的证据呢？如能够直接证明犯罪事实的非法窃听电话录音也许实质上就是非法获得的自白。因此，对于非法证据的分类，只能是相对的，以便于研究与阐述。

（三）非法证据的排除状况

非法取得的证据是否具有法律效力，能不能作为定案依据，不同的国家与地区或同一国家不同的时期，都有不同的选择。对于非法取得证据的采纳与否，体现了国家刑事司法在惩罚犯罪与人权保障两个价值取向上的某种倾向。对于这两个价值之间的冲突与选择问题，我们在后面将专门研讨。目前，世界各国的刑事司法制度中对非法证据的排除，大致可归纳为以下几种情况。

1. 原则排除加例外

美国是典型代表。1961 年美国最高法院在审理“马普诉俄亥俄州”

一案中确定了证据排除规则，即通过违反宪法的搜查和没收所获得的一切证据，按照宪法规定，在州法院是不可采证的。[①] 这种对非法取得证据的全盘否定主要是出于对被告人人权的保护，以实现法律上的“正当程序”。将非法证据的排除作为维护《美国宪法修正案》第4条所规定的公民权的保障性措施。

2. 审查采信

非法取得的证据只要经过查证属实，对于证明案件事实确有必要，就可予以采信。这种做法注重的是证据的客观性，忽视了证据的法律性，没有将非法取证与合法取证明确区分，将非法取得证据的证据能力与合法取得证据的证据能力等同起来，不对证据能力作法律上的考察。不难看出，此类型国家在惩罚犯罪效率与被告人权益保护的选择中过分地倾注在前者，以致为了维护社会利益，防止放纵犯罪，不惜牺牲对被告人诉讼权益的保护。

3. 区别对待

将非法取得的自白与物证区别对待，非法手段取得的口供无论其真实性如何，都不予采用，否认其证据能力，而对于以非法手段取得的物证经查证属实后则可采信。因为“物证不同于口供，它除非伪造，是不会发生改变的”[②]，认为物证的证据能力不会因取得手段非法而丧失。

4. 衡量采证

采此刑事政策的国家认为，应在非法证据之“不利作用”与其本身“有效价值”之间进行衡量，以决定其取舍。取证手段不能因证据的采纳而被肯定，对违法取证行为理应制裁。同时由于取证手段与证据本身不同，非法取证行为带来的危害与它所获取的证据的有效价值也应分别对待。[③] 所以，让法官保留一定限度的自由裁量权，在某种严格限定的情况下，可以对非法获得的证据是否采用予以权衡裁量。在英国“女王诉桑”

① 〔美〕J·大卫·赫斯切尔：《对美国和英国处理非法取得的证据的方法的比较》，刘赓书、李浩译，载《环球法律评论》1985年第3期。

② 汪建成：《非法所得证据的证明力之我见》，载《法学与实践》1993年第1期。

③ 刘广三、孙世岗：《刑事诉讼中非法证据及其证明力辨析》，载《烟台大学学报（哲学社会科学版）》1998年第4期。

的判例中曾有这样的阐明，在刑事审判中，如果初审法官认为证据的不利作用超过了它提供证明的价值，那么，法官享有不采纳这种证据的自由裁量权。[①] 这种处理方法，同时考虑到了惩治犯罪与保护人权两方面的要求，力争达到使两种价值有机、合理地协调，以此实现司法公正。

我国的刑事证据制度一直以来贯穿着以事实为根据的原则，对能够证明案件真实情况的一切客观事实都认为是证据，讲求实事求是。所谓“实事”即据以查明案件真实情况的证据必须是真实的，依此认定的案件事实必须是客观存在的事实。“是”即可据以查明案件真实情况的证据以及证据与案件事实间的联系。[②] 同时，以马克思主义认识论为基础，坚持认识最终会与客观相统一。在对待证据的认识与采信上，注重的是证据的客观性与关联性，只要是与案件事实有关联的，经查证属实就具有证明力，与主要事实关联性越强，证明力越大。即使是非法获得的证据，只要是符合客观事实的、与案件事实有关联的，没有理由不采信，并未将非法证据与是否具有证据能力的问题必然联系起来。因此，尽管从积极方面强调依法取证，严禁刑讯逼供，但诉讼法并未对违法取证行为所应承担的程序法上的法律责任进行明确的规定，并没有确立刑事证据制度中的非法证据排除规则。

二、非法证据排除规则之比较

几乎世界各国的刑事诉讼法都禁止以违反法律的方式获取证据，然而对非法取得的证据能否获得证据能力，能否成为定案根据，却既有共识，又各有不同的处置方式。

（一）非任意性自白的排除

1. 非任意性自白排除法则在各国的发展

在英美法系国家的自白法则中，规定非任意自白不得作为证据。

---

① 〔美〕J·大卫·赫斯切尔：《对美国和英国处理非法取得的证据的方法的比较》，刘赓书、李浩译，载《环球法律评论》1985 年第 3 期。

② 陈一云：《证据学（第二版）》，中国人民大学出版社 2000 年版，第 94 页。

（1）英国。英国最早关于非任意性自白排除的案例是1775年的The King V. Rudd一案，其判决中法官首次宣称应对自白的容许性有所限制。[①]接着在1783年The King V. Warickshall一案的判决中，法官完整地表述了近代自白排除法则的内涵，认为以利诱或胁迫而取得之自白，因其欠缺信用性、可靠性，自不容许为证据。[②]自此开始，任意自白方可作为证据被采用，而由引诱、胁迫、拷问所获得的自白，作为证据，多属可疑，不足以取信，自然不能采信作为认定事实的证据。从而，自白之任意性法则得以确立。

1964年《英国法官规则》规定：在刑事案件中，被告人部分或全部认罪的自白可被起诉方用作指控被告人有罪的证据，只要它是自愿的，即证据不是因为被告人受不公正的对待，希望得到好处或者司法官员威胁、压制而获得的。同时期，英国法院又试图解释"不公正"的含义，大法官帕克在1966年"卡斯利诉冈恩案"中宣称，有些证据必须予以排除，即使用暴力的压迫方法或者类似的情况而强迫取得的证据，如有任何迹象表明使用虚伪陈述、诡计、恐吓、贿赂或者任何类似的情况而取得的证据。[③]

到了1979年，上议院对"女王诉桑"一案作出最终判决，上议院丹宁勋爵指出，法官自由裁量时，要排除"那种在犯罪行为实施以后，从被告人那里用强迫的方法得到的相当于自证有罪的供认的证据"。[④]而排除通过诱导取得的证据，理由是刑事法律部门的基本理论，原来可能建立在确保自白的可靠性的基础之上，但现在……则是沉默权。[⑤]这一判决标志着英国排除非法获得自白的理论基础在发生转变，从对自白真伪的关注转变为对人的基本权利的保障。

---

① 王茂松：《非法取得证据有关法律问题研究》，台湾金玉出版社1987年版，第27页。

② 王茂松：《非法取得证据有关法律问题研究》，台湾金玉出版社1987年版，第27页。

③ ［英］J·B·道森：《英联邦成员国对非法取得的证据采证问题的若干法律规定》，刘赓书译，载《环球法律评论》1983年第4期。

④ ［英］J·B·道森：《英联邦成员国对非法取得的证据采证问题的若干法律规定》，刘赓书译，载《环球法律评论》1983年第4期。

⑤ ［英］J·B·道森：《英联邦成员国对非法取得的证据采证问题的若干法律规定》，刘赓书译，载《环球法律评论》1983年第4期。

1984 年英国颁布的《警察与刑事证据法》规定：法庭将不允许提出不利于被告人的、可能是通过：“a. 压制或者；b. 可能说的或做的结果使得自白因此不可靠”的自白，尽管它可能是真实的，除非起诉方超出合理怀疑地证明自白不是如此方式获得的。立法与司法实践把对非任意性自白的排除作为对程序公正的保障，防止对程序公正产生不利影响。

（2）美国。美国宪法保障公民享有“不受强迫自证其罪”的特权。1791 年《美国宪法修正案》第 5 条规定：“任何人在刑事案件中，都不得被迫成为不利于自己的证人。”这一规定表明国家承担追诉犯罪并证明犯罪嫌疑人、被告人有罪的责任，搜集罪证的同时，还必须保障公民的合法权益免遭违法侵害的危险，注意保证公民尤其是作为被指控的人作证时的自愿性。

作为美国刑事证据制度一部分的自白法则，为美国判例法所接受最早起于 19 世纪中叶，而显著发展则在 20 世纪。最初的自白法则基本反映的是英国自白法则的内容，以其可靠性或称为信用性为基点，以自白是否具有任意性作为考察其是否被容许的标准。但由于实行的是联邦制，各州在适用时各有其范围与内容。

1896 年 Wilson V. U. S 案件中，美国联邦法最高法院鉴于对犯罪人人权保护之必要，开始了对下级法院适用自白法则情况的干涉。最终在 1936 年对 Brown v. Mississippi 一案的上诉审中撤销了州最高法院基于违法取得的自白所作的有罪判决，并认定州法院违反《美国宪法修正案》第 14 条“正当程序”的规定，将自白排除规则从宪法保障的角度确定下来。

在美国自白排除规则的发展过程中，自白排除的标准逐渐从自白的非任意性、不可靠性到自白的取得的程序违法性演变，以防止秘密讯问、保障程序的公正为目的，以程序的违法与否作为判断自白之采信的标准。标准的变化并不一定是排除范围的扩大，而是减少了操作上的主观易变性，使排除标准更为客观、更容易把握，提高操作的规范性。从另一个角度上是加强了刑事诉讼中的人权保障观念，从自白的采信上，进一步规范警察人员违法侦查讯问的行为。

1943 年 Mcnabb V. U. S. 一案中，联邦最高法院判决认为：被告的自白是警察局在违法超过将被告在逮捕后带至治安法官面前所拘禁期间而取得的，违背了嫌疑人被逮捕后，应无合理的迟疑迅速移送治安法官的要求，其间所获得的自白就应该从证据中排除。其目的是以排除所获得自白为手段，对侦查人员的违法行为予以“司法之抑制”。1957 年 Mallory V. U. S. 案件的判决中，联邦最高法院在认定被告人的供述是警察局在延长拘禁期的情况下取得的，警察未告知其陈述可能作为不利自己的证据，也未告知其享有律师帮助的权利，从而违背了《美国宪法修正案》第 4 条与第 6 条有关公民人身不受非法搜查、拘留、监禁的权利和律师帮助权利的规定，应当予以排除。自此，不仅各州法院或先或后规定了本州的自白法则，而且联邦最高法院运用宪法之“正当程序”的要求，通过一个案件的审判，使自白排除法则在各州统一发挥效用，从而减少案件处理的任意性。

及至 1964 年 Escobedo V. Illinois 一案，联邦更为严格地强调：当犯罪嫌疑人被拘禁而开始侦讯时，如未被许可接见辩护人，亦未被告知宪法所保障权利，则侵害《美国宪法修正案》第 6 条之辩护人帮助权，其所为自白不得采为证据。紧接着的 1996 年 Miranda V. Arizaa 一案中，联邦最高法院进一步将《美国宪法修正案》第 6 条关于获得辩护人帮助权与第 5 条的沉默权相结合，扩大对沉默权的实质性保障。在判决中明确：① 未告知被拘禁的嫌疑人享有的沉默权与律师帮助权之前，不可对其讯问；② 嫌疑人表示沉默时，讯问应当停止；③ 嫌疑人有意聘请律师帮助，在律师到来前，讯问应当中止；④ 如果律师不在场的情形下继续讯问，必须保证嫌疑人明知、理智地放弃了上述权利。

这也就是著名的米兰达规则。在米兰达规则确立的几十年间，由于国内政治局势以及两种价值选择之间的斗争，其间多出现反复。1984 年自白排除法则与违法证据排除法则一起受到了联邦最高法院的强有力的限制。先后确立了三项例外情况限制米兰达规则的适用。一个是“公共安全”例外，目的是保护警察和一般公众的安全。不相信米兰达原则的教义基础要求其一成不变地适用于警察出于对公共安全的合理考虑而提问的情况。①

① 程味秋等：《外国刑事诉讼概论》，中国政法大学出版社 1994 年版，第 43 页。

随后联邦最高法院又确立了“最终或必然发现之例外”与“善意例外”[①]。所谓“最终或必然发现例外”是指起诉方只要以有力的证据证明非法取得的这项证据，最终或必然会以合法手段取得，这项证据即可采用。而“善意例外”是指警察人员进行搜查时，是以“客观合理的、可信的”搜查证作为依据的，因此，其行为是出于善意的，尽管最终发现搜查不合法仍可采用”。[②] 此类例外，降低了米兰达规则的效力，大大限制了非法获得自白排除规则之适用。这就是现今美国处理非法获得自白的基本方式。

（3）大陆法系的奥地利与德国。大陆法系国家的刑事诉讼以职权主义为特征。职权主义所倡导的是国家司法机关充分行使职权，保证查明犯罪、惩罚犯罪的高效。

1975 年《奥地利刑事诉讼法》第 25 条规定：“对于安全机关及一切公务人员与约雇人员，严禁其为取得犯罪嫌疑原因或为确认人犯而进行引诱人犯为犯罪行为之着手或完成，抑或为提出法院作为证据而经由秘密雇佣之人员以骗取自白。”第 202 条规定：“为使被告自白或为一定之陈述，不可用期约、欺骗、威胁或强制手段。为取得自白，亦不可为拖延调查之努力”。[③] 以此规定，防止以强制、威胁、欺骗、期约、引诱或其他非法方法取得嫌疑人、被告人的自白。

依照 1981 年《德国刑事诉讼法》第 136 条的规定：被告的意思决定与意思活动之自由，不得以虐待、疲劳、侵害身体、利诱、苛责、欺骗或催眠术之方法予以影响。禁止以刑事诉讼法之规定所不许可的处分相恐吓或法律上所未规定之利益相引诱。不准采取对被告之回忆能力或判断能力予以不利影响的处分。该禁止性规定，无论被告是否同意，均予适用。如系违反禁止规定而取得之的陈述，无论被告对该证据的运用是否同意，都不得予以采信。[④] 因此，从德国刑事诉讼法有关规定可以看出，德国法律对取证方式规定得比较详细，对非法取证防范得比较严，但并没有像英美

① 李心鉴：《刑事诉讼构造论》，中国政法大学出版社 1992 年版，第 287 页。
② 王以真：《试论美国刑事诉讼中排除规则的修改》，载《国外法学》1985 年 4 期。
③ 蔡墩铭：《刑事诉讼法论》，五南图书出版股份有限公司 1982 年版，第 11、81 页。
④ 蔡墩铭：《刑事诉讼法论》，五南图书出版股份有限公司 1982 年版，第 11、81 页。

等国那样将排除非法取得的自白与保持司法公正紧密相连。

（4）日本。日本原刑事诉讼承袭的是法国、德国职权主义诉讼模式，强调惩治犯罪的效率及职权作用的发挥。二战以后，深受英美法系特别是美国法律制度的影响，将自白排除规则移植到本国，并且同样以宪法规定的方式予以保障。《日本宪法》第38条规定：“以强制、拷问或胁迫所取得的自白，或者经过不适当的长期拘留或拘禁后的自白，都不得作为证据。”同时，《日本刑事诉讼法》第31条规定：“出于强制、拷问或胁迫的自白，在经过不适当的长期扣留或拘禁的自白，或其他可以怀疑为并非出于自由意志的自白，都不得作为证据。”日本的自白排除规则在司法判例中，起先比较侧重于排除自白的非任意性，认为非任意性自白虚假成分居多，阻碍实体真实的发现危险性大。[①] 从20世纪70年代起，司法判例中可以看出自白之排除，实际上也开始注重对非任意性自白的取证行为的违法性之否定。

（5）我国有关的立法与司法状况。我国《刑事诉讼法》第91条至第98条对讯问犯罪嫌疑人的诉讼程序作了规定，内容包括讯问时，侦查人员的法定人数（第91条）；讯问场所、手续，传唤、拘传的时间限制（92条）；讯问笔录的制作（第95条）；犯罪嫌疑人的律师协助权（第96条）等。而对违反这些程序性规定所获得的犯罪嫌疑人的供述，法律没有作出任何宣称其无证据能力的规定。虽然《刑事诉讼法》第43条规定：“严禁刑讯逼供和以威胁、引诱、欺骗或其他非法方法收集证据”，但对违背这一规定所获得的口供，《刑事诉讼法》没有明确其可否被采用。只有最高人民法院关于对《执行刑事诉讼法若干问题的解释》第61条明确了“凡经查证属于采用刑讯逼供或者威胁、引诱、欺骗等非法的方法取得的证人证言、被害人陈述、被告人供述，不能作为定案的根据”。而且《刑事诉讼法》第46条规定“只有被告人供述没有其他证据，不能认定有罪”。可以说从一定程度上保障犯罪嫌疑人、被告人、证人不被非法讯问、非法取证的权利。但同时，《刑事诉讼法》第93条规定“犯罪嫌疑人对侦查人员

① 李心鉴：《刑事诉讼构造论》，中国政法大学出版社1992年版，第274页。

的提问，应当如实回答”。也就是说并没有授予犯罪嫌疑人沉默权，仍然承担如实回答的义务。如果犯罪嫌疑人、被告人面对执法人的非法取证行为，除非与案件无关，否则也只有“如实回答”，没有采取防御的手段——保持沉默的权利。

而在司法实务中，对于违反法定程序而获得的口供，如果查证属实，对案件事实有证明力的，证据是可以被采用的。至于讯问时，即使发生了侵犯犯罪嫌疑人的人身权利、诉讼权利的行为，在对其行为追究相应责任的同时，对其所获证据如若查证属实，仍认为有效。

2. 自白排除之理论依据各论

被告之自白，如非出于任意性，不能作为证据。此规则已为英美法系及大陆法系各国所普遍认同。然非任意性自白何以不得为证据呢？换言之，被告自白须出于任意，其理论根据何在？有关学说主张有如下之说。

（1）虚伪排除说。此说者认为出于强暴、威胁、利诱等不当或不合法的方法所取得的证据，虚伪成分多，阻碍真实发现的危险性大，自白之所以要以任意性为条件，就在于排除虚伪的自白。[①] 持此学说的有：如美国证据法学者 John Heny Wigmore 就认为可信性、真实性的欠缺乃任意性自白须加以排除的理由；再如 Edmund M. Morgan 也认为排除不正当手段取得的自白的理由在于其非可信性；此外，日本许多学者认为非任意性自白通常会有许多虚伪成分介入其中，显然有碍真实的发现，故应将其证据能力加以否定。

尽管排除非任意性自白的虚伪排除说有一定道理，但似乎不怎么充分。不当方法所取得的自白，其内容虚伪之可能性固然很高，但也未必全都是虚伪的。对于非任意性自白为线索收集到的真实可能性较高的证据，按此说又如何对待呢？如排除，虚伪之说不攻自破；如不排除，无异于鼓励、纵容侦查机关非法搜查、扣押，甚至刑讯逼供，不择手段去寻求有用的自白了。此乃虚伪排除说之缺点所在。

（2）人权保护说。此说注重于保障人权，认为非任意性自白之所以不

---

① 王茂松：《非法取得证据有关法律问题研究》，台湾金玉出版社 1987 年版，第 27 页。

得作为证据，乃起源于《美国宪法修正案》第5条所规定："不得强迫任何人在刑事案件中为不利于己之供述"。其言下之意就是非任意性之自白有悖于人权保障，故无论其自白是否与事实相符，均无证据能力，不容许作为证据。持此学说的日本学者团藤重光认为，以拷问、强暴等手段所取得的自白乃违反宪法上不得强迫任何人自证其罪的规定，此项规定旨在防止公务人员滥用职权，以保障人权，所以违法取得的自白，不应容许为证据。[①]

人权保护说无非是认为排除非任意性自白旨在担保宪法上不自证其罪的特权，即沉默权不受侵犯。就维护人权方面而言也不无道理。此说仍有将自白排除规则与沉默权混为一谈之嫌。此说对于被告人经利益或某种报酬诱惑，或由某种期约而作的自白，其人权可能并未遭实际的侵害，而且还可能有所获益，但依排除规则亦当排除则无法解说。此乃人权保护说之盲点所在。

（3）违法排除说。该学说主张，排除自白，不是为了排除虚伪，也不是为了保障沉默权的实现，而是为了保障在自白取得过程中贯彻正当法律程序的原则。也就是说规则的设置就是为了抑制违法取证行为。持此学说有如日本的田宫裕，他认为，裁判并非不顾一切地发现真实，而是在诉讼过程中实现具体的正义，排除违法之要求，应比判决被告有罪的要求来得强烈；排除违法乃实现正义的基准，其强有力之动机，实为推动法秩序所必要。[②]

这一学说无视自白的任意性，只重视取得自白手段的合法性，主张凡是违法收集的自白，原则上应当否定其证据能力。但他们却忽略了在其近几十年的司法实践及司法制度变革中，自白排除规则的发展，并不是对违法取得自白的排除更为严格，而是设置一些例外予以缓和。按此说，不知是不是意味着现代刑事诉讼对正当法律程序的要求比过去更低。

（二）非法搜查、扣押取得证据的排除

非法搜查、扣押取得的证据就是司法人员违反法律规定的权限与程

---

① 王茂松：《非法取得证据有关法律问题研究》，台湾金玉出版社1987年版，第27页。

② 王茂松：《非法取得证据有关法律问题研究》，台湾金玉出版社1987年版，第27页。

序，以非法扣押、搜查手段而获得的证据材料。各国基本上都对搜查、扣押的法定程序作出明确的规定，禁止以违法手段获得证据。但对于有关非法取得证据的证据能力之限制问题，观点与处置方法有所不同。对非法搜查、扣押取得证据的排除盛行于英美法系国家，尤其是在美国，之后影响到其他法系国家与地区，如日本、意大利、俄罗斯，包括我国台湾地区。但即使在原有的普通法中，并不一定认为取得证据的方法会影响证据本身的容许性。之所以引发非法手段取得的证据的排除问题，乃起源于《美国宪法修正案》第 4 条关于禁止无理之搜查与扣押的明文规定而产生。因此可以说，违法证据的排除规则不是英国的传统，而是美国之独创。因此我们考察的重点将放在美国，兼顾考察其他国家在该项制度上所采取的态度与方式。

1. 美国

不论是普通法还是早期的宪法中都没有任何条款，要求在法庭上取消执法人员以不适当的方法所获得的证据的内容。[①] 非法搜查、扣押证据的排除规则最初源于《美国宪法修正案》第 4 条的规定。然而，《美国宪法第四修正案》于 1791 年付诸实施后，对于违法搜查扣押证据行为的救济一直是通过由受害人提起侵权之诉的方式而获得，而不是让行为者在程序上承担相应的法律后果。但实际上，尽管违法搜查扣押行为并不少见，而实际上被侵害者获得损害赔偿，行为者承担其责任之情形寥寥无几。这种状况，促使联邦最高法院于 1885 年 Boyad V. U. S. 一案中毅然宣布，凡联邦官员违反《美国宪法修正案》第 4 条规定，对被告人身体或财产进行搜查、扣押，所获得的证据，在联邦最高法院不得作为不利于被告的证据。由此，违法证据排除规则在美国初露端倪。

尽管违法搜查证据规则产生过程并不复杂，其在美国的产生与发展同样经历了一个渐变的过程，大致经过了联邦最高法院确立阶段、各州选择

① 〔美〕华尔兹：《刑事证据大全》，何家弘等译，中国人民公安大学出版社 1993 年版，第 196 页。

适用阶段和各州必须适用阶段。[①]

应该说非法证据排除规则在联邦法院的正式确认是在 1914 年。当年的 Weeks V. U. S. 一案，明确宣告违法搜查扣押之证据，联邦法院应予排除，确立排除法则之存在，以保联邦人民之身体与居住自由。由该案所规定联邦法院应拒绝使用的是联邦公务员违反《联邦搜查与扣押法》的规定所获得的证据，而对于各州执法机关所扣押的违法证据不属该案效力范围。联邦官员，违反宪法第四修正案，对于被告之身体或财产为搜索或扣押，在联邦法院内不得容许为被告不利之证据。若非法搜索为州之公务员或私人所为者，仍有其适用。以至于在联邦法院的案件审理中，各州所得违法证据可为联邦所用，而联邦公务员参与或直接取得的违法证据则被排除，此即所谓“银盘理论”。

其后的几十年间，联邦法院以个案判决的形式，不断宣称修正案之规定不仅适用于联邦，也对各州适用，各州不可使用非法方法搜查、扣押。但对于违法搜查证据采取何种救济方式，仍由各州自行决定适用。

直至 1961 年联邦最高法院在具有历史性意义的 Mapp V. Ohio 一案判决中宣布：凡以违反宪法方法搜查或扣押所获得的证据，依照宪法的规定，州法院亦不得采用。从而确定了各州与联邦同等适用排除法则，并通过这一划时代审判，拉开了正当程序革命的序幕，使宪法修正案的其他条款，以及实现这些条款的其他规则逐渐被贯彻于各州刑事审判。

虽然排除规则仍像最初所想象的那样，断然禁止在法庭上为任何目的而使用非法获得的证据，但最高人民法院也还是在小心地改变自己的观点。[②] 自 Mapp 案后，尤其是到了 20 世纪 80 年代，违法证据排除法则与自白排除法则一起受到强有力的限制。包括：“独立来源例外”“最终或必然发现的例外”和“善意例外”及“无害错误例外”等，1995 年联邦最高法院对排除规则又有了新的解释。在 Arizona V. Evans 一案中，最高法院判决当非法搜查是由法院职员的失误造成的时，并不适用排除规则。因为执

① 李心鉴：《刑事诉讼构造论》，中国政法大学出版社 1992 年版，第 284 页。

② 〔美〕华尔兹：《刑事证据大全》，何家弘等译，中国人民公安大学出版社 1993 年版，第 256 页。

行搜查的警察是严格遵照由司法官所签发的、但实际不存在的搜查证而执行公务，这时并不满足排除规则的阻却非法行为的目的要求。根据这一解释，排除规则设立的宗旨仅仅是阻却警察，而不是法官，违反《美国宪法修正案》第 4 条的行为。

从排除规则发展的历史可以看出，非法搜查扣押证据排除规则的适用范围经历了一个从无到有，从小到大再到例外频出，适用范围逐渐受到局限的发展演变过程。这种演变可以看出美国在刑事诉讼中正当程序与实体真实之价值选择上的游离不定。

2. 英国

英国对于非法搜查、扣押获得的证据与美国的做法显然不同。在英国传统普通法中的一般原则是：非法搜查或以类似行为获得的证据是可采的。用克朗普顿（Crompton）在女王诉利兹（King V. Riss）一案中的表述“不在于你如何得到它，即使是偷的，它仍然是可采的”。英国枢密院甚至明确指出，非法搜查或以类似行为获得的证据不适用于自白证据的可采性有关的规则。

但是，为了保证刑事案件的公正审判，同时，又为法官在某种严格限定的情况下，对严重违法取得的证据是否予以排除，保留一定限度的自由裁量权，如果刑事审判中的初审法官认为证据的不利作用超过了它提供证明的价值，依照可采性规则，会导致对被告人不公平的结果，那么法官享有不采纳此种证据的自由裁量权。1984 年英国《警察与刑事诉讼法》第 78 条明确肯定了法官对显失公正的非法证据的排除上的自由裁量权。按通常的理解，这类非法证据既包括非任意性自白，也包括以非法搜查或类似行为而获得的证据。然而在司法实践中法官行使这方面的自由裁量权的情况并不多见。

英国之所以在非法证据的取舍上赋予法官自由裁量权，是便于法官面对新问题时，可从公正审判角度来具体适用法律，弥补立法之不足，更是为了使法官能够根据案件具体情况，综合分析各种因素，在权衡利弊的基础上决定证据的取舍，以此在司法中保持处罚犯罪与保障人权之间的动态平衡。

从英国对两类非法证据排除的态度我们可以看出英国在对非法取得的自白原则上予以排除，因为它侵犯了公民的沉默权。但对非法搜查扣押的物证或书证原则上是予以采纳的。这种区别对待，可以说是英国在对待非法证据的采证制度上的一个特点。对于非法搜查或类似行为取得的证据，只有在“警察不仅无权进入，并且构成欺诈罪，或者以受道德谴责的方式行动”[①] 时，即只有当警察的违法行为达到一定的严重程度时，才对违法取得的物证、书证予以排除。所以说，英国对非法搜查扣押取得证据的排除，与其说关心的是对警察的行为和对警察进行惩戒，不如说是为了使被告人得到公正的审判。[②] 这其中存在一个对不利影响与证明价值的比较与权衡关系，可以说，在对待非法搜查扣押所取得证据的问题上，英国法律对实体真实的重视重于对正当程序的追求。

3. 其他国家

对于非法搜查扣押的证据是否应当排除，在日本学界有两种截然相反的观点。肯定者认为对违法取证，仅惩罚行为人，从诉讼程序上有失公平，亦不利于杜绝违法行为，因此，为了有效杜绝违法侦查，保障人权，须排除以违法手段取得的证据。反对者则认为对于违法取证，仅惩罚违法侦查之行为人即可，而不必排除该证据。而在司法实务上，传统做法也是比较保守的，并不因收集证据的行为违法而否定该证据的容许性。后随法制改革，非任意性自白的排除被接受下来，但司法实践部门对非法扣押搜查的证据的排除一直是采取比较宽松的态度。日本最高法院在昭和 53 年判例中指出：“在证据物的收集程序中，违反宪法第 35 条以及以该条为根据的刑事诉讼法第 218 条所规定的令状主义精神，构成重大违法时，在如果容许将这种违法收集的材料作为证据，从抑制将来的违法侦查的立场上看并不适当的场合，应当否定其证据能力。显然这种对待非法搜查扣押证

---

① 〔英〕J·B·道森：《英联邦成员国对非法取得的证据采证问题的若干法律规定》，刘赓书译，载《环球法律评论》1983 年第 4 期。

② 〔美〕J·大卫·赫斯切尔：《对美国和英国处理非法取得的证据的方法的比较》，刘赓书、李浩译，载《环球法律评论》1985 年第 3 期。

据的排除态度与英国法律一样是比较低调的，只有在违法行为“构成重大违法”时，才由司法官员考虑排除。

德、法两国是大陆法系的代表，刑事诉讼中以发现实体真实为基本原则，对有关证据的证据能力的规定较少、证据是否采信，全凭法院法官自由裁量。就非法搜查扣押所获得的证据而言，仅 1960 年及 1964 年前西德最高法院根据基本法，分别判定窃听所得的录音及非法取得的日记不可作为定罪根据。法国对非法收集的物证，从发现实体真实的角度出发，原则上认定其具有证据能力。①

而意大利在近几年司法制度改革中，吸收了大量英美法系对抗制诉讼中某些积极的因素，对于排除规则的适用性规定也大大地走在其他大陆法系国家的前面。1988 年新修订的《意大利刑事诉讼法》第 191 条规定：“在违反法律规定的情况下获取的证据不得加以使用。”按一般的理解，“违反规定”的证据应当既包括违法取得的自白，也包括非法搜查扣押的物证与书证。

4. 我国立法与司法现状

我国《刑事诉讼法》第 109 条至第 118 条对搜查、扣押实物证据的具体程序作出了规定。按照这些规定，侦查人员进行搜查时，必须向被搜查人出示搜查证（第 111 条）；搜查时应当有被搜查人或其他见证人在场，搜查妇女身体应由女工作人员进行（第 112 条）；搜查、扣押要制作搜查笔录和扣押清单（第 113 条、第 115 条）；不得扣押与案件无关的物品、文件（第 114 条）；扣押犯罪嫌疑人的邮件、电报的应当经公安机关或人民检察院批准（第 116 条）。刑事诉讼法却没有对违反这些程序性规定如何进行救济，对非法获得的实物证据有无证据能力作出明确的表示。在司法实务中，违反法定程序进行搜查、扣押而取得实物证据，如查证属实，如事后补办相应的手续，完全可以采用，不认为有将有证明力的非法物证、书证予以排除的必要。

---

① 〔英〕J·B·道森：《英联邦成员国对非法取得的证据采证问题的若干法律规定》，刘赓书译，载《环球法律评论》1983 年第 4 期。

（三）以秘密侦查方式获得证据的排除

秘密侦查是指在刑事诉讼中为达到刑事定罪目的，采用坐探、电子监控、盯梢、设置犯罪陷阱等方式，以查明犯罪事实，查获犯罪嫌疑人。坐探、盯梢方式可能自古有之，而电子监控则是随着科学技术的发展而运用到犯罪控制中来的，因为有关电子技术方面的证据一旦得以承认其证据能力，对案件的侦破、对增强证据在法庭上的说服力具有无可比拟的作用。然而，在与犯罪作斗争的过程中，电子技术的广泛应用同时也带来违法收集证据、侵犯公民权益等问题，从而在司法中引起了对于此类证据是否予以采信问题的讨论。秘密侦查方式较多，本节重点介绍关于窃听方式获得非法证据的排除。

1. 美国

关于电子监控仪器和装置所引起的司法问题是，在没有获得法院允许的情况下使用这类仪器获得的证据能否在法庭审判中得到承认？

1927 年美国在涉及窃听电话是否违反宪法的判例中认为，窃听谈话有别于强迫供述，不违反宪法。在 1928 年奥姆斯特德诉合众国案中，最高法院认为《美国宪法第四修正案》对无理搜查扣押的禁止并不适用于窃听，因此，窃听资料作为证据是合法的。最高法院同时认为，当某执法人被邀请到嫌疑人家中时，他采用自我窃听的方法，身带窃听器，在嫌疑人不知道的情况下发送出并记录下了嫌疑人的讲话，这种奥姆斯特德式的检验方式并不意味着对《美国宪法第四修正案》的违反,[①] 也就可免遭排除。而到了 1934 年，《联邦通信法令》出台，规定窃听和泄露电话中的谈话是违法的。最高法院于是根据该法，在 1937 年宣布窃听所获得证据应被禁止。但是在 1957 年的拉思伯恩诉合众国案的判决中认为，如果参加电话交谈的一方允许第三者进行窃听的，并不违反《联邦通信法令》。

1967 年卡茨诉合众国案的审理结果表明：窃听必须有法官颁发的对特定对象的窃听许可证，否则，法庭适用排除原则，对电子监控行为予以否

---

① 〔美〕华尔兹：《刑事证据大全》，何家弘等译，中国人民公安大学出版社 1993 年版，第 244 页。

认。1968年国会颁布《综合管理犯罪和街道安全法》，规定侦查机关请求许可窃听应具备四个条件：对特定的犯罪、特定的人确信其犯了罪或即将犯罪；窃听有理由，确信与该犯罪有关的通信可以接收；使用窃听以外的一般方法都失败；窃听对象的地点和电话号码明确。

此外，还规定，侦查机关在紧急情况下，实际已经窃听，在48小时内可以得到追认许可证，获得许可证后的窃听资料才可作为证据使用。

2. 英国

在英国，警察越来越倾向于使用秘密侦查手段，如窃听、秘密录像等手段，追踪犯罪人。但直到如今也未出台明确的法规，以规定警察或其他执法机关的监视行为。而且司法判例也并不认为违背警察条例获得的证据不可采信。法官对是否排除非法窃听资料有自由裁量权，在证据的证明价值以及其对程序公正影响之间进行权衡，防止被告人遭受不公平的对待。

3. 日本

日本并没有规定窃听的法令，学者们还是认为窃听行为是违背宪法的行为，侵犯了言论自由和秘密通信的权利。1961年在日本最高法判例中可以反映出：窃听获得的资料作为证据，如果收集这一证据有重大违法，特别是违反宪法的时候，应该否定其证据能力。

4. 德国

《德国刑事诉讼法》对窃听规定得比较详细。《德国刑事诉讼法》第100条a规定："在以其他方式不能或以难以查明案情、侦查被指控人居所的条件下，允许命令监视、录制电讯往来"；第100条c规定："在一定的事实使得某人具有实施了第100条a所述之一犯罪行为嫌疑，并且采用其他方式不能或者难以查清案情、侦查被指控人居所的时候，允许使用技术手段，窃听、录制非公开的言论"。[①] 至于不符合条件的非法窃听、录制行为所获得的证据是否采信，法律没有作出明确规定。

① 李昌珂译：《德国刑事诉讼法典》，中国政法大学出版社1995年版，第34页。

5. 中国

我国刑事诉讼法对于秘密侦查手段的操作没有作出明确的程序性规定，只有《刑事诉讼法》第116条对扣押电报、邮件的侦查行为要求经公安机关或人民检察院批准，没有提到是否可以采用秘密窃听与录像所获得的证据，如果可以，应当采取何种合法侦查行为。因此，既然没有对合法形式作出规定，也应不存在违法取证的问题。司法部门以司法解释的方式作了一些规定，一般未经本人同意录取的音像资料不能直接作为证据，但实践中常采用的转换方式，从而使其具有证据效力。在司法实践中，秘密侦查方式应当还是有，但常常是通过秘密侦查获得的线索，顺其线索取得其他物证、书证、证人证言等证据，而不直接提出秘密窃听、秘密录像获得的材料作为指控的证据。

三、排除规则产生之理性、传统与价值评析

认识评价非法取得证据排除规则，单凭对法条或若干判例的了解是远远不够的，而且，每一个国家都有自己的历史、文化传统、政治与社会经济状况，脱离历史与现实、孤立地看待，难免失之偏颇。我们不但要了解排除规则产生与发展的过程，更要认识其得以现实存在的理论根源。

（一）西方国家排除规则产生之理论基础

无论是英美法系国家还是大陆法系国家的法律制度，因为各自产生演变的条件差异，有其独立的个性。但同时，西方各国的法律制度又因为历史渊源相似，具有某种程度上的共性。依其共性，可以分析反映在非法证据排除规则上的理论基础。

1. 个人本位

从16世纪起，欧洲许多国家都对封建等级制度及教会神学发起了攻击，在政治领域中，表现为反对封建贵族及其特权，并在那些摧毁封建制度方面获得成功的国家，最终强化了个人主义和自由主义的力量在政治、经济和知识方面的作用。这一时期的自然法学派逐渐将其理论侧重点从那种以人的社会性为客观基础的理性法，转向了对人的“自然权利”、个人

自由和幸福的强调。就是这种自然法观点在美国得到了广泛的支持。[①]

理论往往走在社会发展的前沿。当古典自然法学发展到 17 世纪时，它告诉人们为防止政府违反自然法的精神，迫切需要一些防止政府侵犯个人自由的武器——那就是法律。洛克认为，人们在建立政府时仍然保留着他们在前政治阶段的自然状态中的所有生命、自由、财产的自然权利。[②]孟德斯鸠在洛克自然法理论的基础上对如何构建一个遵奉自然法的政治制度进行详细的阐释，他的分权与制衡理论与方案，不但早在英国不成文宪法中就得到实施和遵循，而且成为美国政府制度的哲学基础。美国自然法哲学典型代表人物，美国最高法院助理法官、费城学院法学教授詹姆士·威尔逊把自然法同人民主权论结合起来，相信自然法的基础在于人的性格、追求以及相互关系之中。他认为，国家是根据成员的契约而建立的，他们为了共同利益而在一起，以便和平地享有自由的权利和公正地对待他人。"每个人对其财产、人格、自由及安全都拥有自然权利"，使这些自然权利免遭政府的侵犯乃是法律的职能所在。[③] 这样就把法律同自由、权利紧密地结合在一起了。美国的大多数宪法创始人，如约翰·亚当斯、托马斯·潘恩以及托马斯·杰斐逊等都确信存在不可被废除的自然权利，而且法院的职责就是保护那些为美国宪法所承认和许可的人权。这种被理解为使自由和财产免遭政府侵犯的自然法理念在美国所起的作用，要比在世界上任何其他国家都大。这也是在刑事司法制度确立非法证据排除规则，在美国要比在其他任何一个国家继受与发展得更为坚决与彻底的原因。

纵观自然法学对西方国家的影响，可以从一定层面了解到西方个人本位主义产生的根源。由自然法学派所倡导的个人权利意识反映至法律上，就是要求法律承认并保护人的权利、人的个人价值的至高无上，使每个人

---

① 〔美〕E. 博登海默：《法理学——法律哲学与法律方法》，邓正来译，中国政法大学出版社1999 年版，第 51 页。

② 〔美〕E. 博登海默：《法理学——法律哲学与法律方法》，邓正来译，中国政法大学出版社1999 年版，第 51 页。

③ 〔美〕E. 博登海默：《法理学——法律哲学与法律方法》，邓正来译，中国政法大学出版社1999 年版，第 51 页。

在个性、精神、道德和其他方面的独立获得最充分、最自由的发展。在西方个人意识里，认为人是生而平等自由的，人人都享有大自然赋予的不可让与和不被剥夺的权利，这些权利包括生命权、自由权、财产权以及追求幸福的权利。这些思想意识所反映的个人本位主义在近代西方资产阶级国家的法律中得到了极其广泛的贯彻，贯穿在整个国家法律制度的各个层面，也体现在证据制度排除规则的适用上。

自由资本主义时期，西方个人本位主义空前发展。而到了19世纪末20世纪初，个人本位的法律观念受到了历史法学派、社会连带法学派的指责和批判。这些学派大都否定个人本位。这些思想对当时的国家制度也有一定的影响，在法律制度上表现为英美等国的法律开始对“所有权”和“契约自由”原则的限制。还有当时西方主要的国家，如德国、意大利、奥地利等由于第二次世界大战的深刻教训，也对原本强调个人本位、权利主体的立法予以纠偏。

但到20世纪60年代以后，一批新的法哲学家，如约翰·罗尔斯试图在现代新形势下复活社会契约论。他广为流传的著作《正义论》揭示了个人自由和尊严的价值是如何取得一种独立地位的，而这种地位并不是从利益的最大化中派生出来的。此时，有的国家，如德国，又重申了个人权利，《欧洲理事会成员法》要求每个会员国接受法制原则和所有人享有人权和基本自由的原则。《欧洲人权公约》规定任何个人或组织都可以向欧洲人权委员会控告侵犯人权的行为。而美国更是处于民权运动兴盛发展的黄金时代。总之，尽管经历了这样或那样的挫折，整个西方世界并未背离以个人权利为本位的法制轨道。

非法取得证据的排除问题成了考察法律对个人权利的维护，对个人本位主义所采取姿态上的一颗试金石。对这个问题的回答往往涉及个人权利的保护。如《美国宪法修正案》第4条规定公民享有人身、住房、文件和财物不受无理搜查与扣押的权利；第5条规定未经正当法律程序，不得剥夺任何人的生命、自由和财产的权利，以及不得强迫自证其罪的权利；第6条规定获得迅速与公开审判、获得辩护的权利等。英国也从保护个人权利出发，在刑事司法中对沉默权、隐私权予以肯定与保护。有国内学者称，刑事诉讼是谨慎地针对经法定程序（批准搜查与扣押的程序）被认定为确有嫌疑的特定人员展开的，还是任意地针对不特定的多数公民展开的，对这一方向性问题的认识和取舍的思想基础就是，如何理解刑事诉讼与人权保障的关系。[①] 这实际上道出了个人权利本位与社会权利本位的取舍问题。

因此，可以说西方法律是以个人权利为本位的。任何法律现象的解释，法律争议的解决都围绕“个人权利”进行着。“个人权利”是考察西方国家非法取得证据排除问题的一个视角。

2. 对公共权力的限制

权力是保障权利和自由必不可少的强制力量，但为了切实保障权利和自由必须限制权力。

虽然在有组织的社会历史中，法律作为人际关系的调节器一直起着重大的作用，但在任何社会中，仅仅依凭法律这一社会控制力量显然是不够的，还需要权力、道德等手段。但权力并不是一个很好把握的东西，权力在一定程度上与行政重叠，旨在实现对人的绝对统治：一个拥有绝对权力的人总是试图将其意志毫无拘束地强加于那些为他所控制的人。[②] 因此，人们既认为权力是必需的力量，但同时，又把权力视为非正义、专治、罪恶的渊源。对之既渴望、崇拜，又怀疑、警惕、恐惧。

而法律的基本作用之一乃是约束和限制权力。在有法律统治的地方，权力的自由行使便受到了规则的阻碍，这些规则迫使掌权者按一定的行为方式行事。[③] 因此，法律为无限制行使权力的做法设置了障碍，一个发达的法律制度经常试图阻碍压制性权力结构的出现，其依赖的一个重要手段便是通过在个人和群体中广泛分配权利机构以达到权力的分散与平衡，当这样一种权利机构建立起来时，法律将努力保护它，使其免受严重的干扰

① 李心鉴：《刑事诉讼构造论》，中国政法大学出版社 1992 年版，第 292 页。

② 〔美〕E. 博登海默：《法理学——法律哲学与法律方法》，邓正来译，中国政法大学出版社 1999 年版，第 358 页。

③ 〔美〕E. 博登海默：《法理学——法律哲学与法律方法》，邓正来译，中国政法大学出版社 1999 年版，第 358 页。

和破坏。[1]

19世纪中后期，约翰·密尔在《论自由》中划定了个人权利与公共权力之间的界限，他认为对国家公共权力进行一定限制，是个人自由的基本含义。他指出："要取得对于某些特权及某些所谓政治自由或政治权利的承认，这些自由或权利，统治者方面若加侵犯，便算背弃义务。"[2] 庞德、德沃金、罗尔斯等学者也都出于对权利和自由的偏爱与尊重而主张限制政府的权力。这种从权利和自由的角度来论证限制权力的必要性的学说，构成了西方民主宪政的理论基础。这种自由和权利反映一定社会关系或个人生活条件的法律界限，这些界限同时是公共权力活动的边界，如果公共权力越过了这个边界，就构成了"权力的滥用"。孟德斯鸠指出，有权力的人们行使权力，一直到需要有界限的地方才肯休止。[3]

限制公共权力，防止其对个人权利的侵害，体现在证据的取得方式上是严格限定拥有国家权力的司法人员的侦查调查取证行为，一旦该权力异化，有侵犯个人权利的倾向，则使其承担相应的程序性法律后果。有学者认为违法证据排除法则涉及刑事诉讼中的一个根本问题，这就是国家政府（行政）执法人员与公民个人关系的问题。[4]

既然法律的基本作用之一就是约束和限制权力，法律规则可以迫使拥有权力的人按法定的行为方式行事。因此，各国基本上都制定一定的法律法规，从规范侦查和调查取证的司法行为入手，给予一定法律程序的约束，防止司法侦查人员所拥有的国家权力滥用与扩张。但是，人们都意识到了，仅有正面的规范，没有相应的程序救济途径，根本不足以防止刑事侦查中公共权力对个人权利的威胁与侵害。从而一些国家在规定证据调查的法定程序的同时，给违法取证行为以民事救济的途径，即允许受到非法搜查与扣押的受害人对实施违法取证行为的警察提起民事赔偿诉讼。而另

---

① 〔美〕E. 博登海默：《法理学——法律哲学与法律方法》，邓正来译，中国政法大学出版社1999年版，第358页。

② 〔英〕约翰·密尔：《论自由》，许宝骙译，商务印书馆1959年版，第2页。

③ 〔法〕孟德斯鸠：《论法的精神》，商务印书馆1994年版，第154页。

④ 李心鉴：《刑事诉讼构造论》，中国政法大学出版社1992年版，第292页。

一些国家否认违法所取得证据的证据能力，从程序上予以排除。如英国对于非任意性自白，美国对于非任意性自白和非法搜查扣押的证据都采取了较为果断的排除规则，尽管该证据有可能对查明案件事实有着至关重要的作用。而有的国家则采取了保守一些的做法，选择性地排除或设置一些排除之例外。排除规则的适用，是从司法途径上防止掌握着国家权力的警察，通过非法取证行为所获得不当利益，以阻止权力扩张，保障个人权利免受任意侵害。

3. 维护个人权利，限制公共权力，以实现正义的诉讼目标

对正义的追求是整个司法乃至整个法律发展之精神实质所在。什么是正义，学者们有不同的看法。尽管柏拉图认为正义是一种人类品行、人类美德的道德原则，而亚里士多德则将法律与正义紧密地联系起来了，他认为法律的社会意义应该是促成全部人民都能进入正义和善德的永久制度。在罗马，许多法学家都将正义视为法的目的和衡量法律优劣的标准。洛克、卢梭等自然法学派学者认为正义是自然法的基本准则，人权应以正义为基础，没有正义就没有自然法意义的自由、平等、安全、财产权利和幸福；法律必须以正义为价值取向，违背了正义，就是违背了自然法则，侵犯人权。倘若是这样，那便是暴政和人治，人民有权推翻这样的制度、废除这样的法律。在社会法学派代表人物庞德看来正义是一种制度，它意味着这样一种关系的调整和行为的安排，它能使生活物资和满足人类享有某些东西和做某些事情的各种要求的手段，能在最少阻碍和浪费的条件下尽可能给予满足。[①]

尽管对正义有不同的理解，但对于正义的实现途径是法治却是共识，只有依靠法律去实现人们理想的正义。因为正义只是一种抽象的理想和价值，不能够自我实现。它作为一种理想，以抽象的形式存在于人们的观念中，成为人类文明发展的动力。尽管正义是抽象的，令人不可捉摸，但法学界从来不曾放弃对正义的探索。既然找到了实现理想中正义的唯一途

① 〔美〕E. 博登海默：《法理学——法律哲学与法律方法》，邓正来译，中国政法大学出版社1999年版，第264页。

径，在西方以个人权利为本位的法律视野中，认为对正义构成重大威胁的是权力，而法律恰恰是对权力的一种有效限制。庞德说认为今天许多人都说法律是权力，而我们却总认为法律是对权力的一种限制……。法律决不是权力，它只是把权力的形式加以组织和系统化起来，并使权力有效地维护和促进文明的一种东西。[①] 庞德所说的文明实质上与正义是一致的。因此法律通过限制权力促进的是正义。

法律作为限制公共权力的手段，竭力保证公民个人权利免受其侵犯。非法获得的证据应否排除也体现了维护个人权利与限制公共权力二者之间的权衡比较的关系。侧重维护个人权利，必然要求取证手段规范严格，要求国家司法人员在规范的界限以内小心行事；侧重对公共权力强化，必然要求个人权利对公共权力适当妥协，二者发生冲突时，尽可能不损害公共权力的权威，甚至牺牲一定范围内的个人权利而尽力维护公共权力的权威。即使国家法律制度在个人权利与公共权力的权衡中具有某种明显的倾向性，如美国法律制度以及在排除规则上所表现出来的对个人权利的保护，对公共权力的限制倾向。但这种权衡也是历史的、具体的，不排除在某个社会环境和历史条件下，其倾向有所徘徊、有所游离，从而出现了近几十年来美国在适用排除规则上的“例外情况”层出不穷。但是，由于西方社会以个人权利为其定位基础，游离与徘徊不会根本改变权衡的方向。

个人权利与公共权力并不是不可协调的，相反，还能在一定的层面上紧密相连，融洽一致。符合正义的公共权力的运作，能够使对个人权利的保障与对公共权力的约束、维护统一起来，促进整个社会的正义；而一个不能满足正义要求的公共权力的行使，从长远来看，将逐渐失去其良性循环的土壤，必然导致的是民主的退化与专制。所以，具体到在非法证据排除规则上，实现个人权利与公共权力历史的权衡与统一，其最终的目标还在于体现整个社会的正义。

---

① 〔美〕庞德：《通过法律的社会控制 法律的任务》，沈宗灵、董世忠译，商务印书馆 1984 年版，第 34-35 页。

（二）中国证据法传统及现实

1. 传统证据制度的影响

中国古代从公元前2600多年早期奴隶制国家时起，直到1840年清王朝走向崩溃时止，长达几千年的古代文明历史，经历了野蛮的奴隶社会以及长期的封建专制统治。而中国的刑事诉讼法制，包括证据制度是随着奴隶制国家的建立、封建专制的逐步强化而逐渐形成与发展起来的。

据现有史料文字记载，中国刑事诉讼制度最早可以追溯到舜帝时期，而证据制度则在其后的周朝始有相应的规定。从《吕刑》记载来看，西周时期对证据调查、证据的认定、判断等都作了具体的规定。要求对被告人的陈述要求“察辞于差”，并且“无简不听”，也就是说未经查实之事，不得用作定案依据。在当时的刑事诉讼中使用的证据不仅有被告人的口供，而且有证人证言、物证、书证以及伤害检查记录。当时盟誓已不再作为诉讼证据，当事人的口供日益受到重视。据《礼记·月令》记载“仲春三月……，去桎梏，毋肆掠”，所谓“肆掠”即审判时的刑讯，就是说一年之中除仲春之月外的其他季节审理案件，均可刑讯捶治当事人。可见，自奴隶制度国家后期，封建统治者们摈弃了盛行于奴隶社会的神判法以及与之相适应的神示证据制度，开始了以证据定罪的审判制度，刑讯已成为司法审判机关的合法审案手段。但此时的依证据定罪的审判制度，重要的依据就是当事人的口供，实行的是口供主义，在审理案件时，只要有口供，即使没有其他的证据也能对当事人定罪。从而导致刑事审判中为求得口供，不惜经常采取刑讯的方法，把刑讯作为审理刑事案件乃至民事案件的正常程序。铭文《刑鼎》中所记载的“鞭”“笞”，也就是获得当事人口供的严刑手段。所以中国学者们说当时的证据是在促使被告认罪这一意义上使用的，因此，司法官不必受复杂的证据法的限制。①

如果说中国古代西周时期已经开始了刑讯逼供的合法化，那么到了秦朝就已是刑讯的制度化、经常化。因为在秦朝以前，刑讯没有严格的制度

① 季卫东：《法治秩序的建构》，中国政法大学出版社1999年版，第96页。

约束，司法官员可以随意拷打被告乃至证人。而到了秦汉时期对提供虚假供述的被告人“拷讯”已明确规定在《秦律》中，湖北云梦出土的《秦简》中有记载：“凡狱论，必先听其言而书之，各展其词……诘之极而数池，更言不服，其律当笞掠者，乃笞掠”。在其实际司法审判中秦时的刑讯已相当盛行，并且相当残酷，被“榜掠千余”极其平常，从当时的李斯案中我们就可窥见一斑。

汉承秦制，对刑讯有了更为明确具体的限制性规定，如关于刑具规格、适用情况等方面的规定。不仅如此，由于汉以后对于证人证言在诉讼中的证明作用极为重视，所以《汉书·杜周传》中记载了关于汉《九章律》对证人予以拷讯的规定，“会狱，吏因责如章告劾，不服，以掠答定之”。[①]

唐代之《唐律》及以后的《永徽律疏》的斗讼、断狱等篇中将刑讯进一步系统化、制度化，对受刑人等级、受刑时机、受刑部位、拷囚次数和拷囚工具等都形成制度性规定，如“拷满不承，取保放之”。

宋袭唐制，刑事证据制度在唐律基础上进一步发展，在司法审判时，要求官员应“设法取情，多方辩听”，只有在赃证确切又拒不招供时，“方得依法拷掠”。明朝与清朝，刑讯制度进一步发展。《明律》《清律》卷首均载有《狱具图》，开列了刑具的名称和尺寸，规定了刑讯的部位，而实际上明清两代所用之刑讯大大超过了该《刑具图》所载，如明之使用夹棍、脑箍、烙铁等刑讯方式。清“准其照常使用”的竹板、拧耳、掌责、压膝等合法刑讯手段。

正如马克思所指出的中国法里面一定有笞杖，和中世纪刑律的内容连在一起的诉讼形式一定是拷问[②]。在中国古代刑事诉讼中由于审案、断案采取的是口供至上，不仅合法刑讯大行其道，且导致刑事司法中法外用刑也非常的突出，滥刑、非刑虽为各朝律令所禁止，但在刑讯为法定审判制度的情况下，“合法”刑讯与法外用刑并没有截然的界限，非法刑讯也就不可为禁了，自然更谈不上对非法取得证据的取舍进行限制。

---

① 《汉书·九传（三）》，中华书局1962年版。

② 《马克思恩格斯全集（第1卷）》，人民出版社1965年版，第178页。

及至近代中国，伴随着西方武力而来的西方法律思想、法律文化在中国开始传播，给中国传统诉讼法制带来了一定程度上的冲击，使其发展逐渐摆脱原有的固定轨道，开启了中国近、现代诉讼法制的转型。一批资产阶级民主革命者意欲推翻中国几千年的封建统治，建立起资产阶级民主国家以及相应的民主法律制度。“中华民国”初建时，孙中山曾颁《大总统令内务、司法两部所属禁止刑讯文》宣告：“不论行政司法官署，及何种案件，一概不准刑讯。鞫狱当视证据之充实与否。不当偏重口供。其以前不法刑具。悉令焚毁。”[①] 由于历史原因，这一命令并未得到实际执行。后来的国民党政府制定的刑事诉讼法也曾明确取证应合法，比如“讯问被告，应出以恳切之态度，不得用强暴、胁迫、利诱、欺诈及其他不正之方法”（第98条）；“被告之自白，非出于强暴、胁迫、利诱、欺诈及其他不正之方法且与事实相符者，得为证据。被告虽经自白，仍应调查其他必要之证据，以查其是否与事实相符”（第156条）[②]。这些规定，相对以前封建专制时期的刑讯合法化的证据制度有了很大的进步，然而司法实践表明，这些进步也只停留在文字上，实际上法西斯式的刑讯非常猖獗，我们从国民党统治时期对民主革命人士的疯狂拷打与捕杀便可略一二了。

综上可见，几千年来中国传统诉讼证据制度中刑讯合法化是一大特征。长时期的刑讯合法化不能不对后世之法制心理、法律观念形成一定的影响。直至现代法制已形成与发展的今日，刑讯逼供在个案的处理中仍时有发生，这与人民群众，包括少数司法人员尚未意识到刑讯逼供行为所侵害不仅是个案之个别人的合法权利，也是对普通民众权利的藐视不无关系。一些具有“正义感”的民众从心理上对刑讯并非决然的反对，尤其是对一些涉嫌严重危害人的生命、财产安全的罪犯更是唯恐“轻饶”，认为那些“犯了事”的人遭打骂、遭刑讯乃咎由自取，就应该给点颜色给他们看看，不会自觉意识到国家司法人员非法取证、非法逼供是一种有可能侵犯到每一个公民权利的行为。加上少数警察不潜心钻研司法侦查技术，将

① 《辛亥革命资料》，中华书局1961年版，第215页。

② 陶百川：《最新六法全书》，三民书局1981年版，第423页。

刑讯、变相刑讯当作侦破刑事案件的主要手段，获得证据或线索的重要来源。而作为被追诉者本人由于自认为被“官府”找上门，从心理上“自知理亏”，即使面对自身合法权利受到执法人员的侵犯时，往往不懂得，也不知如何去维护自己权益。这是传统法律意识、法律心理在现实生活当中的反映。因此，在分析我国非法取得证据排除规则的适用时，不可忽视本国传统证据制度对现代证据规则的影响。

2. 传统的宗族、家国之法律本位

西方社会是以个人权利为其法律定位的。与此相反，传统中国社会不是以个人权利定位，而是以家族乃至国家为法律本位。

中国传统法律的建构因循一条从家庭到宗族再到国家的集团本位道路。一方面以儒家学说为其理论根据，纲常礼教作为传统诉讼法律文化的伦理价值标准，法律并不超脱。……维护儒家的道德秩序显然比抽象的法律条款更为重要。[①] 而“家”作为国家政治、社会组成的基本单元，维护家族的纲常伦理、赋予家长权威，稳定家庭的关系也就意味着稳定了国家封建统治的基础。费孝通说，我们可以说中国社会中，不论政治、经济、宗教等事物都可以利用家族来担负……。[②] 因此，维护宗法关系与家国本位之儒家纲常伦理便成为传统法律制度的精神原则，而诉讼法律制度不可避免地成了维护封建等级特权、礼法结合之家国伦理的重要保障。如中国古代宋朝“八议”“刑不上大夫”等刑事法律制度也就是在前朝各代宗法等级特权制度基础上的进一步规范化、明确化。另一方面由儒家礼教为其理论的家国本位所决定的，中国古代诉讼法无视个人的权利，其法律精神蕴含着对平民大众的主体权利的否定、压制乃至剥夺社会个体的诉讼权利[③]。因为，在这种家族本位或国家本位的社会中，所需要的就是泯灭个性，寻求家、国之共性，而取得家族与国家之共存与稳定，个人权利往往

① 〔美〕兰比尔·沃拉：《中国：前现代化的阵痛—1800年至今的历史回顾》，廖七一、周裕波、靳海林译，辽宁人民出版社1989年版，第26页。

② 费孝通：《乡土中国 生育制度》，北京大学出版社1998年版，第40页。

③ 夏锦文：《实证与价值：中国诉讼法制的传统及其变革》，载《法制与社会发展》1997年第6期。

被忽略。法律史学家梅因在对集团本位的研究中也阐述道，人们不是被视为一个个人而是始终被视为一个特定的团体成员。……他的个性为其家族所吞没了。……一个家族在事实上是一个法人，而他就是它的代表，或者人们甚至可以称为它的公务员。他享有权利负担义务，但这些权利和义务在同胞的期待中和在法律的眼光中，既作为自己的权利和义务也作为集体组织的权利和义务。①

这种宗族社会的产生最初是建立在生产力水平很低的小农经济基础之上的群体社会。由于受社会生产方式的制约，个人不可能脱离群体而生存，必须依靠群体为个人提供生存与发展的条件，个人的主体地位不可能受到特别的重视，相反只有努力融入这个群体，维护这个群体，自己才能生存下来。再加上自秦汉为加强中央集权，罢黜百家，独尊儒术，使传统儒家思想长期影响以后的中国社会，更是维护着宗宗、亲亲的家国社会关系。

在这样一个相互依附的家族社会里，强调的是个体对集团或国家的依附、服从与义务，以个人义务本位使个人与集团、国家统一起来。每个人是相互依存的，都是家庭或国家的部分，而不能离开群体孤立地存在；同样，社会离开了具体的个人也只是一个空壳，而失去存在的价值。集团（家族、国家、社会）的存在高于一切，个人只有服从于其所属的集团，个人的独立性和权利湮没在权威与服从中。

非法方式获得证据是一种国家权力行为对个人权益的侵害，在个人权利为本位的社会里，出现这种情况，无疑会使侵权者承担相应的责任与后果，如所获证据被排除。而在以个人义务为定位的法律制度所选择的是如何顾全国家利益、社会整体利益，如犯罪控制的效率、国家刑罚权的实现等，而不会将个人权利摆在首要的位置。前面我们已经论及西方社会正是以个人权利为本位，对非法方式取得的证据的排除尤为热心。而中国传统上是以宗族、家国为本位，所以，非法证据排除规则在我国刑事司法制度中至今尚未确立，尽管已有学者和司法同仁已经意识到，对非法证据的采

① 〔英〕梅因：《古代法》，沈景一译，商务印书馆1959年版，第105页。

信是从一定程度上加剧了对个人权利的侵害。

（三）价值评析与抉择

1. 非法证据排除之价值冲突

对非法证据是“取”还是“舍”，是全部“取”还是部分“取”，看似是一个法律抉择问题，这实际是一个与法律价值取向相关联的价值权衡抉择问题。更具体地说，它是刑事诉讼法律价值在司法实践的集中体现。法律价值并不一定直接以法条或判例的形式表现，却是影响着国家的立法、执法和司法裁判等行为的超法律因素，而且一经形成，具有相当的稳定性，通过各种具体的法律行为不断得以实现。

法律的价值是一个多元的体系，它包括：国家安全、社会秩序、公共利益、公民的自由、财产权利的保护等价值因素。就刑事诉讼领域而言，对这些价值的权衡集中体现在国家为实现安全、秩序、公共利益而实行有效的犯罪控制，与包括嫌疑人与被告人在内的公民自由、人权等个人权利的保障之间。作为刑事诉讼法基本组成部分的刑事证据法，通过设定系统的证据制度和证据规则，发现案件的客观真实，为准确认定案件事实及在此基础上的正确裁判奠定坚实的证据基础，以保障刑事诉讼目的的实现。而国家刑事诉讼目的无非是保证刑法的实施，实现国家的刑罚权，并借此维护国家与社会安全与秩序。因此，在对刑事诉讼及刑事证据法所能实现的价值进行权衡时，对于控制犯罪、维护国家安全这一法律价值的追求无论如何都不可能放弃的，如若放弃，刑事诉讼本身就不存在了。但是，刑事诉讼的价值绝不仅仅在于对犯罪者处以应得的刑罚，而且还在于让那些其利益可能受诉讼影响的人受到公正的对待，使其作为人的人格尊严得到尊重。正是由于刑事诉讼本身的程序正当之价值的存在，决定了裁判者绝不能为达到正确的裁判结果而不择手段，而必须通过公正的法律程序实施实体法而获得实体正义。[①] 因此，刑事诉讼活动不仅是一种以恢复过去发生的事实真相为目标的认识活动，而且也是一种程序道德价值目标的选择

① 陈瑞华：《程序正义论纲》，载《诉讼法论丛》1998年第1期。

和实现过程。[①] 在刑事诉讼中对被告人、嫌疑人的人权的保障是程序道德标准的基本要求之一。

就非法证据而言，由于其取得的途径或方式是非法的，或者违反了法定程序，常常是以牺牲嫌疑人的人权为代价，如从程序道德目标出发，以人权保障为价值取向，其逻辑结果是对这些证据的舍弃。然而，非法取得的证据其客观性以及与案件事实的关联性，并不一定由于收集取得的方式不合法而丧失，而且往往对证明主要案件事实具有重要的作用，对之采信，必然有助于查获犯罪事实，有效控制犯罪。因此，对于非法证据的取舍陷入一种两难的境地，从而引发了体现在非法证据排除上的刑事诉讼法律价值权衡问题。

在这场法律价值冲突中，如何进行权衡，如何确定非法证据的“命运”，学术界有很多种意见，归纳起来，主要有以下三类具有代表性的观点。

（1）一律排除说。此说认为凡是违反宪法和刑事诉讼法的规定所取得的证据都应否定其法律效力，即使经查证属实，也不能作为定案的根据。其理由是，非法取证是违背宪法和刑事诉讼法的行为，因违法取证行为与所取得证据之间存在着因果关系，否定非法行为的同时，也应该否定非法行为的结果。如果仅从程序外以其他方式对违法取证行为进行处理，在诉讼法上却承认非法取证行为的结果，则难以从根本上遏制非法取证，侵害公民人权的现象。持此观点者，强调个人自由和权利保障，将它作为决定非法证据取与舍的唯一价值取向。其说是否合理，不妨考察把个人自由和权利保障的价值绝对化、唯一化是否恰当。虽然近代以来，世界范围内人权问题受到普遍重视，个人所享有的自由空间越来越大，但维护社会秩序的稳定和国家与公共安全是国家产生的职责与义务，是人类社会存在与发展的基本前提，也是个人自由和权利不受非法侵犯的充分保障。就非法证据而言，在权衡价值取向时，走向一个极端，一律排除，无疑是不可取的。

（2）真实不排除说。此说强调取证行为本身所具有的维护国家与社会安全、控制犯罪的功能。而就非法证据排除规则的产生与发展的情况来

① 陈瑞华：《刑事审判原理论》，北京大学出版社 1997 年版，第 51 页。

看，即便在尤为注重正当程序与个人权利本位的美国，在经历了曲折与反复之后，到现在，仍然对规则适用设置了如“公共安全例外”“善意例外”“最终必然发现之例外”“独立来源之例外”“程序性例外”等情形，而其发展趋势不是例外情形逐渐减少，而是逐渐增加。这正反映了美国在“取与舍”这一问题上走向极端后，迫于控制犯罪、维护社会安全与秩序的客观需要，所作出的必要的司法反应。其经验、教训值得我国借鉴，在相关问题的处理上，把证据是否违法与证据是否属实两个问题区别开来，对违法取证行为可视违法情节轻重予以处理、追究，但违法所得的材料若与案情有关，经查证属实后，仍可采用为证据。[①] 其理由是，“实事求是”是我国证据制度的核心，我国刑事诉讼法追求实质真实，而不是只要求形式上“合法”，把真实而相关联的证据予以排除，不利案件事实的查明，从而导致放纵罪犯。

与“一律排除说”相反，“真实不排除说”在价值取向上所强调的是社会秩序、犯罪控制。这一学说基本上反映了当前我国立法和司法中价值取向的现实状况，它坚持证据的客观性和相关性，有一定的合理因素。但是，将收集证据的手段与结果完全割裂开来，看不到手段与结果之间的因果关系，把结果真实当作刑事诉讼的唯一价值目标，只要证据真实就不问程序是否合法，忽略了诉讼程序本身的价值以及程序对人权的保障功能。随着现代社会文明的发展，越来越关注的是个人自由的发展及基本权利的保障，一味片面强调犯罪控制，忽略对人权的保护，反而会使人们失去对法律的崇拜与信任，不利于维护社会的稳定与秩序。法国就曾有过这方面的教训。在法国，按规定窃听应经过法官的批准，但实际上仅有少部分窃听活动得到授权，大多数窃听行为未获批准。近些年来，欧盟人权委员会根据《欧洲人权公约》受理了一些法国公民的申诉，欧盟法院对因违法使用窃听电话或因听证程序不合法所进行的裁判作出了宣布判决无效的裁定。这充分说明了刑事诉讼中人权保障已成为不可阻挡的潮流。因此，在建立完善诉讼制度时，必须顺应时代发展趋势。

---

① 戴福康:《对刑事诉讼证据质和量的探讨》，载《法学研究》1988 年第 4 期。

（3）区别对待说。该学说认为应当将非法获得的口供与非法取得的实物证据区别开来，前者无论真实与否，均应予以排除；而后者只要经查证属实，应肯定其证据能力。因为非法取得的口供虚假的可能性极大，如果把非法取得的口供作为证据使用，无异于承认或允许刑讯逼供；[①] 而物证不同于口供，实物证据不会因为收集程序而改变其性质。[②]

区别对待说实际上主张非法证据排除是以排除虚假为目的，将非法取得的口供与非法取得的实物证据，由于其虚伪的可能性不同而予以不同对待。[③] 这种区分实质还是强调发现案件的真实，其价值取向还是在于单纯地追求控制犯罪，与“真实不排除说”一样存在缺陷。

上述各种对非法证据所采取的不同排除方式的学说，是将刑事诉讼对于国家安全、犯罪控制的法律价值与人权保障价值，在非法证据排除规则的适用上发生冲突时，而采取一定的价值平衡与价值选择。但似乎在进行价值选择时，往往取其中一种价值而以另一种价值的牺牲为代价，因而是片面的，也是与刑事诉讼发展规律相违背的。从刑事诉讼的发展历程以及非法证据排除规则在西方国家的产生与发展来看，在如何对待非法证据的问题上既要考虑对案件事实予以证明的需要，同时要考虑人权、民主等因素，避免价值取向的单一性，寻求价值冲突之间的利益平衡，以最大限度地兼顾两者为最佳选择。

那么如何协调两种不同法律价值之间的矛盾与冲突，使两者在合乎理性的范围内保持最大限度的统一呢？笔者以为，在理念层次上必须求助于正义这一价值观，将两者统一到“正义”的高度来决定“取”“舍”。[④] 正义是法律制度所要实现的最高理想和目标，也是人们用来评价和判断一种法律制度是否具有正当根据的价值标准。[⑤] 古罗马的查士丁尼安认为“正义乃使每个人获得其应得的东西和永恒的东西”。西塞罗也把正义看作是

---

① 汪建成：《非法所得证据的证明力之我见》，载《法学与实践》1993 年第 1 期。

② 刘广三、孙世岗：《刑事诉讼中非法证据及其证明力辨析》，载《烟台大学学报（哲学社会科学版）》1998 年第 4 期。

③ 章礼明：《非法证据的证据能力研究》，载《华东政法学院学报》1999 年第 1 期。

④ 宋世杰：《诉讼证据法学》，中南工业大学出版社 1998 年版，第 377 页。

⑤ 陈瑞华：《刑事审判原理论》，北京大学出版社 1997 年版，第 52 页。

"每个人获得其应得的东西的人类精神意向"。正义要求我们确保每个人获得他所应得的东西，既包括每个人所应获得的权益，人格尊严、自由意志所应受到的尊重，也包括法律规定的每个人所应承担的责任。正义要求在社会秩序和个人自由之间达到某种平衡，使之不至于因价值取向上的失衡，导致一价值的取得以对另一价值的否认为代价，走向两个极端。具体到非法证据排除规则的制定，可依照权衡原则，对多元价值体系中的国家安全、社会秩序、个人自由、权利等价值因素综合考虑。在权衡中不妨运用边沁提出的"两害相权择其轻，两利相权选其重"的功利主义法哲学思想，以这些基本的价值标准为因素设定一条客观、公正、符合发展规律的证据规则。

2. 构建我国的非法证据排除规则

尊重人权是一项重要的国际法原则，20 世纪特别是第二次世界大战以后，人权保障问题日益成为国际化的问题。① 根据这一趋势，在对刑事诉讼价值体系进行权衡时，加大对个人权利保护的比重，实为大势所趋。要加强刑事诉讼中对人权保护的力度，保证我国宪法以及加入的国际公约所规定公民权利得到落实，仅依靠授权性规定及禁止规定不足使公民权利得到实际的保护。我国几十年来的司法实际状况也表明，没有对公民权利予以具体的程序救济措施，权利往往会形同虚设。所以有必要完善我国刑事证据制度，建立起非法证据排除规则，以加强刑事诉讼中对公民个人权利的保护。

基于对国内外非法证据排除规则的适用情况的比较研究，以及对规则建立的理论基础、价值体系的分析，结合我国具体国情，对如何建立我国的非法证据排除规则有如下思考。

（1）对非法取得言词证据的排除。以是否属于意思真实表述作为判断供述有无证据能力为标准，确定对非法取得言词证据的排除。

---

① 陈光中、张建伟：《联合国〈公民权利和政治权利国际公约〉与我国刑事诉讼》，载《中国法学》1998 年第 6 期。

第一，我国《刑事诉讼法》第 43 条[①]规定了禁止刑讯逼供和以威胁、引诱、欺骗或其他非法的方法收集证据。最高人民法院《关于执行（中华人民共和国刑事诉讼法）若干问题的解释》第 61 条确定：凡经查证确实属于采用刑讯逼供或者威胁、引诱、欺骗等非法的方法取得的证人证言、被害人陈述、被告人供述，不能作为定案的根据。实质上就是对所有非法取得的口供和言词证据予以原则性排除的法律依据。因此以合法性作为标准，便于与刑事诉讼法相衔接，也有利于实际部门掌握、操作。

第二，之所以不以自白的任意性作为判断标准，是因为我国尚未确认被告方的沉默权。《刑事诉讼法》第 93 条规定“犯罪嫌疑人对侦查人员的提问，应如实回答”。可见，在规定了嫌疑人、被告人如实回答义务的前提下，以自白的任意性为标准是不可能的。而学界以及司法界对于是否授予沉默权争议很大，所涉及有关法律、司法体制及观念上的调整“工程”巨大，在立法与司法中一时难以立即确认下来。因此，尽量不要由于牵制太多而影响了非法证据排除规则建立的进程。

同时，本人以为，为了切实保障犯罪嫌疑人、被告人的合法权益，对侦查人员讯问的合法性实施有效的监督，应当授予嫌疑人、被告人在接受讯问时，其辩护律师的在场权。如果有条件的话，还可以仿照有些西方国家的做法，对讯问活动实行“双录音、录像”制，这样才能让司法人员的侦查活动的合法性受到全过程的监督，也便于当事人对司法人员的职权行为的合法性提出疑问时，有公平地提供证据的机会与可能。

（2）对非法搜查、扣押获得的实物证据的排除。从前面的规则之比较中我们也可以看到，有关非法搜查与扣押证据是否排除，西方各国在立法和司法上存在着差异，但总体上的发展是以重视人权保障为基本价值取向，因此，我国应顺应时代潮流，兼顾各种价值因素，有选择地将此类证据予以排除。

第一，规定将无证搜查、扣押而获得的非法实物证据排除，但同时，立法上应当考虑搜查、扣押的紧急需要及案件的客观情况，规定一些无证

① 本文所引《刑事诉讼法》条文，均指 1996 年修正的《刑事诉讼法》条文。——编者注

搜查、扣押的例外情形。如：执行追捕时附带的搜查、被告人自愿表示同意的搜查等。并在此法定情形内的无证搜查扣押行为，规定事后程序补救措施，对能够按规定及时补救的，这类证据可以由法官决定是否排除。

第二，对搜查扣押应当建立起监督制约机制，搜查扣押的批准应当建立严格的程序。检察机关对侦查程序中有一定的制约和监督。搜查、扣押属于公安机关的侦查活动，检察机关对公安机关的搜查扣押活动行使有限批准权是其法律监督的题中应有之义。

第三，即使是属于对于这类排除范围内的非法证据，如果被告人及其辩护人对于该类证据的使用没有提出异议，视为放弃自己的权利，或者有其他特别例外情况，足以说明采纳的必要性，法官可以认定其具有证据能力而予以采信。

（3）对于采用违法秘密侦查手段而获得的证据的排除。对于使用秘密侦查手段，如秘密窃听、录音、侦查陷阱等而取得证据的方式，容易对公民隐私权、人格尊严等基本人权造成侵害的问题，已经引起了越来越多的国家及民众的关注，对于这类非法证据的排除，一些国家也开始采取积极的态度，这是与加强公民个人权利保障价值取向的世界发展趋势相一致的。

我国刑事诉讼法没有对秘密侦查的程序作出明确的规定，也就无法确认合法与非法问题，更不可能将秘密侦查手段所获的证据全部予以排除。因此，在确立此类证据的排除规则之前，首先应从立法上将秘密侦查手段规范化、合法限制化。笔者认为可以从两个方面加以规范：一是规定采用秘密侦查手段的案件范围。如限于对危害国家安全的案件、有组织的毒品犯罪案件的侦查才能使用秘密侦查手段等。二是规定批准程序，设置对秘密侦查行为的监督制约机制。如将采取秘密侦查手段的批准权，放在实行法律监督职能的检察机关，对安全、公安机关的秘密侦查活动实行监督，而后才能确定该侦查行为是否合法，是否应当排除的问题。

（4）对于失真证据的排除。根据我国刑事诉讼法规定，凡是作为定案依据的证据，必须查证属实，假证、伪证也是非法证据。对此类非法证据应建立具体的程序，如审查程序，审查是否有其他证据佐证，是否经质证，以及证据来源的正当性等，从而使这一规定不成空话，将假证排除在证据之外。

（5）非法证据排除规则宜粗不宜细。非法证据排除规则与保障人权、真实发现以及法官自由心证原则等都有较为密切的关系。它有利于保护被告人的权益，但不利于案件真实发现，同时在一定程度上与法官自由判断证据有一定矛盾，加上我们长期以来的传统法律文化观念的影响，我们认为非法证据排除规则不可以不要，但又不能太细，不能过分具体。要在保障人权与发现案件真相，以及确保法官享有适当的自由裁量权之间保持适度的平衡，采取折中主义原则，使之既有利于对人权恰当的保障，又可实现社会秩序的安定，保障对犯罪有效打击。

总之，根据我国历史文化传统和国情，结合司法实践，我以为非法证据排除只宜采取相对排除原则。从理论上应将惩罚犯罪和保障人权辩证地统一起来，正确地、巧妙地处理好上述两者的关系。当然，要在司法实践中把握好两者的冲突与平衡，是有一定难度的，应视具体情况有所侧重，并使法官享有适当的决定证据取舍的权利，对案件进行具体分析，以求获得最佳的解决办法，实现保障人权和惩罚犯罪并行的理想追求。

原载《证据学论坛》2001 年第 1 期，与陈果合著

刑事诉讼证据开示制度的主体范围新探

证据开示制度源于英美法系国家，是与对抗式审判方式相适应的一套重要装置，一般是指诉讼的一方当事人向另一方当事人提供和透露与案件有关的证据和信息的做法和程序。[①] 我国1996年修改后的《刑事诉讼法》吸收了对抗式审判的一些因素，但未设立证据开示制度，众多专家和学者对此进行了广泛的讨论，提出了很多建设性的设想，认为应建立证据开示制度。对于证据开示制度的主体范围，大多认为应是控辩双方，笔者对此存有疑问。本文拟从考察国外证据开示制度的主体范围入手，结合我国刑事诉讼的具体情况，对我国未来证据开示制度的主体范围进行探讨。

一、国外证据开示制度主体范围的考察与评析

证据开示制度最初起源于英国，美国、日本、意大利等国先后基于各自的背景，以不同的方式建立起了各自的证据开示制度，并经历了较长时期的发展变革，相对比较完善，我们可以从中得到一些启示。

（一）英国

英国现行的证据开示制度是由1996年制定的《刑事诉讼与调查法》以及根据该法所制定的实践法典规定的。根据其规定，检察官在移送起诉之前要将所有将要在法庭上作为指控证据使用的材料移送给辩护方，在移

① 宋英辉、魏晓娜：《证据开示制度的法理与构建》，载《中国刑事法杂志》2001年第4期。

送起诉过程中进行初次展示，而辩方在案件被移送刑事法院后和法庭审判前有义务将其准备在审判中提出的辩护理由和证据开示给控诉一方；而后，检察官要将所有原来没有开示给辩护一方的材料向辩护方开示，且检察官还负有连续性审查义务。[①]

从上述规定可以看出，英国证据开示制度中的主体实际上是作为控诉方的检察官和作为辩护方的犯罪嫌疑人、被告人及其律师，双方彼此之间的开示活动是直接进行的，并不存在作为中介的第三方。根据英国对证据开示范围的司法审查制度，法院在控辩双方证据开示过程中行使司法审查权。但这种司法审查权的行使只是针对辩护人提出控诉方不履行证据开示义务的情况或是请求法院将某一材料排除于开示范围外的情况，说到底是一种例外情况下的保障性措施，法院并非参与证据开示的一方主体，因为法院在该程序中既不享有权利，也不承担义务。

英国证据开示制度中以控辩双方为主体，并由法院行使司法审查权，可以溯源于其传统的当事人主义的诉讼模式和重视程序公正的程序本位主义观念。一方面，当事人主义的诉讼模式主张控辩双方当事人是诉讼程序中的积极主体，法官是消极的中立的裁判者，所以证据开示活动主要在当事人双方之间开展，从而为开庭审理双方实行平等对抗做好准备。另一方面，“以组织功能学的观点看，在一定的制度约束之内，任何一个组织都倾向于采用最有利于自身功能发挥的行为方式。因此，这种开示责任还必须采用具有强制力的制度性设置方式，否则，靠组织和个人的自觉性是不能解决问题的”[②]，所以，根据程序公正的程序本位主义，为了保障辩护方能够充分地利用证据开示程序，对法院赋予了司法审查权。

（二）美国

美国的证据开示制度是与其一系列审前程序结合在一起的，检察官在预审开始之前，必须将其准备传唤出庭作证的证人名单和其他准备在法庭上提出的证据目录提交给法庭和辩护方，必要时进行解释和说明。预审一

① 陈瑞华：《刑事诉讼的前沿问题》，中国人民大学出版社 2000 年版，第 509-530 页。

② 龙宗智：《相对合理主义》，中国政法大学出版社 1999 年版，第 275 页。

般由地方法官主持，其主要目的在于确认是否存在合理的根据支持对被告人的指控。检察官可于提审时或提审后尽可能快地将其欲在审理中使用的具体证据告知被告人，同时被告人也可在提审时或提审后要求检察官将其欲在法庭审理时作为主要证据的任何证据告知被告人，在提审时或提审后、审判前被告人也应当依法向检察官开示证据。提审的目的在于告知被告人被指控的罪行及其权利，要求其答辩。在审前动议提出阶段，控辩双方可以就证据开示、禁止提出某证据等法律问题向法庭提出动议和申请。①

由此看出，美国证据开示制度不同于英国之处在于其一般都有地方法官或审判法官的参与，且这些审前程序皆并非以证据开示为主要目的。美国证据开示过程中地方法官或审判法庭可以实施一些沟通性、中介性的辅助行为，且这种行为并不以一方不履行开示义务为前提。在这种开示制度中，虽出现了第三方的行为，但也是应申请而非主动性的，所以其证据开示制度的主体仍应是控辩双方。

美国证据开示制度是对英国证据开示制度的继承，并进行了与其自身诉讼程序相适应的发展，但由于其诉讼的基本理念与英国是一脉相承的，所以在证据开示制度的主体范围上也大致相同。

（三）意大利和日本

意大利的证据开示制度主要包括两方面内容：一是在预审程序举行之前允许辩护方对检察官的书面卷宗进行全面查阅；二是在预审结束后和法庭审判开始前，允许辩护方分别到检察机关和法院特别设立的部门查阅卷宗材料。②

根据日本刑事诉讼法典的规定，检察官、被告人或辩护人请求询问证人、鉴定人、口头翻译或书面翻译人时，应当预先给予对方知悉他们的姓名及住所的机会。在请求调查证据文书或证据物时，应当预先给予对方阅览该项证物的机会。但对方无异议时不在此限。“在司法实务中，辩护律师是在检察官提起公诉后，到检察厅阅览证据并作己方的证据开示的，而

① 陈瑞华：《刑事诉讼的前沿问题》，中国人民大学出版社2000年版，第509-530页。

② 陈瑞华：《刑事诉讼的前沿问题》，中国人民大学出版社2000年版，第509-530页。

对于法院根据当事人诉讼保全要求开庭前搜集的证据，检察官和律师应到法院阅览。①

由上述情况可以看出，无论意大利还是日本，都以控、辩双方作为证据开示程序的主体，而且一般是以阅览案卷的方式进行的，基本不需要其他方的参与，仅仅是由于阅览案卷地点方面的原因才会涉及第三方，如法院。意大利和日本证据开示制度的建立都是其各自进行刑事诉讼制度改革的结果，由于受其固有的大陆法系传统的影响，其证据开示制度主体范围方面保留了职权主义诉讼模式的某些痕迹，如意大利与阅览案卷方式相适应的以控辩双方为开示主体即是这种痕迹的现实表现。

纵观英国、美国、意大利、日本的证据开示制度，都没有脱离本国的历史传统和现实情况，而且这些国家证据开示制度的主体都基本上是控辩双方。根据我国的国情，不能简单地移植。首先，我国是非当事人主义诉讼模式的国家，法官在诉讼中起决定作用；其次，我国没有设置预审法官或预审法院在开庭前进行预审，因而，当直接开庭中出现证据确认与事实认定事宜时，法官在没有充分准备和审查情况下很难作出准确判断，因而有必要在开庭前介入证据审查；最后，我国亦未采用令状主义，法官在开庭前对案件所知甚少，未有感性认识。

二、我国证据开示制度主体范围的设想

目前学界关于证据开示制度主体范围比较有代表性的观点，一般都包含于对证据开示制度的含义的表述及对证据开示的方式的设计中，一般认为主体为控、辩双方，此外还可以设置庭前法官或预审法官对证据开示活动进行监督或主持。而笔者认为证据开示制度的主体范围不应限于控、辩双方，还应包括案件的主审法官，对此可以从以下两个方面阐释。

（一）主审法官的地位与控、辩双方不同

首先，主审法官与控、辩双方在证据开示程序中掌握的案件材料不同。主审法官本身并不掌握可向控、辩双方开示的证据，即无开示内容。

---

① 龙宗智：《相对合理主义》，中国政法大学出版社1999年版，第275页。

而控、辩双方，尤其是控方手中掌握着证明案件事实的证据，具有可开示的内容。由此决定了控、辩双方之间在开示中既享有接受对方开示的权利，又承担着向对方开示的义务。而在控、辩双方各自与主审法官之间，主审法官只享有接受控、辩双方开示的权利，控、辩双方只承担向主审法官开示证据的义务。

其次，主审法官与控、辩双方参加证据开示程序的目的不同。控、辩双方参与证据开示的目的是从对方获取有关案件的信息，从而为审判作准备，以求实现胜诉的最终目的。而主审法官参与证据开示是为了同时从控、辩双方了解有关案件的信息，使得自己对案件情况的了解程度处于与控、辩双方最相接近的状态，为在庭审中作出正确的确认或判决作准备。

最后，主审法官与控、辩双方参与证据开示的身份不同。控、辩双方是基于当事人或者准当事人的平等对抗身份参加，而主审法官是作为中立的第三人参加，这是其审判阶段的身份向审前延伸的结果。

（二）主审法官在证据开示中的地位与主持或监督证据开示的庭前法官和预审法官亦不同

一方面，参与程序的持续性不同。庭前法官和预审法官的职责是组织庭前“预审”或“听证”[①②]，不参加之后的庭审；而主审法官在参加完庭前的证据开示后，还要进行法庭审理。因此，证据开示对于主审法官来说，具有比庭前法官或预审法官更为密切的关系。

另一方面，在证据开示中的作用不同。庭前法官和预审法官在证据开示中一般只提供中介性的沟通服务或监督性的保障措施，并不实际参与其中，而主审法官则需接受控、辩双方的开示，是程序的实际参加者。

从上述辨析中，可以看出，将证据开示制度的主体范围扩大至案件的主审法官，实际上是赋予只享有接受开示权利，不承担开示义务的主审法官在证据开示程序中的参与主体地位，而既享有接受开示权利，又承担开

① 唐永禅、刘克强：《我国新刑事审判方式面临的问题及对策——关于我国设立证据先悉程序的展望》，载《法商研究》（中南政法学院学报）1998 年第 3 期。

② 王培中、徐钰民：《关于刑事诉讼中设立庭前听证程序的思考》，载《法学杂志》1999 年第 1 期。

示义务的控、辩双方则是当然的开示主体，实际上形成一种三方四向同时开示结构，所谓三方是指控方、辩方和主审法官，所谓四向是指证据开示的四个方向，即控方的两个开示方向（辩方和主审法官）和辩方的两个开示方向（控方和主审法官），所谓同时，是指控、辩双方的开示同时交叉进行。

三、主审法官作为证据开示参与主体的原因

（一）适应我国当前刑事诉讼实际情况的需要

我国当前的诉讼模式尽管在审判方面吸收了对抗式的一些因素，但主要还是职权主义模式，法官成为证据开示的参与主体有利于监督证据开示的执行，有利于庭审中核实证据和对案件事实的准确确认，以克服目前庭审中存在的问题。

（二）维持控、辩、审三方结构平衡稳定的需要

依据程序多方参与性原则，满足程序正义最重要的条件是确保与程序的结果有利害关系或者可能因该结果而遭受不利影响的人，都有权参加该程序并得到提出有利于自己的主张和证据以及反驳对方提出的主张和证据的机会。尽管主审法官不是案件相互对抗的双方，但其在案件中担任着最终裁判者的角色，因而就需要其在对案件情况的了解程度上，尽量处于与控、辩双方最相接近的状态。而且在证据开示中，控、辩双方的开示有时还会涉及案件争议焦点的确定，法官唯有参与其中，才能对案件的来龙去脉有全面的把握。其实，即使是实行双方主体的证据开示制度的国家，也有些特殊的制度来保持控、辩、审三方的平衡，英国、美国是通过庭审中的陪审团来帮助法官作出裁断，增强审判一方的力量，而意大利、日本则通过一些庭前程序来实现这一目标。

（三）"庭前法官"或"预审法官"主持或监督开示实质上是主审法官成为证据开示参与主体的"前奏"

在我国，庭前法官或预审法官与主审法官实际上处于同一法院之内，彼此之间的同事关系使得主审法官对庭前法官或预审法官主持或监督的证据开示或多或少会有一些了解，而这种零星的了解更容易使主审法官对案

件情况形成片面的认识，导致预断，从而影响庭审的公正性。相比之下，直接将主审法官作为证据开示程序的参与主体，全面了解控、辩双方的证据更可能得出正确的裁断。

（四）符合法理

依据法学理论，主体就是指法律关系中享有权利承担义务的人。要成为某一法律关系的主体，必须享有一定的权利，承担一定的义务，但并非一定要既享有权利的同时又承担相应的义务，否则就没有传统民法理论中的单务法律关系了。在证据开示中亦是如此，尽管主审法官没有属于自己的需向控、辩双方开示的证据，但他可以接受控、辩双方的同时开示，而正是这种接受控、辩双方开示的权利使其获得了证据开示参与主体的地位。

此外，法官成为开示参与主体还具有其他有益之处：一方面，有利于主审法官同时接触控、辩双方证据。法官参与证据开示程序，接受控、辩双方同时开示证据，可以防止法官只了解一方尤其是控方的证据形成先入为主的预断。另一方面，有利于促进庭审的实质化。《刑事诉讼法》修改后，法官不能像以前那样在庭前查阅全部案卷，由于审前对案件情况了解少、准备不足而将工作重点放在庭后查阅双方材料上，从而导致先审后定，庭审依旧走形式。主审法官参与证据开示，可以弥补审前对案件了解的不足，先对双方情况有初步了解，而控、辩双方在证据开示结束后，经过充分准备，在庭审时展开调查和辩论，使法官将工作重点放在庭审上，以促进庭审实质化。

当然，“徒法不足以自行”，一项制度亦是如此，也需要其他方方面面的配合，主审法官在证据开示中成为一方主体，相应地就要求提高辩方的取证能力，以防止出现“单方开示”导致法官只能接触一方证据。另外，证据开示只应作形式上的开示，不作实质审查、质证，以保障庭审的实质化。还应注意的是，不断提高法官素质，增强检察官追求审判公正的理念也是以控方、辩方和主审法官为主体（开示主体或参与主体）的证据开示制度得以成功实施的必要条件。

原载《湖南财经高等专科学校学报》2002 年第 5 期，与陈玉敏合著

论刑事证明中的责任结构

证明责任结构等问题是尚未被学界所研究的问题，但在司法实践中，从实践的角度来剖析，确实存在不同模式，而且影响诉讼的效能与结局。所以研究这一问题很有价值，虽然是前人未做过的，我以为可以试对此进行研究，以引起同仁们的关注，并促进学术发展与进步。本文特就此问题从以下两方面进行探索。

一、刑事证明结构与证明中的责任结构

（一）证明结构

证明要件在研究什么是证明结构时，我们必须搞清楚证明的构成成分。这种能构成证明的成分，我们称之为证明要件。那么，证明必须由一些什么要件组成呢?

1. 证明主体

所谓证明主体是指具体实施证明活动的机关或个人。但在诉讼活动中有法律效力的证明结论只能源自有证明权的机关，而个人的证明必须经法定机关确认才能进入诉讼并发生效力。因此有必要将诉讼证明主体划分为证明权力主体和证明关系主体。

（1）证明权力主体是法定的证明机关，只有法定证明机关才享有证明权。它所作出的证明结论才是法律效力产生的根据。当然具体行使权力的

机关其权力行使是依靠工作人员职能活动进行的。

（2）证明关系主体是证明活动的参加者，他们了解案情，参与查明案情等活动。具体是指当事人、证人、翻译人员、鉴定人及诉讼代理人、辩护人等。

2. 证明客体

它是指主体和证明参加人所进行的证明活动指向的对象，即案件事实和有关的事实，是证明不可缺少的要件。

3. 证明根据

它是指证明中必须依据的事实材料，即证据。依据信息论观点，证明过程实际上就是对信息的获取、传输、加工、处理，最终实现目的的运动过程。人们是运用信息来认识客观事物的。[①] 离开了这些能说明案件事实的材料，证明活动就无法进行。

4. 证明原则

它是证明主体及参加者在证明活动中必须遵循的行为准则。

5. 证明法则或规定

它是指法律对证明活动设置的有关规定和条件，人们必须遵守，不得违背，因而也就成为证明中不可缺少的条件。

以上五个要件涉及证明主体、客体、事实和法律四个方面，它们是证明的主要成分，成为证明活动不可缺少的要件。需要说明的是：作为证明权力主体的司法机关承担证明责任，证明参加者只是证明关系的主体，他们不能对整个案件事实负责，而仅对自己参与证明的问题负责。

从以上我们已了解证明要件，因而对证明结构的剖析就有了条件，那么什么是证明结构呢？证明结构又可称为证明的组织形式，它是指主体同主体之间、主体及参加者与其他构成要件之间的联结关系及其具体表现形式。也就是说证明要件在证明活动中采取何种方式组成相互关系。不同构造方式可以构成不同的结构模式，其具体证明效应是有区别的。

① 黄道、陈浩铨：《刑事证据法的哲学原理》，上海社会科学院出版社 1994 年版，第 12 页。

我国的诉讼证明依诉讼性质不同而存在不同的证明结构，其中以刑事诉讼证明结构最为复杂和完整，因此它的证明要求最严格和最精确。什么是我国刑事诉讼的证明结构呢？用最简单的语言可以作如下概括：我国刑事诉讼的证明结构是多主体三阶段，对立面反馈的结构模式。

所谓多主体就是说有证明权和有证明职责的机关不止一个。主要包括公安机关、人民检察院、劳改机关、人民法院。其中人民法院是证明主体的核心和决定者。这里需要说明的是，劳改机关对劳改过程中发生的诉讼问题负有证明义务（职责），所以它亦应作为证明主体。

所谓三阶段就是指我国刑事诉讼证明一般来说是分三个阶段进行的，而且必须依顺序逐步进行，不得僭越。

1. 侦查阶段的证明

侦查阶段的任务是查明犯罪事实、查获犯罪人。要实现这一任务，当然要收集证据、审查判断证据，并用它证明案件事实。这时的证明主体是享有侦查权的侦查机关，其客体就是已经发生的案件，参与者包括被害人、嫌疑人、证人等。

2. 起诉阶段的证明

起诉阶段的任务是在侦查基础上进一步核对证据和补充证据，提高证明程度和案件事实的明晰度，交付法院审判。所以起诉中的证明是二级证明，也可称为复证明。它的主体是有起诉权的机关和个人。在公诉案件中起诉权属于公诉机关。它的证明客体仍然是案件事实，但证明标准有更高的要求，其参加者基本上与侦查阶段相同，但有时有局部的调整和变化。

3. 审判阶段的证明

审判阶段的证明是最高层次和最后阶段的证明。其主体是享有审判权的法院及其司法人员，其客体是犯罪构成的全部要件事实。参加者有公诉人、当事人、证人等全部有必要参加诉讼的人。他们经过法定的程序与对立双方的对抗，对案件事实作出终结性的确认，是具有最终法律效力的证明。

所谓对立面反馈就是在证明活动中存在对立的两个方面，即控诉方与辩护方，这两方是对立的两种力量。对于证明事实的认定，可通过对立而在结论作出后的反馈进行，其反馈形式表现为上诉、抗诉或申诉。对立而后反馈促使案件的证明进一步获得延伸，从而确保证明的准确性。

（二）证明中的责任结构

研究证明中的责任结构首先必须明晰证明责任的划分。证明责任的划分也就是对证明责任从某种角度进行分割或分类，以便更好地研究和分配证明责任。民事举证责任已有许多不同的划分：如行为举证责任和结果举证责任；主观举证责任和客观举证责任等。但对于刑事证明责任如何划分或分类尚属摸索之中的事情，没有成熟的、系统的模式。

比照举证责任的划分，证明责任亦可作类似的划分，因为二者在构成上的主要区别只是主体的差异。故在此可将证明责任分为行为证明责任和结果证明责任。而行为证明责任还可分为证明关系主体行为责任与权力主体行为责任。参加者（证明关系主体）行为责任是案件整体责任的一部分，在主体和参加者的关系上，权力主体对整个行为负责。结果证明责任亦可分为一般结果责任、误认结果责任以及无结果责任。

（1）参加者行为责任，即证明关系主体责任。证明责任是多头责任，不是某个单一主体所能完成的，所以存在参加者责任，包括当事人双方责任、证人责任、鉴定人责任等，只有这些参加者的责任完成了，整个证明行为责任才能完成。在不同阶段上，参加者行为责任的主体是不同的，其作用亦不一样。如在刑事审判阶段，公诉人所处的地位是参加人，而不是审判阶段的证明主体，但他承担着十分重要的证明责任，应对指控的事实负有完全的行为责任。

（2）主体行为责任，这里的主体是指享有证明权力的机关，即权力机关行为责任。主体行为责任是证明主体在证明过程中所担负的提供证据证明案件事实的责任。刑事诉讼证明责任，在不同阶段上其责任主体是不同的，但他们都应对本阶段的证明任务承担提供证明的责任，尽管证据不完全是自己收集的，但都应负审查判断、分析推理和论证其确认的案件事实的责任。比如在控诉阶段，尽管其证据基本上是侦查机关提供的，但检察机关应对起诉指控的事实负全部责任，因为他是控诉的主体，其行为责任由检察机关承担。到了审判阶段，则主体行为责任由法院承担。因此不同诉讼阶段上的主体行为责任的主体是不同的，正如接力赛运动一样，是一个主体接替另一个主体的一种接力运动。

（3）一般结果责任。证明责任中的结果责任不同于举证责任中的结果责任，它属一般结果责任，即证明主体不存在承担法律上的败诉结果问题。因为所有证明机关都不属当事人任何一方，而是站在国家利益和国家执法的立场上，其责任当属一般的工作责任或职务上的法律责任。

（4）误认结果责任。虽然在正常情况下，证明主体对其行为不承担法律后果，但若其就案件事实作出错误认定时，则仍应对该行为承担一定的法律责任。由于主体的主观状态不同，即误认性质不同，它所应承担的法律责任也是不同的。如果误认行为属于主体工作人员一般行为的疏漏或认识能力上的缺陷并由此作出了错误判断，应按国家赔偿法的规定对遭受损失的一方进行补偿。如果属于主体工作人员严重失职或故意行为，甚至是贪利而致的误认，就要对其责任人依照有关法律追究法律责任，直至刑事责任。

（5）无结果责任。诉讼过程中经过证明后仍不能对问题进行确认时形成无结果责任。无结果责任一般是案件本身的客观情况决定的，主体无主观方面的过错，所以又称为无过错责任，这种无过错责任实质上就是不负任何法律责任，即无责任。从原因上来看无结果责任还存在另外一种情形，即造成最终不能得出结论的原因是由于不作为产生的，此为不作为的结果责任。按照法律的精神，司法机关对于应履行的职责采取消极的不作为是应追究其失职责任的。所以对于此种责任的后果要具体分析，不能一律化，具有不确定性。

以上论述将证明中责任分成了五个组成部分，那么这些部分之间是怎样联结的呢？证明责任构成要件中是否还存在别的成分？这值得思考。我以为证明责任存在一个由上述五部分同其他一些要素有机联系的结构模式，具体包括以下几个方面的内容。

（1）权力责任主体。主要是指司法机关和司法人员，他们在证明中具体承担所办案件的证明责任。证明关系主体即其他参与者对自己参与证明的问题有其责任。

（2）证明责任的各个具体部分，即上述所划分的五种责任类型。

（3）证明责任分担原则。证明责任分配必须按照一定原则划分，除了遵守举证责任的那些基本分配原则外，在证明责任分担中还必须遵守职权相应责任原则、阶段责任原则、忠于事实真相原则。

所谓职权相应责任原则，是指在诉讼证明中要根据主体机关的职权承担相应的证明责任，有什么样的职权，就应承担什么样的证明责任。如公安机关的职权是对公诉案件行使侦查权，因此它就担负查明案件真实情况的责任。又如检察机关除了自侦案件外主要担负法律监督和提起公诉的职权，因此它既对提起公诉的案件负有证明责任，也对侦查、审判中或裁判上有错误的案件负有对抗诉事实的证明责任。

所谓阶段责任原则，是指在侦查、起诉、审判三个不同的阶段上必须由三个不同的主体负证明责任。

所谓忠于事实真相原则，就是所有负证明责任的机关及办案人员都应忠于事实真相，对于违背事实真相的行为谁都可以控告、检举，与此作斗争，主体之间相互监督。

除此以外，审判阶段还要实行混合责任原则，也就是说在审判过程中，所有诉讼参与人都应尽量查明案件事实真相，履行自己所负的责任。

（4）法律规定和逻辑规则。在证明责任的运作中还得遵守法律对证明责任的有关规定和思维逻辑的规律与原则，并不得违反。

上述四个方面的要素，科学地组合起来就形成了证明责任的结构。

（三）证明结构和证明中的责任结构的关系

证明结构和证明中的责任结构之间存在着十分紧密的联系，许多部分是重叠在一起的，证明中责任的结构支撑着证明的结构，为了认识这种关系，现对他们进行粗略的分析。

1. 证明结构决定着证明责任结构

证明结构的内容我们在本文第一部分已论述清楚，在大的方面对于证明责任的结构内容也提出了规范。比如证明主体和证明责任的主体是相同的；证明原则也是证明责任实现过程中应予遵守的。而证明根据也就是证明责任实现的根据，只是从不同的角度来确定而已。

2. 证明责任结构使证明结构落到实处

证明责任结构的内容把证明中要完成的任务具体分配给证明责任主体，使证明结构更加明晰，进一步具体化，从而使证明活动在证明责任支撑下顺利进行。因为证明任务是依靠证明主体责任的划分和运作实现的，而划分又必须遵守证明责任分配的原则及其法律规定，使证明活动合法地运转，实现其证明任务。

3. 证明责任的结构反作用于证明结构

证明责任结构并不是证明结构的从属物，也就是说并非完全消极地适应证明结构。它积极地作用于证明结构，研究证明结构不能不考虑证明责任结构的状况，并与此配合发挥其能动的证明作用。好的证明责任结构有助于证明结构的科学化和证明任务的完成，不良证明责任结构阻碍证明结构的构造，并影响证明任务的完成。所以必须注意两者的协调与配合，科学地联系在一起。

4. 证明结构与证明责任结构有共同的要求

证明结构、证明责任结构的构造都是建立在同一目的基础上，为实现证明任务服务的。因此要求其结构更好地发挥证明主体的作用，有利于正确评判证据，并以此为基础对事实作出正确的认定。所以要求两者互相协调，相互适应，和谐一致。

二、对刑事证明中责任结构的剖析与改善

我国证明责任的结构是如何联结和运作的呢？一般来说是实行证明权力主体和举证主体（参与者）相结合，证明责任分配原则和举证责任原则相结合，法官依职权予以决定的方式。这种责任结构模式在理论上可概括为：多主体、三阶段、对立方反馈的结构模式。[①] 这一结构是通过长期司

① 宋世杰：《诉讼证据法学》，中南工业大学出版社 1998 年版，第 221 页。

法实践经验总结出来的，并吸取了国外司法制度的优点，创造出来的一种有特色的严密的证明责任结构。这种结构有许多优点，归纳起来有以下四个方面。

（1）它是一种过滤式的复式证明，符合认识发展规律，具有证明可靠程度高的优点。所谓过滤式的复式证明，就是说它是经过司法三机关分工负责的筛选，反复推理、论证，因而可靠程度高。三机关不同主体对证据鉴别筛选，对证据的质量比较有保证。加上认识主体不同，容易克服主观片面性的消极影响，因此对事实的认定比较全面，这已为司法实践所证明。我国司法人员素质虽然不很高，社会风气中存在某些不良现象，可是法院确认的事实仍然做到了比较客观，差错比较少，一般刑事案件的可靠性高于民事案件，这些无不与这种证明责任结构有关。它经过三阶段，每个阶段有自己的责任主体可不断地弥补证明过程中的缺陷，纠正证明中的错误，因而使法院最终的结论实现公正要求。当然不能说没有一点毛病，也不能说每个案件都十分准确，但能达到目前这种水平，与我国证明责任结构的科学性是不无关系的。它补救了我国侦查科技水平较低和某些不正之风存在的负面影响，基本上实现了我国办理刑事诉讼案件所追求的客观真实的目标，其他诉讼由于没有刑事诉讼这样完备的科学的证明责任结构，相对来说，其可靠程度就差了许多，如民事诉讼案件的处理就是如此。

（2）能够充分地发挥公、检、法三机关各自履行职责的积极性，正确地协调它们彼此的关系。我国现行的证明结构对公、检、法的证明权分阶段地作了明确的规定，各机关在自己职权范围内对案件事实有确认权，而相互之间又有制约和互补，这样对于查明案件事实就给予了阶段性的要求，有了一个逐步提高和互相结合、互相制约的机制，对于公正地确认案件事实从程序上创造了良好的条件，使误认的产生受到钳制，从而使认识偏差大大地减少。

（3）现行的证明结构便于群众监督，较容易揭露认定事实中的矛盾和不足，因而有较强的反馈功能。按照我国诉讼程序，在法院作出最终认定以后，如存在严重的失误，仍然有机会予以纠正。我国设置了上诉程序和监督程序以及申诉制度，可以通过审判内和审判外的各种渠道反馈，提高证明质量。特别是律师辩护或代理提前介入之后，更从诉讼过程中加大了证明活动中的监督与透明度，其事实认定的反馈功能就有进一步的扩展，阻止错误结论形成和纠正错误结果的作用就更易于实现。

（4）现行的证明责任结构有利于全面收集证据，反复地审查判断证据。由于公、检、法三机关都具有收集证据的职权，都有审查判断证据的责任，因此对于证据的认辨能力显然优于那种由陪审团采用证据认定案件事实的证明机制。

以上四个方面说明我国证明责任结构基本是可行的和科学的，具有许多优点。但存在缺陷、需要完善的地方尚有不少，归纳起来，至少有以下三点。

（1）证明责任主体权力过分集中，制约机制比较薄弱，易于产生主观臆断。侦查、起诉过程中权力集中，内部制约机制基本没有，没有对立面因而易于产生长官意志，个人说了算，没有形成民主监督体系。这对于正确地确定证据的效力与正确认定案件事实都是不利的。特别是审判阶段，法院职权比较集中，同时易于和检察机关形成看法一条龙，支持、合作多于制约，因而不利于正确、全面认定事实。

（2）责任不明。在活动中集体承担证明责任，个人负什么职责不好划分，集体负责往往造成无人负责，出现误认时难以追究责任。

（3）庭审的作用没有充分发挥，定案缺乏透明度，案件事实如何认定，依据的证据是什么，为什么以此作定案依据，怎样采纳的等都没有公开的过程，往往不是在庭审中决定，而是少数人私自圈定的，缺乏民主程序，往往同庭审情况不能吻合起来。书面证据的审核不易认定，证人、被害人、侦查人员一般没有出席法庭，无法当面质证。

证明过程中因为责任主体一致性使对抗性不够。充分发挥证明参加者的积极性不够，存在法官说了算的情况，容易使庭审走过场，不能充分发挥各方面的证明能动性，易于被审判人员所摆布，认识上容易产生局限性。为此，对现行的证明责任结构应作一些调整，克服上述某些方面的缺陷，方能逐步使我国审判活动中的证明机制臻于完善，实现司法公正原则，再现案件真实，使我国的证明责任结构成为理想的模式。

由于证明中的责任结构和责任配置存在不够明晰的缺点，证明过程中缺乏透明度和对抗性，同时对其失误的责任缺乏科学的划分，因而不利于提高证明质量。为此必须对其结构和分配加以改进。那么，怎样才能使我国的证明责任结构成为理想的模式呢？我以为主要应在以下五个方面进行改革。

第一，将五大责任明确配置给有关证明中的责任主体，使其各司其职，各负其责。同时建立错案追究制度，对证明中的责任机关和具体责任人依法追究相应责任。

第二，实行起诉书一本主义与证据庭前开示制。这样就可以完全克服审判人员先入为主、法官说了算，审判走过场的毛病，又能有利于控辩对抗，核实证据真伪。

第三，提高庭审的地位和作用，一切作为定案根据的证据都需经过庭审质证。这就要实行直接言词原则，参加诉讼的人员尽可能出席法庭，参与质证活动，例外情况由法律作出明确规定。

第四，要加强控辩双方在证明活动过程中的对抗程度，使案件事实认定趋于科学化、民主化，有利于揭示案件事实真相，加强对证据采用的民主性认辩过程在所有参与人的鉴别与对抗中完成。

第五，将监督机制引入证明中责任结构的内部，加强权力主体间和参与者间的相互制约和监督，具体说来，可赋予证明关系主体和司法人员的证据异议权和证据复议裁判制度。特别是公安侦查人员对检察人员认定事实有异议权，检察人员对法院的确认事实有异议权。被告人、辩护人、被害人、代理人对司法机关采用证据有异议权，享有申请复议等权利，以对抗证明权力主体错误行为，提高确证的科学性。

但是在进行以上五方面的改革的同时，不能削弱对证据真实的审查，证据单靠法庭质证的审查，往往还是难以奏效的。比如通过各种方法收买证人，单靠庭审往往是难以揭露的，庭外的调查研究尤为重要。因此，在这种情况下，法庭审理需要有一个缓冲的时期，对证据事后的核实，充分发挥审判人员的积极性，从而提高证明程度，消除可能出现的失误。

所以，理想的证明责任结构应是：实行多主体、三阶段、对抗式的法庭内外结合与对立面反馈的结构模式。[①] 也就是说，根据我国司法实践，在原有的证明责任结构中，加入新的活力，即所谓对抗式的法庭内外相结合形式。它和大陆式以及英美式的都不相同，将法庭注入对抗式，而保留其证据审查内外相结合，调查与质证相统一的方式，这样就加强了对伪证的识别能力。具体做法是进行复式开庭，辩护人和被告人有对证据确认的异议权，在第一次庭审进行辩论交锋后，休庭一段时间，由审判人员组织复核证据，调查研究，征求有关人员意见，然后组织第二次开庭，再次甄别后定案。这样的结构可以保留过去的优势，注入新的活力，使证明的质量进一步提高，证明责任具体在审判过程中落实，从而把我国的证明责任结构推向理想的程度，成为一种先进的理想的证明责任结构模式，并以此作为证明责任和举证责任的基础和框架，使我国诉讼证据理论和实践跨入世界先进行列。

原载《国家检察官学院学报》2003 年第 6 期

① 宋世杰：《证据学新论》，中国检察出版社 2002 年版，第 131 页。

证据运用中的人权保障

证据从收集到确认案件事实这一过程中，无处不涉及有关的权利保障问题，特别是刑事证据的运用更是如此。尽管不同性质诉讼证据的运用所涉及人权问题的具体内容有着差异性，但诉讼证据运用是有共性的。同时，一般来说，只要刑事诉讼中的人权获得了充分的保障，比照其要求去进行民事、行政诉讼，也可以获得同样的效果。所以我们研究证据运用中的人权保障，就只是以刑事诉讼证据运用来概括，也就可以代表其他了。

我们仔细地考虑了诉讼过程：一般都是围绕如何获取有效的证据，以查明案件的事实进行的。在这一过程中，证据运用成为核心问题，它触及着许多人的权利，以及某些机关或当权者的权力。如何充分保障他们的合法权利，就成为运用证据的核心问题。这也正是诉讼的复杂之源，因为它不是简单地查明案件就了事，它必须顾及各种利益和权利。概括起来就是证据运用中的人权保障问题。当然，这里的人权是狭隘意义上的，即法定权利。

我们知道人权保障永远是法治中的主题，可是要把许多理念中的问题变成现实，只有通过程序来实现。抽象的实质正义绝不能自动实现，只有经由一定的操作过程才能从理论设计转化为现实福祉，程序乃是实现实质性正义的前提，而且实质性正义从理论到现实的合乎理性的转化过程只有通过程序才能予以实现的；正当的法律程序可防止逼、供、信以及恣意、权威失落、价值混乱等所导致的冤案、错案、假案，避免付出巨大的社会代价。[①] 正是基于上述理由，研究证据运用中的人权保障，必须着重于思考证据运用中的程序设置规则，否则就是一句空话。所以必须研究世界各国诉讼中的证据运用程序和我国的具体情况，吸取人类文明的精华，总结一切现实经验，寻找最为妥善的人权保障方法，使之程序化并成为人权保障的屏障。

一、世界各国在证据运用中的人权保障

世界各国出于现代法治的要求，对证据运用中如何保障人权问题都特别关注，进行了一系列理论与实践的探索，也开展过各种研讨，在立法上虽然各有差异，但仍不乏共同之处。归纳起来，一般都是围绕无罪推定原则（大陆法系）或无罪推定与沉默权原则（英美法系）这个中心展开的。在大陆法系国家看来，沉默权原则属于无罪推定原则中所包含的内容，而英美法系国家则认为沉默权与无罪推定一样都是宪法赋予公民的权利。当然，这些都不是根本性的分歧，只是理解不同而已。除了这个中心问题，还有一些相关规则加以保障，如非法证据排除规则等。其实质是围绕保护被告人的权利而设置的各项法律保障。

（一）证明被告人有罪的责任由控诉方承担

根据无罪推定原则，在刑事诉讼中证明被告人有罪的责任应由控告方承担，被告人不负举证责任。这是所有现代刑事诉讼法中都明确规定了的。由于有了这一规定，被告人是否有罪，必须由控方提出证据予以证明，控方提不出足够、充分的证据，则法院应判处被告人无罪。

由于有了这项规定，被告人在诉讼中享有许多权利，即被告人在没有被证实有罪并经法院判决有罪之前，应视为无罪的人，享有公民享有的一切权利，在诉讼中充当诉讼主体，和对应方享有平等的地位，从而也就享有与控方对等的权利，在人格尊严上获得应有的尊重，在人权上享有一般人应享有的人权。对于这一规定各国基本相同，在理论上和立法上都无异

① 叶自强：《论程序法的独特价值》，载《诉讼法论丛》2000 年第 1 期。

议地保证了被告人这种权利。但是并不是都做到了无懈可击，在具体保障上大多数国家都规定了在法庭审判中被告人及其辩护人的举证活动，控辩相对抗，否则会使被告人处于不利地位。照理既然证明被告人有罪由控方承担，被告方就不应负任何举证责任。可是实际上，如果被告方不用证据反驳控方，往往就会在事实上说明被告有罪，所以在实际操作中被告人仍然承担着证明自己无罪的责任，被告人在诉讼中如果消极，必会招致对自己的事实上不利。

（二）在证据不足以证明被告人有罪的情况下，应作出有利于被告的裁判

在理论上这一规定称之为有利被告论，根据这一理论原则，在诉讼活动中，从理论上和程序的设置上都应从有利于被告这方面思考，也就是说，在确定被告人是否有罪的问题上应多从被告人利益的维护上来考虑，当然运用证据更不能例外。在对被告人是否有罪问题上，证据不能完全证明时，就应对被告从有利的方面去作出裁判。即对疑罪的处理上，采取疑罪从无的原则，即疑罪按无罪裁判。这也是世界各国通行的做法，为世界各国所遵守。我们历史上曾实行疑罪从有、疑罪从轻、疑罪从挂等办法来解决司法实践中这一困惑问题，和疑罪从无相比有时也会有其合理性，但总体上来说，还是疑罪从无原则最为科学，也最有利于保护被告人的合法权利，合乎人民的根本利益。所以1996年《刑事诉讼法》修改时，我国也明确地确立了这一原则。

（三）被告人在诉讼中享有沉默权

沉默权原则虽然在理论上存在许多不同的认识，但世界绝大多数国家，一直把被告人享有沉默权视为对被告人人权的有效保障。沉默权最先产生于英国，是对抗封建的纠问制和酷刑的产物。有据可查的是1568年，英国普通上诉法院首席大法官戴尔第一次以反对王座法庭进行纠问誓言为由，为一名被迫宣誓者签发了人身保护令。后来，戴尔将这种做法归纳成一句名言："任何人都不得被强迫提供反对自己的证据"，[①] 并最早规定在

① 彭焚、李智雄：《沉默权移植与刑事证明标准的重构》，载《诉讼法学、司法制度》2001年第3期。

1898年英国《刑事证据法》中。这就是人们普遍认为的任何人不得被迫自证其罪原则。从其精神来看，并非沉默行为的本身，而是不得强迫被告人自证其罪这一原始含义，后来被各种解释弄得十分复杂了。其实沉默权并不能保障无罪者不受惩罚，而只能有利于有罪的人逃脱刑罚的惩罚。

我们在这里想概要说明沉默权在国外的确立和变化。

英国证据法上规定：被告人享有保持沉默的权利，又称为不被强迫自证其罪的特权，其基本要求有二：被告人不得被强迫提供证据或作出供述；被告人受到指控时有权不作使自己不利的陈述。美国联邦最高法院所解释的依正当程序应遵循的七条原则性规范中的第3条规定："在刑事程序中，被告人不得被迫自证其罪。"这些规定说明了沉默权是被告人的一种特许权利。而大陆法系国家认为沉默权是从无罪推定中推演出来的。因为被告人在经法院最终判处有罪之前被假定为无罪的人，他享有公民的一切权利，而沉默权是公民权的重要内容，因此被告人享有沉默权。把沉默权看作公民权，从法理学上来看是可行的，公民都有言论自由权，沉默是言论自由的消极形式，当然公民有不说的权利。可是如果是这样来看，就会出现一个问题，被告人有权沉默，那么其他诉讼参与人也有公民权，也可沉默，但如果允许证人也沉默，就无法解决作证问题，由此会产生一系列不能自圆其说的麻烦。所以我以为，把沉默权与反对强迫自证其罪联系起来，表明是被告人的一项特许权利，这样才有助于沉默权原则的成立。只有这样解释，才便于一些问题的说明。

这一原则到了当代，尽管在立法上仍把沉默权确定为被告人享有的极为重要的权利，并被国际公约所确认成为一项国际法原则，但在实施中一直存在诸多争论，并在立法方面也进行了不断修正。比如英国在1994年《刑事审判与公共秩序法》第34条、第35条、第36条、第37条规定中，对如果合乎以下情况：被告人在受到讯问或指控时没有提供特定的事实；被告人在法庭审判过程中保持沉默；被告人对特定情况下的物品、材料或痕迹没有或拒绝解释；被告人没有或拒绝解释他出现的特定地方，如有上述各条之一的情况，法庭或陪审团可以从中作出"看起来适当的"推论。条文本身并未对"看起来适当的"推论作出明确解释，但在1995年上诉法院对 Couon 一案的判决中，对《刑事审判与公共秩序法》第 35 条的适用问题专门确立了几项带指导性的规则。该法院要求在适用这一条文时应当满足以下五方面要求。

第一，法官在审判过程中必须告知陪审团证明被告人有罪的责任始终要由指控一方承担，这种证明责任是不可转移的，而且证明被告人有罪必须达到“排除一切合理怀疑”的程度。第二，法官必须明确告知被告人，保持沉默是他的一项基本诉讼权利。第三，如果被告人在审判过程中保持沉默，法官或陪审团不能仅仅从这一事实本身作出被告人有罪的推论。第四，陪审团在从被告人的沉默中作出任何推论之前，必须确信控方已经证明指控的论点和事实，需要答辩。第五，不论被告人是否有证据对自己的沉默作出解释，陪审团只有确信他沉默只会明显导致被告人无法答辩，或无法交叉询问，就可以从沉默中作出相反的推论。

对以上这些解释尽管看法不一致，但说明在法定的情况下，被告人有一定解释或说明义务。如果在法定的四种情况下，被告人保持沉默，将会对其辩护产生不利影响，法官或陪审团有可能作出不利于他的推论。与此相反，美国提出了著名的“米兰达”规则，明确规定应向嫌疑人宣布“你有权保持沉默”，作为逮捕时必不可少的程序。当然，在美国对“米兰达”规则也有不同的认识，有的州作出了与此不同的规定。总之，沉默权原则在司法实践中总的趋势是人们对其提出更多的批评，认为它不可能抵御刑讯的产生，也不可能真正保障被告的权利。当然，因为该特权有助于保证国家与被告人之间的斗争是一场“公平的斗争”，双方都有取胜的平等机会。言下之意，控辩双方所享有的战略战术优势大致彼此中和，无辜被告人将不会仅仅因为公诉方拥有更多的资源或诉讼优势而被定罪。而不是防止公诉方提出确认被告人有罪的事实。[①] 也就不能阻止无辜者被判有罪的可能。至于对抗刑讯，阻止当局用强迫的方法获取口供，也是有异议的。无论其发展的历史原因是什么，今天，把反对强迫自证其罪的特权作为免受刑讯逼供的保障措施是不必要的。拷问嫌疑人或被告人来获取自证其罪

---

① 江礼华、〔加〕杨诚：《外国刑事诉讼制度探微》，法律出版社 2000 年版，第 332 页。

的信息是违反程序正当这一宪法性要求的，针对隐性刑讯逼供、虐待的强制性规则也是如此。因此，不需要为了防止刑讯逼供而赋予嫌疑人和被告人拒绝回答可能是归罪问题的法律特权。[①] 可见不能把沉默权这一给被告人的特许权利的功能估计过高，在司法实践中的价值究竟有多大，尚值得进一步研究与评价。至于这方面许多学者的高度赞许，我就不想作过多的推介，因为事实上已被许多国家的实践证明。对沉默权的作用无必要作出更多的阐述。其实，就是在最盛行的国家，也有不少人提出废除沉默权原则的建议，抨击“米兰达”规则是一个糟糕的制度。

（四）非法证据排除规则

对于非法证据的排除也是保护被告人权利的一项重要制度。关于非法证据概念的理解有许多不同的解释，有些理解很宽，涵盖了证据中的许多内容，即所有不合法的证据现象；有的仅指收集时违法的证据，这里不想就此争论，因为运用证据应该就司法实践中的情况而言。非法证据排除规则最早出现在美国，同时它也是全世界实行这一规则最彻底的国家。世界大多数国家都不同程度地在立法上支持了这一规则，将非法证据在诉讼中排除。不过怎样排除，排除什么，各国就大有区别了。归纳起来，仅有美国采取强制排除制度，对于非法获得的证据一律排除。而其他国家一般都选择了自由排除原则，除强迫自证其罪的供述排除外，对其他所谓非法证据是否排除，由法官依自由裁量权而确定。一般采用是否可信这一原则来衡量，如果没有可信性，必然加以排除。也就是说是否排除不是从获得的手段上来考虑，而是从衡量其可信程度上来考虑，这也就是说，非法获得的证据并不是不可采用。除去在案件中强迫供认的必须排除在外，其余的倾向于由法官自由裁量，而不像美国的强制排除。目前多数情况下，美国向非强制排除规则的转变，将导致与现在“强制”但不彻底履行的规则一样的后果（未排除）。因而这样的转变只有伴随着一个清楚全面地规定出警方和市民权利和义务的内容的刑事诉讼法典，才是有意义的。我们现在混乱的法规太容易使警方产生误解，并因此导致审判法官作出非常古怪的

① 江礼华、〔加〕杨城：《外国刑事诉讼制度探微》，法律出版社 2000 年版，第 333 页。

排除裁决。英国的经验尤其说明，假如这些法规明白无误地进行了规定，并与排除补救相分离，那么只有当明明白白地破坏了明明白白的法规时才适用的一条自由裁量排除规则，就显然能有效地阻止警方的违法行为，并更少地损失有证明力的证据。从上述这些结论性意见来看，排除规则运用也是极自相矛盾和极不彻底的。实践告诉我们，一方面要反对警方滥用权力、侵犯公民合法利益，另一方面又要尽可能保住那些有证明力的证据，使罪犯不逃脱惩罚，这就不能对一切有证明力的证据加以排除。解决这一矛盾最好的办法不是排除规则，而是将违法行为的处理与判断证据效力问题区分开来。

（五）证人作证制度

证人作证制度表面看起来与人权保障关系不大，实际上与诉讼中的人权保障是密不可分的。可以说，一个完善的证人作证制度，顶得上“沉默权”的作用。因为只有完善的证人作证制度，才能保障冤、假、错案较少产生，才能保障包括被告人在内的诉讼参与人的权益，才能构成完整的交叉询问制度，才有助于质证活动的顺利进行。从而使证据运用中的活动形象化、程序化、民主化。使证据真正地获得实质上的筛选，法庭审判得以摆脱纠问式影响。否则，法庭就会变成单纯控方和辩护人的舞台，没有生气，没有活力，审理活动无法走向现代文明。

证人作证制度需要全面和兼顾各种情况，但最重要的是两点：一是提供证人能自由地发表自己真实想法和描述案件真实情况的场所，使一切可以到庭的人都能到庭作证；二是充分保障证人自身的权益和安全，使证人享有广泛的保障自身利益的权利。各国在这方面都提供了许多做法，强化了证人出庭作证的义务，对于无特殊情况不出庭的证人采取了严厉的惩罚手段。同时在法律上也给予了证人许多权利，如拒证权、物质保障权、人身安全保障等。当然，到现今为止，证人作证制度也尚不完善，许多问题尚无法解决，如对证人人身安全的保障问题，无法真正解决，报复甚至杀害证人的事件仍时有发生。

概括起来说，证据涵盖两个方面：人证和物证。而人证形式上占了一半，实际上物证中也涉及证人，所以其重要性是可想而知的，没有一个案件没有证人就能查清的。简单的事实就说明了证人作证制度的重要性，这里涉及对人权保障的诸多问题，各国都有许多成功的经验，有待进一步总结和归纳，以完善证人作证制度，特别是强调从保障人权的角度去看待证人制度，以进一步强化证人制度中的人权保障。

（六）结论

通过对上述证据运用中人权保障的五个大的方面的分析，我们可以大体上得知，加强证据运用中的人权保障是国际社会和各国现代诉讼中追求的目标，是经过了长期不懈努力的结果，许多方面已基本形成共识，成为公认的制度和原则，是各国特别是参约国必须履行的义务。历史是最好的见证，一部法律，一项制度，一种理论，都要经受时代的洗礼、锤炼，而变得纯真。所以有许多问题，我们不要绝对化，要重视实践中积累的新经验和新思想、新发展。

批判就是改革，批判才能前进，因此，我们应从已经了解的情况中看到某些基本缺陷。证据运用中的人权保障缺陷在哪里呢？我们以为它的成功之处是抓住了以保障被告人权益为核心开展的权利保障。它的缺陷也在此，忽略了对其他诉讼参与人的保障。强调一面，忽视一面，往往强调的这一面也达不到目的。我们的方针应是强调一面，但不要忽视另一面。矛盾的主要方面决定矛盾的性质，抓住主要方面是非常重要的，但次要方面如果处理不好，主要方面也就无法解决，而且次要方面还可能转化为主要方面。所以我们应正确理解保障被告人权益和保障其他诉讼参与人权益的关系，比如，绝对不能忽视被害人权益、证人权益的保障。在运用证据中，全面准确地建立人权保障机制应成为我们时代的目标，也是我们研究的主题。

二、证据运用中人权保障的缺陷

随着文明进程的推进，世界各国在诉讼中运用证据时，不断关注对人权的保障，改进程序机制，运用程序保护被告人权益，采取了许多具体措施。但如前文所述，仍不完善，存在许多缺陷。就我国的情况而言，主要有以下几个方面。

（一）在指导思想上没有完全清晰，因而保护重点存在既明确又不完全明确的状况

我们知道，在刑事诉讼活动中，一直把保护被告人的合法权益作为人权保护的重点，法律赋予了被告人许多权利，使其有足够的力量与控方相对抗。在证据运用中，亦是如此。可是，被告人中，一般来说多数是犯罪分子，也有一部分是犯有过错的好人，甚至是完全无罪的公民。我们法治的重点应是对无罪的公民以及犯有过错的好人倍加关怀，使他们不受非法侵害。可是在未经过审判前，谁是罪犯，谁是无罪的公民是难以分清的。那么，在运用证据中，如何把握有罪和无罪呢？这是值得关注的重点。虽然这一问题是一个世界性的难题，但不是完全没有办法的。关键在于在没有掌握基本证据，查清基本事实之前，司法人员不得随意接触犯罪嫌疑人。在这一点上必须十分严格，许多问题都源于此。也就是说，要强化嫌疑人的法定条件，以提高适用限制人身自由的强制措施的条件。这样就可避免一些差错。而过去把保障的重点放在被告人的沉默权和非法证据的排除上，这样效果往往是有限的，负面影响也是较大的。

（二）过高的估计反对强迫自证其罪或沉默权的效力，对其负面作用估计不足

为充分保障当事人的权利，严格反对强迫自证其罪，无疑是必要的，但不能忽视这一规则有一定的负面影响，应全面关注被告人的根本利益。

过去，在程序设计上，对于如何保障反对强迫自证其罪原则所花的心血过多，而忽略了如何促使犯罪人自动交代罪行，通过一些什么方法和策略，有利于他们自动认罪。所以导致惯犯和罪恶深重的犯罪分子思考的是如何运用法定的权利逃脱惩罚，对抗公诉机关，而不是利用“坦白从宽，抗拒从严”的基本刑事政策，走改恶从善之道。

按照我国刑事基本政策和刑法、刑事诉讼法的目的，应该把程序和工作的重点设计在制定一些能激励自首、促使坦白的道路程序，从尽可能孤

立最顽固的犯罪分子的角度出发，改善司法机关和他们的对立情绪。使我国历史上一些行之有效的政策在新形势下法律化、程序化。从而缩小打击面，教育挽救多数，坚决贯彻区别对待的方针。有的学者对于实现法治产生了误解，认为实现法治，就不能搞区别对待，讲法律上一律平等，就不能有宽有严。实际上这是形而上学的观点，是教条主义。对犯罪分子有宽有严，实行不同情况区别对待。这正是法治的灵魂，情况不同，处理一样，这能说是法律上一律平等，这能说是法治吗？所以在证据运用中，应贯彻一切从实际出发原则，运用证据，启发多数，警示多数，严格依法惩治犯罪。特别是在程序设计上贯彻这一精神不够，应加强这方面的程序导向。

（三）对被害人以及其他诉讼参与人的保护意识不够，对他们的权益保障欠全面

运用证据，查明犯罪事实，本身是对被害者的一种救济，也是恢复破坏了的社会秩序的一种手段。从这个角度上说总体上是对被害人等给予了人权保障的。但往往在具体案件中，真正的犯罪分子没有获得打击，正义未能伸张，被害人的权益损害没有得到补偿，人们心理上的不平衡无法得以恢复，其危害性是很大的。因此在运用证据活动中充分重视被害人利益，保障证人的权益，使有关人员受到法律的关怀，这是司法活动应为关注的事。这一问题的本质就是如何查明案件真相，真相查明了，才能做到该保护的得到了保护，该惩罚的得到了惩罚，而不伤及无辜。因此，证据运用中，精心地设计程序和方法，准确地判断真伪，以查明真相为其最高的价值追求，仍然应是我们追求的目标。那种把平息纠纷作为诉讼的唯一追求的目标的思想，显然是有害的，而这种思想目前在相当程度上干扰了证据的运用，这是因为它会导致运用证据的目的不明，全面保护诉讼参与人意识以及公共安全意识不够。

（四）在收集证据、划分证明责任上存在某种不正确的倾向，影响了查明真相目标的实现

目前司法实践中普遍存在一种观点，控方承担指控犯罪的责任，被告

方（辩护人）的责任是与控方对抗，从有利于被告人出发，提供有关证据。可是，真正有力量收集、运用证据证明案件真相的不在辩方，而在控方，这一点恐怕人们不会怀疑。但如果司法机关，主要是侦查机关，只把力量和注意力放在证明嫌疑人、被告人有罪的证据上，往往就会使证据的收集发生偏向，容易遗漏有利于犯罪嫌疑人、被告人的证据，从而导致真相不易查明，真正的犯罪分子逃脱惩罚，而又可能冤枉好人。因此从程序上和法律上以及侦查机关的指导思想上应是以查明案件真相为目标，而不能从有利于证明嫌疑人、被告人有罪为出发点。这也是当前证据运用中隐含着的一大危险，应在立法和指导思想上予以明确。

（五）证据运用的指导思想和对人权的保障没有严格地体现在程序中

我们知道，任何法律思想和要求，要转化为法律行为，必须有程序保障，目前刑事诉讼法上的许多规定以及其他诉讼法规定，在司法实践中并没有得到充分的实际保障，其根本原因就是它们的程序化程度较低，实际中规定的权利无法得到实现，相反对此进行了各种限制。如被告人、辩护人的许多权利在实践中就形同一纸空文。比如我国法律规定了嫌疑人在采取强制措施后，即有权委托律师提供法律帮助，但律师很难按法律的规定实现会见被告人，实践中可能受到种种刁难，而无法实现委托的任务，总之，对当事人权利以及诉讼参与人权利在法律上没有很好的实现程序化，致使这些权利在实际生活中落空。即使有可能实现，难度也很大，而且价值不大，这样使许多人不得已而放弃。所以，应当改善立法上对权利保障的具体规定，并尽可能程序化，防止出现一边给你权利，一边又使你无法行使的状况产生。

对于人权保护存在的缺陷，还有很多，这里仅就我国目前存在的主要问题进行了初步分析，任何一项法律制度都是在实践中产生与发展的，因此对于发现的问题必须引起重视，通过研究和完善立法来加以修正和补充，否则是无法前进的。

三、完善证据运用中人权保障的设想

要想在证据运用中充分地保障人权，还必须从研究证据制度的目的、任务、原则、程序等方面去设想，建立一整套完整的运用证据的规则体系，并体现在程序中。也就是说，证据运用中的人权保障只是证据制度的一个重要方面，必须把它放在整个证据制度建设中全面考虑，使之协调发展，才会产生实际效用。为此，我们以为，完善证据运用中人权保障应从以下几方面改善。

（一）明确证据运用的根本目的是查明案件事实的真相，但在查明案件真相中必须注重对人权的保障

证据运用本身不是目的，目的是查明案件事实真相，这一点应该是不难认清的。只有查明了案件事实真相，才能为实现诉讼目的创造条件。而诉讼目的之一就是保障人权，所以在查明案件事实真相时，不得侵犯诉讼参与人的人权，必须提供他们相应的人权保障，这就是他们之间的正确关系。

准确地理解了查明案件真相与保障人权的正确关系之后，就能懂得在查明案件事实真相的同时如何关注对有关人员的人权保护，从而兼顾各个方面。司法机关，特别是侦查机关，为查明案件真相而实施的一切行为，要使其成为有效行为必须以不侵害诉讼参与人权益为前提，也就是说必须严格地遵守法律，这样才能达到目的。不过事实比这要复杂得多，因为行为的直接目的是掌握足够多的真实证据，为此就必须将案件发生时留下的各种证据予以全面收集，可是发现证据、获取证据过程却是复杂的，需要与相关人员周旋，要运用一切可用的手段，这一过程中，甚至有制造假证、伪证和隐匿、毁灭证据的情况发生，司法人员在这一过程中既要获取证据，又要不侵犯他人权利，就必须注意策略和遵守法律。最有效的办法是减少抵触和冲突，使之和平取得。所以运用策略是十分值得注意的，也就是应充分建立激励机制，最好的方法是让知道情况的人主动向司法机关说明情况，所以在立法上必须重视这一点，而我国法律的策略性规范太少，激励办法不够，化消极因素为积极因素的措施不得力。究其原因与我们对运用证据的目的不够明确、策略意识不强有关。

（二）重视证据运用中的斗争策略，建立一系列的激励机制，鼓励知道案件情况的人提供证据和线索

（1）建立认罪与刑罚的交易制度，对主动自白的犯罪嫌疑人、被告人

给予宽大处理，并用法律加以规范，形成规格明确的、层次性强的稳定形态。

（2）奖励公民提供证据或线索，对积极举报人员进行物质奖励或精神鼓励，对其中有重大贡献者，予以记功或晋升职务。

（3）对证人建立奖惩制度。对如实作证者，对查明案情有贡献的给予精神或物质奖励。对于隐匿罪证或制造假证者，根据其严重程度追究其相应责任。

（4）对司法人员收集证据有功者，给予奖励或记功，对于失职或怠工者给予适当的处分。

（三）进一步加强司法机关，特别是侦查机关全面收集证据的意识

从法律上具体规范收集证据的全面要求，不但要收集对犯罪嫌疑人、被告人有罪的证据，而且要收集犯罪嫌疑人无罪的证据。并以此作为考评司法人员工作的根据，对于因收集证据的片面而导致的错案行为，追究其法律责任。为此应在这方面建立具体制度，予以保证。

（1）在法律上进一步明确，对只收集一个方面证据的行为，应承担法律责任，造成严重后果者，追究刑事责任。

（2）每一个案件，是否收集了相反的证据，作为是否能够结案的依据，如果收集不到相反证据，必须说明理由或原因。

（3）鼓励和保障被告方收集调取证据的权利，对于提供的辩护证据，只要查证属实，应予以采用。

（四）建立科学的证人制度，全面保证证人权利

证人在诉讼中有重要作用，要确保证人参与诉讼和举证，发挥证人在查明案件中的作用，必须完善证人制度。首先是在证人权益的保证方面作出有效的法律规范，对于人身安全、经济利益、自由意志等方面予以确保。同时还要给予其必要的拒证权，使其自身不因作证而受到损害。其次对证人义务作出明确而严格的规范，实行具结制度，在作证前进行具结，担保其证言的真实性并出席法庭作证，如实回答其提问，对于作伪证、隐匿罪证或捏造事实等行为愿意接受法律制裁。如遇违背具

结事项的，查明以后，科以刑罚，决不姑息。对于特别情况，经证人提出要求，可以允许不出庭，在作证内容保证真实的情况下，可对姓名予以保密。

总之在证人制度方面，其规范应尽可能具体可行，具有操作性，对于违背事项，应有相应的处罚措施和补救办法。

（五）建立严格的监督机制和证据复议程序

在证据运用中出现违法情况和滥用职权、越权等行为的，应加强监督，要充分保障当事人权利，运用权利制约权力。建立证据问题方面的上诉、申诉程序，司法机关出现不同认识，可以协商讨论，不允许个人独断专行。对于有争议的证据，应由依法律设置的证据争议审查委员会进行调查裁定，证据争议审查委员会由同级人大常委会、政法委、侦查机关、检察机关、法院以及证据方面的专家若干人组成。对案件中有争议的证据，在质证和辩论的基础上，法官确认后尚不服者，可由当事人、律师或司法机关提出申请，证据争议审查委员会受理后，组织必要的调查，评析后作出裁定。对裁定不服，可请求上级证据争议审查委员会进行复审，复审的裁定为终审裁定，不得再有异议。

证据争议审查委员会同时有权处理有关在证据方面的违法事件，作为监督、协调以及争议处理机构，具体处理由委员会作出决定。

（六）参照国际公约有关规定和外国经验，改善其证据具体规范

国际公约和国外在运用证据中围绕保障被告人权利这一中心，建立了许多原则性规则和要求。大多数都可以沿引适用，但有一些也值得研究。比如沉默权原则、非法证据排除原则，就应有所分析，借鉴其有益的部分，而抛弃其已为实践证明不很适用的部分。任何一项具体规定，总是可以分析的，有利有弊，与其产生的时代以及具体情况有关，不可能是永恒的。当然，有些基本的东西，是有永恒的价值的，不过一般是指一些抽象的原理。关于具体吸取哪些，对哪些应作保留，不少地方已在本文第一部分中作了分析，也就无须重复。总之不能照搬，必须是有条件地吸收，并加以改进。

（七）强化行政取证中的人权保障

运用证据不仅在诉讼中是一项重要行为，同时在许多时候，反映在诉讼前的行政活动中，更是值得关注的。目前许多违背法律侵犯人权的行为，往往发生在诉讼的前期行为中，如治安处罚、决定劳教，特别是运用“两规”的审查活动，留置等具体行政行为中，侵犯了当事人的权利，变相地体罚等时有存在，依诉讼法无法追究，可后来转到司法程序，对于其中一些问题在法律上虽早已规避，可是问题却存在。这些问题在特定时期和案件中反映出来的严重性，超过了司法活动中运用证据中存在的问题。因此，重视诉讼活动前期工作，强化行政手段中的司法保护，解决变相司法，已经成为现实中应予以注重的事情。这说明在运用证据活动中的人权保障，应有更广阔的视野，在实践中会不断出现新情况、新问题。其关键是在于在观念上强化执法者的守法意识，自觉地遵循法治道德；同时在立法上对可能出现的新情况应加以估计，拓宽法的效力范围，提高立法技巧。找到解决规避法律和打“擦边球”的方法，严肃对待一切忽视人的权利的现象，从根本上阻止违法的产生。

此外，还应注意提高公民素质，首先是执法者的素质，严格法律制裁手段，使一切人特别是执法者、领导干部不敢以身试法，营造一个良好的法治环境，逐步实现证据运用的文明状态，以体现社会主义制度的优越性。

（八）加强各项权利的程序化程度

在诉讼活动中与运用证据时，对当事人、其他诉讼参与人和司法人员在权利和职责方面作了许多规定，这些规定对于保障诉讼参与人的权利，规范司法人员的义务无疑是很重要的，对于人权保障起了重要作用，可是这些规定在实践中并未完全实现，其原因就是将这些规定转化为程序不够，权利的程序化程度不高是我国诉讼法中的重要缺陷，使许多权利没有操作性，不知如何实现，受到侵犯，也不知如何通过程序加以保障，即使有，难度也很大，如何给当事人、诉讼参与人等行使权利以方便，也是程序上应予明确的。只有当权利行使的程序化程度提高，司法人员义务规定得十分明确，实体权利才不会落空，诉讼的实体权利要用程序权利加以保障，而程序权利的行使应是简便的，这样的制度才是科学的、民主的和现实的。为此，今后相当长的时期内，提高权利的程序保障程度和权利程序化是一项重要任务。

原载《证据学论坛》2002 年第 2 期

论刑事诉讼证明中的责任区分

在刑事诉讼法学中，证明理论居于核心地位，而有关证明中的责任区分无疑是一个重要而复杂的问题。对此法学界许多学者提出了见仁见智的观点，但迄今为止尚未达成共识，相关理论研究也未有突破性进展。本文拟对此略陈管见，以求教于法学界同仁。

一、刑事诉讼证明

鉴于刑事诉讼证明中责任区分问题的复杂性，研究它有必要先对刑事诉讼证明过程进行剖析，以作逻辑上的铺垫。

通常意义上的证明是指用可靠的材料来表明或断定人或事物的真实性的活动。[①] 诉讼证明是指证明主体依法定程序，运用证据来说明或断定案件事实和有关事实的真相的活动。它是一种建立在经验证明和逻辑证明基础之上的特殊证明，包括刑事诉讼证明、民事诉讼证明和行政诉讼证明。而刑事诉讼证明则指在刑事诉讼中，证明主体依法定职权、按法定程序，运用证据来说明或断定刑事案件事实和有关事实的真相活动。不同于其他诉讼证明，刑事诉讼证明是一个纷繁的、时空连续的有机系统。

---

① 《现代汉语词典》，商务印书馆 1996 年版，第 1608 页。

（一）从横向角度来看，刑事诉讼证明是一个具有复杂结构、彼此联系的整体，由以下要件构成

1. 证明主体

人类社会步入封建社会后，位居权力阶层的人们不再消极地等待神明来“告知真理”，而把司法权收归自己手中，在主动去“发现真理”的过程中，催生了以国家追诉、惩罚犯罪为内容，以维护法律秩序而非以报复为宗旨的理性刑事诉讼。自此，刑事诉讼证明也被打上公权的烙印，在本质上属于公力证明而不再是当事人自助证明。行使司法权的国家机关拥有证明权，具备证明主体资格，成为证明的主要主体。目前在我国，主要包括公安机关、国家安全机关、人民检察院和人民法院。需要说明的是，劳改机关和监狱分别对罪犯劳改和服刑过程中发生的诉讼问题负有证明职责，所以也是证明主体。

2. 证明参加者

指参与证明活动必要的特定的公民个人，包括当事人和证人、鉴定人、法定代理人、诉讼代理人、辩护人等其他诉讼参与人。相对于国家机关，他们是证明次级主体。刑事诉讼证明在本质上是一种公力证明，这并不是说刑事诉讼证明是国家机关单方依据其调取的证据，自行认定案件事实的纯职权活动。仔细观察整个刑事诉讼证明活动，在国家机关证明背后，存在着当事人和其他诉讼参与人活跃的参与。当事人和其他诉讼参与人的参与证明虽然并非完全意义上的诉讼证明，但这种准证明活动不是消极的、无所作为的，而是刑事诉讼证明中不可缺少的内容，是完成刑事诉讼证明的基础，同时给予国家机关证明活动以制约。这种证明的多方参与性是现代刑事诉讼证明的重要表征。不过也要看到，刑事诉讼证明不排斥公民个人自主提供证据参与证明活动，这并不意味着刑事诉讼证明是一种合意证明。因为国家专门机关处于支配和决定地位，独立自主地审查判断证据，认定案件事实，不受当事人和其他诉讼参与人意愿的束缚，具有很强的自主性。

3. 证明客体

指证明主体及参加者进行证明活动所指向的对象，即案件事实和有关

对案件处理有意义的事实。刑事诉讼证明需要查明的案件事实因具体情况而异，在司法实践中形形色色，难以作一般描述。但一般是由刑法具体罪名所界定的。其有关事实则由刑事诉讼法规范，是与案件事实相关的影响定罪量刑的情况。

4. 证明根据

指证明中必须依据的事实材料，即证据。依据信息论观点，证明过程实际上就是对信息的获取、传输、加工、处理，最终实现目的的运动过程。人们是运用信息来认识客观事物的。[①] 司法人员也不例外，同样必须用信息来认识案件事实。但作为信息的证据材料只是收集证据的线索，只有通过法律程序这个桥梁才能使其潜在的证明性具有现实价值，使其最终具备证据资格，成为定案依据。

5. 证明原则

即证明机关和参加者主持或参加刑事诉讼证明活动所必须遵守的行为准则。

（1）严格程序原则。在法治社会中，行为通过程序进行，关系通过程序联结，制度通过程序体现，过程通过程序展开，结果通过程序形成和正当化。[②] 刑事诉讼证明活动也必须遵循法律上的程序。这种程序是一系列法律原则、规则和手续的复合体，也是按一定的顺序、程式和步骤制作有法律意义的决定的过程。一般来说，刑事案件的证明过程必须经历侦查、起诉、审判三个阶段。在法庭审判过程中，还必须经过出示证据、辨认证据以及质证、认证等程序。并且证据的采信得符合一定的证据规则，如传闻证据规则、非法证据排除规则等。这些证据规则的核心是一套以政策为依据的管制性和排除性的箴言，对哪些证人，哪类有证据力的事实得向陪审团提出，哪些类型的事实可以或必须予以证明，制定某些人为的拘束。[③] 从而在证明程序中发挥将不具备证据资格的证据材料从刑事诉讼证明中排

---

① 黄道、陈浩铨：《刑事证据法的哲学原理》，上海社会科学院出版社 1994 年版，第 107 页。
② 房保国：《程序异化论》，载《政治与法律》2000 年第 4 期。
③ 沈达明：《英美证据法》，中信出版社 1996 年版，第 10 页。

除出去，彰显程序的排伪功能。同时，这种程序追求冲突解决过程的民主性、透明度和角色分化独立所带来的抗辩性和交涉性，关注解决权力和权利的正当行使以及程序主体在证明体制中最大限度的自由。这样，程序具有的社会认同性、实践性、文明状态表现性、规范性、操作性等品格使原本存在于人的意识中的正义观念不再抽象，而具有实在含义。[①] 对程序的仰赖使刑事诉讼证明具备公正的外观，是刑事诉讼证明权威性、信服性的力量泉源，这也为导引出刑事诉讼证明真实的结果创就了逻辑前提。

（2）内心确信原则。所谓内心确信是指证明主体在综合证据调查结果的基础上，依据一定的标准，自由地对要证明的事实真相进行评判而形成一个内心信念。如果说在对属于法律问题的证据力的评价上需要也可能制定规则来实现证明的形式正义，那么对于纯粹是事实问题的证据的证明力的评判上，规则显得力不从心。因为证据事实与案件待证事实间的实质上的关联关系是客观存在的，证明主体只能去认识，而不能去创造，这种客观性不会因为法律规则而有丝毫改变。这即是使法官成为机械评价证据的“自动天平”的法定证据制度被历史所淘汰的原因。而标准则给予事实审理者——法官或陪审团——更多的裁量权，去对更多的事实进行发现、权衡和比较，从而推动实质正义的实现。[②] 这种以标准而非以规则为依据的内心确信的证明方式与证明活动的客观规律更为合拍。这似乎与资本主义国家的“自由心证”制度有契合之处。但实行“自由心证”的国家坚持主观证明标准，即以证明主体依据自我认识能力评价待证事实真相。如法官依其理性和良心认为对案件事实的认定已经达到排除合理怀疑的程度。而我们坚持的内心确信的标准是客观和主观相统一，虽然客观真实标准独立于证明主体自我认识能力之外，但客观真实也要由司法人员内心去评价，追求主客观的统一。

（3）实体真实原则。对于法律来说，除了我的行为以外，我是根本不存在的。[③] 刑事诉讼证明也是通过各种具体证明行为实现的。在各种证明

① 宋世杰：《刑事诉讼理论研究》，湖南人民出版社 2001 年版，第 31 页。

② 〔美〕波斯纳：《法理学问题》，苏力译，中国政法大学出版社 1994 年版，第 57 页。

③ 《马克思恩格斯选集（第 1 卷）》，人民出版社 1995 年版，第 16 页。

行为结构中，其目的是构成的灵魂，给予行为以规定性，对行为有定性导向作用。在刑事诉讼证明中，由于多元利益主体的存在，证明目的具有多元性[①]，如被害人参与证明活动是为了收集各种证据证明被告人构成某一罪名。而被告人却与此相反，他要用事实论证其指控的罪名不成立等。然而这些多元目的并非完全并列，而是由证明主体机关统帅和评判的。证明主体机关通过参加者为追求其具体证明目的而积极提供的证据综合出案件事实真相，这是位居刑事诉讼证明目的树[②]最顶端的客观总目的。这一最高证明目的要求证明主体在证明活动中必须尊重案件事实真相，追求实体真实。并且刑罚权的实现“首先在内容上必须正当和公平，这是以事实认定的正确（实体真实主义）……为条件的”。[③]

（二）从纵向角度来看，刑事诉讼证明系统呈现一个具有复杂序列关系的周期

这在我国突出表现在刑事诉讼证明中三阶段的划分。

1. 侦查证明

侦查阶段的任务是查明犯罪事实，查获犯罪嫌疑人。为实现这一任务就必须收集证据、审查判断证据，确认案件事实。这时的证明主体是拥有侦查权的侦查机关，参加证明活动的有被害人、犯罪嫌疑人、证人、鉴定人等。证明的客体是已发生的案件事实。

2. 起诉证明

起诉阶段的任务是在侦查证明基础上进一步核对和补充证据，提高证明程度和案件事实清晰度，并作出是否将嫌疑人交付给法院审判的决定。因而，相对于侦查证明是一种二级证明，或称复证明，它的主体是拥有公诉权的人民检察院。其证明客体仍然是案件事实，但证明标准有更高的要求。其参加者基本上与侦查证明相同，但有时有局部的调整和变化。

---

① 宋世杰：《诉讼证据法学》，中南工业大学出版社 1998 年版，第 157 页。

② 宋世杰：《诉讼证据法学》，中南工业大学出版社 1998 年版，第 98 页。

③ 〔日〕团藤重光：《新刑事诉讼法纲要（七订版）》，创文社 1984 年版，第 28-29 页。

3. 审判证明

审判证明是对被告人刑事责任问题作出最终裁决的证明，它建立在起诉证明基础之上，是最高层次的证明，也是最权威的证明。不论其他机关和证明参加者在心理上是否接受，以该证明结果为依据作出的判决具有最后的法律效力。

总之，将证明权分散、细化，预置于不同主体与程序阶段，使证明权隐含了自我约束的功能，这样三阶段证明在一种动态的稳定的联系中，使整个证明活动合法、有序地向前推进。

刑事诉讼证明活动的系统性程序运行受到多方面的影响和制约，但其关键是如何确立责任分担，因为它决定着刑事诉讼证明中的其他问题，如证明对象是证明责任指向的具体目标，证明标准是证明责任履行完成的具体要求和程度等。它更决定着刑事诉讼证明任务的解决和证明目的的实现，也影响到诉讼职能的划分和案件真实的发现，从而体现诉讼者的价值。我们认为，刑事诉讼证明中的责任按其不同性质和情况可作三种形式区分：其他诉讼参与人的说明责任、当事人的举证责任和法定机关的证明责任。其中法定机关的证明责任是起组织作用和决定作用的责任。以下分别展开论述。

二、其他诉讼参与人承担说明责任

在刑事诉讼证明活动中，法定代理人、诉讼代理人、辩护人、证人、鉴定人、翻译人、见证人等其他诉讼参与人作为刑事诉讼证明的参加者，享有一定的权利和义务，对刑事诉讼证明产生一定影响，是刑事诉讼证明活动的基础，除代理人和辩护人外基本上系证明活动中的中立力量，是客观反映案件事实的基本来源，有利于查明犯罪事实。从逻辑上讲，他们理应承担相应的责任。但对此法学界至今无人问津，成为理论研究的盲点。其他诉讼参与人的这种责任不同于以往法学界所讨论的举证责任和证明责任，而是对察知的事实承担“说明责任”。这种说明责任是指其他诉讼参与人应根据法律规定，分别说明其辩护、代理、作证、翻译和见证的具体内容，凡因主观原因不说明或不当说明，以及故意歪曲或隐瞒的，应承担相应的法律后果。这种说明责任包括两层内涵。第一层是说明行为责任，即代理人、辩护人、证人、翻译人、见证人等应当对其主张、知晓或转述的事实作出确切说明，这种行为责任基于以义务为核心内容的强行性法律规范而产生，其他诉讼参与人必须依法履行，法律并未给主体留下任何自行处置的余地。因此，这种行为责任不为其他诉讼参与人主观意志所左右，在本质上是一种客观责任。第二层是说明过错责任，这种过错责任是由于其他诉讼参与人不履行或不当履行说明行为而应承担的一种主观过错责任，这种责任的承担源于其他诉讼参与人履行说明行为责任时主观上有过错，因此，与说明行为责任相比照，在本质上是一种主观责任。说明行为责任与说明过错责任有机结合，构成完整的说明责任。不同的其他诉讼参与人承担的说明责任情形各不相同，应作具体分析。

法定代理人、诉讼代理人、辩护人承担的说明责任在行为层面上对被害人或被告人的举证责任具有替代性、补足性，这就易使得代理人、辩护人在为说明行为时，利益偏向性驱动其帮助当事人隐匿、毁灭、伪造证据或威胁、引诱证人违背事实，改变证言或作伪证，这时其行为说明责任的履行就具有不正当性，致使其担负由于主观过错而引起的结果责任，即受到一定处罚，严重的按刑法规定追究辩护人、诉讼代理人毁灭证据、伪造证据、妨害作证罪的刑事责任。

证人、鉴定人、翻译人、见证人在刑事诉讼证明中一般没有利益偏向，其参与刑事诉讼证明的目的与刑事诉讼证明的总目的即查明案件事实真相相一致，作为刑事诉讼证明活动中的中坚力量，无疑对客观地实现证明目的具有重要意义。对证人来说，这种说明责任要求其积极参与诉讼，向国家机关说明其所知晓的与案件有关的情况，并且在叙述时，只能陈述其所察知的事实，而不能加进自己的判断意见和推测。所以在审理事实时，常沿用古老的法谚“证人应具备亲身之见闻”，如果只是证人的意见，则不能采用为证据。这与英美证据法中的意见排除规则之精神相吻合。对鉴定人来说，在接到鉴定通知后应按时到场，运用自己的专门技术知识、技能、工艺以及各种仪器设备等，对在诉讼中出现的专门性问题进行实验或分析，作出具有科学性、能准确反映需要查明问题的结论性意见。这些意见由于能真实的反映案件中某些事实真相，因而在诉讼上具有证据力。鉴定人在审判阶段应出席法庭，说明其鉴定结论内容及形成过程。翻译人员应按当事人委托或法院指定及时到场履行翻译职责，翻译时应忠于陈述人的原意。见证人应按法律规定或国家机关指定到场见证，并出席法庭说明其见证情况。当证人、鉴定人、翻译人员、见证人等对与案件有重要关系的情节故意作虚假证明、鉴定、翻译、见证意图陷害他人或者隐匿罪证时，应受到相应处罚，直至按刑法规定追究伪证罪的刑事责任。

关于说明责任的分配原则，我们认为一般情况下，应按“谁提供、谁说明”原则分担，也就是要求代理人、辩护人、证人、鉴定人、翻译人、见证人本人亲自口头说明其所主张、知晓或转述的内容，而不允许他人替代，排斥书面的说明和任何第三人有关案件事实的陈述的证据能力。以此保证证据都以最原始的状态出现于法庭之上，排除法官与证据间的隔阂，避免证据传递过程中失真。有普遍原则就有特殊情况，没有特殊就不会有普遍，这是哲学的一般原理，即相对范畴。因此，从一般原理上来说，既然存在“谁提供，谁说明”这一普遍规则，它本身就意味着存在与此相对立的规则，即“谁转达，谁说明”。也就是说，当客观上存在着无法对鉴定人、证人等进行询问的情形，不能适用“谁提供，谁说明”原则，如证人已经死亡、患有严重疾病或居住在国外以及下落不明等。因此，这时适用例外规则，由相关人转达，并说明其过程，就有必要性。

证人、鉴定人等其他诉讼参与人说明责任的确定，对于解决当前证人、鉴定人不出庭问题具有重要实践意义。虽然《刑事诉讼法》第 47 条规定：“证人证言必须在法庭上经过公诉人、被害人和被告人、辩护人双方讯问、质证，听取各方证人的证言并且经过查实以后，才能作为定案的依据”。但第 157 条又规定：“公诉人、辩护人……对于未到庭的证人的证言笔录、鉴定人的鉴定结论、勘验笔录和其他作为证据的文书，应当当庭宣读”，而对具备什么特定条件才许可证人、鉴定人不到庭未作具体界定。因此，我国并未完全确立言词原则和直接原则。而且，法律对证人权利的保护也未予高度重视。所以导致实践中证人拒绝提供证言、拒绝出庭陈述的现象十分普遍。这就使在法庭审判中通过主询问、反询问、交叉询问这个被美国法学家威格莫尔（John H. Wigmore）称为查明事实真相而创立的最大“法律装置”难以完全实现。[①]

同时，鉴定结论的运用也存在同样问题。在我国官方鉴定体制下，鉴定结论看似具有不可置疑的权威性，法律对于鉴定人出庭也无硬性规定，造成绝大多数鉴定人不出庭，只好也在法庭上由司法人员宣读书面鉴定结论。这既难以对鉴定结论产生过程的科学性和鉴定人的知识能力作出准确判断，又难以让当事人对鉴定人的公正性和鉴定结论的可靠性信服。有了问题无法质疑，造成质证困难。因而对法庭审理过程的公正性造成极为消极的影响。所谓“看得见的正义”变得虚无缥缈。所以，说明责任的提出及相关机制的建立为证人、鉴定人等出庭以及直接言词原则的实现，在法理层面提供了充分的依据，在实践层面提供了有效保障。

三、当事人承担举证责任

举证责任这一术语最早见于古罗马法典中。古罗马法从当事人举证活动角度来观察分析举证责任，认为举证责任是当事人提出主张后必须向法院提供证据的义务和负担。但人们（对举证责任）的认识仅限于提供证据的责任，法官不考虑待证事实真伪不明的情况下，应当由谁来承担不利后果的问题，尽管当时肯定也存在事实真伪不明的情况，但这些问题不是罗马诉讼中的主要问题，所以是主观责任观点。后来欧洲大陆国家承袭了这一观点。自从德国法学家尤利乌斯·格拉查把审理案件时争议事实真伪不明状态与法院在此情况下如何适用实体法联系起来，并以此为基点分析举证责任，提出客观举证责任概念后，举证责任的主客观双重含义说（在日本，也称形式举证责任和实质举证责任）逐渐获得普遍认同。在英美法系国家中，各国对举证责任存在不同的把握。在英国，举证责任是普通法所确立的一项重要的诉讼制度。举证责任是指为确立或免除法律制裁，谁必须负有证明其相应诉讼主张或案件争议事实的责任。并且在具体证明运作

---

① 张正德：《刑事诉讼法价值评析》，载《中国法学》1997年第4期。

过程中，将其分解为两种责任：一是提供证据的责任，即提供足够的证据证明案件中争议事实的各个具体环节，从而使法官认为有理由进行听证审理，或需陪审团审判的案件，将案件争议事实交付陪审团裁决。二是劝说责任，指按照法律要求，在全部证据的基础上，使每个争议的基本事实具有真实性或足够的可能性的责任，在本项争执点上作出不利于建议提出证据者的断定。美国法学家则认为举证责任包含两层意思：（1）若在证据之质与量方面未充分提供使足以发现该命题为真实时，假造当事人将告败诉，通称为举证之负担；（2）若于举证程序终结时，陪审团仍无法决定该命题是否真实，则当事人将告败诉，通称为“说服之负担”①。在我国大多数学者赞同举证责任的二元论观点，认为举证责任既包括由谁提供证据来证明案件事实的责任，也包括由谁承担不能提供证据证明案件事实可能产生的法律后果。

虽然不同国家对举证责任的内涵表述不一，但仔细分析，发现各国对此存在共识性理解，即都认为举证责任具有双重含义：（1）举证责任同程序法上主张方的诉讼行为相联系，为了使自己的主张得到认可，主张方必须提出证据支持其主张。这也即是举证之负担、提供证据的责任、主观举证责任、行为举证责任的内涵。（2）举证责任同实体法上的法律后果相联系，当有争议的实体法上的事实得不到证明时，对它负有举证责任的一方就可能承担不利的法律后果。这是说服之负担、劝说责任、客观举证责任、结果举证责任的内涵（以下为行文方便统称行为举证责任与结果举证责任）。行为举证责任与结果举证责任在举证责任内部互动并有机结合，行为责任是初级责任，若不履行，则审判程序无从开启和延续，结果责任也无从产生；结果责任是对行为责任履行优劣的反射，因为一方的最终胜诉在于行为责任的完美履行。但行为责任与结果责任并非平行关系。因为行为是事物的表象，后果是对表象的客观评价，两者表现为两种责任，必然有其区别和联系，可以说是处于同一事物中的矛盾。按照矛盾论的观点，矛盾同处于一事物中，该事物矛盾的主要方面决定该事物的性质。因

① 〔美〕摩根：《证据法之基本问题》，李学灯译，世界书局1982年版，第45页。

此，后果责任作为矛盾的主要方面决定举证责任的本质。[①] 因此，举证责任主体资格的要义即是与案件处理结果有法律上的利害关系。这是一种利益和损害关系，详言之，是指案件处理结果会使其既得利益或预期权益构成增加或减少的影响。这种利害性是举证责任的根本属性。而在刑事诉讼证明主体及参加者中，只有当事人具备这种与案件结果的利害性，因而只有当事人具备举证责任主体资格。

研究举证责任，直接目的在于解决举证责任的分担问题。古罗马法初期，法学家就曾提出分担举证责任的两条原则：一是原告有举证之义务，原告不尽举证责任时，应裁判被告胜诉；二是主张的人有证明的义务，否定的人没有证明义务。这两条原则的概括就是“谁主张，谁举证”，这是举证责任分担的最古老的原则。这一古老原则不仅为大陆法系法律要件分类说、待证事实分类说、立法者意志说等一系列学说奠定了基础，对英美法系国家举证责任分配的理论与实务亦产生了深远影响。两大法系的举证责任分配标准，诉讼后果虽然迥异，但在符合诉讼目的需要及追求司法公正方面具有共性。这些举证责任分担的理性思考在现代民事诉讼中的实证价值，为我们设计和评判刑事诉讼证明中举证责任分担制度提供了重要的衡量依据。我们认为刑事诉讼证明中，在举证责任分担问题上，也应首先确立“谁主张，谁举证”原则。依据该原则，在刑事诉讼证明活动中，无论是原告人还是被告人，只要提出独立的主张都应承担举证责任。

关于犯罪嫌疑人、被告人应否承担举证责任及责任范围问题是刑事举证责任研究中争论的焦点，各国认识不一。英美法系国家在举证责任归属问题上，并不坚持控辩双方对等平衡原则，而是倾斜于对被告人的保护，在这一精神导向下，举证责任分配的总原则是证明被控犯罪的每个因素和因此认定被告人有罪的责任，自始至终归于起诉方。而且起诉方还要使陪审团相信对所指控的犯罪全部要素的证明都已经达到排除合理怀疑的程度。而被告方一般不承担证明自己无罪的义务。只有为维护公共利益时，在具备以下几种情形之一时，才有提出证据证明有关事实的义务：1. 被告

---

① 宋世杰：《举证责任论》，中南工业大学出版社 1996 年版，第 71 页。

不在现场的证据；2. 被告人精神不正常的辩护证据；3. 被告人的行为是正当防卫的证据；4. 法官作出许可性推定的时候。[①] 大陆法系国家中起诉方原则上对于证明被告的犯罪负担举证责任，被告人原则上对自己的行为不负举证责任，但反驳起诉方时，对自己的主张负举证责任。[②] 我国学界通说认为犯罪嫌疑人不承担举证责任。[③] 我们认为，举证责任的负担源于一定的诉讼主张，终于案件事实真伪不明时诉讼后果的承担，犯罪嫌疑人、被告人作为与案件有利害关系的证明法律关系的主体应承担举证责任。这也与控方、辩方的举证责任大致均衡这一程序准则对举证责任分配提出的要求相契合；特别在控辩对抗的庭审中，被告人应对自己的主张负举证责任。否则这种对抗就无法实现。在实践中，被告一方也是对其主张提供证据予以证明，从而体现自身价值，也为了保障自己的利益。关于犯罪嫌疑人、被告人承担举证责任的范围，英美法系国家运用列举法规定，由于列举法本身对外延无限广的概念的不周延缺陷，显然不能穷尽被告人负举证责任的所有情况。大陆法系国家的规定易使人误解被告人单纯否定对方的主张而并没有提出新的主张时，也要承担举证责任。但实际上，这种情况下，只产生举证行为的位移，举证后果仍由主张方承担，辩方并未承担实质上的举证责任。因此，我们认为，对于犯罪嫌疑人、被告人负担举证责任的范围，准确的提法是：犯罪嫌疑人、被告人在反驳对方并提出独立的主张时，应承担举证责任。

犯罪嫌疑人、被告人的这种举证责任相对于控方具有以下特点：（1）被动性。控方作为诉讼程序的发动者和挑起者，掌握诉讼主动权，提出攻击性证据，致使犯罪嫌疑人、被告人不得不提出事实与主张进行防御，否则可能承担不利的诉讼后果。因此，犯罪嫌疑人、被告人的举证不占主动性优势，具有被动性。（2）反驳性。犯罪嫌疑人、被告人的举证有很强的针对性，直接指向控方的控诉证据及事实，通过辩护证据的出示削弱对方

---

① 陈海光：《刑事证据法热点问题新探——2000’中美证据法研讨会综述》，载《法律适用》2000 年第 7 期。

② 宋世杰：《举证责任论》，中南工业大学出版社 1996 年版，第 71 页。

③ 宋世杰：《举证责任论》，中南工业大学出版社 1996 年版，第 71 页。

证据的证明力。(3) 相对性。由于控方拥有独立的诉讼主张才启动诉讼程序，因而必须提出相应证据证明其所提出的诉讼主张能被法官接受而开始审理，从这个意义上说，控方举证具有绝对性。而辩方若无独立的主张则可以不承担举证责任，并且可以对控方提出的全部事实或其中一部分事实提出独立的主张举证，相对于控方显示出相对性。这种相对性使其举证的证明标准只需达到优势证据程度即可，而无需达到客观真实标准。

有学者认为，犯罪嫌疑人、被告人在诉讼中可以提出证明自己无罪或罪轻的证据，这是法律赋予他们的辩护权而非举证责任，而且犯罪嫌疑人、被告人是被追诉对象，对他可能采取强制措施以限制其人身自由，因而他既没有收集证据的权力，也没有收集证据的条件，并且会强迫犯罪嫌疑人、被告人自证其罪。① 对此笔者不敢苟同。首先，由于犯罪嫌疑人、被告人最清楚自己是否有罪，让其自己承担举证责任非但不是强迫其自证其罪，恰恰是促使其为胜诉而行使辩护权。这涉及对举证责任性质的理解。对此法学界有权利说、义务说、权利义务说、负担说、风险责任说等。我们认为，举证责任很难说是权利还是义务。一般而言是带有义务性的责任，但又不完全等同于义务，有时可表现为权利。举证责任的相对性体现了其与权利相通的一面。但是，一旦犯罪嫌疑人、被告人选择提出独立主张辩护的权利，他就要履行与之相伴的第一性义务——举证，否则就可能承担第二性义务——后果责任。而关于犯罪嫌疑人、被告人由于其所处的特殊地位，造成其举证不力，这实际上暴露出举证责任制度的消极性。但是举证责任制度虽然承认法官在事实真伪不明时有权依据举证责任分配规则作出裁判，但法律仍然要求建立在举证责任基础上的裁判从总体上能够符合案件的真实情况，即最大限度地贴近客观真实。这也是刑事诉讼证明中其他诉讼参与人与国家机关责任存在的依据之一。

一般情况下，举证责任由主张方负担，但在特殊情况下，由于主张方离真实情况较远，不易掌握证据，因而将属于主张方的举证责任由对方承担。正像英国学者克劳斯在《克劳斯论证据》一书中指出的，不要以为提

---

① 汪建成、刘广三:《刑事证据学》，群众出版社 2000 年版，第 98 页。

出证据责任的履行非实际地提供证据不可。尽管在绝大多数案件中，提出证据责任不得不通过提供证据的方法加以解除，但亦有少数案件仅需要凭借相对方的现成证据就足以达到同样的效果。这为举证责任倒置规则的产生提供了契机。虽然实行举证责任倒置的目的是司法的科学性与公正性，但由于其并不与主张相联系，因而根本有违举证责任制度设计机理，只能作为举证责任分担原则的例外。为使例外不冲击原则，必须明确限定适用举证责任倒置的罪名。从国际上对这一制度适用情况看，第八届联合国预防犯罪和罪犯待遇大会通过的《反腐败的实际措施》文件中，对刑事诉讼举证责任倒置规予以了明确。我国《刑法》第395条第1款规定的巨额财产来源不明罪，适用举证责任倒置，由国家机关工作人员对其收入差额巨大的合法性举证。

另外，《宪法》第41条规定："中华人民共和国公民对任何国家机关和国家机关工作人员，有权提出批评和建议。"这意味着公民认为司法机关办案过程中，在认定事实或适用法律上有错误可以依法干预。但这种干预权犹如一把双刃剑，正当行使能防止司法权滥用、膨胀甚至异化，扼制司法腐败。行使不当则会导致对司法权的干涉，阻碍其顺畅运作。因此，为减少无根据的批评和意见，干预者应提出证据，以便于司法机关对案件审查或复查。这即是干预者举证规则。

四、公安司法机关承担证明责任

证明责任，从概念到其分担法学界也存在不同看法。主要是将其与举证责任纠缠在一起。如根据《刑事法律大辞书》，关于证明责任的解释有我国台湾的"三责任"说、英国的"三义"说、罗马法的"两原则"说等。这些学说一方面称举证责任和证明责任是两个不同的概念，但另一方面又在具体阐述中将两者混淆。在我国也存在类似情况，如有学者认为，我国诉讼中的证明责任可以界定为司法机关或某些当事人应当收集或提供证据证明所认定的案件事实或有利于自己的主张的责任，否则将承担其认定或主张不能成立的危险，其中当事人提供证据证明有利于自己的主张的责任又称举证责任。

证明责任是从证明中引申出来的，通过前文对刑事诉讼证明与举证责任的阐释，我们知道，证明实际上是国家法定机关行使法定职权的活动，因而证明责任是一种权力性的法定职责，是职权和义务的统一，虽然看起来与举证责任很相似，都是一种负担，但其权力性与举证责任的利益性差别将它们区别为本质不同的两种责任。因此，我们认为，刑事诉讼证明中的证明责任就是公安司法机关依照法律规定的职权，在诉讼中所进行的收集、审核、运用证据，证实和确认案件事实的职责，是刑事诉讼证明中内容最全面、最完整的责任形式。证明责任也是一种双重责任，包括行为责任和后果责任。行为责任又包含两个方面：一是公安司法机关在刑事诉讼中，应依法履行收集、审查判断证据、查明案件事实的职权；二是组织诉讼参加者履行举证责任和说明责任，这体现出其与举证责任、说明责任在行为层面的关联，呈现出行为证明责任的多方参与性。行为责任不同于行为举证责任。当事人举证行为非基于法律的要求，而是受其企盼胜诉的思想支配，因而是一种主观责任。而证明行为责任蕴含于授权性法律规范中，由于授权性规范在规定公安司法机关及其公职人员权限范围的同时，实际上也为他们设置了职责，所以也属于强行性规范范畴，而非任意规范，国家机关及其工作人员必须严格遵守，不能随意改变。所以，这种行为责任在本质上是一种客观责任。后果责任也不同于结果举证责任。结果举证责任是由于当事人主观上未完满举证，而导致其客观上必然依法承担败诉后果。而这种后果责任是指公安司法机关及其公职人员在刑事诉讼证明过程中由于过错致使刑事案件在实体上或程序上出现重大瑕疵，被认定为错案，应承担的一种职务上的主观过错责任。这里所谓的“过错”，依办案人员的主观心理态度不同可以区分为故意和过失两种情形。这种责任依据其性质分为一般违法责任与刑事责任。同时，按国家赔偿法规定，由于国家机关及其工作人员在执行职务中，违反法律造成他人权益损害的，国家承担赔偿责任，并可对有故意和重大过失的办案人员进行追偿。相对于行为责任，这种后果是公安司法人员主观上有过错所致，因此，是一种主观责任。

举证责任的分配原则从理论到实践都有比较成熟的原理和具体规定，

而对于国家机关证明责任的分配原则谁也没有探讨过，在理论上是空白的，在实践中各国的做法也有差异。由于证明责任不是来自人的主观意愿，公安司法机关的证明行为不是出自某种主张，而是依法定职责为发现真实着手的，因而，当然不能采用“谁主张，谁举证”原则，而应遵循职权原则和阶段责任原则。

1. 职权责任原则

公安司法机关的证明责任由其证明权而产生，并由其相应的职权作保障。因而，在刑事诉讼证明中，应根据主体机关的职权承担相应的证明责任。侦查机关，与其侦查权相适应，主要承担通过侦查收集证据、查获犯罪人和通过预审核实证据、认定案件事实的责任。检察机关，与其公诉权相适应，承担审查移送起诉材料、进一步核实证据，确定是否提起公诉并对自侦案件收集和审查证据、查明犯罪事实、提起公诉的责任等。审判机关，与其审判权相适应，承担主持法庭审理、综合评判证据、确定证据采用或补充调查，最终认定案件事实，作出裁判的责任等一系列证明责任。奉行对抗式审判、追求形式真实的英美法系国家把审判看作是理论上处于平等地位的对立双方在有权决定争端裁决结果的法官面前所进行的争斗，法官作为消极的仲裁者不参与调查收取证据活动，因而不负收集调查证据责任。建立在职权调查原则和实体真实原则基础之上的大陆法系审问式审判，法院在审判中有权收集和发现能够使案件事实真相得以揭示的证据和事实，因而负收集调查证据责任。我国采取大陆法系的做法。我们认为，为弥补举证责任的缺陷，实现查明案件事实真相的最高层次诉讼目的，法院应当承担该种证明责任。

2. 阶段责任原则

如前述，由于刑事诉讼证明的阶段划分直接导致证明责任承担的阶段性，即侦查阶段的证明责任主体是侦查机关；起诉阶段的证明责任主体是检察机关；审判阶段，人民法院是证明责任主体。因此，在诉讼过程中，哪一阶段上出现了错误，则由其负证明责任的主体机关承担，并负责国家赔偿和应予承担的过错法律责任。

最后，还应提及的是，西方国家将侦查机关和检察机关视同当事人，认为其应负举证责任。在我国，也有学者认为审查起诉阶段，侦查机关主张对犯罪嫌疑人提起公诉，是主要的控诉方，负有举证责任……在对公诉案件的审判阶段，代表人民检察院出庭支持公诉的公诉人是主要的控方，应当对追究被告人刑事责任的主张负举证责任。根据以上对举证责任与证明责任的阐释，侦查机关和检察机关不具备举证责任主体资格应该没有疑问了。但是，怎么解释起诉阶段侦查机关的提证行为与审判阶段检察机关的提出证据行为呢？我们认为，侦查机关与检察机关的提证行为分别与它们在侦查阶段、起诉阶段承担的证明责任密不可分。实际上，在侦查阶段、起诉阶段，它们承担的证明责任一般表现为行为责任，而后果责任暗含于行为责任之中，在后一证明阶段，通过该阶段证明责任主体机关评判才能外化，由于证明的递进性，后一证明责任主体机关责任的承担必须建立在前一机关证明责任（实际上是行为证明责任）完成的基础上。因此，提证行为就成为衔接证明责任链条的必不可少的中介，就是在这个行为责任与后果责任分合过程中，二者达到统一。而且，在我国由于国家机关证明目的的客观性，根据《刑事诉讼法》第43条规定，审判人员、检察人员、侦查人员必须依据法定程序，收集能够证实犯罪嫌疑人、被告人有罪或无罪、犯罪情节轻重的各种证据。虽然在提证时，为架构“控辩对抗”这一发现真实的理性诉讼格局而只提出有罪、罪重的证据，但侦查机关和检察机关移送案卷采“全卷移送制”，移送的案卷中包括有罪、无罪、罪轻、罪重的全部证据。这昭示了这种行为提证责任的职权性、中立性而非利益性。它和举证责任的个人本位相反，是建立在国家本位之上的职权行为，是国家管理职能和裁判职能的结合，具有公权性。在这一诉讼过程中，提出证据，以证实起诉书指控的事实，并进行质证核实，是主体机关在法庭审判过程中必须履行的责任，与当事人的举证行为有本质的不同。

原载《国家检察官学院学报》2002年第1期，与彭海青合著

证据运用中的问题及其补救

当前，刑事诉讼活动中亟待解决的是证据运用问题，这一问题很大程度上影响了办案的质量和速度。为此，笔者试对此问题进行探索，以找寻解决的方式和途径，提供证据制度改革的新思路。

一、当前刑事诉讼证据运用的难题

一是公安机关、司法机关在什么是证据和判断证据证明力上相互认识不一致，司法解释上不统一，又没有好的办法权衡和制约，最终都是依靠权力来解决。

二是当前运用证据中存在的两大突出问题，阻碍了诉讼的发展。

（1）犯罪嫌疑人、被告人普遍不愿意陈述案件真实情况，或陈述后到庭审中又翻供。

（2）证人普遍不愿意作证，即使在庭外进行了陈述，也不愿到法庭进行口头陈述。

二、证据运用问题的补救办法

参照国外有关的立法例，从而有针对性地克服上述难题。必须对我国立法进行反省，采取一些有利于解决实际问题的措施。

（一）在法律上统一证据效力的评价标准，建立对有争议的证据的复议机构和程序

根据司法实践中存在的问题，应建立证据复议机构和程序。我们主张证据裁判主义，在司法过程中，当事人双方之间因证据认识对立而无法协商解决的情况下，在未进入审判前可以由一方向证据复议机关提出对证据评价的要求。在进入审判后，必须由法官作出裁判，证据复议机构可定名为证据效力评价复议委员会。委员会一般应由公安机关、国家安全机关、检察机关、人民法院、同级人大内司委及其他有关专家若干人组成，对证据享有调查权或组织重新鉴定等具体权限。

（二）建立侦查机关、检察机关与犯罪嫌疑人、被告人的惩罚、认罪交易制度，使“坦白从宽、抗拒从严”基本刑事政策法律化、程序化

“坦白从宽、抗拒从严”长期以来是我国刑事基本政策，在过去的数十年司法实践中，被无数的事实证明是一项威力无比、行之有效的政策，但是由于形势的发展变化，执法环境有了很大的不同，司法机关执行这一政策也存在许多问题。为此，应借鉴美国、意大利等国实行辩诉交易或法庭协议制度，从理论上强化坦白从宽，弱化抗拒从严，并使之具体化、程序化，具有可操作性。

（三）建立证人不利豁免制度与奖励证人制度

所谓证人不利豁免制度是指证人由于将自己了解的案情向司法机关进行陈述以后，可能导致证人本身不利而在法律上应对其免除刑事责任。一般来说，直接知道刑事案情的人多数是与实施犯罪行为人有相当密切的关系，甚至自己就与犯罪有牵连，因此他向司法机关陈述了真情，就可能使自己处于不利境地甚至受到刑事追究。要使证人如实向司法机关陈述需要勇气和条件，需要从法律上担保其摆脱不利境遇，免除其因作证带来的法律后果，并确保其安全。具体情况，大致有以下几种。

（1）相互情感很好，由于作证将会带来两个人关系破裂，导致相对方不利。在这种情况下，法律上应允许对其绝对保密，不让本人以外任何人知道。允许采用书面证言为定案依据，或设法改变其证言形式，尽可能避

免有关人员知道其真情。

（2）证人本身有一定过错，由于作证会导致隐私或过错的暴露，给自己带来不利后果。这种情况，从法律上加强对其隐私保护，或免除对其过错的追究。

（3）证人本人参与犯罪（属于从犯），由于作证，就会自证其罪。法律上确认此证据只做一次证据使用，禁止用来证明本人有罪，或直接豁免其刑事责任（情节应为较轻）。

只有从法律上对证人作证不利实行豁免，才有可能鼓励证人勇敢地出庭作证，消除后顾之忧。

除了建立证人不利豁免制度外，对于证人主动向司法机关提供证据的应视情况不同而予以奖励，有重大意义者还应实行大奖。其基本内容是：

（1）对于主动举报犯罪的，不论动机如何，只要其材料真实，对于发现犯罪或查明犯罪案件有一定价值的，都应分情况给予精神或物质的奖励。

（2）对主动提供犯罪证据或提供获取犯罪证据的线索的，经查证属实，对于破获案件有重大价值的，应给予经济上的奖励，其奖金视案件性质和重大程度分为若干等级。对于不愿接受奖金的，可给予荣誉上的奖励。对于其价值特别重大，保护了国家利益和人民利益的，除发放大奖外，还要给予记功或晋升工资或职务。

（3）奖金来源，可由国家财政拨专项奖金。但最基本的是从破案所得的赃款、赃物中提存，也可向社会各界人士以及企业单位筹集。

以上各项制度建立以后，可以在一定程度上提高办案效率，同时也可降低司法成本，使司法过程更好地适应现实，有利于充分保护公民权利和惩罚犯罪。

原载《检察日报》2002年2月22日

论证据运用一般性规则及其概率运用

证据运用必须遵守证据规则，以制约运用主体的随意性，确保司法公正。但是证据规则很多，不同的国度，不同的法系，从不同的角度作了不同的划分。本文根据我国的国情和我个人的认识，综合一般情况进行归纳，将其按一般规则和特别规则——非法证据排除规则进行划分。对于非法证据排除规则已有许多论文和著述，而一般性运用规则研究较少。为此，本文浅述的规则是指非法证据排除规则以外的所有规则。由于观点不同，规则内容复杂，笔者仅只能就个人的理解作一般的概述，可能会失之偏颇，盼同仁批评。

此外，有的学者对概率在证明中的运用提出了真知灼见，说明其重要作用。但本人亦有不同的认识，借此发表一点个人见解。

一、证据可采性规则

（一）可采性的概念

可采性就是对证据材料，哪些不得采纳、哪些可以采纳的法律规定。国外，主要是西方国家的法学界把这种证据的可采性称为证据能力、证据资格或证据适格性，也就是指某种证据材料在法律上是否具备资格的问题，即我们所说的证据效力问题，而不是指某种证据材料能否证明案件真实情况的实体性问题。一种证据材料只有首先具备了这种形式的资格才能作证据，才能在审判过程中加以调查和作为裁判的依据。国外这些看法与我国某些法学家所说的“纳入诉讼轨道”是有相似之处的。

但是，这种可采性、证据能力（证据效力）或证据资格，并不等同于证据的证明力。证据的证明力是指某一证据对于证明某一待证事实应具备什么价值的问题。对于证据的证明力，它可以由法官按自由心证原则来加以判断，法律上对它并没有什么限制；而证据的可采性则不能由法官自由取舍和评断。这些规定在大陆法系与英美法系之间是有区别的，因为英美法系的可采性规则较多，而大陆法系规定较少，此外，内容上也不完全相同，这主要是由于它们的传统文化存在差异所致。

（二）可采性的内容

可采性从本质上来说是法律关于什么样的证据材料才可作证据的条件规定。在办案过程中，特别是集中反映在庭审过程中，诉讼当事人或代理人针对非确实充分的证据可向法官提出反对意见：“反对！法官先生，这些证据无相关性，无实质性，无法律效力，不能作证！”这种被诉讼律师称为“三无”的反对方式很好地概括了可采性的全部内容。

首先，对证据的评价首先应考虑的是这个证据是针对哪个有争议的问题，哪个问题在本案中必须是个实质性问题，如果所提问题在本案中不具有实质性，则该证据将依对方律师的反对而排除。这种证据材料的实质性，即针对性是可采性的首要的内容。

其次，是证明性，如果所提证据指向的问题在本案中具有实质性，接下来必须解决的是所提证据对该问题是否具有证明性，如果证明性问题可以肯定，那么，证据的相关性也就得到了解决。因此，实质性和证明性相加就等于相关性。也就是说相关性可以界定该证据在证明某事实上的倾向性。

最后，如果相关性问题可以肯定地答复，那么，接下去就会有一个问题，即根据法律规定，由于某些特殊情况，是否可以排除，如果可以排除，那么该证据就没有可采性。只有在没有例外情况可以排除的前提下，该证据材料才具备可采性，可以作为审判中进行审查或作为定案根据的证据，从而使证据具有证据效力，即证据的有效性。[①] 因此，证据的可采性，归根到底是证据的有效性问题。以上所述证据的实质性、证明性、有效性，就是证据可采性的内容。

（三）可采性法则

可采性法则是国外关于证据材料是否可以采用为证据的法则，我国尚未建立，至少未有成体系的规定。国外情况不同，规定很多，情况复杂，无法一一归纳，大体概括起来可划分为以下法则。

1. 排除法则

例如，对被告人的自白，凡是非任意性的自白，即不是被告在自愿情况下的供述，而是刑讯逼供或其他非法手段取得的口供，都不得作为法院裁判的证据。对此不同国家执行中有所差别，学术界对此亦有不同的看法。

（1）侵犯人权说。认为非任意性的自白，不能作为裁判的根据是因为侵犯了人权，为了保护人权，不管什么情况，凡是非任意性自白，不论其采取何种非法手段取得的，一律不得予以采用。

（2）违背诚实说。被告人基于外界的压力所提供的口供，违背了诚实的观点，所以这种口供不能采用。

（3）排除虚伪说。非任意性的自白之所以不能作证据，是为了排除虚伪。既然是为了排除虚伪，那么如果非任意性的自白是真实的，也就可以作为证据。

这些法则和理论，是否真的说明他们不搞刑讯逼供呢？回答是否定的。按规定，刑讯的口供不能作为证据，但根据这一口供而取得的证据可以作为证据。如根据逼供交代而合法取得的物证以及证人提供的证言可用作证据。此外，在第一次讯问逼供后，进行第二次讯问未逼供所交代的和第一次一致的口供也可作证据。有了上述这些变通规定，实践中又怎么不会出现刑讯逼供呢？

---

① 〔美〕华尔兹：《刑事证据大全》，何家弘等译，中国人民公安大学出版社 1993 年版，第 14–15 页。

2. 防止法则

即防止某种证据出现虚伪而提出一些法律规则来保护它的真实性。如证人证言，法律规定证人在提供证言时要宣誓，不宣誓的证言，除法律特别规定外，没有证据资格。在大陆法系国家一般不是宣誓而是采取具结，不具结的证言也不能作为证据使用。

3. 传闻法则

英美法系国家规定，凡是听人说的或转述别人所感受的证言，或者是以书面代替言辞的，不能作为证据使用。但在特殊情况下法律另有规定的也可采纳作证据。如死亡人生前就所熟悉的业务或事项的陈述；被害人死亡、患重病、旅居海外等不能出庭作证时，其证言可由听到的人提出证词。大陆法系国家则一律适用直接原则和言辞原则，因此，一般书面陈述的证词不能采纳作为证据，但也可依法有例外情形，与上述规定类似。

4. 数量法则

就是指某些证据必须和其他证据相配合而提出来，才具有证据价值，单独提出来的则不行。例如，证明案情主要事实必须有两个以上证人；有的证言需要其他证据补充，如共犯提供的材料，只要有其他补充的证言，就可以作为证实另一共犯的犯罪事实的证言。然而，大陆法系国家认为这一共犯的口供不可以成为另一共犯的证言。

5. 优先法则

就是指法庭调查证据时某些证据应该先调查，而某些证据则可以后调查。因为英美法系实行当事人主义，当事人双方往往可能都同时提出若干证据，不能以谁先提出的就先调查谁的，所以就规定了优先法则。比如遗嘱问题的争执，在遗嘱上签过字的证人要优先调查。大陆法系国家就没有这样的规定，因为它实行的不是当事人主义，证据不完全由当事人提出，而依法官的职权主持调查。

从上述种种规定可以看出：

（1）证据的可采性法则是审查和运用证据中的基本法则，它包含着丰富的内容，全面规范了如何审查判断证据、运用证据的有关问题，是从正面规范什么可作证据和什么不可作证据的运用证据的法律规范。其他的证据法则，几乎都可以在这一法则中找到其来源。

（2）证据的可采性和证明力不是一个概念，证明力与证据力也不是一个概念。证明力是证据力的表现，是由法官自由地加以判断；可采性由法律事先加以规定，体现了证据的法律效力。

（3）大陆法系国家和英美法系国家在证据可采性问题上，只有规定数量多少之分，而无有无之别，这是由它们实行的诉讼制度与理论原则的差别造成的。

（4）证据的可采性法则是对多年司法实践中有关运用证据经验的总结，是证据制度的组成部分。虽有不少烦琐的成分，但多数规则反映了客观事物的规律性，有一定的借鉴作用，我国应完善这方面的立法，并在理论上进行研究，建立必要的自己的可采性规则。

基于上述见解，我们以为在我国建立具有中国特点的类似可采性法则即证据要件规则确有必要。要作为诉讼证据，必须达到的必要条件，一般有四个：① 证据事实必须具有真实性，虚构的东西不能作为证据；② 证据事实应与案件事实之间有客观联系，这种联系的形式虽可多样，但这种联系不是主观想象的；③ 证据与证据之间应有客观联系，凭借这种联系可以证明证据与案件之间的关系，从而证明案件事实；④ 在证据的收集和运用过程中，必须不违背法律禁止性规定，并为法律所认可的证据资料才能进入证据审查程序，为其程序过程所确认。

一般来说，证据具备了以上四方面的条件，就具有了证据资格，就可以进入证据范围，供审判时运用。

二、证据免除规则

（一）证据免除规则的概念及必要性

证据免除规则又称免证制度，它是指在诉讼中对有些无须用证据来证明的事实，凭借人的经验或逻辑推理以及人的感觉等就可以直接由司法机关确认该事项的法律规定或公理。

由上述概念我们知道，免证规则是通过长期实践而被多次证明的法律规则或公理。它可以在无须证明的情况下由司法机关对有关事项直接确认，这样就有利于迅速地对有关事项依法处置，方便诉讼参与人和司法机关，符合司法效益原则，节约诉讼投入，有利于及时解决纠纷和打击犯罪；而且一般又不至于发生差错，人民群众乐于接受。但是长期以来，我国没有建立科学的免证制度，除了少数零星的规定外，基本上未形成统一的制度，对诉讼资源是一种浪费，应予以重视。在总结国内外经验的基础上，创建自己的证据免除规则，有利于提高诉讼效率，减轻当事人的举证负担，将司法效益和司法公正统一起来。

（二）证据免除规则的几种形式

1. 众所周知的事实

所谓众所周知的事实，是指一般人都知道的事实。这些事实无须证明，一般人都可以接受，因而可以免除其举证责任，由司法机关直接确认。如太阳每天由东方升起，西方降落；阴历十五的月亮是圆的；吸入煤气会中毒以及当地习俗等。这些为人所共知，无须用证据来证明。对此，各国都有规定，但划定的标准却不一致。英美法系国家以一般人知晓为标准；大陆法系国家以法院知晓为标准。这是因为大陆法系国家实行职权主义，与其文化传统、司法制度有关。我们认为两者比较起来，以一般人知晓为标准更适宜。因为法院（法官）知晓者，一般人未必都知晓。众所周知是为社会多数成员所知晓，因而无须证明。而法官知晓是一种特别经验法则，属于某一职业的人所形成的共识，因而只能针对特定的对象（事项）严格限制使用，否则，有失司法公正。

2. 司法认知事实

所谓司法认知事实，是司法人员所熟悉和形成共识的事实，属于特别经验法则。司法人员在业务上熟知的事实，如法律、法令、方针政策、国家机关设置等，无须证明，凭工作性质即可确认。因此，在诉讼活动中，当事人提及或涉及这些问题时，由法院直接确认即可，不需举证。在美国，司法认知事实在审判活动中不需证明即可承认，不需传唤证人提供证据，初审法院可以直接采用司法认知作为判决。但是也有例外情况，比如地方性法规，或少数民族的习惯，法官不一定都知道，需要举证。这些适用于判例法国家，一般都有判例为据。司法认知在美国一般是律师提出采用司法认知的请求，然后由法官根据情况加以确认，在实践中存在一定风险，也就是说并不是所有申请都会得到确认。

3. 预决的事实

所谓预决的事实，是指已经发生法律效力的法院判决所确定下来的事实，对以后审判的其他类似案件，起预先决定的作用，不需要再证明。这种预决事实在实践中并不常见。我国关于已作公证证明的事实是否也属预决事实的范围，还需探讨，我们认为可视为预决事实，因为法律规定经过公证的事实具有证明效力，有证据推翻的除外。

4. 自认事实

所谓自认是指当事人一方对另一方提出的对自己不利的事实或中性事实向司法机关所作的承认，有人也称之为“利他性之承认”。这种自认，至少有两种不同的性质：一般民事诉讼中的自认可以免除举证责任，承认其法律上的效力。对刑事诉讼中的自认，不同的国家规定不同，英美法系国家规定可免除证明，但在我国刑事诉讼中是不能免证的，必须有其他证据证明其“交待”“自首”的事实真实，才能确认。至于行政诉讼中，自认能否免证，有待研究，我们认为一般是可以免证的。关于自认的效力，各个国家法律规定不一样，虽然大多承认其效力，但有些国家强调只有诉讼上的承认才可免证，诉讼外的承认不能免证。有的国家则认为，自认必须符合事实与法律规定，否则无效。不同国家还规定了自认的程序和具体方法，只有按照法律要求的自认，才有免除证明的效力。我们认为原则上应承认自认的效力，特别是利他性自认的效力，不过也应查明这种自认是在何种情况下作出，是否在外力压迫下作出的，是否出于自愿和符合事实，而不能毫无条件地一律承认其法律上的效力。

5. 推定的事实

所谓推定，是指法律规定或经验确认如果存在着此一事实，也就存在彼一事实的一种假定。这种假定有的属于无须举证证明即不可推翻的推定；有的是可以用反证推翻的，即在有不同意见的情况下，可以举证推翻，这叫作可以推翻的推定。由于推定与证据息息相关，在实践中可以起到免证作用，所以推定的最一般的描述概为各国所接受，成为运用证据的常见规则。但对于什么可以推定，什么不可以推定，它们成立的条件是什么，具体怎样规范，每个国家都有自己的见解，认识上并不一致。

各国根据理论上的主张和司法实践的情况，大多将推定予以分类，以便根据不同类的推定，分别运用于司法证明活动中，它亦是免证的一种重要形式。

在英美法系国家的证据理论中，推定传统上被分为三类：

（1）不可推翻的推定，是指法律禁止提出证据来反驳被推定的事实的推定。如凡 30 年间由正当保管人保管且无任何涂改的文书，被推定为起初的、合法作成的。

（2）可推翻的法律推定，是指可以用相反的证据推翻推定事实的推定，它的成立是以没有与推定相反的证据存在为前提的。

（3）事实上的推定，这种推定是法官或陪审团依据日常生活经验，从一事实的存在推定出另一事实的存在。这种推定不是由法律规定的，而是凭借人们的经验形成共识而作出结论的。

大陆法系的德、日（现已非大陆法系）两国则将推定分为狭义与广义两类。狭义的推定是指真正的法律意义上的推定，广义的推定除真正的法律意义上的推定外，还包括意思推定、法定证据法则、暂定真实。按学者们的解释，真正的法律意义上的推定是指某法规 A 的要件事实甲有待证明时，根据 B 法规的规定，当较甲易于证明的另一事实乙获得证明时，在缺乏反证情况下，就可以认为甲事实已得到证明。广义推定中的意思推定是关于意思表示法律评价标准的解释性规定；法定证据法则是指法律关于某种证据效力的规定，如公证文书效力；暂定真实是法律不依据任何前提事实便假定事实状态的存在，如无罪推定原则。

在俄罗斯等国家的诉讼理论中认为证据的推定通常也有三种：不可推翻的推定、可以推翻的推定、事实的推定。还有的国家的学者把推定分为直接推定和间接推定。

我们认为推定可以从不同的角度加以划分，怎样划分，各有其理由和长处，也必然有其不足，无须统一。不过我们以为按性质和理论根据将其划分为以下三类比较科学。

（1）法律上的推定。法律有明确规范，为人们以及国家所遵循。如失踪人从住所失踪满 7 年（我国《民法通则》规定为 4 年），和失踪者的利害关系人都无失踪者的音信，推定该失踪人死亡；将 7 岁至 14 岁（我国规定为未满 14 岁）的未成年人推定为无刑事行为能力的人；任何人不论是否熟悉法律规定，只要法律被公告过，就推定为公民已熟悉等。

（2）经验上的推定。根据人们的常识可以判断有甲事实存在，必然有乙事实产生的推定。如法定婚姻关系存续期间所生的子女推定为婚生子女；写明地址，已贴邮票并交付邮寄的信件，推定为已寄送收件人；在甲的处所发现被盗走的赃物，推定甲某是盗窃者，除非他已作出合理的解释等。

（3）逻辑上的推定。根据形式逻辑的规律，在证实有甲事实存在，必然发生乙事实的逻辑上的推定。如：甲向乙的要害部位砍了一刀，推定甲有故意剥夺乙的生命的动机；甲借乙的某物多年，经乙多次向甲讨要，甲不归还，又说不清缘由，推定甲占有乙的某物是故意的等。

当然根据上述的“推定”，从是否可以推翻的角度，即效力上考虑，可以区分为可以推翻的推定和不可推翻的推定。推定一般是有条件的，因此大多数是可以推翻的。不可推翻的推定很少，而且一般都为法律所明确规定。

（三）证据免证法则的可行性

一般来说，要证明某一事实应该用证据来证明，但是否只有这唯一手段呢？我们认为用证据证明并非唯一的方式，在特定的条件下通过免证的方法也能对某一事项作出结论。诚然，这只能是特定的场合。实践中确实存在无须用证据也能作出确切认定的情况，也就是说，基于讲求诉讼效率和节约资源的考虑，有必要充分地运用免证事项的法则，达到诉讼的目的。同时无数的例证表明证据免除法则不仅有必要运用于证明活动中，而且是可行的。其理由如下：

（1）国外的立法案例证明，可以利用免证法则实现特定事项的证明，更可以利用免证与证据配合迅速地证明案件事实，对于节约投入，加速案件处理有重要意义。

（2）现实司法实践中确实可以适用许多方式免除证明主体的举证责任，减少对不必要的证据的收集，达到较好的效果，又不影响办案质量。

（3）我国面临的司法实际，积案压力大，要求投入大大超过了实际可能的财政支出。总结经验，吸取国外立法经验，结合我国实际情况，迅速加强法律规范，创建可行的免证法则是完全必要和可能的。我国已有丰富的经验，只要善于归纳，通过立法和司法解释等，在较短时间内创制中国司法证据免除法则，缓解我国司法证据方面所面临的困惑，提高办案的质量和速度，我们认为是完全可行的。

三、补强证据规则

（一）补强证据规则的概念

所谓补强证据规则，是指为充分保护被告人的权利，防止案件事实出现误认，而对某些证明力显然较弱的证据，要求有其他证据予以证实，才可以作为定案根据。国外许多国家如英、美、法、日以及中国台湾地区都有补强证据规则。对于某些证据法律规定必须有相应的证据给予补强，才能作为定案的根据。但就其范围而言，基本上是针对供述证据提出的。从理论上来看，主要有两方面理由：一是基于被告人自白政策，不致导致错误；二是为了担保其事实的真实性，防止意外情况出现。因此，除被告人供述要求补强以外，一些特定的证据，也要求补强，如被害人陈述，特定的证人证言等。各国的规定不完全一样，这里只是就大体而言。

我国虽没有明确提出补强证据这一概念，但法律实际上也有所规定。我国《刑事诉讼法》第 46 条规定，只有被告人供述，没有其他证据的，不能认定被告人有罪和处以刑罚。也就是不能单凭口供定案，这就是对口供的补强规定。除了口供以外，最高人民法院在司法解释中还作了有关规定，对于一些特定的证据也应予以补强。

（二）国外有关补强证据规定概述

在补强证据规则方面，各国大体上都差不多，主要是两个方面：一是对口供；二是其他特定证据。

1. 口供的补强证据规则

对于口供，在不同国家有不同规定，理论上对此也认识不一致。有的国家立法例认为一旦取得被告人的正式承认，案件就没有必要进行审判，可以以此作为裁判依据。如在英美等国家，法律规定被告人如果作有罪答辩，则不经审理直接判刑。意大利刑事诉讼法也有类似规定。许多国家一般都确认承认的免证效力，但是这是有条件的。如英、美等国规定法庭审判外的自白，经他人提出法庭作证者，须另有补强证据，才可以作证据考虑。没有其他证据证明其犯罪事实发生，供述是不具可采性的。对于共同犯罪的陈述，一般也认为不具有证明力，必须有其他证据证明，才能作为证据使用。

2. 对其他特定案件的言辞证据亦要求补强证据

普通法系国家对于证据的证明力很少规定，但对特殊重大案件，则规定了较高的要求，除了被告法庭外的自白外，还对一些证据也作了补强要求。主要有：

（1）关于叛国案件，需要两名证实其叛国行为的证人或被告人在法庭上公开自白认罪。

（2）关于伪证案件，仅凭一名证人的指证，不足以定案，也就是说不能用一个人的宣誓证言去推翻另一个人的宣誓证言。

（3）有损妇女儿童的风化罪，如强奸等，仅凭一名证人的证言是不足以定罪的，须要有其他证据予以佐证，才能认定。

（4）幼年人作为证人时，其证言的可信性也是有限的，因而必须有补强证据，否则不能以此为据。

（三）我国刑事诉讼中关于补强证据的规定

我国法律对补强证据的规定不多，主要体现在口供和有关证据方面。

1. 仅凭口供不能定案的规定

《刑事诉讼法》第46条规定，只有被告人供述，没有其他证据的，不能认定被告人有罪和处以刑罚。这一规定，对于凭口供定罪，作了明确规范，必须有其他证据相应地证明其口供内容，才能确认案件事实，判罪处刑。也就是说，除本人（被告人）供认犯罪外，还要旁证佐证，如物证、书证、证人、证言等，这些证据所证明的内容与被告人供述内容相互印证，没有矛盾。当然，如何确认被告人无罪，就无须这样要求。所以，准确地说是有罪补强证据。法律上对证明被告人有罪做这种严格要求是对的，实际上表明我国法律在对待口供问题上比西方国家要求更加严格。他们对口供的补强，只是从直接原则而言，对于法庭外的承认，才有此要求，其出发点是和我国不同的。

2. 对于共犯的口供是否可互为证人证言的问题

在实践中，共同犯罪案件，几个同案犯的口供是否互为证人证言，其证据是否无须补强，一直是一个争议较大的问题。我们认为在共同犯罪案件中，几个被告人口供，互相印证，在证明案件中应承认其有一定的证明力，但由于其口供的性质不变，不能成为证言。一种证据在证明中只属一个种类，口供不能同时又是证言。同案几个被告人，被告人的身份也只能是一种，不能同时又是证人，所以不能互为证人。因此，对于共同犯罪的案件，口供也应予以补强，单凭口供不能定案，要有其他证据证明才能认定有罪。

至于非共同犯罪的同案被告人，他们之间的供述，可否互为证人证言？对这一问题应具体分析。一般来说，由于他们罪名不同，没有共同的故意，因此是可互为证人的。如行贿罪与受贿罪就是如此，他们虽都为被告人，但他们分别是两个不同案件的被告人，所以不受补强原则的制约。

同样的道理，共同犯罪的非同案被告人之间的口供，经查证属实，亦可互为证人证言。对此问题理论上有分歧，多数人持反对意见，认为这种情况下，不符合补强原则，他们之间仍然是一个案件的被告人，不能互为证人。一般来说，这种说法是合理的。不过有些情况，则应具体分析，有时一个共同犯罪案件，有某些被告人未能追捕到案，即对已经到案的被告人，有足够的证据证明其构成犯罪先行审理处罚。后来将余下被告人缉拿归案，再次开庭，其中已处理的另案被告人的口供是可作为后处理案件的证言的。总之，许多情况要具体分析，合法、合理才可以。

3. 其他需要补强的证据

在诉讼的证明活动中，还有一些言辞证据也不能单独作为定案依据，在我看来，孤证在任何情况下都是不能定案的，因为可能导致错误。对其中有些证据更应特别注意。最高人民法院有关规定指出，下列证据不能单独作为认定案件事实的依据：（1）未成年人所作的与其年龄和智力状况不相当的证言；（2）与一方当事人有亲属关系的证人出具的对当事人有利的证言；（3）没有其他证据印证并有疑点的视听资料；（4）无法与原件、原物核对的复印件、复制品。

上述四种证据在没有其他证据佐证的情况下，认定案件事实，很可能是不准确的，或者是完全错误的，因此必须有补强证据为之补充。我认为在实践中远不止上述数种具体证据需要补强证据佐证才能确认。在司法实践中，情况十分复杂，还应不断总结，作出补充规定，充实其具体内容。

四、排伪法则

（一）排伪法则的概念

排伪法则是排除伪证法则的简称，它是指利用事物之间存在的规律性来排除伪证的方法或法律规定。我国诉讼证据方面的立法没有这种规范。但在司法实践中，确实需要对这类问题进行处置。一般来说，人们认识比较一致的排伪法则有以下三项：（1）关联法则，即利用证据的关联性排除伪证的法则。（2）矛盾法则，即利用事实之间的矛盾排除伪证的法则。自相矛盾，必然有假象；两证矛盾，必有一假证；与众证矛盾，多属假证；与案情矛盾，定是假证。（3）实践法则，即通过实践排除伪证的法则，一般有四种方法：实验法、辨认法、鉴定法、综合分析法。

排伪法则，实质上是审查判断证据真伪的法律上确认的办法或司法实践中应遵循的规则。伪证所表示的形式一般有三种：一是出于卑劣的动机，收买证人，制造伪证，陷害他人；或自己动手，或伙同他人设法制造假象，骗取司法人员信任，利用假具、假信、假证蒙混过关。二是由纷繁复杂的客观事物中的偶然巧合而形成的，一时尚不能识破的假证。三是办案人员违反法律规定，非法收集证据，采取逼供等方法得来的，或故意制造假证，以实现个人的目的。实践中伪证形形色色，难以一一描述，但是都有一个共同点，即与事物本来面目不符，或与案件事实没有任何联系，并非证据。因此，关键是怎样才能识破其“伪”，归纳起来不外乎运用科学技术手段，或经调查研究来破“伪”。

（二）排伪法则概述

如何排伪，国外有不少立法例或案例，我国历代也有一些具体方法，大多数是可以发现真实，排除伪证的。比如美国《联邦证据规则》第 801 条规定了排除传闻规则的：（1）无明确表示的行为；（2）几种确定类型的证人以前所作的陈述；（3）对方当事人所作的承认；（4）同谋者的陈述。这些证据基本上在审判或审讯期间由证人以外的人所表达或作出的有关案件事实的口头或书面的意思表示或非语言行为，均被视为传闻证据，而遭排除。但也有例外情况，《联邦证据规则》规定：已被宣誓的证言、临终陈述、审前辩证、业务档案、公共档案、商业和科学出版物、结婚证书等都为排除传闻规则的例外而不被排除，其理由是：（1）已经记录的证言是经宣誓作出或经正式确认的；（2）陈述者确已死亡或证人确不能到庭作证；（3）经法官确认它的存在的合法性，符合程序的要求；（4）为公众认可；（5）有明确主张并作出了陈述的当事人，不能以他自己当时没有获得交叉盘问的机会进行狡辩，人们不会说出可能损害自己利益的话，除非他们讲的是事实。这些传闻法则和例外规定对证据的排除，我们认为虽有一定的排除伪证的功能，但并不是从本质上可确立的排伪的有效法则，而是司法实践中积累的经验，并不很科学，与排除伪证的要求尚有一定距离。

又如《日本刑事诉讼法》第319条规定，排除用强制、拷问、胁迫的手段取得的口供，排除非法长期拘留或关押后的口供和其他的有非任意性嫌疑的口供为证据。其理由是基于宪法规定的人权保护原则和诉讼供述任意性原则免遭破坏，日本这些规定是源于英美的哥蒙罗证据法则，即由于使用不正当的引诱或强迫手段取得的口供有虚伪的危险，所以应加以排除。而直接的诉讼原则就是讯问被告人之前，必须告知被告人有权保持沉默——米兰达法则。这是大多数西方国家立法所采取的，只不过日本较其他国家执行得彻底些罢了。这也仅对于自白而言，而不能视为是一切证据排伪都适用的方法。

《意大利刑事诉讼法》第497条规定了证人如不当庭发表以下声明："我意识到作证的道德责任和法律责任，保证全部讲实话，并且不隐瞒任何我所知晓的情况"，该证言将被排除。视听资料在刑事审判中起重要作用，而《意大利刑事诉讼法》第271条第1款规定，如果窃听是在法律允许的情况以外进行或未遵守法定审批程序或未通知当事人辩护人的，其收集的视听资料不得作为证据使用。这些规定也属于排伪法则范畴。德国则实行较为彻底的直接言辞原则，将未能进入法庭陈述的证据加以排除。①

总之，西方国家的诉讼法和证据法则中，采用不尽相同的规定，将言辞证据，主要是被告人自白、证人证言的某些不符合规定的证据材料从证据中加以排除。这些规定基本上属于非任意性自白，不得纳入证据的可采性范畴，没有全面概括所有证据的内容，因而其排伪范围具有很大的局限性，而规范的内容又大都属于收集证据的方法、形式方面的问题，其内容的真实性也未能准确地确认，因此西方的排伪法则是不完善的。

（三）确立排伪法则的必要性

排伪法则是为保证证据的真实性而确立的运用证据的法律规则，是保证对案件事实准确认定的必要条件。确立排伪法则，有助于司法人员对案件事实真相的认识建立在真实的证据基础之上，对确认案件事实的准确性

① 胡锡庆：《诉讼证据学通论》，华东理工大学出版社1995年版，第276-277页。

和准确适用法律都十分重要，以保证司法公正的实现。

排伪法则是运用证据确认案件事实的重要规则，在观念上和立法上都需重视。首先，要求司法人员对证据材料持正确态度，既不能盲目相信，也不能轻易否定，应认真做好核实工作，确认其真伪；其次，应对证据运用正确的观点和科学的方法进行审查，只有经过审查核实的证据，才能作为定案的根据；最后，要严格遵守法律规定的程序和法律手续，严禁用非法手段收集证据，对已收集的证据，要运用法律规则和实践能力排除其虚伪部分，以保证证据的真实性。

我国尚未建立完整的排伪法则，但通过立法建立扼要的排伪法则是必要的。我们认为排伪法则要注意两点：一是排伪是全面的，不管何种证据，是虚假的都应排除；二是排伪的方法上，应将形式和内容统一起来，在确立证据内容的真实性的同时也要兼顾方法的合法性和证据形式的完整性。

（四）排伪法则应有的科学内涵

排伪法则存在的目的是在运用证据时清除假证。虚假的证据一般具有证据的外壳，而其内容是非真实的或不可靠的，从本质上讲不具备证据资格，没有可采性，不能成为审判和定案的依据，为此，该法则的科学内涵应是：

1. 确立正确的证据规格，不符合证据规格的加以排除

证据规则是客观存在，是由证据的本质特征决定的。符合证据基本特征的才叫证据，不符合证据基本特征的就不是证据。问题是什么是证据特征？这个问题，在理论上存在两种对立的观点。我们还是赞同两性论，即客观真实性和案件事实的关联性比较科学，是证据的本质属性。至于合法性问题属于非法证据排除法则的范畴，是否合法，我们以为一般不影响证据真伪。因此，凡是具有客观真实性和与案件事实相关性的证据材料都符合证据规格，这样要求明确，易于把握。

2. 建立严格的审查程序

有了判别证据真伪的规格，并不等于能识别真伪，因此还必须建立严

格的审查程序，其程序至少有：① 论证辨别程序；② 辨认和鉴定程序；③ 调查核实程序；④ 质证和辩论程序；⑤ 复查核对验证程序。只有经过上述五道程序，围绕其客观性、相关性进行反复审核确认其真实可靠后，才能作为定案的证据。

3. 建立证据运用监察机制

即使严格地按上述程序进行审查以后的证据，也不一定完全可靠，还必须设定证据运用的鉴别机构，以确保及时察觉进入定案阶段的伪证，最终加以剔除。也就是说在司法机关建立一种证据识别机构，专门受理在证据鉴别上的异议和接收来自社会各方面的检举信息，从事证据真实性的复核工作。该机构有权调查各种有质疑的证据材料，进行复验审查，这样就设立了一道具有民主色彩的监督防线，有利于甄别证据。

五、证据优先法则

（一）最佳证据规则的内涵

最佳证据规则是英国普通法上最古老的证据规则之一，也曾经是美国证据法的灵魂支柱之一。原来的实质是指查明某一特定的有关案件事实，只能采用能够寻找到的最为令人信服的、最有说服力的最佳证据方式证明。但发展到今天，它已失去了原意，其适用范围仅限于书证：有关文书的内容或其存在的真实性的最佳证据方式是出示原本，抄本是第二位证据。在应有原本，而不能提出原本时，则应拒绝其他证据。实际上是强调原本在证明中的价值和优先性，在有原本的情况下应尽可能收集和提交原本，在没有原本的情况下，对其抄本的证据力应根据情况具体分析。英美法系对最佳证据规则更为推崇，当事人在诉讼中必须提出最佳的证据材料，通常如信件、文件、电文等文字材料。因此，又称为“原始文书规则”，并在证据力上享有优先权。大陆法系虽然对书证限制较少，但一般也承认书证原本应优于副本，可是并不排斥对副本的收集。

（二）适用的范围及其例外

将这一规则的适用范围完全理解为书证实在有所偏颇。因为文字材料并不完全写在纸上，如碑文等，刻制物体上的事实常在案件中发生，因此应理解一切用文字证明案件真实情况的材料、书证和有文字内容的物证。这一点，关于物证与书证的划分不同的国家理解上存在差异，可是把握文字内容这一本质的东西进行划分应是合理的、可行的。这样有些实物上的文字，往往经过复制而变成副本，其效力应与正本相同，但只有在有原本考据的情况下才能确定。如根本无法找到原本，而对副本的可靠性进行评价，就存在问题了。对此，理论上与实践上都应进行具体分析。

正因为如此，英美法系国家对于原本与抄本问题在司法实践中也就存在一些例外规定。最佳证据规则并非排他性、唯一性证据规则，它不过是供人们选择时的一个基本证据规则而已，它旨在要求提供书面文件、录音或图像的真实内容的人必须提交原件，除非他可作出令人满意的解释。在副件或抄本与原件一致无误的情况下，最佳证据的意义也就没多大价值了。因此，在实践中，法律也是允许使用第二手证据的。不同的国家，在法律上作了一些特殊规定。

（三）对我国法律上最佳证据规则规定的检讨

我国《民事诉讼法》第68条规定，书证应提交原件，提交原件确有困难的，可以提交复制品、照片、副本、节录本。这里实际上是提出最佳证据规则的一般规定，原件是最佳证据，享有优先权。

何谓原件，有的学者认为，原件就是文件制作人将有关的内容予以记载而作成的原始文件，也就是原件或底本。原本是最初制作的底本，或称为底稿。

1. 法律规定书证应当提交原件

这说明原件是证据中最具有证明效力的书证，并是一项强制性规定。可是许许多多文件往往不像上述解释的那样，原件并不具有最高法定效力，如判决书。原件是起草文书人书写的判决书，而真正有效的是通过印制而成的，盖上法院印章的正本，也包括副本。并且实践中当事人很难提供真正的原件。假定原件，即草拟判决书稿，与正本、印制而盖上院章的判决书，两者有出入时，谁具有法律效力，当然，正本具有法律效力，应依正本作为判决的依据。所以这种解释或规定是存在问题的。

2. 提交原件有困难的，可提交复制品、照片、副本、节录本

这一规定中我们可以看出原件并非制作的原本，而是指文件正本，既然是指正本，为何又提原件呢，或者应说明原件即正本。所以应该指的是最先具有法律效力的文件，可是文字材料或书证中有许多不存在正本、副本问题，往往只有一本，比如电文、书信等，所以这里的规定是不确切的。

至于提交原件有困难的，这种提法也过于宽松和不规范。什么是有困难？人们的认识上极不一致，理解也不一样。特别有关证据的复制品更应加以严格限制，复制过程中是很易失真，所以一般对复制品的适用应在特定条件下，并查证排除了虚伪性时，才可以使用。

因此，我国关于最佳证据规则应该规定得更为明确、妥帖，避免在法律适用中出现负面影响。

六、证据体系完整性规则

（一）证据体系的概念

证据体系是指不同性质案件的证据结构形式，也就是说每个具体案件的证据因情况不同而构成一个体系，其体系的构成及证据数量的多少、类别和性质状态都有一定的规律，且因案件性质而异。

证据体系有人又称为证据规格，与前文中所言证据资格不同，这里是指每个案件要达到的证据的量与质的要求。关于证据体系的内容和要求一般都由实体法所规定。这一问题在刑法中很明确，按犯罪构成理论将案件成立条件分为主体、客体、主观方面、客观方面。而分则部分的罪名，则根据这四个方面的要件予以具体化，规定了一些各自的特殊条件，只有符合这些规格，才构成其罪名。这些条件就是该罪成立时需要证明的范围，又称证明对象。这种证明范围就构成了证据需要满足的要求，即证据体系。在民事案件和行政案件中，不同的案件同样存在自己的证明范围，也有基本的证据要求。因此，不论何种案件，其证据体系要求都是有规律可

循的。

（二）证据体系完整性规则

所谓证据体系完整性规则，是指每个案件事实的认定必须达到应该规定的证据量，使其证据体系保持完整的规定，也就是说每个案件的证据要达到充分的程度，但充分一词很难把握其度，在实践中往往产生歧义，难以统一认识。而对每个案件成立的条件实体法都有规定，证据对实体法条件的满足是证据完整性要求的客观标准。按照证据体系完整性去具体衡量证据达到的程度，从宏观上就可以控制证据的量的要求，对于司法实践有重要意义。它既可以防止无限制地要求证据所谓充分，不分主次，又可以防止有些案件的证据很少，还有一些必要的内容没有证实，就草草作出结论，造成错案。建立证据体系要求科学的规格是十分必要的，是从宏观上把握办案质量的保障，因此设立证据体系完整性规则是必要的，也是可行的，它应成为运用证据的基本法则。

（三）证据体系完整性规则的内涵

证据体系完整性规则的内容，其实通常都由实体法具体加以规范，有少数没有规范的，在立法上可以完善补充。这不是问题的难点，难点仍然是在司法实践中如何理解完整性的问题。①

每一个案件都是发生在具体的环境中，因而有差异性。而证据体系总是以具体的案件行为信息组成各自的信息系统。证据体系在其内部结构上又都有各自的特点，证据个体之间的结构样式又不会完全相同，这就使得错综复杂的证据个体之间的关系显得更加变幻无穷，难以把握。所以虽然实体法对每类性质的案件都作了较为全面的规定，在条件上有明确的要求，可是遇到具体案件时，其条件的满足和理解却是千差万别的，无法一一规范，也不许可对其规范，而必须给司法人员留下自由判断的空间。这样在实践中怎样把握证据体系的完整性，不仅是一个理论问题也是一个实践问题。

---

① 洪源：《刑事判断证据标准论》，现代出版社 1992 年版，第 1-3 页。

怎样掌握其完整度，有没有一定的规范呢？我们认为不是不可能的，而是可以作出原则上的要求的。

（1）所有的案件事实都应当有相应的证据予以证明。这里所讲的所有案件事实是指有成立条件的案件事实，即缺少某一情况则不能构成此一案件；所有的案件事实都应有相应的证据证明，是指这些事实具有完整性，不能留有空缺，因而相应的案件事实过程都要有证据加以证明。

（2）证明案件事实的证据之间应协调一致，没有矛盾，如果出现矛盾，要用证据予以排除，最终得出一致的解释，而且这种解释理由必须是充分的、全面的，否则就不可认为是完整的。

西方国家对于完整性的要求是证据对案件的证明达到无合理怀疑程度。所谓合理怀疑，即有根据地怀疑，而不是猜测或自己想象的。对于这一点国外也觉得难以把握，可是在实践中没有更好的说明来反映这一要求。我们提出上面的规定，也类似于无合理怀疑，不过从理论上是高于这一要求的。这与我国的证明要求所追求的目标有关，即再现案件事实的客观真相。这种要求从认识论的角度来看是可理解的，也是完全正当的。但是，司法实践中必须有一个具体的尺度，这就不好把握了，也就是最低应达到的程度，即案件事实最基本的方面都应有证据加以证明，而且证据之间是协调一致的，这就是最低的证明要求，也是衡量这一规则的标准。

（四）结论

证据体系完整性规则是一个理性与实践相结合的法则，既有特定的内涵，也有一定的操作性，但毕竟是一种以理性思维为主体的原则性规定，不可能十分具体，也不应具体，否则无法适应实践中千姿百态、形形色色的具体案件。

我们只有明确了这一点，才能正确理解和把握这一法则。为此，这一法则就必然对司法人员运用证据提出具体要求，即要求司法人员有较高的素质，否则无法适用这个法则去解决实践中的问题。司法人员至少必须做到两点：一是司法人员有较高的理性认识，能全面准确地把握具体案件的实体法规定。二是司法人员必须要有理解这一案件的具体知识和必要的实际经验。只有具备以上具体条件的司法人员，才可能懂得如何遵循这一规则，因而司法人员的较高素质是贯彻这一法则的先决条件。

七、概率在证明运用中的价值剖析

证据运用规则是证明活动中的闸门与灵魂，十分重要，与证据规则相并提出的概率，直接涉及证明及证明标准问题，为此亦作为相关问题提出，一并探索。

（一）概率问题的提出

概率是数学上的概念。将它纳入证明中来思考，我认为概率是指用百分比来说明某种现象或某类事实相对应的两个方面的比例关系。在日常生活中概率运用十分广泛，如气象方面常用概率来测算天气，如降雨概率为48%或86%等，又如某种医药治病效力的概率为92%，即指100个人服药，有疗效的92人。有的学者，将概率运用于证据上，说明其证明的正确率为多少。比如常用的，不少国家在刑事诉讼中采用达到无合理怀疑证明标准，他们认为其证明真实性概率为95%，而民事诉讼中采用高度盖然性标准，其证明真实程度概率为75%以上等。据此，有的学者提出证据标准的概率不能达到100%，这结论一般说来是正确的。但他们想以此来推翻客观真实的证明标准，证实再现案件真相是无法达到的，不具有现实性和科学性。我以为，对此是值得研究的。

（二）概率在证明活动中运用的局限性

概率作为数学上的概念，在科学范畴和日常生活等方面有广泛的使用价值，往往作为对某一事项进行评价的指数。比如某人运进一批苹果，共计100箱，要检查这批苹果的质量好坏，达到质量标准要求的有多少。假定通过抽样检查，计算出达标的概率为87%，这就是大体上这100箱苹果的合格率有87%。但并不能说明每一箱苹果的合格率是87%，更不能说明每一个苹果的合格率为87%。也就是说，随意拿一个苹果，不能说这个苹果87%是合格的，还有13%不合格，实际上要么这个苹果是合格的，要么是不合格的。在具体的某一个苹果上这种概率的使用是不现实的，也是不科学的。气象预报的准确程度也是一样，假定一般准确性达到86%的概率，但如果举出某一天预报是雨天，但实际上却未下雨，这就是100%的预报不准了，而不能用百分之多少的概率。所以，概率只能适用某一类事项，而不能适用于某一个具体事项，因为某一具体事项就没有概率的问题，而只有全对或全错。以上的分析可知，在办案活动中虽然也是可以使用概率来说明某些问题的，如错案率可用概率，破案率也可用概率。而对某一具体的案件却不宜用概率，以此来说明它达到的证明程度。因此，用概率理论来推翻某一项证明标准是不确切的和不科学的。因为客观真实的证明标准是对每一具体案件而言的，要求达到查明案件真相的程度，这里本身就没条件讲概率，个人的认识能力是有限的，不能担保任何一个案件都能查明真相，比如有的案件就查不清楚，而只能作出证据不足，指控罪名不能成立的无罪判决。所以概率并不适用于证明活动中的一切问题，而有其自身的局限性，一般局限于定量分析。

（三）概率理论在证明标准运用中的具体剖析

一般地谈论概率理论在证明活动中的运用，其实价值是不大的，因为它和其他学科中的概率适用价值没有本质的区别。那么，为什么要专项讲概率在证明标准中的运用呢？主要是有些学者提出了学术主张。需要回答以下两个问题：一是概率理念在证明活动中究竟有些什么作用；二是运用概率说能否说明客观真实证明标准是不科学的。

概率理念在证明活动中应该说是有一定价值的。在证明活动中可以使用概率这一概念，其主要价值体现在对证明活动的评估上，任何行为与行为目标之间是有距离的，不可达到百分之百的实现，这为概率的运用提供了空间。即便是经过提纯的黄金也不能达到百分之百，当然，在诉讼中的证明，从整体上而言，证据的可信度也不可能达到百分之百，同样运用证据证明案件真实也不能达到百分之百。在个案处理上，错与对的问题只有百分之百，而不会有百分之多少的问题。所以在这类问题上，并不完全适用概率理论。概率仅适用对所有办案的质量、案件的量、破案率的高低等的评估。特别是在具体某个案件的定性问题上是不宜用概率去评价的。证明活动是一种复杂的认识活动，它包含着定性认识和定量认识两个方面，而证明标准是两者的统一体，不能单纯作数量上的评估。比如对于某一案件事实的认定和处理，只能说对和错，或者基本对，基本错，而不能得出一个概率来。比如某人是否健康，就只能作出健康、基本健康或不健康的界定，而不用一个概率表示，因为人是否健康是整体性的，用概率很难准确地表明该事物的状态。所以，概率不宜用在具体的某一事物上，正因为如此，对一个具体案件的证明达到的真实性，也是不宜使用概率来衡量的。所以，对概率在证明活动中的作用不可估计过高。

从上述分析得知概率的作用是有条件的。所以，用概率理论来说明客观真实证明标准是否正确也是不适宜的。有的学者认为，客观真实证明标准，要求查明案件真实再现案件事实真相是不可能的。他们提出的理由就是认为已经发生案件，无法百分之百地恢复原状，不可以再次重复，而只能达到近似的程度。这里用的也是概率理论，但我们查明案件事实真相，并非要求百分之百地恢复原状，比如人已杀死，怎么能恢复原状呢，怎么能重复再杀一次呢？谁也没有这样的要求，也无须这样要求，客观真实的证明标准也没有提出这样的要求。而我们要求查明的仅是死者是谁，因何缘由被何人所杀，其经过和结果如何等。只要这些查明了，这个案件真相就清楚了，并能在此基础上准确适用法律，其处理就是正确的。尽管这过程中可能有某一细节未清楚或还不准确，也不影响案件的正确处理。因此，在这一问题上是不能用概率说明的。同样在具体证据使用上也不能用概率来说明作为证据是否正确的根据。比如某案件收集了五个证据，其中四个证据是真实的，但有一个证据是不真实的，不能得出这个案件达到80%的真实。很可能就是这一个证据不真实，导致全案的认定发生了错误。所以在这一问题上是不适宜运用概率的，必须全部真实才行。因此，不能用概率理论来推翻客观真实证明标准，客观真实在具体案件中是没有比例的，必须是全部真实，而不允许其中还有虚假成分，否则它可能导致整体错误。也就是说客观真实证明标准是具体案件证明程度的要求，而不是一种概率上的标准，也就是说它不是所有案件中有多少是对的还有多少是错的这样一类东西。它是个案的证明标准，至于所有案件是否都达到客观真实的证明标准，那就不能那么说了，因为这里就有概率问题，绝不能使所有案件都达到再现案件真实，事实上有的案件就无法被侦破。

基于以上分析，我们得知，用概率理论来说明客观真实证明标准是不科学的，更不能用概率论来代替客观真实证明标准。客观真实证明标准是对具体案件要求达到的证明程度，这个程度就是要查明案件客观真相，这个问题上是没有概率的，如果硬要说有，那就是百分之百。既然是百分之百，也就没有概率的意义了。但这不等于所有案件都达到了百分之百的准确，有的案件的真相，由于主、客观原因而无法查明，比如疑案，疑案也是可以裁判的，依法按无罪处理。那么，是否依此而说明客观真实证明标准不适用呢？不能，因为我们所指的还是能够定罪的案件，必须查明事实真相。至于少数无法查明真相而被当作其他问题处理了的，那恰恰证明是按这一证明要求适用的结果，我们讲的客观真实证明标准，正是从这个意义上来讲的，概率论是无法推翻该证明标准的。

主张将概率运用于证明标准的学者，实质上并不是要说明概率的功能，而是试图说明司法人员不可能对所有案件都百分之百地查清，客观真实的证明标准没有客观依据，因而得出结论，客观真实证明标准是不科学的、主观的。我们认为他们在这里混淆了个体人的认识能力的有限性与证明标准的严格要求之间的区别。人类的认识能力是无限的，个人的认识能力是有限的。可是司法人员查明案件活动并非单纯的个人认识活动，而是司法人员运用国家权力与所有诉讼参与人一道的认识的整合，是集体智慧的体现，已把个体人的认识局限性降到最低程度。当然这里仍存在认识能力上的概率问题。这个概率只能体现在所有案件是否都能查明上，而不是个案的比例关系。这一问题我们已在前面说清楚了。证明标准是对具体案件的证明程度上的要求，这个要求是没有概率可言的，必须真相大白，这样才能阻止一切冤假错案的发生，而不能留有余地，也就是说客观真实的证明标准是对刑事案件证明程度的原则性要求，这是不受个人认识能力概率的限制的。证明案件的标准和个人的认识能力的有限性是两个不同的问题。我们承认个人的认识能力的有限性，并不等于我们应降低对案件要求达到的证明程度。比如西方要求达到95%的准确程度，我们认为整体上来说还是有合理性的。但对于个案，就不能这样了。如某个案件已查清了95%，就可能因5%的未查清而导致整个案件的错误认定。对具体个案的要求应是百分之百的准确，才能保证案件质量，把错案降低到最低程度。充分发挥司法人员与诉讼参与人认识能力的整合作用，力求每个案件达到再现事实真相，是刑事诉讼证明活动的目标。它是唯物主义认识论与辩证法结合的产物，具有很强的生命力，不是单纯的数理概率可以推翻的。如果还有什么需要说的，那就是认识案件真相是特定时空范围内的活动，这种认识是相对认识。但相对的认识中也包含绝对性，即在当时的条件下，已经查明了案情。只要司法人员充分地发挥诉讼参与人的认识整合作用，科学地运用证据，就能做到这一点。也就是说客观真实的证明标准运用于具体案件中是完全可能的，是具有可行性与科学性的。

上述这些问题，基本上属于个人研究证据有关方面的一点思考，不免有许多差误，以求教于同仁批评和争鸣，是为幸。

原载《证据学论坛》2005年第2期

论诉讼证据概念的科学表述及特征

一、诉讼证据概念的科学表述

（一）诉讼证据概念内涵的剖析

现实中的证据是形形色色的，但不是所有的证据都能称得上诉讼上的证据。诉讼上的证据和一般所说的证据不同，它不能假设，也不能在实验室里寻找，而是产生于案件主体的行为过程中，是行为人实施有法律意义行为过程留下的可供查明真相的物品痕迹以及在人们头脑中留下的记忆和印象，或智能工具的制品等，如计算机储存的资料以及录音录像资料……这些物品、痕迹、资料和人脑中的印象、记忆，通过人们的归纳、整理、鉴别和逻辑推理等办法，可以再现已经发生过的实际情况。所以，我们把这些能证明案件事实真相的事实称为证据，也就是说，通过某些已知事实，就能认识已经发生过的但司法人员及相关人员未知的事实，这种已知事实就是证据。它经过不同渠道进入诉讼活动中，但已知事实并非完全是已经发生的事实本身，它的表现形式在现实中是多种多样的，人们可以通过这些表现形式的事实材料，认识证据的本质，从而把握证据概念的内涵，归纳出科学的诉讼证据概念。

我们知道诉讼证据是案件形成过程中留下的诸多形式的已知的事实。但是，对这些事实的理解是有不同看法的。比如《证据法学新论》一书指出：在什么是证据的问题上存在重大的分歧，必须从解决证据观着手。他们认为，证据法学中存在着两种证据观，一种是形式证据观，另一种是实质证据观。形式证据观是从形式上理解和把握证据，即把事实和各种反映形式看作证据。实质证据观则相反，它不从形式上理解和把握证据，而是从实质上理解和把握证据，也即不是把事实的反映形式看作证据，而是把事实本身看作证据。[①] 最后认定“事实属于‘存在’这一范畴，事实的反映则属于‘意识’范畴，存在是第一性的，意识是第二性的。依据辩证唯物主义的基本原理，是存在决定意识……”。[②] 因此“把反映看作证据是讲不通的。反映，不管它具有什么形式都是由事实产生，为事实所制约，受事实检验的第二性的东西，本身就处于被决定的地位，怎么能起到证据作用呢?”[③] 裴苍龄教授在近期的新作中再一次强调了他的“实质证据观”，并给它下了一个定义：“与待证事实相关联的一切事实都是证据”。[④] 他的观点：证据必须是纯而又纯的客观事实，不能是事实的反映，因为这样通过了人的认识与思维就是第二性，就不客观了，就有主观性。

上述这些论证似乎站在世界观的高度来谈证据，并运用马列主义哲学的基本原理，即存在决定意识，作出了“人的反映是不能作证据的”的结论。这一理论单从逻辑上来看，其问题也是显而易见的。首先，我们知道形式并不都是抽象的，事实本身也有自身的存在形式。其次，即使形式是事实的反映，这反映也是形式和事实内容的结合体。意识是人脑的产物，是客观事物在人脑里的复写。人脑能正确地反映客观世界，正是人脑的认识能力的体现，是人能认识世界的源泉。因此，人脑对客观事物的反映，本身具有真实性，它并非单纯从头脑中想出来的东西，而是头脑对外部状态的感觉，它是主观和客观相结合的产物。所以，我们不能简单得出反映不能作证据的结论。否则，司法实践中能有什么东西可以证明身边发生的每日每时的变化呢？很简单的事实是：客观世界不管你是不是认识，它都

---

① 裴苍龄：《证据法学新论》，法律出版社 1989 年版，第 35-36 页。
② 裴苍龄：《证据法学新论》，法律出版社 1989 年版，第 35-36 页。
③ 裴苍龄：《证据法学新论》，法律出版社 1989 年版，第 35-36 页。
④ 裴苍龄：《新证据学论纲》，中国法制出版社 2002 年版，第 11 页。

存在。但只有你看到和感受到的事物，才能产生感觉，才能通过人们的头脑反映到你的思维中，没有反映，人是不可能认识事物的。同样，没有事物，也不可能在人脑里产生对该事物真实的反映。因此，不能得出由于存在决定意识，所以反映是不可靠的，从而否定反映的客观性和真实性以及其反映的证据作用。

比如，甲、乙两人共居一室。某日，甲从外买回花生一斤，放置在房中，后出外一小时，出去时乙在房中。甲归不见其花生，而只看见一堆花生壳。问乙："有人来过?"乙答："没有谁来过。"甲由此而得出结论：是乙偷吃了花生。这一事实的认定，其证据有三：（1）回到房里，不见花生；（2）乙说："在甲走后没有人来过"；（3）物证——花生壳。这三个证据，你能说谁是事实，谁是事实的反映吗？我认为：上述证据无一是乙吃花生的事实本身，而皆是事实与事实的反映。甲自己知道和看见的情况，不是事实和事实的反映吗？回答的情况，也是乙偷吃花生这事实在客观上对花生造成的反映，因为它是在乙"吃"这一行为作用下形成的花生壳，而不是吃花生这一事实本身。总之，都不是事实本身，但又都与事实本身不可分割。难道，能按裴苍龄的观点，把以上三个证据排除在证据之外吗？显然是行不通的。原因在哪里呢？这种理论其实并非都是错的，问题在于他对证据观、对事实和形式、对事实本身和事实存在的形式及其反映作了形而上学的理解，并把它们对立起来。从根本上来说，事实和事实存在的形式及其反映是对立的统一，它们是不可分离的。正确地对事实的反映，其本身在形式上看是事实的反映而非事实，从实质上来看，其内容就包含事实本身。换而言之，其事实的反映也是事实。

一般来说，在诉讼活动中，多数情况下，证据不是事实的本身，它是对过去事实的准确反映。而且这些反映要通过自身的特有形式表现其自身特定的内容。存在和反映、内容和形式，是不可分而又可分的，是辩证统一的。我们司法人员办案，就是凭证据办事，也就是运用主客观环境对事实的反映来揭露案件事实，再现案件的本来面目。因此那种认为只有事实本身才是证据，而对事实的反映不是证据的观点，本身就离开了社会实践，是头脑里臆造的结论，是经受不住实践考验的，所以是错误的。

坚持辩证唯物主义，就是坚持实践的第一性，坚持实践是检验真理的唯一标准，也就是既要讲唯物主义，又要讲辩证法。存在是客观的，但不能说意识就绝对是主观的，意识也有客观的一面，因为意识是物质的产物，没有客观世界供思维去复写思索，就无所谓意识。因此，事实是客观的，对事实的反映也应是客观的。如某人通过摄影留下了相片，人像不是人的本身，但人像不能离开人而独立发生，因此某人的客观存在决定了某人像的客观性。所以并没有什么纯主观的意识，从根本上来讲，不能说人的思维都是主观的，它是对思维材料的反映，没有思维材料的真实性，也就没有思维的真理性。不能认为因为意识是属于第二性的东西，而推论出反映是主观的不可靠的，因此不能作证据。进一步说，存在决定意识，也只谈到问题的一面，意识也能反作用于存在，在一定条件下，它也可以起决定作用。

上述坚持事实本身才是证据的观点的错误，还在于他们对什么是事实作了片面的基本上是不正确的解释。什么是事实呢？它的科学涵义怎样表述呢？其实什么是事实也是一个有争议的问题，1989 年上海知识出版社出版的《科学哲学引论》，将事实定义为：事实通常是指人们对客观存在或发生的事物现象和过程的真实描述。客观存在或发生的事物、现象和过程本身不是事实，而只是事实的前提和基础。另一种观点则认为事实有时是指客观存在的现象、过程和规律，有时又指人们对这些现象、过程和规律进行认识得到的映象。最后结论为“事实乃是对呈现于感官之前的事物的实际情况的一种陈述”。由此可知事实本身就是对客观事物的反映，而不是客观事物的本身。不过我以为事实一词根据马克思、列宁、毛泽东等诸位大家对事实一词的使用，以及有关专家的阐述，其涵义应是进入人类视野的一切客观事物，并经人的感官所感觉的知识或描述。这就进一步说明那种把证据事实理解为可以离开人的认识的所谓客观存在或所谓只限于事实本身是一种不正确的理论，因为他们没有对事实作一个准确的界定。

还有一种观点，即从根本上反对证据是事实，认为证据是证明的根据，这个根据不要求是事实。说它是中性的，不是事实也可以成为证据。我想这样的观点，虽很时髦，但毫无理论依据，也无实践依据，而仅凭个别现象和形式逻辑的推理，甚至连逻辑推理的周延性也没有考虑，因为逻辑推理也要求前提的可靠性，要求可靠性当然就必然会涉及前提的真假问题，没有真，也没有假的东西只能是想象中的东西，这是客观世界里没有的。

（二）诉讼证据概念的科学表述

综上所述，诉讼证据是指能够证明案件真实情况及其相关内容经过严格的法定程序筛选符合法定形式而应被法庭采用的事实，这个事实包括案件事实本身和对其事实的反映。这一概念强调作为证据的事实的真实性与诉讼过程程序及其表现的诸种形式。事实与对事实的反映是辩证的统一，通过现象去认识本质是认识事物的规律。那种只承认所谓事实本身才是证据的，对事实的反映不能认为是证据的说法是形而上学的。同时，我们还必须看到自然生成的证据进入社会中的诉讼过程后的要素，使其打上诉讼烙印后具有其特殊性质。

我们既然知道了什么是证据，再去把握证据的基本属性就很容易了。我们从证据的概念中可以看出作为证据的要素有以下四方面：

一是证据必须是具有真实性的事实。这就是所谓证据的客观真实性。它排除了一切虚假的主观的东西。凡是证据必须是真实的，那就不能是想象的东西，因此也就具有客观性。这种客观性是以真实为前提的，没有真实性的客观存在不能作证据。比如捏造事实，误认的事实，其本身也是一种客观存在，但它不是证据，因为它缺乏真实性。但将捏造事实这行为作为证明伪证罪的证据，则是例外，是另一种意义上来说的不存在的客观存在。

二是证据必须是与案件事实相联系的事实。与案件没有联系，即使具有客观性，也不是证据。因为只有与案件事实之间有某种联系，才能与案件的发生和过程产生某种关系，因此才可以证明案件的某一情况，与案件没有联系的事实，不具有证明作用，不可能成为案件中的证据。但证据和案件之间的联系形式却是多种多样的，有直接的、间接的、必然的、偶然的。那种认为只有必然联系才是证据的观点是片面的，我们必须认识证据事实联系的广泛性。有时这种联系不易发现，发现这种联系是确认证据证明力的关键，也是审查证据中的一个重要方法。正确地把握和理解证据的关联性十分重要，它是证据客观性在证明案件中的具体反映和表现形式，认识了证据和案件事实之间的关系，就认识了证据的证明力。

三是证据事实包括事实的本身和对事实的真实反映。也就是说证据事实所包含的范围是全面的，它是案件发生过程中形成的物品、痕迹和在人们头脑中留下的印象记忆，以及用智能工具收集的各种信号，如计算机储存的资料和录音录像等，它们有的是事实本身，有的是人脑和智能工具对客观事物的真实反映。它们都可以证明案件的真实情况，都是诉讼中的证据。因此这种事实包括事实本身和对事实的反映及其一切形式。对事实的准确反映是事实的复写，也是事实存在的一种形式，也属于事实，这也可称为证据事实的双重性。

四是证据还应是有特定形式要求和特定程序要求的法律形式要件的事实。比如对证据形式要求，取得方式的要求，运用程序的要求，这正是诉讼证据的特殊本质。当然这种特殊本质不是证据本源性本质，而是过程中生成的二级本质，或称证据的社会本质。

以上四个方面，概括了证据的基本特点，它是证据自身存在的要素，因此也就是证据的属性。可以简称为证据的客观真实性、案件事实的相关性以及证据形成的双重性。凡是称得上证据的都必须具备这些属性，否则就不能成为诉讼上的证据。把握了它们的本质属性，对于判明什么是证据，什么不可作证据，就有了明确的界限。在司法实践中，对于指导审查判断证据，认识证据的证明力，以及用它来认定案件事实都有重要的作用。当然，对证据本质特征的把握是一个复杂的理论和实践相结合的过程，其内涵也是十分丰富的，全面把握其特征，还有待进一步研究和发掘。

二、诉讼证据的特征

（一）证据具有客观真实性

理解证据的客观性，在办理案件的过程中，我们要注意两方面的问题：

一方面，不能把怀疑、猜测的东西作为证据。如果把怀疑、猜测的东西作为证据，就必然会造成冤假错案。可是在司法实践中，这样的事情是经常发生的。如有这样一个案件：在一个山区，有个农村的女孩刚 13 岁，一天吃了午饭上山打柴没有回家，第二天在森林里发现她被人奸污后加以杀害。经过侦查，有些同志认为本生产队周某是罪犯，提议将其逮捕。理由之一，这个人过去在生活作风上犯过错误，已经 30 岁还没有结婚；理由之二是女孩子被害的当天，他一直在离犯罪现场不远的坡田里犁田，又没有其他人同他在一起；理由之三是找他谈话时，他脸色发白，语无伦次。有的同志提出不同意见，认为这三条所谓的理由都不能作为逮捕人的证据，与强奸没有必然联系，不能将那个农民逮捕。案件侦破后证明，犯罪人的确不是周某，而是一个越狱逃跑的惯犯。这个案例说明，必须掌握证据的客观性，只有这样，在司法实践中才不至于将我们主观上的某些怀疑、猜测作为证据。否则，在有些巧合情况出现时，往往会犯主观主义错误，把本来不是证据的东西当成证据。

另一方面，我们虽不能把猜测、怀疑作为证据，但并不等于说对案件情况不能作一些假定的分析和预见性的判断。在侦查阶段，要发挥司法人员的预见性作用，关键问题是在这种预见没有获得充分的证据之前，不要忙于下结论。也就是说，不能把预见误为证据。

对证据的客观性的认识基本上是一致的，但这并不等于说没有异议。《法学研究》1981 年第 6 期刊登了一篇题为《证据的主观性与客观性》的文章，主张证据有主观性，也有客观性，而且认为主观性是矛盾的主要方面，决定了证据属于主观范畴。认为证据不能离开人的意识而独立存在。又如《西南政法学院学报》1981 年第 2 期刊登的一篇题为《什么是诉讼证据的本质特征》的文章认为，证据不是纯客观的存在物，而是一种通过人的意识作用的再现物，这就是证据不同于一般物体之处。有的还把证据分为两种——客观证据和主观证据。诸如此类的东西尚多，他们把主观意识与对客观事实的认识混淆在一起，其说法显然是不科学的。不能说事物通过人的主观反映了，就说它有主观性。当然，主观如实反映客观事物的，其本身也是客观的，这是客观见之于主观，这应是证据，因为最终又回到了客观，是主、客观的统一。

被人们认识了的客观事物是证据，未被人们认识的客观事物不能说不是证据。但作为诉讼活动中的证据必然是自为之物，即被人所认识了的，并进入诉讼程序的。就这一点来说，诉讼证据事实上是一种法律事实，但不能凭此而确认其主观性或法律性，因为从本质上来说还是在于它的本身，即客观存在，这是前提，其次才是感观认识，是法律层面上的见解。如果从更严格意义上来说，诉讼证据是不存在没有认识的东西，因为他首先是案件事实主体行为的产物，行为人他自己就是第一个认识者。

（二）证据具有关联性或相关性（也可称证明性）①

证据的关联性表现的形式是多种多样的，而不是仅指与案件存在有客观的、内在的、必然的联系事实。除此之外，还有因果联系和非因果联系、必然联系和偶然联系、直接联系和间接联系、肯定联系和否定联系、充分联系和不充分联系等。情况十分复杂，形式多样，我们要注意区别。

1. 与犯罪行为或产生民事法律关系的行为有因果关系的事实

如引起犯罪事实发生的原因，实施犯罪行为的结果，还有实施犯罪行为的条件，罪犯使用的工具，实施犯罪的遗留物、痕迹，犯罪行为侵害的客体，犯罪的动机、目的，罪犯的情态表现变化等，都是与犯罪有因果关系的事实证据。又如民事案件中引起民事法律关系的行为，如不法侵害他人身体、造成影响他人健康的损害赔偿，能证明这种不法侵害行为的事实，即是证据。债务纠纷的借据、合同纠纷的合同、房屋纠纷的争议事实、继承纠纷中有关能产生继承问题的条件等，都是与产生民事法律关系有因果关系的事实，这无疑都是民事证据。

2. 与案件有某种客观联系的事实

这种联系是客观的，但不是犯罪行为或民事法律行为直接引起的。这些事实不是伴随案件发生过程中留下的物品、痕迹和在人们头脑中的反映

---

① 宋世杰：《诉讼证据学》，湖南人民出版社 1998 年版，第 65-71 页。

印象。它与犯罪行为或民事法律行为没有因果关系，但在一定条件下，又与证明案件有客观联系。如继承房屋纠纷，在产权人已经死亡的情况下，确定某人是否有继承权时，有人提出生前该继承人虐待产权人的事实，这一事实本来与继承权无必然联系，只是在特定条件下，依据法律就可以剥夺他的继承权。又如合同没有如期履行，而未履行义务方提出了因天气特别坏，影响了交通运输等事实。气候在这特定情况下，也就成为该民事纠纷的证据。

3. 与案件没有客观联系的事实

有些事实与案件没有客观联系，但由于证明案件的某一事实的需要而使它与案件有了特定的联系，成为具有证明作用的事实。如有一起凶杀案在案发1年多后才破案。在破案过程中，碰到一个关于作案时间的问题。查获凶手后，在审讯他时问到他的作案时间，他只记得是在10月份下半个月的一个晚上，作案两三天后，接连下了几天雨，还记得作案回家后，到曙光电机厂看电影的邻居刚回来，究竟是哪一天晚上几点钟作案，凶手已经忘了。作为一起重大凶杀案，作案时间是犯罪事实中的一个重要情节，必须弄清楚，于是开始了查证。

死者父亲说，死者是在10月27日走出家门的，以后再没有回来。死者母亲说，死者是10月底或11月初天凉的时候走出家门的。死者的哥哥说，死者是10月20日或21日晚上走出家门的。3个人的说法都不一样，究竟是哪一天谁也说不准。气象台的气象记录上写着10月16日晴，10月23日晴，10月25日上午8时至10时下雨，26、27、28日连续下了3天雨。

曙光电机厂放映人员证明10月16日晚上7时30分所放影片是《女飞行员》，加片是《铁证如山》，放映时间3小时，10月23日晚上7时30分放映的影片是《十月风云》，未加片放映，时间为2小时。

根据凶手提供的情况和上述调查的事实，相互印证，可以推论是10月23日晚9时左右作的案。

10月23日晚7时30分曙光电机厂放电影和10月23日以后连续3天

下雨与案件事实无联系，因为要证明作案时间，就使这两件事实在作案时间上与案件联系起来了。

从这一案件中不仅看到了证明对象的广泛性，还看到了与证明案件有关联性的证据是非常广泛的。这些证据与案件既无因果关系，又不是伴随案件事实产生的。但它说明任何案件都是发生在一定的空间和时间里，不是孤立的。由于特定情况的需要，这种联系是十分广泛而多方面的，只要和这一时间和空间有联系的事实都有可能成为特定问题的证据。对于民事案件也是一样的。由于民事案件事实的广泛性，它的这种关联性也是广泛的，许多事情通过间接的关系来证明某一事实，而且这种证据是确凿的。

4. 不存在的事实也可以说是不存在的存在

在案件中，一般应该出现的情况没有出现，则此案情不存在，这就说明，这个“应该出现的情况”就是证据。如杀人现场没有血迹，说明该现场不是原始现场，犯罪分子作案不在此处。不存在的事实还有另一种情况，就是行为人诬陷别人，这种诬陷的内容是不存在的，这种不存在也可以证明被诬陷的人是无罪的，同时又反过来证明诬陷者有罪。民事法律事实中也是如此，如某民事侵权行为是否成立的问题：李某起诉王某占了李某房屋一栋，经查王某确实住了一栋不属自己的房子，但查不出李某有房子的事实。李某没有房子这一不存在的事实，就可以证明李某冒充房主的事实，而实际上此房屋是无主财产。

总之，联系的形式是多种多样的，认为关联性仅仅是内在的必然联系是不对的，它在许多情况下是一种偶然的联系，甚至是司法人员带来的，即人为的联系。因此，我们认为，把这种联系称之为关联性，不如称之为证明性，称之为证明性更能概括其内涵，表达更为准确。

采用证明性这一概念，更确切地说明证据和案件的联系性。证明性有两方面的意义：一方面，证据事实是与案件有客观联系并能证明案情的事实，如刑事案件犯罪行为人留下的物品或者凶器，民事案件中有争议的标的物或证明文件，如契约。另一方面，证据还可以是证明不存在的某一情况否定方面的事实。特别是当司法人员认定犯罪人把对象弄错了的情况下，这种证据与案件本身从客观上来说是不发生内在联系的，这种联系的形式，是司法人员的错觉行为造成的，然而在司法实践中，这并不是罕见的现象。此外，证明证据事实的事实，也是一种证据，因为法律规定，证据的真伪是要经过查证的。所以，把这些联系概括为证明性，比用关联性一词表达更为准确和完整。

（三）证据的收集及形式具有法定性，或称形成过程的双重性

世界上的万事万物都是内容和形式存在的统一体。证据有其内容必有其存在的形式，而且这种形式是特定的和客观的，并为法律所确认。我国法定形式的刑事证据有 7 种，民事证据 7 种，行政证据也有 7 种。它们虽有某些区别，但都是证据本身特定的存在形式，而不是法律对它的拟制。也就是说，这些形式是客观存在的，只是为法律所确认的。因为在法律没有规定之前，它们就存在着。不同性质的证据各有其特定的形式，而同种证据也各有自己的特点。这种证据存在的特定形式是证据的第三个特征，这就把它和一般意义上的证据区别开来了。一般意义上的证据也有其存在的形式，但它们没有为法律所规定。所以，证据有特定的形式是证据客观性在形式上的表现，它不是由人们任意可以创造、改变或者消灭的，人们只能发现和承认它。同时，法律对证据的收集和运用还有具体程序的规定。这都是一般意义上证据所不具有的规则，如果把这理解为合法性或法律性是有一定道理的，而且可视为诉讼证据的特殊本质，但这是非本源本质的特征，是人们意志通过法律的反映，是针对司法人员在诉讼过程中对证据成为证明根据时所设程序过程的法律要求，属于社会属性或称二级本质（证据有自然本质和社会本质，客观真实性和相关性是自然本质，即自然形成过程中生成的本质属性）。这种证据的社会属性是自然生成的属性在通过法定程序化过程中拟制的法律要求，并非证据本身。

上述对诉讼证据特征的剖析，揭示了证据的本质，在理论上看到了诉讼证据产生的复杂过程和证据形成的阶段性。因此，诉讼证据虽属一种客观的存在，但需纳入人的认识范畴，才可以证明其案件，也就是说伴随案件实施行为人（制造者）的行为自然生成的而在客观上留下的物品、痕迹

以及在人们头脑里产生的印象，或在特定技术装置器上留下的记录，这只是证据生成的一个阶段，还没有纳入诉讼视野。只有经过诉讼程序筛选的证据事实才是一种有法律意义的事实。对于这一点正是诉讼证据和一般证据的区别，这当然是证据的特征，可是并非第一本质特征。这一特征是建立在客观性和关联性之上的和之后的，是第二性的，是非本源性的，但又是纳入诉讼活动的必要条件。我们必须认识到，这是证据经形成过程的程序后有的特殊本质——二级本质。可是，我们这里并非赞同多数学者主张的证据具有诉讼性或法律性。我们认为，二级本质在很大程度上是属于文化范畴，是一种观念性东西，也就是说属认识上传统文化意识的观念而不具有事物本源上的真理性，是一种认识领域的社会属性，是形成过程的衍生物，或称形成程序过程共生本质。可是这种社会属性对于诉讼证据是很重要的，甚至是与本源性本质一样重要的特征，必须高度重视，关系着诉讼的正义和文明，是诉讼证据的第二生命性，当然，第一生命性是它的真实性，更为重要。证据形成过程的特征是与其自然属性共生的，它与真实性和相关性有不可分割的联系，因而具有同等的价值和重要性。

归纳起来诉讼证据具有自然和社会的双重本质，或称为源本质（一级本质）和共生本质（二级本质），它构成了应被法庭采用的证据的统一体，这就是我们的结论。

原载《政治与法律》2005 年第 3 期

刑讯逼供与案件事实的证据认定

在当前，司法活动中最关键的问题就是关于案件事实的证据认定，在刑事诉讼中更是如此，同时这一问题还是司法过程中最突出、最密切需要解决的问题。但是，解决这一问题的关键是防止把并非真实可靠的证据看成可以作为定案的证据。目前现实中反映出的问题，大多数是刑讯逼供获得的口供、虚假的证人证言、不可靠的鉴定结论等，归纳起来，最主要的还是刑讯逼供获得的口供，为此如何看待刑讯逼供、防止刑讯逼供就成了本文需要解决的第一个问题，也就成为认定案件事实的证据的核心了。鉴于口供所具有的证据价值，倘若不对口供的可采性进行限制，刑讯逼供、胁迫引诱、欺骗等非法手段不严格禁止，必然淹没保障口供真实性所体现出的尊重人的尊严的光辉，成为产生冤假错案的重要根源。

一、口供概说

（一）口供的概念、特征

“口供”在我国是个日常用语，其在刑事诉讼中的立法用语为“被告人供述和辩解”，由于作出口供的主体还包括犯罪嫌疑人，故而口供的立法用语表述为“犯罪嫌疑人、被告人供述和辩解”更为合适。“口供”是指犯罪嫌疑人、被告人就有关案件情况，向公安机关、检察机关、人民法院所作的陈述。其内容包括三个方面：（1）嫌疑人、被告人的供述。即嫌疑人、被告人向司法机关工作人员承认自己犯罪并就有关事实所作的陈述。(2) 嫌疑人、被告人的辩解。即嫌疑人、被告人否认自己犯罪，或虽承认自己犯罪但依法应不予追究刑事责任，或依法应从轻、减轻、免除处罚的申辩和解释。(3) 嫌疑人、被告人对同案其他犯罪嫌疑人、被告人(包括共同犯罪案件中的犯罪嫌疑人、被告人) 的检举揭发，又称“攀供”。由于这种攀供的内容与揭发者自己的犯罪行为有着密切的联系，难以与自己口供中陈述的案件事实截然分开，在本案中可以当作证据使用，因而属于“犯罪嫌疑人、被告人供述和辩解”的组成部分。而对于嫌疑人、被告人对非同案犯罪嫌疑人、被告人的检举揭发，由于其内容与本案的事实无关，不能作为证明本案事实的证据使用，因而不属于“犯罪嫌疑人、被告人供述和辩解”的组成部分，但如经查证属实，则表明犯罪嫌疑人、被告人认罪和悔罪态度好，而可以作为对其从宽处理的根据。可见，口供的内容不但包括对有关犯罪事实的供述，也包括对无罪（没有犯罪事实或行为虽表面上具备犯罪的特征，但因存在违法阻却事由而不构成犯罪）的辩解。把握这一点对于正确地对待犯罪嫌疑人、被告人口供具有非常重要的现实意义：它提醒司法工作人员认真地对待犯罪嫌疑人、被告人的辩解，而不是片面追求有罪的陈述、对无罪的事实漠然置之，甚至不把它们当作证据予以收集固定。从形式上来看，除少数情况外，如犯罪嫌疑人、被告人不能说话或其以意思表示明确无误的肢体语言回答提问（如点头表示肯定，摇头或摆手表示否定)，口供通常都以口头形式作出，而以书面或录音、录像方式予以固定。口供一般是向司法机关工作人员作出的，但在我国，由于为鼓励犯罪行为人投案自首，对犯罪行为人的亲友代为投案自首而其本人亦不抗拒追诉的行为视为自动投案，按自首论，而对犯罪行为人向有关单位或基层组织投案自首也以自动投案和自首论，这使得有关犯罪的陈述有时不是直接向司法机关作出，但随后犯罪行为人仍需接受司法机关的讯问并作出陈述，因此上述两种情形下作出的供述与辩解仍应属于口供的范畴。

作出口供的主体只能是犯罪嫌疑人和被告人，而犯罪嫌疑人和被告人在刑事诉讼中处于被追诉的地位，刑事追诉的一切活动，都围绕着他们的刑事责任进行，即犯罪嫌疑人、被告人是否应负刑事责任、应负何种刑事责任、应负多大的刑事责任。因此，刑事追诉的结果与他们有着直接的利害关系，而他们作出的口供将会对他们的罪责问题产生直接的影响。犯罪嫌疑人、被告人在刑事诉讼中所处的特殊地位决定了口供的特殊性。一方面，可能很大的真实性与可能很大的虚伪性并存；另一方面，口供具有极易变化的特征。这是因为：如果陈述人就是真正的犯罪分子，他就不能不考虑如实陈述的后果，而通常不会作出完全真实的陈述，或矢口否认，或避重就轻、避实就虚。不仅是无罪或罪轻的供述和辩解具有很大的虚伪性，就是有罪或罪重的供述也同样很可能是虚假的，实践中出于替亲人顶罪、出于哥们义气或出于羁押中产生的迎合侦讯人员以求宽大处理的心理都可能使原本无罪的人作出有罪的供述，而原本罪轻的人作出罪重的供述。因而，可能很大的真实性与可能很大的虚伪性并存构成口供的重要特征。此外，口供作为言词证据，其内容易受陈述主体的心理状态和陈述意向影响而呈现出易变性。由于陈述主体的陈述意向具有很大的主观性，易随着诉讼环境的变化而变化，因此在不同的诉讼阶段，随着诉讼主体所处的内、外部环境的变化，其思想极易发生反复，陈述意向发生波动，而作出与以前实质上不同的陈述，甚至完全推翻以前的陈述，此即所谓“翻供”。

（二）口供与国外“自白”的区别

我国刑事诉讼法中没有“自白”的概念，口供与国外刑事诉讼法中的“自白”也有一定的区别。根据陈浩然先生对“自白”定义的考察，在英美法系和日本、德国等大陆法系的范围内，所谓的“自白”是一个复杂而烦琐的概念。但从本质上分析，各国法律又都将“对自己不利”的供述作为自白的重要构成要件，并且以此为界限对自白画出了一个清晰的轮廓，其基本的出发点则是为自白的任意性规则确定了一个相对明确的范围。从内容上分析，形形色色的自白概念又可被简单地分为“广义自白”与“狭义自白”两大类型。所谓的狭义自白，即被告人对被指控的犯罪事实供认不讳和承认刑事责任的陈述，而广义自白则指包括狭义自白在内的一切于己不利的陈述，也即被告人对犯罪构成要件事实、犯罪的主要事实以及其他于己不利的事实所作的明确告白。英国和日本等国家的证据法采用狭义自白的概念，而德国证据法则明显采纳广义自白的概念，比较特殊的是美国，各州的判例和证据规则通常采用狭义自白的概念，但联邦最高法院的判例则明显倾向于广义自白的概念。[①] 可见，广义自白的含义大致相当于我们所说的“供述”。在英美法系中，由于存在“罪状认否程序”，一旦被告人在法庭上作出正式的自白，就将直接被认定为出于任意，从而不再进行事实调查而直接进入量刑的程序。而在大陆法系国家如德国，即使被告人在法庭上作出有罪的陈述，仍需有其他证据补强方能定罪。

我国刑事诉讼法中的口供既包括犯罪嫌疑人、被告人所作全部或部分的有罪陈述及其他虽非承认有罪而间接的不利于己的陈述，也包括犯罪嫌疑人、被告人所作的自己无罪的辩解。可见，口供的范围大于自白，其范围大致相当于广义的自白加上无罪的辩解。对于自白，应适用任意性规则，而对于口供，笔者认为也有必要适用任意性规则，因为非任意的无罪辩解也可能是虚假的或是侵犯犯罪嫌疑人、被告人人权的产物。然而对口供可采性限制的重点，仍然宜放在有罪陈述及其他不利于己的陈述上。此外，虽然“供述”的范围小于“口供”的范围，并未予以严格区分。

（三）刑讯逼供是司法活动中长期存在的现象

刑讯逼供的产生有深厚的时代背景与社会根源，人类自有司法活动以来，一直把口供看作案件中的最重要证据，在国外，确认口供（承认）的免证作用，称为证据之王。我国更确认“无供不录案”，没有口供就不能认定案件事实。这种状态在古代至中世纪已成为普遍认可的证据运用规则。因此刑讯就成为常规获取口供的方法。数千年来的沉积，已经成为社会的一种亚文化，有着根深蒂固的由来和较为普遍的思想基础。所以，至今刑讯还是一种较为广泛的现象，不仅我国这样，外国也有之，不过是表现的状态和广泛的程度有所区别罢了。由此可知，克服刑讯逼供就成为社会和司法活动长期而艰巨的任务，也就必然会带来案件事实认定中证据方

① 陈浩然：《证据学原理》，华东理工大学出版社 2002 年版，第 306-307 页。

面的困惑和突出的问题。

二、口供主义刑讯逼供的原因及其消除的条件

证据是证明案情真相的唯一手段，证据的收集和判断又都离不开调查研究。因为证据存在于客观现实之中，所以判断案情不能靠主观臆测和纯粹的逻辑推理，而只能充分依靠人民群众，依靠科学的侦查手段，进行深入细致的调查研究，以取得确凿的证据，除此再没有第二种方法。

为什么不能轻信口供？口供也是一种证据，但是被告人在刑事诉讼中所处的特殊地位为他的供述和辩解带来了复杂性。实践告诉我们，有罪者不认罪的现象常有，无罪者承认有罪的现象也存在。因此，在诉讼中如果被告人的口供是否属实无法核实，从法律意义上说这种口供连半点证据意义也没有。因此《刑事诉讼法》规定："只有被告人供述，没有其他证据，不能认定被告人有罪和处以刑罚。"相反，"没有被告人供述，证据充分确实的，可以认定被告人有罪和处以刑罚"。

运用证据时，常常容易犯主观性、片面性的错误，其集中表现形式之一就是口供主义。因此，实行重证据，重调查研究，不轻信口供原则，必须坚持反对口供主义。

（一）口供主义和逼、供、信存在的原因[①]

口供主义的恶性表现主要有以下两个方面：一是冤枉好人。没有犯罪的人在刑讯面前乱供、假供的不少。二是为真正的犯罪分子提供了伺机翻案的借口。有的犯罪分子，由于在审讯中受了刑讯逼供，到一定的时候就以此为借口进行翻案。

上面两种情况多数发生在刑事诉讼中，在民事诉讼中也有轻信当事人一方陈述、不注重其他证据的情况。

口供主义的社会思想根源主要有以下几点：

（1）"罪从供定"的毒害。对揭发的问题，不查证、不核定、不加分析地主张"一人供听，二人供信，三人供定"，这就给伪证和诬陷好人创

---

① 宋世杰：《诉讼证据学》，湖南人民出版社1988年版，第176-178页。

造了可乘之机。

（2）纠问主义诉讼制度的残余。纠问主义诉讼制度下的办案者习惯于坐堂问案，口供至上，主观臆断。这种思想方法并不因为封建社会的被推翻而根绝，旧法思想仍在司法队伍里发霉、传播。

（3）懒汉思想、封建特权作祟。不少司法人员不尊重被告人和当事人的人格，随心所欲地对待被告人，认为调查研究和取证是艰苦的事情，没有审问犯人、取得口供那么容易，那么神气，导致轻信口供和逼供信等非法行为的产生。

（4）缺乏先进的科学技术，侦查手段落后。现代社会中的案件往往发生在交通发达、技术进步的环境里，查明事实真相的难度比过去不知大多少倍。如果没有先进的科学技术设备，侦查手段十分落后，客观上就促使办案人员看重口供，设法弄到口供。

（5）“左”倾错误思想。认为凡是被告人没有一个好人，有罪推定，罪疑从有。这种错误思想的逻辑是：“对犯罪的人不能心慈手软，无论怎样惩治都不算过分。”

（6）经验主义作怪。司法实践中个别运用口供破获案件的偶然成功，使得有些人把这种偶然性当成普遍真理，认为案件事实的认定离不开口供，甚至以为没有被告的承认，就不能对任何事实作出认定，这实质上也是轻信口供的表现。

（二）消灭口供主义和逼、供、信的条件

《刑法》第136条规定，严禁刑讯逼供。国家工作人员对人犯实行刑讯逼供的，处三年以下有期徒刑或者拘役。以肉刑致人伤残的，以伤害罪从重论处。

可见，刑讯逼供是犯罪行为，要受到法律的制裁。为了有效地防止口供主义和刑讯逼供行为的产生，必须采取以下措施：

（1）提高司法人员的认识。司法人员认识的提高是根治刑讯逼供顽症的先决条件。司法人员必须克服“左”倾思想和特权思想，认清口供主义的危害性，坚持真理，实事求是。

（2）用现代技术装备司法机关，使侦查手段科学化、现代化，以解决侦破过程中证据的收集和识别证据中存在的问题。

（3）依靠群众，深入群众，撒下天罗地网，为取证工作和查获犯罪分子创造条件。司法工作中的群众基础极为重要，离开了人民群众的司法工作就像无本之木、无源之水。

（4）把好逮捕关。严肃法纪，加强法律的检查和监督，教育司法人员做执法、守法的模范，发现问题，认真查处，绝不宽恕。

（5）正确对待口供。一不要用刑讯逼供，二不要轻信口供。被告的供述和辩解都要经过查证属实以后，才能作为定案的根据。

三、案件事实的证据认定

（一）案件事实的证据认定的几个具体原则①

1. 证据要确实充分才能定案的原则

证据要确实充分才能定案的原则是法律规定的。这是证据制度的核心，是对证据的质和量所作的全面要求。要执行好这一原则，必须从以下几个方面加以严格要求：

（1）证据要保证质量，对证据的质量要严格地审查

质量好的证据有以下特征：① 有正当的来源；② 对案情有证明作用，即能证明案情和与案件有关联的事实；③ 符合证据形式的要求，手续齐全。

在司法实践中，对证据的确凿性常常有不同的看法。那么，什么叫确凿？证据确凿的标准是什么？

所谓确凿，就是收集的所有证据都经查证属实，具有较强的证明力，案件中的所有事实都有相应的证据加以证明，排除了一切可疑的情况，认定的事实是经证据证明后得出的唯一可靠的结论。其标准具体有三：① 所有证据经查证属实；② 定案事实都有相应的证据证明；③ 没有相反的证

① 宋世杰：《诉讼证据法学》，中南工业大学出版社 1998 年版，第 212-214 页。

据或者已合理排除，案件得出的结论是唯一的。这三条适用于一切案件：刑事案件、民事案件和其他性质的案件。

实践中证据不确凿的情况是常有的。造成证据不确凿的主观原因主要有以下几点：① 提供证据的证人、被害人、被告人及其他当事人等，由于种种原因，往往不能如实地陈述，有时还作出虚构情节、歪曲事实的供述，或提供假证据致使证据真真假假，真假混杂。② 提供证据的证人、被害人、鉴定人由于认识上的误差，使证据失去了确凿性。这种认识误差有的是由于理解程度不同而造成的，有的是由于记忆力强弱不同、感受力高低不同、思想倾向不同等原因造成的。③ 提供和收集的证据，有的证据本身即存在缺陷，有的证据因为收集人在收集时存在主观片面性而造成收集不全面，有的证据因为提取中没有注意方法或保全不当而有所损毁，以致造成判断中的困难及证据链条上的缺口。

除了主观上的原因，还有客观上的原因。有因时过境迁和自然灭失的，有因人为改变而使证据无法齐全的。

（2）怎样判断证据的确凿性

证据是否确凿，证据本身无法证明。证据的确凿性要靠司法人员去判断认定。证据在孤立的情况下是难以判断其确凿性的，因此，对证据的确凿性的判断要在联系中进行。

① 把单个证据放在全案整个证据群体中互相鉴别印证，必须把握以下两点：第一，在只有一种直接证据，没有其他任何间接证据予以鉴别或印证的情况下，不能认定该直接证据为确凿的。第二，在只有间接证据没有直接证据予以证明而完全要靠间接证据证明案情的情况下，要求各个间接证据之间形成一个完整的体系，构成锁链结构，不能中断。

② 借助证据证明案情，必须在下列这些方面保持一致：证据与案情之间的矛盾必须能够排除；案情结论的其他可能性必须能够排除；所有证据都指向一个目标，得出唯一的结论；具有排他性。做到了这些即可认为该证据具有确凿性。如不具备上述两个排除的条件，还有漏洞存在，那么，该证据就不具有确凿性。

在证明过程中，证据必须符合以上要求才能成立。

2. 被告人不承认有罪，只要证据确凿即可定案的原则

《刑事诉讼法》第46条[①]指出："只有被告人供述，没有其他证据的，不能认定被告人有罪和处以刑罚；没有被告人供述，证据充分确凿的，可以认定被告人有罪和处以刑罚。"这一规定对刑事案件和民事案件都适用。

这条原则是重证据、不轻信口供原则在具体问题上的体现，也是实事求是原则在证据问题上的体现。这一规定包含了以下基本内容：

（1）对被告人的认罪与否要持分析的态度。被告供认或承认了所指控的事实，也不能够因此就放弃证据的收集和查证。认罪与否在定案问题上的意义，主要是衡量被告人的态度，其次是提供进一步调查研究的线索。

（2）证据确凿是确定案件事实的首要的、基本的条件。只有在证据确凿的前提下，被告人或当事人的口供或陈述才有意义，如果证据不确实，即使被告人承认指控的事实也没有多大意义，不能据此认定事实的真实性。在民事案件中，被告人承认指控事实的意义有所不同，一般来说具有法律效力，不过也必须查证属实，并合乎法律规定。证据确凿是确定案件事实的前提，这一点无论在刑事案件中还是民事案件中都是一样的。

（3）不能轻信口供，也不能轻视口供。没有口供，在证据的审查上必须十分慎重、严格，但是只要证据确凿，即可认定。

（4）证据要充分全面，反对先入为主，主观臆断。证据的充分全面就是要保证一定的证据数量，当然不是说证据越多越好，但与认定案情有关的证据必须齐全。其基本要求可概括为以下四点：① 不但要注意收集直接证据，而且要重视收集间接证据。② 不但要收集原始证据，而且要收集传来证据。③ 不但要收集言词证据，而且要收集实物证据。④ 不但要收集肯定案件事实和对被告方不利的证据，而且要收集否定案件事实和对被告方有利的证据。

只有充分全面地收集证据，才能防止认定中的主观片面性。没有克服破案中的主观片面性，也就无法做到充分全面地收集证据。在证据不确凿的情况下，必然产生主观臆断的认定。

---

① 本文所引用《刑事诉讼法》条文，均指1996年修正的《刑事诉讼法》条文。——编者注

3. 未经查证属实的证据不能作为定案根据的原则

《刑事诉讼法》第 42 条规定："证据必须经过查证属实，才能作为定案的根据。"这一规定告诉我们，只有经过查证属实的证据，才能作为定案的根据，没有这一条的保证，忠于事实真相就没有保证，重证据也就成了一句空话。没有查证属实的证据，只是证据材料，不能作为定案依据。

未经查证的证据不能作为定案的根据的原则，是我们运用证据证明案件的基本原则，离开了这一基本原则，其他原则都不可靠。当然这些原则之间互相联系、互为补充，缺一不可。

《刑事诉讼法》第 42 条规定："证据必须经过查证属实，才能作为定案的根据。"这一规定告诉我们，只有经过查证属实的证据，才能作为定案的根据，这是保证证据的真实性的前提。查证属实又是运用证据的必经程序，没有这个程序，不能进入定案阶段。查证属实，具体反映在运用证据证明案件的各个环节中，查证属实不是一句空话，而是办案人员必须遵守的程序和予以实施的行为。比如，在法庭审判阶段，凡是定案的根据，必经过法庭质证，质证也是查证属实的方式，没有经过质证查证的证据也就不可以作为认定案件事实的根据。所以查证属实体现为一系列的具体审查判断证据的内容，而不能理解为一般的规定。没有这一条规定的保证，忠于事实就没有保证，重证据也就成为一句空话。没有查证属实的证据，只是证据材料，还不是定案依据的证据。这一点每个司法人员必须明确。

4. 证据不足，应当作出指控罪名不能成立的无罪判决的原则

《刑事诉讼法》第 162 条规定："证据不足，不能认定被告人有罪的，应当作出证据不足、指控的犯罪不能成立的无罪判决。"它是处理疑罪的法律规定，是疑罪从无原则的具体化、法律化。对于这条规定在司法实践中和理论上认识并不一致，因为什么是证据不足，什么才叫证据足理解上是有差异的，执行起来，也很难统一，在许多案件中很不好判断。

证据足与不足很难将其具体化，案件的复杂性又决定了如果不能具体化，执行起来就有可能各执己见，造成实践中的各种倾向，出现应予判罪的不判罪，把不应判罪的判了罪的问题。因此必须对此条原则精神作准确

的理解。

本款所指的是“证据不足，不能认定被告人有罪的……”因此证据不足所限定的条件是不能认定被告人有罪，而不是没有前提的所谓证据不足。一个案件，如何认定它的证据足与不足，可能有不同的认识。但在认定被告人是否构成犯罪的证据上应该是比较好统一的。也就是说，只要证据能够证明被告人已犯罪，并且犯罪事实按刑法应追究刑事责任，就不能说它是我们所指的证据不足。因为只要这一点是有证据的，至于犯罪的每个情节是否都已有证据证明，数量的大小还存在疑问等，这都不是构成证据不足的理由，也就是说只要证明犯罪构成要件的证据是充足的，有关情节轻重或其他次要问题，如数罪问题等尚不能完全证明，这就可以就已查明的犯罪事实判罪，而不能说成证据不足，作无罪判决。只有全面、准确地理解了这一原则，才能在执行中正确执行。

5. 刑讯证据必须排除原则

刑讯逼供是历史产物，是司法不文明的表现，是人权保障的大敌。对待刑讯逼供态度总体上来说世界各国都是禁止的、一致的。但是对于刑讯逼供取得证据是否排除，却不完全一致，大体上除个别国家外，基本上采取相对排除原则。结合我国的情况，实行刑讯逼供获取的证据应一律排除不够现实，也不尽科学。因此，我以为用刑讯方法取得的证据一律排除。而逼供，即用其他非法手段所获得证据则应根据不同情况，采取区别对待的办法是严谨的、科学的。也就是说用肉刑以及变相肉刑的手段，强迫犯罪嫌疑人、被告人供述，不管什么情况，亦予一律排除。坚持这一原则，对于保障人权是必需的。在实践中，也就方便区分，易于认识。当然，怎样发现其证据的刑讯方法，仍是值得研究的。但主要手段是通过程序保障和举证责任的分配方式予以协调解决。

（二）审查判断证据的标准

证据的审查判断是运用证据确认案件事实的前提。只有经过审查、判断的证据，才有可能用其证明某一事实。可是判断证据需要一定的标准，没有判断的标准，证据的可靠性无从谈起，所以审查判断证据的标准就成了证据理论的核心问题之一，也是任何一种证据制度都需要解决的问题。

奴隶社会产生的、以神的意志作为判断标准的神明裁判制度（神示证据制度）当然不是科学的标准。封建社会以法律规定作为判断证据证明力的标准，看来似乎来自实践和理性，但却不能真正判明证据的真伪，成为客观的正确认识证据证明力的标准，因而被后来的启蒙思想家所批判，为自由心证的内心确信所代替。在自由心证制度下，“良心”就成了判断证据真伪的标准，显然“良心”虽然是理性的，但由于良心并不是客观的和具有同一性的，所以实践中必然会因人而异，这显然也是不科学的标准。那么，什么可以作为审查判断证据的科学标准呢？这就成了证据理论中的难题。在证据、案件事实、司法人员这三者之间，证据本身不能用作判断标准；案件事实是已经发生了的，尚待查明其真相，亦无法作为判断标准；司法人员是认识的主体，认识主体本身不能作为判断的标准，正如良心一样是很难作为判断证据的标准的。那么，什么才是证据判断的标准呢？我们认为摆在认识主体面前的，就是证据和已经发生了的案件事实，在这两者之间，我们客观地去考察，就会发现，证据的证明力必然来自：首先，证据与案件事实之间的联系，没有联系谈不上证明关系；其次，证据不会只有一个，因为一个孤证是无法证明案件事实的，因此证据与证据之间的联系是审查证据真伪的依据之一；最后，整个案件是一个完整的过程，由许多方面构成，因此证据之间应形成一个证明过程体系，只有完成了这一过程，证据间相互印证，不相互矛盾，才能最终确认其证据力。基本上是三种联系，我们认为要判断证据的真实性即证据力，除了从以上联系中去考查外，除此之外，没有其他可能性。因此，判断证据的真实性的标准是证据与案件事实之间的联系，证据与证据之间的联系，以及证据与整个案件过程的完整性之间的联系。前两种联系可以初步判断单个证据的真实性，但单个证据的真实性往往还不是最后可靠的证据，还应放在整个证据体系与案件过程中去考查，因为只有案件过程的完整性，才是最终定案的可靠依据。否则无法排除其他可能性而会形成证据不足，无法最终定案，依法只能作出疑罪从无的判定。这样对单个证据的价值的可靠性也就最终提出了怀疑，而不能产生证据上的效力。

总之，证据之间的联系，由于每个案件不同，联系的具体方式和情形也不同。所以这一标准符合两条原则：只有抽象的理性才反映共同性，适用于一般案件；具体客观，才便于在实践中衡量和操作。作为证据判断的标准，必须符合以上两个要求。而我们提出上述标准，能达到两者的统一。证据与案件事实之间、证据与证据之间、证据与整个案件过程的完整性之间的联系都是每个案件普遍存在的现象，具有一般性的原理，同时对每个案件又是具体的，是可以具体认识和理清的，因而又是客观的，所以这个标准是科学的，也是目前理论认识所能达到的程度。它是建立在对证据本质认识的基础上的。至于违法性问题，不属于证据力本身的问题，而是证据的法律效力问题，属于法律规范的范畴，由各国法律所规定，具有特定范围，没有普遍适用价值，属于立法者意志，是意识范畴，受传统文化观念和领导集团的意志的影响，不属于真理性标准，这里也就不予以讨论。排除法则属于法律体系，是诉讼中的证据原则产生的可采性问题，虽和判断证据力有联系，但属于另一范畴的判断证据的标准，它的着眼点是证据的可采性而不是证据的证明性，即真实性。

（三）准确确认作为定案根据的证据是证据认定的关键

确认案件事实的证据在司法实践中是一个过程，体现在诉讼过程中的各个阶段：侦查阶段、起诉阶段、审判阶段。上述阶段中应该说审判阶段是有决定意义的阶段。因为这一阶段最终确认作为案件根据的证据，对证据的认定是关键。

如何准确确认证据，关键是确认其证据的真实性、相关性和合法性。在这三性中间关键是审查言词证据特别是口供的真实性，因为言词证据的合法性、相关性，从程序的角度比较容易发现其疑点和问题。也就是说，在实践中具有相关性、合法性的证据不一定具有真实性。表面上具有真实性、相关性、合法性的证据，实际上不一定真实可靠，因为可能由于某种原因而误认为真实。这样就使揭露其虚假之处成为防止冤假错案的重中之重。实践中大量事实证明由于口供的不真实而导致案件的错误是冤假错案的主要原因。

因此，如何识别口供等证据的真伪是非常重要的，而不应满足于各项证据齐全，表面上合法，具有相关性、真实性，而应对定案的关键证据采用特别的程序和手段，加以审查核实。

（1）普遍坚持作为定案根据的证据必须经过质证、辩论、认证程序筛选，才能采用。否则，一律不能作为定案根据。

（2）对于口供的真伪只要当事人提出质疑，就应按举证责任倒置原则查明问题真相。

（3）关键性证据必须通过调查查明相关情况才能采纳，对于有疑义的证据，还必须组成控、辩、审三方参加的证据调查审核委员会审核，才得以确认。

（4）其他可识别证据真伪的方法，如科技手段等。

上述四个方面是准确确认证据的基本措施，在实践中，还有各种有效的方法，基本点是要用一切有效程序和方法查明其关键性证据的真实可靠性，从而确保冤假错案不发生，或发生了也容易纠正。

原载《证据学论坛》2007 年第 1 期

论举证责任及其科学概念的表述

一、举证责任原理及概念的不同表述

（一）诉讼理论中的举证责任

举证责任该怎样界定以及它在诉讼中的地位是研究该问题的两道阀门，但由于研究问题不能从概念出发，而必须从事物本身出发，所以我们拟把对举证责任的界定放在本文的适当场合下再研究，而首先要研究的是它在诉讼理论中的位置。

事物的位置是客观的，它不以人们的主观意志为转移。但对事物位置的评判，却受评判者所处的方位和观念的影响。也就是说，这里存在一个角度和价值取向的问题，对举证责任地位的确认，也和其他事物一样有一个角度和价值取向问题。我们认为，对举证责任地位的研究，最理想的角度应是全方位的多角度，最理想的价值取向应是各种价值取向的综合评价，只有这样才有可能不失偏颇，做到比较全面和公正。我们力图达到这一要求。

诉讼法是对法律实施进行调整的规范。它主要是当法律运行中遇到障碍时，为解决出现的问题适用程序去进行处理的法律。但也不全是，其中有的也规定了实体问题。我们知道当法律处于静止状态时，是不会发生诉讼的，也就派不上诉讼法的用场；我们还知道静止的法律是书面上的条文，“徒法不能自行”，条文本身并不产生任何法律效果，法律的效力在于法律实施，在于运用法律去处理违法事件，去制裁不轨行为。这时，也只有这时，法律的作用才能显示出来。所以说诉讼法是实体法的生命力的体现，只有运用或实施中的法才是活的法律，才富有生命力，否则再好的法律也等于零。法律实施中通常会遇到障碍，会出现这样或那样的违背法律的行为，这些行为的正当性或违法性如何确认，必须诉诸特定的机关——法院，于是就发生了诉讼。要提起诉讼就有一个查明法律事实的问题，而查明法律事实要靠证据，因而也就有了由谁来收集、提供证据的问题。

法律是国家对社会控制的主要手段，而且是社会控制手段中最有影响的手段，诉讼是法律手段实现其目的的重要途径，而举证责任则是实现诉讼目的的基本方法。我们知道公平与正义原则是法律的普遍原则和追求的目标，但是要实现这一目标，严格地贯彻和运用这一原则并非易事，要使人们的愿望变成现实很重要的途径就是科学地设置和分配举证责任，否则许多设想都是徒劳的。举证责任的结构与分配，对于追求公平、正义的重要，一般来说只有法律的实践家们才会深刻感受到：因为举证责任的配置，既是职责（义务）的分配，也是权力的分配，对于控制案件的处理和查明案件的真相都是至关重要的，这种重要性只有经过实践才能真正感受并贴切地理解。总之，对于举证责任的研究，直接关系到法律实现公平正义原则，关系法律的社会价值的实现。

如果将证明理论从诉讼理论中独立出来，则举证责任又是证据理论中的龙头与重要组成部分。它不但对证据实现证明和追求查明案件的客观真相有十分重要的意义，而且是证明活动的支架与焦点。正如摄影机一样，要把事物准确无误地拍摄下来，支架与焦点是十分重要的，而举证责任就是这里的支架与焦点。同时，举证责任的划分和结构虽然决定于诉讼的价值取向，但它一旦确定，就能反过来决定诉讼的结构，甚至影响到整个诉讼模式的采用，所以它确实能以自己内在的作用影响和决定诉讼结局，因此从某种意义上来讲，它是诉讼理论和证据理论的核心要件。

从事物的相关联系上来看，举证责任对于诉讼主体间责任的划分和诉讼职能的分配都有重要的制约作用，不同举证责任的分配，直接影响到诉讼主体的功能和职能，决定诉讼的格局。因此，举证责任就成为各种关系连结的纽带，从而影响各诉讼主体及诉讼参与作用的发挥。

从微观上来看，举证责任可涉及的范围远不止诉讼主体本身，它还涉及其他诉讼参加者，如证人。严格地说，证人也有举证责任问题，鉴定人亦如此，他们本身就是一个证明主体，怎样规范他们的职责和权利，对于完成诉讼任务同样是很重要的。一般来说，把举证责任只限制在诉讼主体间，但这只是一种狭义的见解。证人、鉴定人、见证人、被害人等亦应在证明中承担一定职责，尽管他们的职责和法定的举证责任不同，但并非完全无关，其实也是一种与权利相应的负担，并直接影响主体举证责任的完成。他们所承担的责任，可谓说明责任，与证明责任、举证责任共同组成三责任，完成其诉讼证明。当然从宏观方面来讲，特别把举证责任放在法律行为中来考查，法学界对此关注和研究得不够，理论上尚处于萌芽阶段。这主要是因为对举证责任这个传统的命题本身理解尚存疑义，举证责任和证明责任是不是同一命题也存在较大分歧，这就使得研究问题的过程中产生许多不必要的障碍。

从以上这些论述中，我们对于举证责任在法学中特别是在诉讼活动中的重要性有了大概的了解，但真正的认识远没有达到。因为只有把它设置在法的实施中才有可能清晰地认清它的面目，知道它的能耐。我们这里只想提出这个问题，一般意义上明确它的重要性，并扩大视野，提出从宏观到微观上加深对举证责任性质和内涵的认识，从而深刻地把握它的地位，重视对它的配置，以改善执法，提高执法水平。

根据上述要求，必须对举证责任进行理论上的思考，加强以下方面的研究：

（1）以马列主义唯物辩证法为指导，对举证责任的宏观调控作用与机制加强研究。唯物辩证法认为，事物之间的普遍联系是客观的，但这种联系只有在真实感受时，即联系到具体活动时才会有意义。举证责任这一法律事实与整个法现象有着千丝万缕的联系，但只有当它与某一具体法律事实相联系时，才会发生实际的作用。法律实施过程是法律规范被普遍地遵守和执行的过程，一般情况下是不会发生诉讼行为的。只有当法律实施适用中遇到了阻隔或被破坏时，才发生诉讼行为，即出现了争议事实或违法犯罪事实，才会通过预先设置好了的特定程序，付诸法院裁判，这时就产生了举证责任问题，而举证责任的构造对其问题的处理和诉讼主体的职权起到钳制作用。所以举证责任问题就必须摆在整个诉讼过程中去考察研究，使其合乎公平与正义原则，确保法律的正确实施，这也是举证责任的价值取向。

（2）举证责任是法律现象中的法律行为，必须加强对它的历史状况的研究，从而进一步把握它的现实。任何社会现象都有一个产生和演化过程，举证责任也是这样。它是随诉讼的出现而提出的，因此它必然会背上历史重负，传统的法律文化使它无法摆脱历史的影响，而崭新的自我思考和设计，必然受制于过去。所以加强对它的历史情况的研究，吸取优秀历史文化，推陈出新，是必需的。

（3）东西方有不同的法律文化，举证责任的运行各有优势，应该进行比较研究，取长补短。举证责任起源于罗马法，由于历史情况不同，对举证责任的理解和认识有许多的差异，各国法律也有不同的规定，各有其长处。我们对其进行比较研究，有助于洋为中用，古为今用，充实和发展自己的理论，促进法制的改革，有利于我国实现法制建设的现代化。

（4）举证责任的配置属于程序法范畴，从程序的角度研究举证责任，有助于法制的民主化和实现公平原则。举证责任根源于诉讼主体之间的职权，对于保护诉讼参与人的权利特别是原告被告双方的权益极为重要。因此从改善执法，保障法律的公正执行出发，怎样合理配置其举证责任是十分重要的。从这个角度进行研究，可以更好地发挥诉讼各方的积极性，建立公正程序，从而得出可行的办法，确保法律实施。

（5）举证责任从本质上讲不只是一个程序问题，争议和处理条件都由实体法所规范，因此从实体法的角度研究举证责任也是十分必要的。不论是刑事犯罪，还是民事经济纠纷，或是行政案件，都有相对应的法律对其性质、构成要件、处理方式和条件作了明确的规定，这些法律规范制约了举证的内容和性质，因而对其责任的分配及具体程序都有影响，所以在研究举证责任时，不能忽视实体法的内容。不同性质的问题在举证责任的设置上就会出现差异，这是不可避免的，不能把复杂的事物过于简单化了。

（6）研究举证责任是为了服务于现实的法制建设，因此从法律实施的现状的角度去研究举证责任更是尤为重要，要使法学理论的研究根植于司法实践的沃土，做到有的放矢、理论与实践相结合。司法实践蕴藏着丰富的内容，提供各种各样的法律素材，许多问题需要解决，如法律的实施很难做到公正，许多的人通过各种途径影响法律的正确实施，规避法律的情况有之，冤假错案有之，贪赃枉法有之，以权压法有之，以钱买法亦有之，这与公平正义之剑——法律是极不相称的。国外是这样，国内亦然，东方这样，西方更甚。这种带有普遍性的事实绝非偶然。法律的软弱、贫乏使人民限于困境，使正义的执法者感到疑惑，这些都为法律和法学的科学化、现代化提出了紧迫的任务。它说明法学的贫困，法律愚弄了人们，对法学家和执法者都是一种嘲笑，同时为我们研究法律的实施提供了研究课题，其中也包含着举证责任。

（二）举证责任研究的对象

举证责任的出现是随着人类文明的产生而发展的。人类的群居共性是人类社会的基础，共同的生产和生活，使人类紧密地联结在一起，彼此依赖。正因为如此，人们之间才会有纷争、有纠葛，于是出现了解决这些纷争、纠葛和犯罪的机关和方法，即司法机关的诉讼活动。随着诉讼活动的出现，举证责任也就产生了。所以，举证责任是一个古老的研究课题，一直为各国审判活动与理论研究所重视，这是因为它对于实体问题的处理太重要了。举证责任不但关系到诉讼双方的权益的保护，而且关系到实体问题的处理，并影响到诉讼主体机关的职能划分与结构。为了追求诉讼的效益和诉讼结局的美满，人们总是关注举证责任的配置，诉讼当事人和参与者更是如此，因此重视对举证责任的研究无疑是合情合理的。但是由于对举证责任本身理解并不一致，因此举证责任的研究对象就必然成为难以确认的问题。

那么什么是举证责任研究的对象呢？由于举证责任的概念内涵的模糊不清，因而其研究对象更是无法准确地表述。但是，我们是不是就可以不予理会呢？这显然是行不通的。我们不会因此而困惑，仍然可以大致上把握其范围。纷争是诉讼起点，有了纷争才有了诉，有诉就必定有所主张，因而古罗马最古老的举证法则就提出“谁主张，谁举证”，或叫“谁主张，谁证明”。不论这种主张性质如何，或民或刑，还是行政诉讼，都是由诉因引起的，没有诉因就不可能有诉，有了诉就有诉的主张，有了主张，就有举证或证明的问题，所以举证责任或证明责任是产生于诉讼过程中的行为，它不但与主张有密切的联系，而且与诉讼的结果有密切的联系，诉讼总是围绕诉（主张）进行的，谁的主张成立，谁就胜诉，否则败诉。不论诉讼怎样复杂曲折，将其简化，就是起诉—证明—裁判，而举证责任或证明责任就是证明的核心内容，它涉及诉讼的起因，也涉及诉讼的结果，因此它的范围就可以据此作出大致的界定。

从上述论证中我们可以得出举证责任的研究对象是研究证明活动的过程中收集、提出、审查判断证据，证明案件事实由谁来承担的问题，以及与其诉讼主张和结果的关系。总之，有关举证责任内容及其相关问题，都是举证责任研究的对象。

（三）举证责任的目的和意义

举证责任目的的提出，是基于举证责任属于一种诉讼活动的行为，当然也就离不开其行为目的。行为受目的支配，为实现其目的服务。可是，举证责任的主体是多元的，不同的主体就有不同的目的，因此其目的也是多极的，从理论上可以将其目的分为两类：一是自主目的；二是法定目的。所谓自主目的是指负举证责任的主体自己既定的目标。这种目标因诉讼的性质不同而有不同的内容，但都与自己的诉讼主体和维护自己的合法权益紧密联结。比如民事诉讼的标的和当事人主张的权益；刑事诉讼中的起诉要求和双方各自的主张与权益。所谓法定目的是司法机关预先设置的价值取向，一般为审判的公平与正义。在不同类型的诉讼制度下，其价值取向是有差异的，因而其法定的目的也就有区别。如美国著名法学家诺内特·塞尔兹尼克提出三种类型的法，并指出压制型法追求的是社会防卫与国家利益，自治型法追求的是程序公正；回应型法则追求的是实体正义。

而我们的法追求的是公平与正义兼而有之，即既应民主公平又要真实。我们研究举证责任的目的就是使举证责任目的理想化、现实化，也就是说使程序公正和实体正义统一在一定法制之内，使诉讼的结果理想化、合理化、科学化。对于上述目的的追求是人类世世代代努力的方向，它不但有赖于政治经济制度的完善，也必须靠法学家们理论的提高，聚积人类智慧的精华，创造一套合乎客观规律的科学的诉讼模式。

同时，研究举证责任目的对于举证责任本身的研究有重要意义。我们知道任何行为都是服务于自身的目的的，作为国家司法机关有组织的诉讼活动更是这样。举证行为是受行为目的引导和制约的，我们真正明白了举证责任的目的，对于举证责任本质的认识，对于举证责任的分配以及结构如何导向和改革都有极重要的意义，所以确立怎样的举证责任目的是研究举证责任的一个重要任务。过去对此常常容易忽视，这是由于认识上的欠缺。过去人们把目的看成与举证责任分离的东西，其实举证责任目的是举证责任十分重要的组成部分，当然，目的是由事物性质决定的，不同性质的举证责任，其目的是不同的。我们这里讲的是社会主义性质法律的举证责任，而不是一般的谈论举证责任的目的，它和诉讼目的基本一致，既要求保护诉讼者的各项合法权益，又必须做到符合事实真相，做到国家、社会、个人利益的一致。程序上的公正和实体上的真实在法律适用上高度地统一起来，这就是我们研究的目的。这种举证责任目的也就和研究目的趋于一致，使理论工作和司法实践一致，而不存在自然法与人定法相互矛盾，理论和实践两张皮的问题，而是要使法学理论和司法实践实现对立的统一。一方面使理论尽量做到合乎事物发展的客观规律；另一方面又要使法律实施尽可能合乎或尽可能靠近真理，符合正确的理论。这也是理论工作者和法律工作者共同的任务。

解决此问题的意义是：

（1）为举证责任的配置提供了明确的方向。把实现诉讼的公平与正义作为举证责任的目的，可以使现实的诉讼转向合理化、科学化，从而有利于调整举证责任的分配，使诉讼参与人的权利和义务得以协调和制约。

（2）引导举证责任研究趋于深入，并增强它的现实性。由于目的鲜明而确定，就可使理论研究由盲目走向自觉，有利于理论向纵深展开，有针对地联系现实中的问题，提出改革的模式，促进立法的完善与法律修改。

（3）提高对举证责任的重视，使举证责任真正成为法律运行中的核心要件和阀门。目前理论界和司法实践对于举证责任的目的性认识尚很浅薄，因而对举证责任的作用，以及如何处置举证责任都是十分茫然的，所以一般对此问题没有引起足够的重视，其理论研究进展也就十分缓慢。明确了其目的，解决这一问题就容易了。

（四）举证责任的一般表述

由于人们对举证责任的理解和范围界定的不同，其表述也就有差异。这些差异主要反映在其内容方面的理解以及举证责任与证明责任是否同一概念的理解。现将较为常见的举证责任的表述列举如下：

（1）举证责任，它是指证明某一事实或某些事实的义务……举证责任至少在三种不同意义上使用。首先，它是指当事人证明其案由的一般义务（一般责任）；其次，指当事人证明任何单独争议或与该争议有关之事实的特定义务（特定责任）；最后，指提出证据以证实争议事实的义务（提证责任）。[①]

（2）证明责任，也叫举证责任，是指谁负有提出证据证明案件有关事实的义务。[②]

（3）证明责任就是举证责任，是指关于刑事案件的犯罪事实，应该由谁来提出证据加以证明的问题。[③]

（4）举证责任又称证明责任，指在诉讼活动中搜集和提出证据，证明被告人有罪还是无罪、此罪还是被罪、罪重还是罪轻的义务到底由谁来承担的问题。[④]

（5）举证责任又指证明责任或证明义务。其内容是：依法定的程序和

---

① 〔英〕罗纳德·沃克：《英国证据法概述》，王莹文、李浩译，西南政法学院诉讼法教研室1984年版，第69-70页。

② 张子培：《刑事诉讼法教程》，群众出版社1982年版，第211页。

③ 邓崇范：《试论刑事诉讼中的举证责任》，载《吉林大学社会科学学报》1982年第1期。

④ 汪纲翔：《论我国刑事诉讼中的举证责任》，载《政治与法律丛刊》1982年第2期。

手段收集调查证据；依法定的程序和手段审查判断证据；依法定的程序提出证据，证明要证明的问题。[1]

（6）证明责任也叫举证责任，是指司法机关或当事人应当收集或提供以证明案件事实的责任。证明责任包括收集、提供责任，调查责任或判断责任三种。[2]

（7）举证责任是证明责任中的一个部分，但并不是一般的任意的责任，而是诉讼中的一方或双方所承担的一种特定的责任。[3]

（8）证明责任与举证责任是两个完全不同的概念。就汉语的表述而言，证明是指用可靠的材料来表示或断定人或事物的真实性，而举证则是指提出证据；证明是一个过程，举证是一个行为，因而举证并不等于证明。就外语的表达而言，两者的差别也是明显的。在西方刑事诉讼中，两者的区别主要表现为：第一，主体不同。证明责任始终由起诉方承担，而举证责任可由被告承担。第二，证明标准不同。负证明责任的起诉方的证明，必须达到排除一切合理怀疑的程度，而负举证责任的被告人只需提出证据足以使事实构成争议即可。第三，法律后果不同。未履行证明责任，必然遭到败诉，而未尽举证责任，只可能遭受损害，并非必然受到不利判决。第四，基点不同。证明责任基于义务性，而被告的举证责任基于必要性、利益性，因而具有权利性。[4]

（9）举证责任，就是当事人提供证据的责任。即指当事人要求人民法院就其主张作出裁判，对主张的事实，承担的举出证据的证明责任。[5]

（10）在法院作出终局裁判以前，一定事实是否存在难以确定的情况下……对于这些问题法律必须预先作出规定，否则，法院将无从作出判决。这种由法律预先规定，在事实的真假虚实难于确定的情况下，由一方

① 吴运才：《试论刑事被告不负举证责任——兼与朱云同志商榷》，载《西北政法学院学报》1985年第2期。

② 许康定、康均心：《论证明责任》，载《法学评论》1991年第4期。

③ 裴苍龄：《证据法学新论》，法律出版社1989年版，第12章。

④ 肖胜喜：《刑事诉讼证明论》，中国政法大学出版社1994年版，第36-37页。

⑤ 李浩：《民事举证责任研究》，中国政法大学出版社1993年版，第15-16页。

当事人承担风险及不利后果的法律假定，叫作举证责任。[①]

（11）举证责任具有双重含义。行为意义上的举证责任和结果意义上的举证责任。前者指当事人对所主张的事实负有提供证据证明的责任；后者指在事实处于真伪不明状态时，主张该事实的当事人所承担的不利诉讼结果。[②]

（12）举证责任既表现为十分具体的诉讼活动，即提供证据的活动，又与一定的法律后果即不提供证据或提供证据不充分的法律后果相联系。它有主观举证责任与客观举证责任两种含义。[③]

（13）苏联刑事证据制度认为举证责任应由司法机关承担。切里佐夫指出，证明责任是被了解为双方当事人对于自己所提出的各种主张有诉讼形式上的证明义务，而不履行义务，则有遭受法院不利裁判的危险，这种意义上的证明责任在苏联刑事诉讼中是不存在的。[④]

（14）应区分证明责任与举证责任。举证责任指对一定的诉讼主张应负的证明义务，证明责任指在诉讼证明中具有某种义务的人所承担的一切责任，不以诉讼主张和诉讼双方为限。它包括诉讼双方承担的举证责任，公诉机关承担的公诉责任，被害人承担的申诉责任和法院承担的审判责任。[⑤]

（15）证据责任，本包括收集责任、调查责任与判断责任三种，但从其主体而言，则又得分当事人责任与法院责任两种。在采当事人主义之立法例，其诉讼原则，在当事人应就其所声明之事实立证，而法院则对其立证之内容与方法加以指导。故诉讼系属后，当事人对其所主张事实，如何变化双方所争执，如何提出证明方法，仍由当事人负责收集与调查责任，法院负判断责任；采职权主义之立法例，则认为当事人所主张之事实是否真实，如何定其证明方法及如何证明，均属法院之责任。[⑥]

---

① 熊先觉：《中国行政诉讼教程》，中国政法大学出版社 1988 年版，第 120-121 页。

② 李浩：《民事举证责任研究》，中国政法大学出版社 1993 年版，第 15-16 页。

③ 李祥琴：《论民事诉讼中的举证责任》，载《法学研究》1990 年第 4 期。

④ 崔敏等：《刑事证据理论研究综述》，中国人民公安大学出版社 1990 年版，第 89-90 页。

⑤ 崔敏等：《刑事证据理论研究综述》，中国人民公安大学出版社 1990 年版，第 89-90 页。

⑥ 陈朴生：《刑事证据法》，台湾三民书局 1980 年版，第 302 页。

（16）举证为确定事实之途径，而其目的则在于阐明事实之真相，进而影响审判官之心证。不过同属举证者，检察官之举证活动异于被告之举证活动，此不独由于检察官之举证处于攻击之地位，而被告之举证处于防御之地位，且因为检察官对于举证习以为常，熟练于举证之技术，而在被告则不知举证，即使了解举证之重要性，但每无法为有效之举证。[①]

从上述所列举的对举证责任的表述可看出，对于什么是举证责任，在认识上确实是不一致的，而且差异很大。这是我们研究它的难点，但并不因此而阻碍我们的研究，相反，可把问题引向深入。这里仅对此作一般介绍而已，而不对举证责任的表述作最终的界定。

我们认为举证责任和证明责任一般来说应该是互相有所区别和联系的两个概念。此外，还有证人、鉴定人、见证人等法律关系主体在诉讼中也承担一定的责任，亦应加以研究。在我国诉讼中的证明存在三个方面责任的划分问题，即当事人提出证据证实自己的主张的责任以及没有实现这种责任的法律后果和司法机关收集证据、审查判断证明、查明案件事实并予以确定的责任及其法律后果，证人、鉴定人、见证人等其他诉讼参与人在诉讼证明中的责任及其未履行责任的法律后果。这些都是诉讼中极为重要的问题，都是我们研究的对象。举证责任或证明责任，以及证人等说明责任，或三者并行的表述是需要我们进行充分研究之后才能作出的。

二、从我国历代证据制度中剖析历史上的举证责任状况

（一）我国历代法制中的证据制度

法制是国家的重要制度，不论其发展程度如何，法制总是有的，因为它是治理国家不可缺少的工具，是社会发展的历史必然。而证据制度是应法制而产生的，服务于诉讼的需要，因此证据制度也总是作为法制的重要组成部分而存在的。不过，由于很少有人对我国历史上的证据制度作专门研究，史料也较少，是制度史中的薄弱部分。为了研究的方便，我们还是按照历史上不同性质的社会分三个阶段进行阐述。

① 刁荣华：《比较刑事证据法各论》，汉林出版社 1984 年版，第 192 页。

1. 我国奴隶制时代的证据制度

我国奴隶社会时间经历很长，时期划分上也存在分歧，大体上从夏朝开始，经历商、周，止于春秋。按其具体情况，又可分为两个阶段。

（1）夏、商以神明裁判为主体的证据制度。夏、商离现在历史久远，缺乏文字史料考证。根据传说和后来某些文字的记载，我国最先出现的证据制度，也和世界诸国一样，经历过神明裁判，即神示证据制度初级阶段。当时生产力水平低下，对自然和社会现象还不能作出科学解释，神灵统治了人们的心灵，人们敬畏神明，所以在司法中出现了神判，认为神是无所不知的，若要神不知，除非己莫为，只要你做了坏事，神就知道，所以，当人们提起诉讼后，无法判明真伪时，就只有仰仗于神明。中国传说中的“灋”字就是这样来的。法“刑也。平之如水，从水。灋所以触不直者去之，从去”。又说灋是“兽也，似山牛，一角。古者决讼令触不直”。王充在《论衡》一文中也作了类似的说明，传说中的皋陶，就是断案的法官，当公民争讼于官府时，如果无法判断谁是谁非，就用这种叫灋的独角兽去触之，被触者有罪，不触者无罪或胜诉。当然这种做法未必能解决诉讼中是非和罪与非罪的问题，王充对此进行了公正的评述。王充认为，“蛙角虎之性，徒能触人，未必能知罪”，而之所以这样做，是为了“欲神事助政，恶受罪者之不厌服，因维角虎号触人则罪之，欲人畏之不犯，受罪之家，没齿无怨言也”。这是当时统治者利用人们迷信神灵进行统治的一种方法，并非真的能作出什么公正的裁判。这种神明裁判是一种借神的名义来镇压犯罪的手段，让人服罪而不反抗。神兽决狱是把神的启示看成决狱的标准，凡神兽触之为有罪，不触者即为无罪，这无疑是十分荒唐的，但在当时确实盛行，因而称之为神示证据制度。

当然神兽判案的方法，只是方式之一，还有用“水审”“火审”“赌咒”等类似的办法来解决争讼的。新中国成立前，我国少数民族地区，还有一些神判的遗迹，如藏族中的捞油、景颇族中的捞开水、凉山彝族的捧、西双版纳傣族的吊簸箕等，都在不同程度上反映神明裁判曾在我国历史上存在过。但有文字的史料记载却很少见，这是为什么呢？这证明这些方法作为法律明文规定得比较少，主要流传在落后的地区。与国外比较起来，我国的神示证据制度没有国外那样典型，消失得也比较早，说明我国奴隶社会物质文明的程度较高。

（2）周朝的证据制度。在我国奴隶社会，除了存在神示证据制度外，还有类似控告式的诉讼和五声决狱的制度。根据《周礼》记载，周代的诉讼，已有刑民之分。以两造禁民讼，入束矢于朝，然后听之。以两制禁民狱，入钧金三日，乃致于朝，然后听之。这时已经将民事诉讼叫讼，刑事诉讼叫狱，并对诉讼活动中的收费标准作了不同的要求。民事交一百支箭，刑事交三十斤铜，交清后，才能审理，这说明古代的诉讼也是要收诉讼费的。

由于奴隶制社会发展到周朝时已有千余年历史，各种制度都比较完善，并在诉讼理论上有了一定的发展，强调对刑事案件要“惟察惟法”非佞折狱，惟良折狱，罔非在中。办案应当调查研究，做到公正不偏，才能正确断案，否则，就会出入人罪，对此必须追究，处以与犯罪同等的刑罚。反对“五过”，即“惟官”（依仗官势）、“惟反”（反报私人恩怨）、“惟内”（受女人影响）、“惟货”（接受贿赂）、“惟来”（接受请求）。在诉讼中，要兼听双方的意见，防止偏听偏信。对于疑难案件的审理，更要注意听取公众意见，使公众确信案件处理得当，《吕刑》和《尚书》中许多记载，反映了我国周朝时代的审判活动已经相当文明进步，反映了朴素的唯物主义认识论的思想，许多具体做法对今天仍有借鉴作用，当然这里也更多地包含了主观唯心主义的色彩。比如“两造具备，师听五辞”，即“一日辞听，二日色听，三日气听，四日耳听，五日目听”。就是强调在审讯中要注意察言观色，注意被告人的表情和心态，去判断是非。这虽然有一定道理，是经验的积累，但它是带有主观主义和片面性的，是经验主义在审判中的运用。

《吕刑》是周代的刑罚制度，在一定程度上也反映了当时的证据制度，对于查不清的问题，《吕刑》中提出了“罪疑惟轻”的原则，这是在证据不够充分的情况下如何处理案件的重要原则。虽然这一原则仍属有罪推定的范畴，但在“明德慎刑”指导思想的指引下，对于疑犯实行重罪改处罚金，轻罪免于处罚，这种思想对于后来封建社会的法律产生了深刻的影响。

（3）奴隶社会证据制度的特点。夏、商、周奴隶社会的证据制度是人类历史上最初形成的证据制度。但是由于这一时期很长，奴隶社会初期和末期必然有所变化，我们只能是大致将它分为两段作一些论述，其特点主要有：

① 神示制度消失得比较早。我国奴隶社会的诉讼证据制度和世界各国的证据制度发展史一样，曾经出现过神明裁判制度，但是由于我国是世界文明古国，在古代生产比较发达，科学技术比较先进，因此神判只是流传在民间，而无文字考据。这说明神明裁判在我国消失得比较早，而运用实质上的证据来查明案情是我国主要的办案方法，这在一定程度上反映出我国奴隶社会的文明程度相对较高，这与我国古代使用铜器时间较早，生产比较发达是分不开的。

② 我国奴隶社会的证据制度，带有朴素的唯物主义思想，注重调查研究和对证据的收集，其诉讼程序也带有较多的民主色彩，奴隶社会将奴隶看成是物，在法律上没有主体的地位。而我国在法律上反映出来的办案重点调查研究，方式比较民主，从本质上说是以奴隶主为代表的统治阶级内部的民主，而不是奴隶的民主，同时也在一定程度上反映了原始社会的习惯的影响，以及奴隶社会的物质文明，但绝不证明奴隶社会的诉讼民主化，也不说明当时人民有较多的权利，或者采用了比封建社会更进步的证据制度。

③ 在证据不足的情况下实行疑罪从轻原则，对我国证据制度在历史上有过重要的进步作用。诉讼过程中，任何情况下都会出现一种对证据有疑情形，这时怎么办？有三种态度：一是罪疑从有；二是罪疑从轻；三是罪疑从无。我国奴隶社会能采用罪疑从轻的原则，在特定的历史条件下，不能说不是一种进步的做法，对我国后来的证据制度的发展起了良好的作用。

2. 我国封建制度下的证据制度

我国封建社会一般认为始于战国，完成于秦。秦王朝统一六国后，建立了中央集权的封建社会。当我国进入封建社会后，世界多数国家还在奴隶制统治下，我国封建社会比国外有更长的历史，发展也最充分，所以在各方面反映出和西方世界许多不同的特点。在证据制度方面也一样，西方封建社会还保留了神示证据制度的残余，而且建立了典型的法定证据制度，我国封建社会却与此有较大的差别。

（1）口供决狱。我国封建社会在处理案件过程中，把口供放在十分重要的位置，甚至达到无以复加的程度，因此出现“无供不录案”，指出“罪从供定，犯供最关紧要”。把口供看成是最重要的证据，没有口供，就不能判断案情，作出判决。所以历史上各个封建王朝都实行残酷的刑讯逼供，以致“五毒具备，呼声沸然，血肉溃烂，宛转求死不得”。非逼迫被告人承认不可。这种以口供决狱的做法，是我国漫长的封建时代一直采用的办法。

刑讯制度化、合法化是我国刑讯逼供的重要特征，并通过长期的司法实践，总结了一套刑讯的经验。从云梦秦简中记载的情况来看，即使在先秦，封建社会的初期，刑讯已入律并成为一种程序，但并不是对谁都用刑讯，而是先让嫌疑人交代，进行辩驳，只有当确认他狡诈而不如实陈述时，才使用刑讯，以迫使其讲出实情。看来刑讯是作为收集口供的一种特殊方法。《治狱》中说：“治狱，能以书从迹其言，乃治（笞）谅（掠）而得人请（情）为止；治（笞）谅（掠）为下；有恐为败。”“凡讯狱，必先尽听其言面书之，各展其辞，虽智（知）其，勿庸辄洁。其辞已尽书而毋（无）解，乃以诘者诘之。诘之有（又）尽听书其解辞，有（又）视其他毋（无）解者以复诘之。诘之极而数池，更言不服，其律当治（笞）谅（掠）者，乃治（笞）谅（掠）。”[①] 这些记载说明刑讯在秦朝时已入律成为法定程序，但只有在必要时才不得已而为之，并不认为是最好的办法。至于到了汉朝、唐朝，刑讯方法有了进一步发展和完善，真正实现规范化、制度化，甚至科学化，总之使被讯之人不得不说出真情。在唐律中有许多详细的规定。当然，不能因此而认为刑讯是科学的，但在当时

① 《睡虎地秦墓竹简》，文物出版社 1990 年版，第 245-247 页。

的条件下，确实总结了司法实践中的经验，最大限度地把刑讯推到比较规范的程度。不过这种刑讯发展到后来，更加野蛮，不但对被告刑讯，对告发者也可刑讯。有证据，没有口供，不能定案；没有证据，有了口供，却可定案。把口供在断案中的作用强调到令人难以接受的程度，把重口供、轻证据的主观唯心主义思想在证据制度史上推向极端的程度，令人谈虎色变，望而生畏，这也是封建社会的腐败在证据制度中的反映。

（2）形式证据的存在。我国古代社会开始的朴素唯物主义逐步被机械唯物主义所取代，进而发展成客观唯心主义，这种思想必然反映到社会各方面。在证据制度上表现为形式证据。西方特别是西欧封建社会实行法定证据制度，在我国，经过历史的考证，它们那样的法定证据制度是没有的。法定证据制度的实质是推行封建等级制度，保护封建特权，维护中央集权，中国封建社会是中央高度集权的国家，没有必要以维护证据制度的统一来达到维护中央集权的目的，但由于我国封建社会也是等级社会，为了维护封建制度，在证据制度的本质上是共同的，即具有严重的形式主义色彩。法定证据是形式主义的产物，所以他们有许多共同的地方。这种形式主义表现在以下方面：

① 众证定罪。所谓众证定罪是指对同一事实的认定在证据上有数量上的要求，以多数人的证明为依据定罪，《唐律疏议·断狱》中指出：“称众者，三人以上证明其事，始舍定罪。”如果二人证实，不能定罪，但如果五人中有三人证实，二人否定，亦不能定罪。可见我国封建社会对于证据事实，是以人数多少来认定的，其实多不一定是事实，少不一定不是事实，这种众证定罪，纯属形式主义。

② 依身份不同，证据的效力不同。同是证人，士大夫的证言，其效力高于一般平民的证言。甚至规定父为子隐，子为父隐；除了谋反外，部下不得检举上司，奴婢不得检举主人，以此来维护稳定的家长制和封建等级特权。

③ 口供主义。口供至上，把口供放在证据的特殊地位，好像有了口供，处理案情就不会错。这种重口供的思想，实际上也是把个别案件中的口供的作用加以夸大，成为普遍的要求，是适用证据中形式主义的另一种

表现形式。

④ 办案人员深入实地，勘验调查。我国封建社会司法人员受理案件后，必须深入现场勘验和调查，作为一种必经程序。从出土的秦简中发掘的资料来看，当时对于现场勘查已经有了严格的要求，并对每一步骤都进行了详细的规定。这说明当时勘验的技术已有相当的发展，办案人员必须按规定把每一细节详细了解清楚。爰书，向上级呈送。秦以后，各朝都很注重现场的勘验和调查，南宋时的《说冤集录》很详细地记载了勘验过程，说明当时的勘察技术和法医学都发展到相当高的程度，而且这些做法在法律条文中也有反映。

为了说明问题，这里引由秦简中的一份爰书，就可见一斑。爰书：某亭的求盗甲报告说："在辖地内某处发现被杀死的梳髻无名男子一人，前来报告。"当即命令史某前往检验。令史某爰书："本人和牢隶臣某随甲前往检验，男子尸体在某家以南，仰身，某头上左额角有刀伤一处，背部有刀伤两处，都是纵向的，长各四寸，互相沾渍；宽各一寸，伤口都中间陷下，像斧砍的痕迹；胸部、额角和眼眶下部都出血，污染了头部、背部和地面，都不能量出长宽，其他部位完好无伤；身穿单布短衣和裙各一件，其短衣背部与伤口相接处，有两处被伤砍破，与伤口位置符合，短衣背部和衣襟都染有污血；男子西方有涂漆的秦綦履一双，一只离男子六步有余，一只离男子十步，把履给男子穿上，恰相适合；地面坚硬，不能查知杀人者的遗迹；男子系壮年，皮色白，身长七尺一寸，发长二尺，腹部有灸疗旧疤两处；男子尸体距某亭一百步，距某里士伍丙的农舍二百步。命甲用布裙将男子掩埋在某处，等候命令，把短衣和履送交县。讯问甲同亭人员和丙，是否知道男子死在哪一天，有没有听到呼喊有贼的声音。"[①] 从上述睡虎地爰书可以看出在2200年之前的先秦时期，其司法检验已如此周密，说明当时现场勘查的技术以及要求是十分严格的，与我国目前的某些基层的现场勘查相比，毫不逊色。

（3）伪证有罪，诬告反坐。在我国封建社会，故意作伪证是要承担刑

① 《睡虎地秦墓竹简》，文物出版社1990年版，第266-267页。

事责任的。唐律规定："诸证不言情""致罪有出入者，证人减二等"。明律也规定："若鞫囚而证佐之人，不言实情，故行诬证，致罪有出入者，证佐人减罪二等"[①]，也就是说伪证按使其出入的全罪减两等量刑。证人如此，诬告者亦须反坐。秦简法律问答中解释，诬告分为故意和非故意两种：故意诬告者构成诬人罪，应以其诬告之罪反坐；非故意诬告者为告不实，一般罚缴铠甲二副。唐律和明清律都有类似规定。这种诬告反坐的证据思想是合乎情理的有益思想，在我国历史上起过进步作用，对诬告进行了控制，坚持控告要实事求是。

（4）亲亲相隐及其发展。封建社会是以家庭作为最基本的细胞，是统治的基础，实行家长制。因此除了谋反罪之外，在法律上明确推行亲亲相隐，不准互相告发，此类案件不但不受理，而且对告者要处罚。不但亲亲相隐，而且婢主相隐，臣君相隐，就是奴婢不得告主犯上，臣下不能告君犯上，以严格地维护封建统治关系。这些做法对于巩固封建统治起了历史作用，致使我国封建社会维持了两千多年。

（5）罪疑惟轻。所谓罪疑，《唐律》作了解释："疑，谓虚实之证得，是非之理均，或事涉疑似，旁无证见，或旁有闻证，事非疑似之类"。也就是疑罪并非主观想象，而是属于证据不足，或事实不明，两难境况，无法确认。在这种情况下如何处理，历来有争议。我国封建时代采取从轻处理的办法来对待这类问题，这在当时是进步的做法，是我国封建统治者慎刑思想的表现。

3. 清末的证据制度

我国清朝末年为时虽短，但研究其法律制度，仍然与历代封建社会有所区别，出现了新制度的萌芽。如清末制定的《大清刑事民事诉讼法》第70条规定："承审官即将两造证据供词细心研究，秉公判断。"1921年北洋军阀政府在清末立法的基础上颁布了《刑事诉讼条例》规定："证据由法院自由判断之。"这些规定反映了当时已接受了西方自由心证证据制度对于证据的采用和事实的认定凭法官的内心确信来确认。尽管这些规定在

① 参见《唐明律合编》，第677页。

当时并未完全实行，但还是说明西方证据制度已在我国移植和存在了。

（二）历代证据制度中的证明和举证责任

我国历代证据制度的史料不全，而对证据制度中的证明和举证责任的研究就更少了，必须从过去资料中进行挖掘，才能有所发现。现有的史料表明，我国历代的诉讼都是法官集侦查、控告和审判于一身，没有单独的侦查机关和控告机关，而告发者就是控诉人。原被告双方都有证明责任，法官依据职权主动收集证据，判断是非曲直，作出裁判，法官不但是裁判者，也是控告者，对案件的证据和裁判全权负责，因此我国的证据制度的证明和举证责任是有别于国外而有独具特色的。

1. 法官对案件的处理负有完全的证明责任

我国从夏、商到清末，数千年来，特别是自先秦以来的两千多年封建社会里，实行司法办案由法官全权负责制。法官在证明活动中具有完全的证明责任，其主要表现是：

（1）法官负有收集证据的责任。从现场勘验到调查访问，法官有责任收集各种证据材料，并直接对被告进行刑讯收集口供，对控诉者进行盘查直至讯问，收集原告的陈述。无须经过其他机关和官员，将侦查权、控诉权、审判权集于一身。

（2）法官负有审查判断证据的责任。对于收集获得的证据是否真实，法官有权审查、讯问和检验，确认证据的可靠性。

（3）法官有权决定证据的取舍，并对事实作出认定。对于证据可靠不可靠，法官可以采取一切方法进行判断，然后进行取舍，对案件事实作出认定，从而作出裁判。

（4）法官对事实认定正确或错误承担法律后果。法官断案，如果发现判断有错，或与事实有出入甚至冤案，法官要依法受到制裁，甚至实行反坐，十分严格。这说明法官不但有确认案件事实的权力，同时也承担错误确认案件事实的全部法律后果。

为什么我国法官对案件的证明责任全权承担呢？这与我国诉讼所采用的模式有关。我国长期以来，实行侦查、检察、审判三位一体，被告人没有辩护权。在这种诉讼体制下证明责任全部落在法官的身上是理所当然的。这种制度总体上是不可取的。但是由于它职责明确，对于错案责任的追究也就容易落实。从这个角度来说又是有其长处的。因而我国审判方式在结构上虽对法官制约很少，但由于实行错案责任制，法官一般情况下不敢滥用职权，这一点又是极为可取的。

2. 被告人负举证责任

在封建社会，由于口供决狱，被告人就必然成为案件的中心人物和主证的来源。法官的首要任务就是如何取得被告人认罪的口供。在那个年代，一旦被人指控，就只有承认其犯罪的义务，没有丝毫辩护权，处于十分不利的地位，只有达官贵人稍有例外。由于口供在证据体系中特别重要，实行无供不录案，所以被告人不但要承认其犯罪，还必须交代其实施犯罪的过程，提供有关证据，如果不这样，就要对其进行拷打，施用肉刑，直到被迫承认为止，因此被告人承担了举证的主要责任，是证据收集的主要对象。

3. 控诉人（原告）负举证责任

控告人即原告，负有举证责任，在民事诉讼中各国都是适用的，一般实行“谁主张，谁举证”。在我国历史上的刑事诉讼中也是由控告人负举证责任的。《唐律·斗讼》中规定：“诸告人罪，皆须明注年月，指陈实事，不得称疑。违者，笞五十。”“凡告词讼对问得实，被告已招服罪，原告人无待对事理，随即放回。”这也说明控告他人犯罪必须提供犯罪事实，不应是猜测和怀疑，否则应被处罚。如果所告之罪，被告已供认，可以回去。否则将原告关押，不得回家。“诸拷囚，限满而不首者，反拷告人”中规定经过再次拷问被告，拷打达到法定限额，还不招供，反过来拷打原告，以审查其事实。这种纠问式的拷问，把证据的收集重点放在原、被告身上，在国外是少见的。原告亦负举证责任，可以说是我国历史上举证责任的特色。这种举证责任是以被告为基点，但被告不予承认时，举证责任即转移到原告。其转移的缘由是被告不供认，并且据此而追究控告者“诬人”罪或“告不实”罪，承担刑事责任，也就是说举证责任不能完成就可转化为刑事责任，这种做法虽然是十分野蛮的，但对于制约诬告行为，防止随意提起诉讼起到了重要作用，对于保证控告的真实性，提高诉讼质量有一定意义。

4. 重刑轻民的举证责任体制

几千年来，我国在经济上是一个以农为本的国家，在社会结构上是一个以家庭为基本结构和推行家长制为主体的社会，在这种体制下，人们基本被禁锢起来，重农抑商是我国历史上的国策，因而商品经济不发达，民事纠纷不突出。再加上我国有民间调解纠纷的传统，民事纠纷一般都通过家庭、邻里之间的活动加以化解，因而国家的主要精力都注视着刑事犯罪。当然这只是总的趋势，并不是一贯如此，我们从先秦时期的情况来看，当时体现在法律中的是刑民合一，对民事方面也有许多规定。后来六国归秦，成为统一的国家，商业交往受到封建制度的限制，商业不被看重。所以法律条文中见到有关民事方面的规定很少。在举证责任方面更为突出，主要是对刑事诉讼作了许多规定，历代各期的法律都有反映。这表明我国是一个重刑轻民的国家，因而民事方面法律制度较少，民事审判从属于刑事审判，参照刑事方面的规定进行，没有什么特色。这一状况，对我国现代的诉讼制度也有某些影响，只是近些年来，由于改革开放，商业发展迅速，经济方面的问题增多，法制也得到了加强，这才打破这种格局。

（三）我国历代举证责任的借鉴和启示

我国是世界文明古国，有近五千年的辉煌历史，但长期处于缓慢的发展过程中，这是为什么呢？不能不归结于某些历史的重负，其中法律文化的影响也是原因之一。我国一贯墨守陈规，不思变革，几千年一贯制。当我们翻开先秦的竹简，看到当时的司法状况，一方面发现我国古代法制的先进以及灿烂的法律文化，赞叹不已；另一方面则使人感到两千余年来基本没有变化，我们现在的做法还和过去的做法差不多。这就说明古文明对现时的重负，令后人惭愧。从历史的研究中能让我们得到一些什么呢？我们应该深省，并主要在以下几方面获得借鉴和启示。

1. 开拓前进，再造辉煌

研究数千年的历史，发现我国古代有极其丰富的法律文化，在举证责任方面有许多可以借鉴的地方，但更多的是感到数千年一个样，变化不大，因而如何吸取优秀的历史文化，开拓新的局面，再造我国现代中华法系的辉煌，是非常重要的，也是我们研究历史的指导思想，而不能采取虚无主义，否定过去；也不能沉醉于历史，举步不前，而应重新振奋，创造辉煌，繁荣我国的法学。

2. 举证责任与诉讼模式之间存在紧密的联系

举证责任是特定诉讼模式中的举证责任，因此诉讼模式决定了举证责任的分配和结构。我国封建社会的纠问式诉讼，法官集侦查、控告、审判权于一身，被告处于无权地位，没有辩护权。这种特定的诉讼结构决定了法官办案，享有极大职权，对案件的事实认定到如何处理具有全部决定权。正因为如此，案件的处理正确与错误，法官要负绝对责任，所以在举证责任或证明责任的配置上，法官也必须承担对案件的全部证明责任直至全部法律后果。而被告人与控告人处于无权地位，他们对案件事实负举证责任，只是因为被告人无反驳控诉的权力，所以对指控事实负举证责任，而控告人在法官的控制下对自己的主张负有举证责任，如果指控未被被告人承认，自己将受到纠问和拷打，直至被追究诬人罪或告不实罪。由此可知，诉讼模式和结构决定举证责任的分配和内容。但举证责任的结构也不是完全消极地处于任人摆布的地位；举证责任的分配反过来作用于诉讼模式，影响诉讼模式甚至可以变革诉讼模式。比如当事人完全承担举证责任，就必须让当事人享有收集证据的权利，在刑事诉讼中必须享有侦查权，实行起诉一本主义，法官不负举证责任，那么法庭审理就必须充分辩论、交叉询问，否则就很难判明事实真相，所以对举证责任的研究必须和诉讼模式与结构的研究结合起来，否则就无法进行。

3. 举证责任和证明责任应是两个不同而又紧密联系的概念

从我国封建社会诉讼过程中可以看出：在运用证据上存在两种不同的责任，一种是法官凭借职权全面收集、审查判断证据，认定案件事实的责任；一种是从当事人的身份和愿望出发收集和提出证据的责任，以保障自己的权益。这两种不同的证据责任是客观存在的，它们之间存在实质性的差异，不应混为一谈，因此就应运用不同的概念加以表述才合乎科学。我们以为前者为证明责任，后者为举证责任。当然，我们也应看到这两者的相似之处，它们紧密相连，不可分割，在一定程度上存在包容和被包容的关系。

4. 举证责任的内涵丰富，值得深入研究

对举证责任不能简单地理解为提出证据，应包括其行为目的和行为后果以及不履行责任的结果。举证责任的划分对于整个诉讼进程的作用，对查明案情的意义等都有待深入探讨，有极其丰富的内容。

5. 我国有丰富的法律遗产和灿烂的法律文化

其举证责任某些方面亦可古为今用，这里举《睡虎地秦墓竹简》中所供的材料为例：

（1）倡导与犯罪作斗争。《法律答问》中解释：有人伤人、如离100步内不救援者应予以治罪，而对于检举控告罪犯的人经核实可靠，应进行奖赏。

（2）对匿名信不予受理，查出投匿名信者应予治罪，对诬告者实行反坐。这方面的记载很多，特别是接到匿名信的人不许拆看，拆看者也要被治罪，这样就使匿名信丝毫也不会发生作用，而对诬告者处理也十分严厉，这对诬陷他人的行为打击也是得力的，有利于发扬正气。

（3）对司法人员的职责有严格要求，任何疏忽都会受到严格的惩罚。现举一例：“士伍甲盗窃，如在捕获时估其赃物价值，所值应超过六百六十钱，但吏当时没有估价，到审讯时才估，赃值一百一十钱，因而判处耐刑。问甲和吏如何论处？甲应黥为城旦；吏以用刑不当论罪，如系故意，以不公论罪。”① 而我们当前的法官见此会有何感触呢？那恐怕应治罪的人就太多了。

① 《睡虎地秦墓竹简》，文物出版社1990年版，第166页。

（4）严格根据程序进行，依法办事。如《睡虎地秦墓竹简》中记载：“凡审讯案件，必须先听完口供并加以记录，使受讯者各自陈述，虽明知是欺骗，也不要马上诘问。供辞已记录完毕而问题没有交代清楚，于是对应加以诘问的问题进行诘问。诘问的时候，又要把其辩解的话记录下来，再看看还有没有其他没有清楚的问题，继续进行诘问。诘问到犯人辞穷，多次欺骗，还改变口供，拒不服罪，依法应当拷打的，就施行拷打。拷打犯人必须记下，爰书：因某多次改变口供，无从辩解，对某拷打讯问。”上述进行拷问的做法虽然为我们严格禁止，但从记载的内容来看，严格的讯问程序，依法办案的精神还是可以借鉴的，今天我们有的司法人员办案，与上述比较尚存差距。

以上所举的几点，仅是古代法律文化中的点滴，那种鼓励与罪犯作斗争，严格禁止诬告，依法定程序办案等仍然是我们今天在证明过程中需要重视的法度，对今天举证责任的研究还闪烁着辉煌的光芒，应当吸取其精华。

三、西方各国关于举证责任的理论及其概念的表述

（一）以英国为代表的当事人主义类型的举证责任

英美法系，在诉讼上实行当事人主义。对于举证责任，他们认为是一个具有多种含义的概念：一般来说，它是指证明某一事实或某些事实的义务，然而人们对“举证责任”这一用语在不同情况下的使用有不同的含义，至少存在三种不同意义上的使用。

（1）它是指当事人证明其案由的一般义务（或叫一般责任）；

（2）它是指当事人证明任何单独争议或与该争议有关的事实的特定义务（称特定责任或具体责任）；

（3）它是指提出证据以据实争议事实的义务（即提证责任或证据性责任）。

为了说明这三种意义上的举证责任的划分，试举一例说明：如以过失之诉为例，原告担负证明被告有过失的一般责任，此外，原告还有证明被

告导致过失之具体行为的具体责任，如行车不快、没有看见交通信号、对车辆没有很好保养等，原告有责任提出证据逐一证明这些事实。如果该诉讼的被告声称原告被撞是由于原告自己粗心大意，那么被告便得担负证明原告过错及提出证据证明其主张的特定责任（证据性责任）。由此可知：一般责任由几个特定责任所构成，而特定责任如何组成一般责任的问题，其具体责任内容则要参照实体法规定来加以确定。因此，一般责任和特定责任合称为法定举证责任。一般情况下，特定责任是由负一般责任的当事人负担。但在有些情况下也并非如此，如上例中负证明因原告粗心大意造成的责任就由被告人负担。至于提证责任，一般是随法定单证责任发生的。比如在谋杀的指控中，否定被告出于义愤而杀人的责任由起诉方担负，但如果被告人要证明杀人是出于义愤，这就要求被告提供证据证明，也就是说被告人负有提证责任。

以上系关于诉讼中举证责任的一般概述及对举证责任内容的理解。举证责任的承担虽有一般的规定，但在特定情况下，有人认为也是可以转移的。这种情况主要发生在推定中，传统的观念是：它将其责任转移至推定所不利的一方当事人。如某人以接受遗产为由要求在遗产中得到一份，而声称是某婚生的，那么他便负有证明婚生的特定责任。如果他能证明他是某合法夫妻所生，便适用婚生的推定，法院推定为婚生，除非对方提出此人不是配偶之婚生子女的证据否定其合法性。在这种情况下，举证责任转移到否定者这一方，这是推定引起的。即在合法的婚姻存续期间所生子女推定为合法的婚生子女，如果要否定这一推定的正确性，必须举出证据证明该子女并非自己所生。但如果仔细地推敲一下，便可看到否定并非婚生所举的证据是证明的另一事实，而不是将推定者本人的责任像卸包袱一样卸给对方。因此对他们主张正确的理解是：一方当事人履行特定的举证责任后，他方当事人便负担不同的责任。著名的诺克斯教授在《证据概论》中作了如下的结论性论断：“起诉者或原告负有一种举证责任，即证明某些事实的义务。被告则负有另一种举证责任，即提出不同事实之证据的义务，如债务之偿付，或者反驳对方证据之其他事实。举证责任的转移是指：甲卸去负担，使乙又承受另一种负担。但甲决不是将负担推给乙，乙也不将负担推还给甲。转移的虽然是义务，然而却是证明不同事实的义务。”因此他认为当事人不能转移举证责任，但可以通过提出证据证明某一事实而引起对方当事人负担另一不同的事实的举证责任。用英国著名的“事实本身即为证”的格言来说明这一关系是极为恰当的。

上述对一般的举证责任进行了介绍，为进一步说明举证责任，还应根据诉讼性质的不同加以研究。

1. 民事诉讼中的举证责任

一般的证明其所主张的任何事实之责任，由原告负担，即“谁主张，谁举证”。但在实践中，许多事实常因被告的自认而免除其举证责任。在诉讼中，当证据发生可采性争议时，主张某项证据可采的当事人负有证明该事实的责任，而不主张的人不负举证责任。

在民事诉讼中，特定的举证责任的范围常受实体法和诉状具体内容的影响，如原告必须证明构成其诉因之基本要素的每一基本事实，对于原告的任何肯定主张，亦须举证证明，以反驳被告的辩护或进行抗辩。原告在诉状中的主张，原告都应提供证据，除非有共同认可的推定或司法认知的确认。同时原告还必须证明答辩状中自己所肯定的主张，但对方当事人可以信服。如诽谤之诉中，如果被告提出特许权以为辩护，原告便必须证明被告发表的言论是恶意攻击。同样，在违反契约之诉中，如果被告申辩未履行契约是由于“受挫”，原告反驳“受挫”时，不但要证明被告违反契约，还要证明被告有其过错。被告对其所反驳的特定事实，负有证明责任。如果被告只是针对原告的主张而加以否认，便会使事实处于不明状态，而把证明责任归诸原告。但如果被告在辩论中提出明确的主张，或承认了规避原告之主张，则由被告证明所主张的事实或规避的事实，如上述此例，若诽谤之诉中的被告仅仅否认发表了诽谤性言论，他便负特定举证责任，如果被告声称其有“特许权”“证明适当”或公正评论，非故意损害他人名誉，那么他便负有所有这些事实的证明责任。因此，民事诉讼中一般举证责任应由原告负担，而特定举证责任由双方当事人分别负担。

2. 刑事诉讼中的举证责任

刑事诉讼在英国实行无罪推定原则，证明被告有罪的一般举证责任由起诉方担任。因此起诉方有首先提出证据的权利，只是在特别的情况下，如曾宣告无罪的情况下才能例外，控方除了一般的举证责任，还必须承担对所控犯罪的每一构成要件的特定责任，包括反驳举出证据进行辩护的责任。至于由哪些具体的举证责任组成的一般举证责任，这应由实体法来规定，这里举伍尔明顿诉检察官一案为例。在该案中，被控谋杀妻子的被告人声称杀妻系出于偶然事件。初审法官在“证据概述”中指示陪审团，如果检察官证明被告杀死了妻子，那么证明杀人系出于义愤或事故的责任便由被告负担。最后，上议院以法官错误指示陪审团为由，宣布判决无效。

在刑事诉讼中，尽管法定举证责任有时由被告方负担，但这种情况实际上并不多见，大体上有以下一些情况：(1) 如果应被告请求而引起精神错乱的争议，则被告方有责任证明之。这可视为精神正常之直接推定的结果。同样，应被告请求而引出答辩不适或减轻责任的问题，被告方便负有答辩不适或减轻责任的义务。(2) 有些法律规定了被告方负有特定举证责任。减轻责任的法定辩护前面已经提过，此外还有某些规定。只有在起诉方证明特定事实之后，举证责任才由被告负担。如在公路上及公共场所驾驶机动车的司机，如果指控其血液中的酒精含量超过了限度，要想不被判处有罪，司机必须证明既然其血液中的酒精含量超过了限度，他便不可能长久驾驶车辆等，并作出合理解释。(3) 在法庭上证明特别答辩的举证责任由被告负担，如上述的例证。(4) 法律规定某一特定行为属于但书，例外免除或限制性条款所列情形，则不构成犯罪。那么证明案件适用该但书、例外、免除或限制性条款的责任，由被告负担。除上述情况外，还有被告负举证责任的许多情况，难以一一说明，因为地方的差异性和判例的多样性就使其这方面的规定比较复杂。

总之，根据法律规定，所有争议的证明责任原则上均由起诉方负担，法律另有规定的除外。在审判的某一阶段，起诉方可以提出充分的证据以暂时履行证明责任，并因此要求被告作出某种解释。虽然证明责任仍由起诉方负担，但提证责任已经转移给被告方。当然被告一旦反驳，便再转移给起诉方，起诉方也有反驳的责任，这样在审判中，提证责任便可以来回转移，而证明责任都始终由起诉方负担。

3. 举证责任达到的程度

与举证责任的内容、分担以及转移等相关的，便是为了履行举证责任，有举证责任的一方需要使证据达到什么程度或证明标准。按英国传统的观点，有两条可选择的标准，即无合理怀疑的证明以及盖然性优势的证明。前者为刑事案件中适用的标准，后者为民事案件中适用的标准，但实际上，该两条标准并无根本性区别，只有程度上的不同而已。因为，无论是民事还是刑事案件，法官和陪审团所关心的是：所证明的情况是否使之信服。如果主张的问题性质严重，要使法官信服，当然要求更高的证明程度，所以实际上民事案件要求的证明程度要低。一般说来，这两条证明标准说明两种不同的证明程度。但具体如何区别，要根据主张问题的性质和严重程度，以及法官和陪审员的内心感受，客观上是无法具体讲清楚的。但有一点是可以肯定的，即刑事案件的证明要求要高于民事案件的要求，而民事案件中的证据也必须达到高度盖然性的程度。

那么，民事诉讼和刑事诉讼中的不同证明标准，具体怎么理解呢？

民事诉讼中的证明标准是盖然性优势的证明。一般规则是：无论负担的是一般举证责任还是特定举证责任，皆适用这条标准。即使在民事诉讼中，提出了刑事性质的问题，也适用盖然性优势的标准，不过要求盖然性程度更高而已。有些人认为：在离婚诉讼中，对婚姻的主张，必须达到无合理怀疑的证明程度，这种观点是指婚姻犯罪，特别是通奸的准犯罪性质的案件，以及有关刑事性质的案件。但遭到另一些意见的反对，认为既然是民事诉讼中提出的问题就应按民事案件的证明程度来要求。不过这类问题是民事诉讼中的个别现象，不会妨害对整个诉讼中的证明程度的原则运用。

刑事诉讼中的证明标准是无合理怀疑证明。但对此也是有条件的，只有当起诉方负担举证责任时，它才是刑事诉讼中的适当标准，这就是说要求起诉方对被告指控的犯罪事实要达到无合理怀疑的程度。“无合理怀疑”的措施如何理解，引起了许多的司法分析。丹宁法官指出，无合理怀疑，并非意味着毫无怀疑，……如果证据对某人非常不利，有利的可能性甚微，则这点可能性亦可由判决“当然，它是可能的，但一点也不确实的”所消除了。案件可以无合理怀疑地予以证明。但是，未达到无合理怀疑的充分程度便不足以证明。许多人试图改变“无合理怀疑”这个公式，而用“确实感到”被告有罪或“被彻底说服”来代替，但仍然不理想。因而“无合理怀疑”的原则仍然是指示陪审团描述起诉方责任的最保险的方法。对于被告负证据责任的情况和少数刑事案件，则适用于民事诉讼的证明标准——占优势的可能性证明。

4. 证据外确立事实的方法

在诉讼活动中，除了通过举证来确认案件事实（这是普遍的行为），还有一部分事实，在特定条件下无需经过举证，可以依据法律的规定不经举证而确认，也即免证事实。那么怎样来确认呢？一般通过推定来确认。由谁推定，什么情况下可使用推定，具体有以下几种。

（1）正式承认。正式承认，又叫司法承认，同非正式承认以及供认是有区别的。非正式承认和供认是证明承认或供认事实的方法，也就是说正式承认和非正式承认其内容是相同的，但承认的条件和场合不同。正式是在法庭上的承认，可以免除起诉方的举证责任，而非正式承认是法庭外的承认，不能免除起诉方的举证责任。不过在特定情况下，可以将非正式承认转化为正式承认，这时非正式承认也就起法律效力了。同时，法庭外的承认必须采用书面形式作出，如果经法庭允许，他可以收回其承认，因此，与正式承认是不相同的承认。

（2）司法认知。在诉讼中，法院对某些事实无须证明，就可以确认其存在与否，这些事实被称为司法上的认知。司法认知原则是从常理中提出来的，许多事实无须证明已非常清楚，再去加以证实则是迂腐，这就只需法院行使司法认知权予以认知即可。认知事实的范围非常广泛，无法一一概括，主要是日常生活的常理，为人所共知，不会发生争议。如日常所见之物、地点、人或禽兽的习惯、行动与反应、自然现象、景物、四季变化等，又如妊娠的期限、动物名称、日落日出、酒醉的状态等。在一般情况下，法院不经调查就可以司法认知确认某项事实。但有时候，对不属于自已实际常识范围内之争议事实，法官在对事实进行法律认可之前，还须参考有关资料，作一些了解，但这不是证据，而是使事实得到了司法认知，如对某些法律、习惯，由于不熟悉，还必须查阅有关资料才能证实，对这些都只能由法官作出，而不是由陪审团作出。

（3）推定。在某些情况下，法院可以推定某项有利于一方的事实，从而解除该方的举证责任。推定根据不同情况分为可以推翻的推定和不可推翻的推定。推定的结果往往是把推定对己有利一方的举证责任转移到另一方，因此推定也可以认为是举证责任的内容之一。但是，并非所有推定都会产生举证责任转移的问题，有的也不产生。

推定一般有两种形式，即直接的和推理的，后者有更大的实用性。直接推定是不需要证明任何基本事实的程度，因此直接推定实际上是决定举证责任应由哪一方负担的法律规定。最普遍性的直接推定是无罪推定和精神正常的推定。在起诉人证明被告人有罪并排除了关于有罪的一切合理怀疑之前，被告人被推定为无罪的；在证实某人精神失常之前，他也总是被推定为精神正常的。在作出这种推定之前，无需根据任何基本事实，所以也就不存在举证责任转移问题，它仅决定了第一次举证责任由哪一方承担。推理性推定则是在诉讼一方证实了某项基本事实之后，根据这项事实推证出的推定，这种推定对另一方不利，所以也就把举证责任转移到后一方。这种推定是可以推翻的，如合法夫妻关系存续期间所生的子女是婚生子女，如果要否定这一推理，必须提出有关证据，说明是非婚生子女，而这个责任应由否定方举证。将推定按其具体情况可以分为以下不同的类：可以反驳的法律推定、不可反驳的法律推定、可反驳的事实推定。

此外与举证责任有关的还有佐证。在司法实践中，任何人可以通过提证而履行举证责任，但也有例外情况，依据制定法除了一般的举证外还要求佐证；也有根据惯例而要求佐证，这时“佐证”就成为必需的，不“佐证”就会带来败诉的危险。佐证包含以下两种情况。

一是根据制定法要求的佐证的情况，包括：① 伪证。根据 1911 年《英国伪证法》第 13 条规定：不能仅仅依据一位证人被控为虚假陈述的不真实性提出证据，判处某人犯了伪证罪。依该法要求对于伪证罪就必须佐证，才能算证据充分。② 确认亲子关系。1957 年《确认亲子关系程序法（修正）》第 4 条规定：法官可向假定的父亲发出“私生子父亲鉴定令”，但是，倘若父亲提出证据，法庭便不能签发以上命令，除非女方所提证据有材料加以佐证，并使法官感到信服。如提出在怀孕确已发生之时双方当事人有性行为的证据，双方当事人的亲昵行为的证据可作为佐证。③ 介绍妇女卖淫。1956 年《性犯罪法》中很多条文均规定了惩罚各种形式的介绍妇女卖淫，但该法律规定：不得仅依据一证人的证言判处某人有罪，除非在某些重要细节上有牵涉被告的证据对证言加以佐证。由于证人通常是受害人，我们便应意识到：佐证之所以需要，因为有的证人可能歪曲真相。④ 儿童的非附誓证言。对能够理解说实话的责任，但不理解宣誓性质的未成年儿童，可在刑事诉讼中提供不宣誓的证言。由于这种证言的固有的不可靠性，1933 年《《睡虎地秦墓竹简》，文物出版社 1990 年版，青少年法》规定：儿童提供的证言，除非由其他涉及被告的实质性证据所佐证，均不得作为判处被告有罪的证据。也就是佐证必须是与被告犯罪有关，而且应为非附誓的证据。⑤ 速度限制。被指控超速驾驶机动车辆的司机，不得对其仅仅依据一位证人认为司法超速行驶的证言而判处有罪。1967 年《公路交通规则法》规定：如仅意见证据，需要佐证，如属非意见证据，无需佐证。

二是依惯例要求佐证的情况，包括：① 同案犯。同案犯的证言要经过佐证才能判处被告有罪。在戴维斯诉检察官的典型判例中，上议院最终确认了这一原则属于惯例规则，在司法实践中有法律效力。② 性犯罪。依据 1956 年《性犯罪法》，在某些犯罪的审理中，佐证是必不可少的。主要是指涉及性犯罪指控的案件，佐证是必要的，而且必须与被告犯罪有关。③ 婚姻诉讼案件，根据惯例有关婚姻犯罪的证言应当予以佐证。无论是离婚诉讼之原告或被告的证言，抑或是婚姻犯罪之同案犯的证言，适用此惯例规则。④ 儿童之附誓证言。在民事诉讼中适用儿童之附誓证言需要佐证，但可用另一儿童的附誓言证言或非附誓言证言所佐证。

佐证在法律上属于可采证据构成，一般要具备两个条件：一是它不受有待佐证的证据支配；二是在刑事诉讼中必须与被告犯罪有关。上述诸方面的规定和论述，英国、美国大体相同，但也不是全部一致的，它们有若干差异。不过，诸如此类差异，在实质意义上并无原则性区别，故不再论述。

（二）以德、法等国为代表的职权主义类型的举证责任

大陆法系国家的法律起源于罗马法，所以又称罗马法系或民法法系，而罗马法则是最先确认举证责任的法律，也是举证责任理论的渊源。它首先确立了举证责任分担的两条原则：一是原告有举证的义务，原告不尽举证责任时，应为被告胜诉的裁判。二是主张的人有证明的义务，否定的人没有证明的义务。这两条古老的分担举证责任的原则，时至今日仍然在世界各国法律中被确认和作为分担举证责任的依据。

罗马法提出的举证责任的概念及其原则，并不能说明现代大陆法系的特点是由此而来的。当时，罗马共和国的诉讼，审判员并不主动收集和调查证据，因此要求起诉一方当事人先提出证据。而在发生争议时，由负举证责任一方提出证据证明，否则承担败诉的风险。而现代大陆法系国家是建立在职权主义学说上，审判人员承担收集和调查证据之职责，因此具有和罗马法时代不同的特点，构成世界范围内一大法系。

1. 大陆法系的民事举证责任

大陆法系在民事诉讼中举证责任的运用是十分广泛的。但在理论上，对举证责任的含义也存在分歧，主要表现在理解上分为主观举证责任和客观举证责任。

主观举证责任是大陆法系民事诉讼中传统的观念。从罗马法提出举证责任开始，一直把举证责任理解为主观责任。所强调主观举证责任，是从当事人参与诉讼活动的角度来观察的，把举证责任看成实现当事人自己的主张，向法院提供证据的一种义务或负担。他们尽管也看到不履行举证责任或者举证不充分与诉讼结果之间有一定联系，即承受败诉的后果。但他们在研究此问题时，主要着重从当事人举证活动方面去思考。

这种传统的认识，受到了德国法学家们的挑战，提出了客观举证责任的新概念，并很快在德国法学理论界成为主流派。他们认为举证责任的实

质是在审判活动中，当争议事实真伪不明状态时，法院应怎样和实体法联系起来作出什么样的裁判，并认为争议不明是诉讼中存在的一种客观状态，而这种客观状态与当事人的举证活动并无必然联系，但这时法官必须作出裁决，这就使得负举证责任一方担负不利的诉讼后果。有的对此种观点又称为实质的举证责任或结果责任。日本法学界许多人对此持赞成态度，但在细节和解释方面存在某些差异。

主观举证责任与客观举证责任的争论焦点在于举证责任究竟是行为责任还是结果责任。主观举证责任说认为是行为责任，当事人承担不利的诉讼结果，是因为未能履行提供证据责任的缘故；客观举证责任说则认为，它是争议事实处于真伪不明状态时，客观上需要由一方当事人负担不利的诉讼结果，对此两种不同的观点，各自都有自己的理由和根据。

2. 大陆法系的刑事举证责任

如果说民事举证责任问题在大陆法系与英美法系是大同小异的话，那么刑事举证责任的理论根底就可说是有重大区别了。首先，英美法系的举证责任完全是建立在当事人主义的理论基点上的，而大陆法系则是建立在职权主义理论基点上的。这一点在刑事诉讼中尤为突出。其次，大陆法系的举证责任是受自由心证的证据原则的支配，而英美法系则不完全是这样，有的认为属于法定证据，我们觉得也不完全，只不过是较多地受法律规定制约罢了，也就是说不完全是由法官内心确信来确定，存在较多的可采性规则，对法官和陪审团采用证据进行限制。因此大陆法系举证责任的分配上就和英美法系不同，这主要表现在刑事诉讼中。由于实行职权主义，法官有很大权力，对证据的收集、审查判断和采用依职权而进行，完全凭法官内心的理性、良心和信念来确认，法律不作任何限制。因此，在举证责任分配上法官有举证责任，对当事人的举证责任原则上由起诉方承担；起诉方（主要指公诉人）对于证明被告犯罪负担法定的举证责任，被告人原则上对自己的行为不负举证责任，但反驳起诉方时，对自己的主张负举证责任。这就与英美法系有很大的不同。

（三）以俄罗斯（含苏联）等国为代表的新型举证责任

跨欧洲和亚洲的俄罗斯（含苏联的各加盟共和国），虽基本上属于大陆法系职权主义诉讼，由于历史原因、理论观念的差异，作出了许多不同的规定，可以说是另一新的类型。

1. 民事诉讼中的举证责任

俄罗斯（含苏联）在诉讼中追求客观真实，因而客观真实成为民事诉讼的目的，在这一目的指导下俄罗斯（含苏联）民事诉讼法规定“法院必须采取法律规定的一切措施，全面充分和客观地查明真实案情以及当事人的权利和义务，不受已经提出的材料和陈述的限制”。这说明在俄罗斯（含苏联）民事诉讼中实行的是国家干涉主义，法院的审判和举证活动不受当事人的限制。这种理论原则对民事诉讼中的举证责任产生了深刻的影响，与资本主义国家追求的“形式真实”形成了对立。资本主义国家民事诉讼实行完全的当事人主义，法院审判只能在当事人主张的范围内进行，法院不得主动调查、收集证据，举证责任基本上是当事人的义务，法院处于消极被动的地位。以客观真实为其追求目标的俄罗斯（含苏联）法院，可以对一切与解决争议有意义的材料进行调查收集，法院处理案件不受当事人主张范围的制约。由于法院是主动介入，因此查明案件的责任首要地落在法院身上，因此当事人的举证责任只是提出证据的责任罢了。多勃洛沃斯主编的《苏维埃民事诉讼法》指出，每一方当事人都应当证明那些他所举出的作为自己请求或反驳理由的事实情况，也就是说，原告人应当证明那些作为提起诉讼理由的情况，而被告人应当证明那些作为他的反驳理由的事实情况。当事人这种提供证据的责任，通常称为证明负担。当然对此种观点，也有人提出反对态度，把举证义务和举证责任加以分开和区别，但没有实质意义。他们的共同看法是：（1）举证责任同实体法上的法律后果相关联。当有争议的实体法上的事实得不到证明时，对它负有举证责任的一方承担指定的不利后果。（2）举证责任同程序法上当事人的诉讼行为有联系。为了使自己的主张得到法院的认可，主张的一方必须提供证据证明自己的主张。所以，对举证责任的含义也被认为是有多种的，不能简单地看成就是提供证据。对于事实真相不明的情况，举证责任的一方应对其后果负败诉的责任，即承担败诉的后果。因此出现了行为责任说和后果责任说之不同主张，有的则认为两者兼而有之。

2. 刑事诉讼中的举证责任

俄罗斯（含苏联）的刑事诉讼实行无罪推定原则和追求客观真实的目的，判明案件事实真相就是法院的重要任务，反映在举证责任方面也就有一系列的规则：

（1）起诉方。一般是检察长、侦查员和调查人员有证明刑事被告人有罪的责任。为了实现这项任务，法律做了一系列规定，他们有权采取法律规定的措施，对案件全面、充分和客观地调查、查明有关犯罪的各种情况。这是他们的职权，也是他们的义务。

（2）刑事被告人不负举证责任。无论在法律上还是事实上都不承担举证责任，被告人对于自己无罪或者案件其他情况都不负说明的责任。这是一种彻底地不负担举证责任的观点，也就是说不能将刑事被告人不提供证明自己无罪的证据以及他拒绝作出辩解看作他有罪的证据，当然被告人的辩解如果对案件有意义应当核实。苏联最高法院曾指出：驳回受审人辩解的时候，常用的理由往往企图把证明的责任转嫁给受审人本人，这是绝对不允许的。这也简洁地说明了法律对被告不负举证责任的规定，在实践中并没有完全做到。

（3）辩护人也不负举证责任。辩护人在辩护中当然为了自己的论点要有事实做依据，但只是一种辩护权利，而没有举证责任。

（4）对于无法证明的存疑事实，应予以勾销。苏联最高法院决议指出："对于控诉的可证明性产生的全部疑义，如果未能消除，应当作有利于受审人的解释，"也就是对于罪疑实行无罪对待，而且对宣告无罪的人应恢复其全部名誉。这就说明，起诉方负完全的举证责任，只要证据不充分，就应视被告无罪。

四、举证责任科学表述的界定

以上三种不同类型的举证责任的状况说明对举证责任问题的研究，不能孤立地从一个角度进行。它由于诉讼的许多因素之间存在者密切的联系，受到各种诉讼形式和理论基础的影响，所以必须多方面综合考虑。

(1) 不同的诉讼制度的采用。如当事人主义模式和职权主义模式，它们必然会影响举证责任的配置及其理论。

(2) 诉讼的目的与原则。诉讼的目的是诉讼所追求的目标，不同的目标决定了举证责任的价值取向，影响举证责任的性质与内容，如是以客观真实还是形式真实为其诉讼目的。

(3) 诉讼的重要理论原则。诉讼中的重要原则是建立在某种重要理论基础上的，它是诉讼中的指南，必然对举证责任起重要影响，如无罪推定原则、自由心证原则等。

(4) 传统观念的影响，不同的国家有不同的法律文化，其传统观念必然深入诉讼活动，影响到举证责任的法律的制定和实施。

(5) 哲学思想和观念。

据上所述，笔者认为，诉讼证明活动中存在三种证明责任：司法机关的证明责任、当事人的举证责任、其他诉讼参与人的说明责任。当事人的举证责任是上述三种责任完成的纽带与基础，是追求真实的真谛，因为原本事实过程的发动者与受害者是当事人，只有他们才可能参与其原始过程，所以明确举证责任极为重要。古今中外，将情况综合起来，笔者认为举证责任包含的内容应至少有以下三层意思。

(1) 举证责任包括提供证据的责任和在真伪不明时由负举证责任一方承担败诉后果的义务。也就说明举证责任的性质多数情况下表现为一种义务，只有某种特定情况才会表现为权利。

(2) 举证责任的主体一般是诉讼当事人，不是当事人也就不承担举证责任，特殊情况例外，因而司法机关在查明案件时承担收集、鉴别、运用证据、认定案件事实的职责，虽包含举证而不应称为举证责任，应称证明责任。

(3) 举证责任是行为责任（或主观责任）还是结果责任（或客观责任）？我们认为不应将其对立，也不要将两者截然分开，行为责任和结果责任之间存在联系，可以相互转化。行为责任履行的好坏，影响到结果责任由谁负责。那种认为结果责任与举证活动无关的主张，确属缺乏辩证思维，不敢苟同。虽然真伪不明是办案的客观状态，但这种客观状态的产生是有条件的，这种条件是可以通过努力改变的。

因此，举证责任概念的科学表述应是当事人及受其委托者在诉讼活动中依据法律的规定具体提供证据证明其主张的责任和案件事实真伪不明时由负担举证责任一方承担不利的法律后果义务。因而其实质是负有举证责任的人在诉讼活动中承担着对查明案件事实的某种风险性负担，一般情况下表明为法定性的职责。这种职责在不同性质的诉讼中，当事人所承担的分量是不同的，如刑事案件中的公诉案件，当事人就只是有限制地承担某些举证责任。

原载《河北法学》2006 年第 10 期

论刑事法庭审判中证据的判断与运用

一、引言

刑事法庭审判中对证据的判断和运用是审判活动中具体运行和操作的灵魂，按照法律规定的程序，在法官主持下，通过控辩双方提供的证人及证据材料，对其进行审查、对比、鉴别、分析，以确定各种证据是否具有可采性及其能够证明案情的程度，并进一步对整个案件事实作出合乎实际的结论，在此基础上作出公正的科学裁判。

目前，我国刑事法庭审理活动没有把证据的判断与运用这一核心内容予以实质化、程序化。因此，表现在实质上就使很多证据的判断和运用出现不规范的情况。英国有句古老的法律格言“正义不但要伸张，而且必须以看得见的形式被伸张”。我国现行刑事诉讼法缺乏在庭审中对证据交叉询问的质证程序和认证的专门程序，没有公开地对证据采用和采信的确认说明程序，法官依据哪些证据作出定案的最终判决并不在法庭上公开的作出解释并接受当事人和其他诉讼参与人的证据异议。即使是《刑事诉讼法》第155条至第157条①关于庭审调查核实证据的有限规定，在庭审实践中，也常常流于形式，没有发挥其应有的作用。这些问题，往往可能成为导致冤假错案的根源。

---

① 本文所引用《刑事诉讼法》条文均指1996年修正的《刑事诉讼法》条文。——编者注

因此，提出“刑事法庭审判中的证据判断与运用”这一论题具有重要的现实意义和研究价值。

二、对相关证据理论的解析

关于证据的基本理论，理论界和实务界存在一些认识上的差距和不一致的地方。辨明这些理论问题是作进一步论证的前提。

（一）证据力与证据效力

证据力是指证据本身依据其真实性以及与待证客体之间的关系，所具有证明案件真实情况的能力。证据力是来自证据本身的，是证据的本质属性，没有附加条件，不受外界意志左右，其潜能是属于自然能力，而不是法定能力，但要确认其证据力还是要通过人的认识活动才能认定。证据力的内涵是指证据的证明能力，没有证明能力的证据是无证据力的。证据效力是指证据依法定程序经司法人员审查或当事人提供并经法庭质证后确认为可作该案件事实的认定根据的法律上的效力。也就是说，将证据这一自在法律规定转化为法律事实，使其证据在法律上享有证明能力，可作定案根据。证据效力即证据资格问题，或称为合法性，是指证据在法律上的效力。①

由此可知，证据效力不同于证据力。两者都是在诉讼过程中需要证明的内容，但证明的方法和标准不同。具有证据力的不必然具有证据效力，而具有证据效力的也不必然具有证据力，两者必须区别开来。证据效力和证据力之所以要区别，目的是通过法律的规定和程序来确认证据的可采性，使证据力变为案件中现实的证明力，排除虚假证据，确保证据价值。在法律上，即使证据具有证据力，由于收集过程的违法，也不能作为定案证据，法律程序不仅要排除虚假证据，还要排除非法证据。

法律上具有效力的证据应具有证据力，而且有证据力的证据应享有法律上的效力，两者本应当完全统一起来，这种统一也是最理想的现实要求，可是在司法实践中，由于非法取证等种种原因却不能统一起来。这样

① 宋世杰：《刑事诉讼理论研究》，湖南人民出版社 2001 年版，第 203 页。

就出现两个难以解决的问题：① 违法获取的证据经查实具有真实性和证明力，对这样的证据，应如何看待。理论界和实践中主要有三种不同观点：一是一律排除；二是证据可以采用；三是具体分析，区别对待。上述三种不同意见各有理由，目前不能完全达成共识。② 合法获取的证据，经实践证明有少数不具有真实性，没有证据力。也就是说，经过法定程序的鉴别仍然未能排除那些不具备证明力的假证进入了证据范畴，享有法律上的证据效力，在实践上没有办法阻止这一现象的发生。对于假证据和非法证据无法杜绝，这要求我国在刑事庭审中对证据判断和运用要扩大其公开性和各界的参与性，以更好地筛选证据，确保作为定案根据的证据的证明力与合法性。

（二）诉讼证明

庭审的过程可以概括为诉讼证明的过程。那么，什么是诉讼证明呢？证明是人类认识客观世界的一种有意识、有目的的活动。诉讼证明，是指司法机关在当事人、诉讼参与人参加下，依据查证属实的证据，按照法定程序，查明和确认案件事实和有关事实的活动。这种诉讼证明是建立在经验证明和逻辑证明基础上的，是国家专职机关的一种有法律效力的活动。所谓经验证明是指由人的主观直接返回于客观，即某人曾经经历过或直接感知过某事实，为了要把自己的感知讲述出来，从而对这一事实作出说明。所以它是人由客观到主观，再由主观到客观的过程。因此，经验证明是一切证明的基础。所谓逻辑证明，是指根据已知真实的判断来确定某一判断的真实性的思维活动，由论题、论据、论证组成。它是用推理等方法由已知事物推知未知事物。它本身是建立在经验证明基础上，可是它不只是经验而又反映了人类思维的普遍规律，所以它也是其他证明的基础。

从司法实践来看，刑事诉讼证明存在许多误区。所谓证明误区，是指证明主体在证明活动由于某些不正常的因素使自己走入某个思维区域以致不能正确反映事物的一种现象。证明误区是一种导向性错误的思维现象，证明活动如果进入了误区，很容易导致误认，即司法机关审查判断证据、运用证据时，由于某些因素的影响对案件事实作出了错误的确认行为。误区和误认是在特定的因素影响下形成的。其形成因素是多种多样的，根据司法实践的情况，归纳起来主要有以下几种情况。

在客观上，法律不完善，证据立法缺失，现有的证据法律规定比较抽象模糊，证明的自由空间太大；没有规定完善的取证、举证、质证、认证程序和规则。证据和案件事实之间只是表面现象上互相印证，本质上并非如此。事物是十分复杂的，特别是诉讼案件，其中刑事案件尤其隐蔽，一时难以认识。有的案件，一些无关的“证据”看起来能证实案件，可实际上与案件之间没有联系，只是一种表面的耦合。这种证据与案情表象的耦合极易使人们在认识上进入证明误区，造成认识上的错觉。尤其对于虚假事实，制造假象是一种有意使人们走入证明误区的常见的手法。由于证据本身的虚假，证明主体即使是正常的，也会作出错误的判断，从而形成表面上的论证确凿性、公正性，其实却完全违背事实真相。这种情况走入证明误区是非常难发现的，必须从源头查起。

在主观上，刑事诉讼的证明活动没有严格依法进行。其一，思想上的主观片面性和教条主义导致刑事诉讼证明错误。证明活动是思维活动的一种表现形式，思维的方式和怎样处理材料是一个主客观相结合的过程，主观性是人们认识事物活动中不可避免的，它推动着人的思维去能动地反映客观现实，使自己的主观和客观实际达到高度的统一，这样就正确地反映了客观事实。但如果主体存在着主观片面性，就不能全面地反映客观，而对客观情况作了片面的反映，使思维走入主观片面的误区，所以，他就不能准确地认识事物。也有些人过分遵照法律条文而不考虑实践中复杂的情况，将案件与法条生搬硬套，理论脱离实际，最终也陷入证明误区，贻误大事。其二，忽视程序，随意变通。程序是严格执法的保障和关口，司法中不依程序办事的现象不少，这也是使认识走入误区的重要原因。如果不能严格按法定程序办案，不坚持正当程序的原则，就会对案件作出不公正的结论。其三，利益驱动使之掉入“误区”。利益驱动在现时已成为执法的一种带倾向性问题，它把社会利益和本单位乃至个人的利益对立起来，只看到眼前和个人利益，不顾长远利益和社会利益，所以很容易把人引入

"误区"。

（三）证据的证明力与证据的可采性

证据的证明力是指某一证据对于证明某一待证事实应具备什么价值的问题。对于证据的证明力，它可以由法官按自由心证原则来加以判断，法律上对它并没有什么限制，而证据的可采性则不能由法官自由取舍和评断。这些规定在大陆法系与英美法系之间是有区别的，因为英美法系的可采性规则较多，而大陆法系规定较少，同时内容上也不完全相同，这主要是由于它们的传统文化存在差异。

证据的可采性从本质上来说是法律关于什么样的证据材料才可作证据的条件规定。一个证据具备了"可采性"，就是说，诉讼当事人或其他有关人员提交的证据符合了法律规定的资格，法官应该在审判中采纳该证据。美国证据学家华尔兹对证据可采性的观点是："每一项提交审判的证据都必须通过实质性、证明性和有效性的检验。"① 我国大多数学者将证据可采性标准表述为三性，即客观性标准、相关性标准和合法性标准。① 证据的客观性是指证据应该具有客观存在的属性，或者说，证据应该是客观存在的东西。证据的客观性要求证据的内容必须具有客观性，并且具备客观存在的形式，必须是人们可以某种方式感知的东西。② 证据的相关性指的是证据必须与需要证明的案件事实或其他争议事实具有一定的联系。从司法证明的角度来说，相关性标准要求每一个具体的证据必须对证明案件事实具有实质性意义。③ 证据的合法性标准要以特定的法律规定为前提，不同的法律制度下，证据的合法性可能有不同的内容。一般认为，证据的合法性标准包括以下内容：其一，证据的主体必须符合有关的法律规定；其二，证据的形式必须符合有关法律的规定；其三，证据的收集程序或提取方法必须符合法律的有关规定。

（四）证明的层次性

证明是有层次的，这种层次取决于不同的证明要求和证明程度。所

---

① 〔美〕华尔兹：《刑事证据大全》，何家弘等译，中国人民公安大学出版社2004年版，第18页。

谓证明层次，是指诉讼证明对案件事实真相证明所能达到的程度。它取决于不同的证明要求，证明要求不同，所达到的真实可靠的程度也就不同。不同的层次具有不同的证明标准。根据司法实践和理论上的论证，可以将证明分为以下层次：① 盖然性证明。盖然性证明是诉讼证明程度中的起码层次，也是诉讼活动中的一般性证明。它对基本事实或单个事实应该是查明了的，达到了基本的证明要求。所谓盖然性程度是指接近事实的程度。一般来说，当事人证明、公诉机关的证明属于这个层次。这时对事实的证明还没有达到完全可靠的程度，因此尚不能对事实作出最终确认。② 高度盖然性证明。高度盖然性证明是指达到的高度接近事实真相。它的要求较盖然性证明程度要高，即近似事实真相，但并没有排除一切其他可能性。③ 客观真实证明。客观真实证明是诉讼证明中的最高层次，也是最高要求。它要求以充分确实的证据证明案件事实真相，排除了一切其他可能性，使查明的案件事实和客观发生的案件达到高度的一致性。刑事诉讼中人民法院定案的证明需要达到这一最高层次。

（五）证明标准与证据标准

证据标准是对单个证据可采性判断的标准，而证明标准是指“公安司法人员运用证据证明案件事实应达到的程度，即证据达到什么程度，方可进行某种诉讼活动或者作出某种诉讼结论，其证明责任方可解除”[①]。证据的可采性标准概括为客观性、合法性和相关性。其中比较难以确认的是客观真实性与相关性。必须在操作中制定出具体实施的裁量准则，加以具体化并贯彻于程序运作中。而证明标准在国外常常表述为自由心证或者排除合理怀疑。从我国的立法考察我国刑事案件的证明标准，《刑事诉讼法》第162条规定：“在被告人最后陈述后，审判长宣布休庭，合议庭进行评议，根据已经查明的事实、证据和有关的法律规定，分别作出以下判决：(一) 案件事实清楚，证据确实、充分，依照法律认定被告人有罪的，应

① 陈卫东、刘计划：《关于完善我国刑事证明标准体系的若干思考》，载《法律科学》（西北政法学院学报）2001年第3期。

当作出有罪判决；（二）依据法律认定被告人无罪的，应当作出无罪判决；（三）证据不足，不能认定被告人有罪的，应当作出证据不足、指控的犯罪不能成立的无罪判决。”《最高人民法院关于执行〈中华人民共和国刑事诉讼法〉若干问题的解释》第 176 条规定：“人民法院应当根据案件的具体情形，分别作出裁判：① 起诉指控的事实清楚，证据确实、充分，依照法律认定被告人的罪名成立的，应当作出有罪判决；② 起诉指控的事实清楚，证据确实、充分，指控的罪名与人民法院审理认定的罪名不一致的，应当作出有罪判决……”可见，“案件事实清楚，证据确实、充分”是我国刑事审判中认定被告人有罪的证明标准。上述法定的证明标准存在不够明确的地方，需要进一步明确化。对于如何规定我国刑事诉讼的证明标准，“在相关的讨论中，有‘客观真实说’‘法律真实说’‘内心确信说’等多种学说；也有学者主张，应当根据刑事案件的性质，设置不同的刑事证明标准，也即所谓的‘分层说’”[①]。笔者认为，将“案件事实清楚，证据确实、充分”，加以修正为“案件事实清楚，证据确实、充分、无疑”，作为认定案件最终的证明标准。之所以要增加“无疑”两字，是便于裁量，更加严谨，防止把没有达到应有的证明程度的案件作出有效的法律裁判。

三、法庭审理时具体的证据运行机制

我们所说的庭审中对证据的判断和运用，是指在审判法官主持下控辩双方对于已经收集到的各种证据材料，按照法律的规定进行审查、对比、鉴别、分析，以确定各种证据是否具有可采性及其能够证明案件真实性，并进一步对整个案件事实作出合乎实际的结论。具体的活动有取证、举证、质证、认证。在这个过程中，不仅要很好地把握相关的证据法律规定和证据原理，还要有正当的程序和制度作保障，来保证证明的实现。基于以上分析，对于刑事庭审中证据的判断与运用，我们以为应将证明活动与庭审程序紧密结合起来，形成具体运作规则。

---

① 陈卫东：《模范刑事诉讼法典》，中国人民大学出版社 2005 年版，第 289 页。

（一）庭审中刑事案件定案时的证明要求

1. 所有案件事实都应有相应的证据予以证明

这里所讲的所有案件事实是指案件依刑法规定的构成要件要求的事实，即缺少某一情况则不能构成此一案件；所有的案件事实都应有相应的证据证明，是指这些事实具有具体证据与之印证，不能留有空缺，因而相应的案件事实过程都有证据加以证明。

2. 证明案件事实的证据之间应协调一致，尽量减少甚至消除矛盾

如果出现矛盾，要用证据予以排除，最终得到一致的解释，而且这种解释理由必须是充分、全面的，否则就不可以认为是完整的。我们提出上面这样的规定，与我国的证明要求所追求的目标有关，即再现案件事实的客观真相。这种要求从认识论的角度来看是可以理解的，也是完全正当的。但是，司法实践中必须有一个具体尺度，这就不好把握了，也就是最低应达到的程度，即案件事实最基本的方面都应有证据加以证明，而且证据之间是协调一致的，这就是排除可能出现冲突的结论，尽可能确保其客观真实的要求，也是衡量这一规则的标准。

3. 案件事实的结论具有唯一性

即除此之外，没有其他的可能性，也可称为结论的排他性。这是一个理性与实践相结合的法则，面对实践中千姿百态、形形色色的具体案件，在司法实践中，我们不能苛求完全一致和唯一，只能无限接近这一要求。

因此，运用证据时就必然对司法人员提出具体要求，即要求司法人员有较高的素质，否则无法去解决实践中的问题。为此，要求司法人员至少有两点必须做到：一是司法人员有较高的理性认识水平，能全面准确地把握具体案件的实体法规定；二是司法人员必须要有理解这一案件的具体知识和必要的实际经验。只有具有以上具体条件的司法人员，才可能较好地贯彻这些要求。

（二）在严格的证据标准和证明标准下，分别对单个证据逐一判断，再运用适格的各项证据综合证明案件事实，得出结论

笔者主张，重构证明标准为“案件事实清楚，证据确实、充分、无

疑”。这样的证明标准从正反两方面全面限定了证明所要达到的效果，更有可操作性、更鲜明，同时也与其他国家证明标准的表述相接近。具体的证明过程应结合审理程序，其要求是以下几个方面。

1. 对单个证据的判断和运用

对单个证据的判断和运用主要就是对证据的可采性判断，审查证据是否符合客观性、关联性、合法性。不同种类的证据、不同的案件以及证据对案件定案和量刑不同的决定性程度，应该有不同的判断和运用方式及标准。根据办案的实践经验，对每个证据的分析判断，应从以下几个方面入手：① 提供该证据的人是否由于各种不良的动机出示了假证或部分不真实的证据，对思想实行强迫命令，获得的只能是弄虚作假和随之而来的意志消沉[①]。例如，当事人是否为了掩盖事实真相而伪造了物证、书证；被害人是否因为偏激而夸大了事实情节。② 有关的人是否因生理上、认识上的原因而提供了不准确的证据。③ 是否因环境的特点和情况造成对案件的事实反映不准。例如，由于黑夜、浓雾、下雨、距离等，以致影响其感受的正确性。④ 是否因办案人员或其他人员工作上的问题造成证据的差错。例如，询问笔录不准，记载有遗漏。⑤ 传来证据在转述、复制、传抄中有无错误。⑥ 不同种类的证据，也应根据它们各自的特点，从不同的方面着重进行审查判断，具体在庭审中还应把握：其一，控辩双方对此证据事由是否存在异议，有了异议经争辩后是否可以达成基本的共识，分歧的地方是否有决定性价值，是否为实质性问题；其二，证人是否出庭、所作的证词内容控辩双方是否认同、有什么疑问，这些疑问是否为实质性问题，通过争辩是否已解决；其三，被告人是否认罪，对证据内容是否表示认同，如有异议能否解决；其四，鉴定结论有无争议，鉴定人是否出庭，这些争议通过争辩是否达成共识，没有取得共识的地方采取了什么措施加以解决等。上述四点如果没有出现原则性分歧和问题就可视为有可采性，可以确认为定案根据的证据；如果有问题，不可立即采用，必须调查核实后，再加以确定是否采用。

---

① 〔意〕贝卡里亚：《论犯罪与刑罚》，黄风译，中国法制出版社 2005 年版，第 116 页。

2. 对各个证据综合运用与判断

对案件的各个证据逐一审查判断属实和将案内矛盾排除，并不等于证明了整个案件事实。这就需要在对每个证据审查判断的基础上，把案内全部证据联系起来，进行综合分析，比较研究，排除一切矛盾，找出其内在联系，从而考察案内证据是否充分，最终对案件事实得出结论。在庭审中，综合判断与运用证据就要遵照“案件事实清楚，证据确实、充分、无疑”的证明标准。

首先，进行矛盾分析。① 某一证据本身是否有矛盾。② 某个证据的内容和表现形式在当时、当地的具体条件下是否会有矛盾，即内容与客观环境和条件是否相符。③ 全案证据事实与某个证据事实之间有无矛盾。尤其要注意分析口供和证据，即口供与其他证据之间有无矛盾；共同犯罪的同案犯口供之间有无矛盾；不同的证人证言之间有无矛盾；言词证据与实物证据之间有无矛盾等。④ 全案证据同所认定的案件事实之间有无矛盾。

其次，将案件事实和相对应的证据加以分解和综合审查。将“七何”要素，即何人、何事、何时、何地、何方法、何因、何果等案件事实加以分解，研究各个“何”的案件事实情节是否分别有证据加以证明，再把全部案情和证据加以综合，分析整个案件事实的发展过程是否合乎情理，证据之间是否能互相印证，是否存在有机联系。其中特别要注意审查被追诉者有无作案时间和作案条件方面的证据。

再次，进行道德和情理推断，分析研究全案事实与结论之间是否符合情理。控诉一方只证明一种有罪的可能性（即使是根据或然性原则提出的一种很强的可能性）是不够的，而必须将事实证明到道德上的确信程度。[①] 所谓符合道德和情理，就是符合事物的通常规律。有些案件表面上看去，事实清楚，证据充分，纵横比较，相互一致，似乎没有矛盾。但是，就全案事实和证据仔细推敲，却与情理不符，同生活逻辑规律相矛盾。

最后，其结论是否能做到唯一性，有否其他可能性。如有其他可能

① 〔英〕特纳：《肯尼刑法原理》，王国庆等译，华夏出版社 1989 年版，第 549 页。

性，能否通过进一步收集证据，予以排除。这些证据是否可靠，是否有证据证明它的真实性。如果有怀疑，又无法消除，就不能加以定案。必须继续调查，查证清楚或按无罪论处，绝对不能轻易作出有罪的裁判，特别是重罪和死刑案件，更应办成铁案，才可认定。

（三）在程序设计上，以扩大公开性和参与性为指导，建立科学的质证和认证程序

1. 建立法庭上交叉询问的质证程序

威格摩尔[①]曾说，为发现真情，人类迄今发明的最伟大的法律发动机，毫无疑问应是交叉询问。然而，交叉询问的重要性往往为人误解，并且其社会价值因此被低估[②]。我们所说的质证，是指诉讼当事人及其法律代理人在审判过程中针对对方举出的证据进行的质疑和质问。质证是诉讼双方反驳和攻击对方证据的重要手段，也是帮助和影响法官认证的重要途径。将对抗双方对证据的辨认、说明和解释都融入质证的过程中，才能更有效地揭示证据的可采性和效力。而交叉询问是质证的基本方式，它比较好地体现了司法活动中质证的宗旨和要求，也符合我国审判方式改革的方向。在审判或听证中由与传唤证人出庭作证的一方向对立的一方对该证人进行的询问[③]就是交叉询问。诉讼各方在法官主持下进行交叉询问时，应当遵守以下规则：① 交叉询问过程中应当充分保持控辩双方的独立性和对立性，减少不必要地打断和干扰；② 交叉询问的问题应当与证人或鉴定人等陈述的案件事实或鉴定事项有关，保证与证据和案件的关联性；③ 不得用威胁、利诱等语言，不得损害证人或鉴定人的人格尊严；④ 法官保持消极和中立，但应当对异议或反对作出即时裁判。

2. 建立公开透明的认证程序

民主社会的特征之一，是其公开性和透明性。没有公开性而来谈民主

---

① 威格摩尔（Wigmore），美国法学家和教育家，著有10卷本的《英美普通法审判中的证据制度论（1904—1905年）》等。

② 〔美〕理查德·A. 波斯纳：《证据法的经济分析》，徐昕、徐昀译，中国法制出版社2004年版，第52页。

③ Black's Law Dictionary, seventh edition, West Group, 1999, p. 383.

是很可笑的。[①] 认证，是指法官在审判过程中对诉讼双方提供的证据，或者法官自行收集的证据，进行审查评断，确认其证据力和证据效力的活动。认证是诉讼过程的重要阶段，是其他证据环节的归宿。为了实现公平理念和正当程序，在认证过程中，法官应当：① 必须认真倾听当事人的主张，倾听他们对证据的异议，并对异议作出合理回应；② 必须以认真回答当事人主张的方式对自己作出决定的根据进行及时的、公开的、充分的说明；③ 作出的决定必须建立在当事人提出的证据和辩论的基础上。

特别强调的是，我们主张当庭认证。当庭认证，就是在庭审过程中，主持审判的法官对于一方诉讼当事人举出并经过对方质证的证据，在法庭上当即作出的认证。只有当庭认证，才能更好地保证公开和公正，“没有公开就无所谓正义”。[②] 假如裁判结论产生于法庭审判的过程之外或之前，那就意味着控辩双方的参与将毫无意义，而裁判者所作的涉及剥夺个人财产、名誉、自由甚至生命的裁判，将出现任意化和随机化问题。在此情况下，司法专横和擅断也必然会出现。[③] 法官当庭认证，可以提高审判决策过程的透明度，减少“暗箱操作”，提高审判质量，保证司法公正，而且有利于防止司法腐败和提高法官素质。

3. 建立证据异议程序

证据异议程序针对的对象主要是具有关键的决定性，当事人双方存在异议又无法从法律上予以排除的证据，即疑难证据。这种证据存在争议却又不能搁置下来，必须处理认定，对此就需要启动一个特别的证据异议程序。证据异议程序的内容主要是对疑难证据进一步质证和认证，以期最终得出一个为控辩双方都能接受的确定结果。该程序的特点是具有广泛的民主参与性和公正性，正如美国法学家贝勒斯认为的，当事人应能富有影响地参与法院解决争执的活动。人们至少有理由期望，在作出关系他们的判

---

① 《列宁全集（第5卷）》，人民出版社1990年版，第448页。
② 〔美〕伯尔曼：《法律与宗教》，梁治平译，中国政法大学出版社2003年版，第48页。
③ 陈瑞华：《刑事诉讼的前沿问题（第2版）》，中国人民大学出版社2000年版，第406页。

决之前，法院听取其意见，即他们拥有发言权。[①] 因此，不仅控辩双方，刑事审判委员会、其他利害关系人、专家证人、鉴定人、辩护律师都应当作为主体参与证据异议程序，必要时可以举行听证。对于出现的证据争议要进行合理协调与科学论证，控辩双方可以就有争议的证据接受法官的调解，也可以相互妥协自愿和解。

当然，证据异议程序，应在庭审宣判之前进行，它是庭审的补充程序，而不是事后的纠错和救济程序。证据异议程序可以由控辩双方中的某一方申请提起，也可以根据需要由审判庭依职权作出安排。总之，证据异议程序的宗旨就是通过对证据的确认使案件的最终判决获得广泛的接受和认可，以保证刑事判决的既判力和司法的权威，尽可能地防止冤假错案的发生。

4. 建立证据运用监察机制

即使是严格地按上述程序进行审查以后的证据，也不一定完全可靠，还可能有漏网之鱼，还必须设定证据运用鉴别机构，以确保及时察觉伪证进入定案阶段，最终加以剔除。如果公正的规则没有得到公正的适用，那么公众的压力常能纠正这种非正义。具体而言，在司法机构中建立一种证据识别机构和特别证据辨别程序，专门受理在证据鉴别上的异议和收集来自社会各方面的检举信息，从事证据真实性的复核工作。该机构有权调查各种有质疑的证据材料，进行复验审查，这样就设立了一道民主色彩的监督防线，有利于甄别证据。

四、结论

刑事证据的审查判断与运用在法庭上实现法制化、民主化，从而提高办案质量，尽可能把错案率降低到最低是实现刑事诉讼目的和任务的必然要求，我国在司法实践中频繁出现的冤假错案究其根源往往都是在法庭审判过程中对证据的判断和运用没有充分的程序化、公开化和实质化，而且

① 〔美〕迈克尔·D. 贝勒斯：《法律的原则：一个规范的分析》，张文显等译，中国大百科全书出版社 1996 年版，第 35 页。

许多悬而未决的疑难案件也都是证据方面存在不确定因素造成的。即所取的证据难以形成坚不可摧的证据链，不足以确定案件的真实性。

尽管《刑事诉讼法》第162条第3项规定："证据不足，不能认定被告人有罪的，应当作出证据不足、指控的犯罪不能成立的无罪判决"，但是这应当建立在证据运用充分、侦查和证明技术高度发达的条件下。如果不重视和提高刑事庭审中对证据运用和判断的技术和能力，一味地因"证据不足"就"无罪判决"，这很有可能放纵不法分子。过多地使真正的罪犯逍遥法外，就会给坏人以侥幸心理，纵容犯罪，破坏社会秩序，也会给受害人和社会中的民众心理造成伤害，更无从再谈司法的公正和权威。本文提出的仅仅是一些针对刑事庭审中对证据的判断和运用这一重大课题的管窥之见，以期抛砖引玉。

原载《证据理论与科学——首届国际研讨会论文集》
中国政法大学出版社2009年出版，与张佳华合著

法的一般理论和法律现象研究

我国司法基层机构的调整与改革初探

——健全司法体系中的一个重要问题

一

人类社会的存在有赖物质生产和组成群体生活，物质生产的社会性是群体存在的物质条件，而生活的群体性和人们之间的协调与制约是社会存在的前提，是人类社会自身存在与发展的需要。如果单个的人能独立生存或人群之间没有共同规范的控制，那社会存在将会成为不必要或不可能。也就是说，社会是需要一定控制体系来维护和巩固其自身的发展，在阶级社会里，这种控制体系最主要的标志是法律体系，当然还有道德和纪律以及习俗等。而法制体系是由概念、组织、规范等要素组成，但徒法不足以自行，其司法组织是很重要的影响。因此司法组织结构情况如何，对社会治安状况的好坏是相当重要的，再好的法律，要靠一定的机构去执行。所以，党中央提出一手抓建设，一手抓法制的方针无疑是十分重要的。在理解上，不能只考虑立法，还要考虑司法机构的完善等方面的问题，全面抓好。

目前我国社会治安尚未实现根本好转。究其原因，无不与司法体系有一定的关系，特别是司法组织机构方面的问题尚未引起人们的重视和研究。目前司法体系上的问题我以为主要有以下几个方面。

（1）社会控制体系结构上存在较大的空隙，主要是基层机构薄弱而且单调。实现社会主义改造以后，建立起了以国营和集体生产组织为基础的社会基层组织。城市采取了包下来的政策，农村实行人民公社的体制，社政合一。因此那时经济上是平均主义，大家都过穷日子，实行行政管理、户口管理、治安管理、生活和生产的管理“一把抓”，政企不分。实际上是“一条龙”和“一律化”。所以社会控制严密，谁动一动，了解比较清楚，人员亦较固定，流动少。因而治安问题比较好管理，方法也简单，但它是一种僵化的模式，不活跃，不利于调动生产积极性和形成生动活泼的政治局面，人们有压抑感。我们针对过去的弊端，自党的三中全会以来，进行了一系列的体制改革，农村实行社政分开，城乡个体户有了发展。随着经济体制改革的进行，社会经济体制发生了一系列的变化，出现空前的活跃局面，经济交往频繁，人口流动量大，特别是农村实行“大包干”“两户一体”，变化更大，可是司法基层机构还是原有的体系，出现较大的空隙。即许多治安问题，没有人去管、去过问和消化，加上某些社会风气不正常，不少地方有“告状无门”“族权当道”，以权谋私的情况，出了什么事，要先出钱“请客”，后“解决”，甚至“族长”说了算，这些情况已不是个别的情形，同时经济体制改革中或初步改革后，出现许多新情况、新问题、新纠纷，这些新的矛盾要司法机关采用适当的手段去调整和解决。可是现在还没有这样的专门机关解决非诉讼案件与已经违法尚不构成犯罪，或情节轻微不需处以刑罚的案件，或虽有机关，而没有充分履行自己职责，因此群众有意见，缺乏安全感，不少民事纠纷或生活琐事上升为重大刑事案件。这再一次证明了马克思列宁主义的一个基本原理，上层建筑必须适应经济基础。已经起了变化的经济结构，要求司法体系与它的变化相适应。

（2）法学理论和法律知识尚不普及，罪与非罪由于认识上和社会风气上等方面的原因，往往不能正确把握。基层存在把一些尚未构成犯罪的问题当成犯罪对待，也存在把本来已构成犯罪的案件当作一般纠纷对待。许多两可之间，或已违法而尚不构成犯罪的不大不小的问题，没有适合的机构来解决，而这些事情在基层又是大量存在的。因此许多问题未有正确地解决好，即便解决了一批问题，又产生了一批新问题，这是社会治安不能根本好转的基本原因之一。

（3）基层司法机构不健全，司法干部的质量和数量都不适应新的形势对加强法制的需要。一个城市街道办事处往往要管好几万人，甚至十多万人，只有几个或十多个公安干警，没有法庭。农村一个乡至少有万人，多至数万人，只有司法助理一人，亦无法庭。不但现有司法干部素质不符合要求，就是有高质量的干部，也搞不过来。因此大量案件和纠纷积压，无人过问，解决问题靠"开后门"。这又往往使"小事"滋生新的更大的纠纷，甚至发展成恶性案件。

此外立法还不完善，法律监督也有不少的缺陷，有法不依、执法不严的情况仍有存在。

总之上述种种，成为实现社会治安根本好转的组织上的症结，这就对司法基层机构的调整与改革提出了实质性的要求。

二

针对如上所述，我国基层政权内确有司法系统不够严密，过于疏散的情况。如乡一级政权中，只有司法助理员一名，而治安、调解组织又流于形式，缺乏统一组织去协调他们的关系。我以为这种组织疏松，必然导致防范犯罪能力不强的局面。因此应从根本上改革司法组织结构。司法体系包括司法组织制度、司法工作制度和司法程序制度三个方面。其调整改革要以司法组织制度的调整改革为重点，把司法机关的组织设到乡一级政权或相当于乡的城市基层组织。使基层司法制度的组织系统进一步健全，形成一个包括调解、治安、审判、法制、教育宣传、国家司法组织与民办自治组织等在内的综合体系，让不同性质的问题，由相应的机构处理，并互有交错，形成复杂的真正的网络。这样才能让犯罪分子受到应有的处罚，对违法的事件，一旦出现，就有相应的机关处理，合情合理。既增进人们的安全感，而又不会压抑人们的积极性。这对于实现社会治安的根本好转是非常重要的。只有如此，各项具体措施才能真正扎根在基层，不会成为空话。这里最根本的就是要解决过去那种处理基层纠纷与轻微刑事案件的单轨制，只有机构的分工，而无相互交叉的情况。对于大量的不需判处刑罚的案件，要实行双轨制，甚至多轨制，并有横的联系，相互受理案件范围可以交叉，不当的可申诉。这样才不会形成“独家经营”“有求不应”的情况，使人民群众中发生一般的纠纷和轻微刑事案件很快得以处理。从而改变某些不正之风和旧习俗，及时地消除人民内部的矛盾，使用民主方法解决人民内部矛盾的事务予以实现。

当然对于司法工作制度和司法程序制度亦应作必要的调整和改革，使司法工作制度真正地置于人民群众和政权机关的监督之下，克服某些脱离群众以及不正之风的影响。至于司法程序制度，建议基层政权可设治安综合治理委员会，该委员会应由选举产生，可以制约基层司法机关，使本该受理而被推诿没有受理的案件得以受理，因为由选举产生的治安综合治理委员会，有监督同级各司法机构的权力，并直接受县（区）人大常委会的领导和支撑。也可以由自己直接处理自己认为应处理的一些尚不需处以刑罚的案件，还可以通过向县（区）人大常委会反映，解决某些突出问题，这样对于保证诉讼程序能够完全依法执行是有重要意义的。

按地区而论，城市和农村相比，其调整和改革的重点应放在农村。因为农村的司法机构历来比较薄弱，而且由于包产到户，许多具体纠纷相对多于城市，但居住又没有城市集中，落后的习俗，比如家族势力，也比城市突出，因此加强司法基层机构的改革和调整，农村比城市更具有迫切性和艰巨性，所以应作为重点，首先应予抓好。

三

上层建筑一定要适应经济基础的变革。我国对经济体制进行了重大的改革，虽然主要是公有制内部结构的变化，但同样会引起社会生活各个方面的变化。政法工作要为经济服务，由于这些变化主要是发生在社会的基层，即生产单位，因此司法基层机构的调整和改革是完全必要的。那么究竟应当怎样具体调整和改革呢？

（1）把司法机构建立到最基层。目前我国政府实行四级制，即中央、省（自治区或直辖市）、县、乡，但实际上，省以下还设有地区或市，因此实际上存在四级政府，五个层次。有的县以下还设有区。而公安司法机关，一般只有四个层次，虽然公安在县以下设有派出所，县人民法院下设有法庭，可是派出所与法庭在农村未设到乡，在城市，区以下一般未设法庭，检察院只设到县。所以乡（城市的街道办事处）这一级政府一般没有完整的司法机构。但乡或街道办事处处于治安的最前线，现有司法干部力量是很不够的。因此应充实县以下司法力量，即在农村乡政权中，设立公安派出所、人民法庭和检察派出机构，建立第一线司法机构网络，加强第一线的司法干部力量。这是加强法制建设，调整与改革司法基层结构最基本的一环。

特别是把人民法庭设到乡和城市街道办事处更是迫切需要的。几万甚至十多万人，他们在生活中、生产中，必然会存在许多的纠纷和案件，而这些案件除了少数，是要经过公、检、法三个机关依程序处理的外，而绝大多数案件，在刑事方面属于自诉案件，在民事方面多数是可以调解处理的。这就是说大多数属于人民法院直接受理来承担和办理的，而单靠司法助理员，或基层调解和治保组织是不能胜任的。街道办事处和乡设立人民法庭就可以从根本上解决人民群众告状难的问题，并在根本上保障法律的实施与执行，维护法律的尊严，这是法制建设重大的一步。离开了这实质性的一步，许多问题难以克服，对实现社会治安综合治理是十分重要的。因为有了专门依法办案和调解的国家司法机构，就可以把大量的问题解决在萌芽状态，降低重大案件的发案率。当然这样增加机构，会要适当增加人员，但我以为可以通过精简行政机构人员和压缩司法上层编制来充实基层等办法解决。至于其他机构，如增设派出所、人民检察员等，当然也是需要的。这里强调一句，基层设立人民检察干部，加强法律监督确实必要，基层有法不依的情况相对的比上层更要严重一些。我认为基层司法机构的调整和改革要抓住在乡政权（城市街道办事处）建立以人民法庭为中心环节的司法机关，这是矛盾的集结点，是抓住了问题的关键。

（2）加强人民群众的自治组织的建设。根据宪法规定，在城市设立居民委员会，在农村设立村民委员会。居委会、村委会内设治保、调解两个委员会，负责治安保卫、人民调解工作。治安保卫和人民调解组织虽属群众自治组织，但宪法赋予它们法律地位，亦属司法体系。目前存在流于形式的情况，必须严格按照治保条例和调解条例执行，特别在农村要防止这些组织掌握在家族手中，要使调解、治安组织负责人身体力行、公正办事，不徇私情。因此要在整顿的基础上健全组织。整顿主要是思想整顿和业务训练，做到报酬落实、任务落实，加强领导，在街道办事处和乡政权中建立专门的机构领导治安和调解组织，发挥其组织作用。

（3）提高基层司法干部的政治和业务素质。基层司法干部以及企事业单位的保卫干部，应直接归上级领导，并加强其业务培训。目前在提高业务素质上存在脱离实际，单纯追求学历的情况。中、初级司法学校较少，最基层人员培训少。其实目前特别急待解决的是，对乡、街道办事处的人员进行培训学习，使他们掌握基本的法律常识和提高办理轻微刑事案件、调处纠纷的能力，并兴办各类初、中级政法学校，招收初、高中学生或选送适合的人员，学习一年至二年，培养不同层次的司法干部后备队，分配到基层工作，充实基层的业务队伍力量。改变目前司法干部单纯追求学历，不从实际出发的倾向。建立一支原则性强，社会主义法律意识好，作风过硬的坚强的基层队伍。

（4）在基层政权中建立综合的负责机构，领导治安、调解组织，并协调和监督基层各司法机构，进行法制宣传，推进精神文明建设。我建议在街道办事处、乡政府中设立由街道、乡人民代表直接选举产生的治安综合治理委员会。设委员三人至五人，直接领导治安、调解委员会，提高公民的守法自觉性；同时协调人民法庭、公安派出所、检察员、司法员等之间的关系，监督和检查他们的工作，落实责任制。并根据当地情况，根除陈规陋习，进行社会主义风尚的宣传，落实有关事宜，直至在法律允许的范围内解决和处理一些案件（限在不判刑罚以内），在乡、街道办事处这个最基层形成有力的防治违法犯罪的长城。基层政权的治安综合治理委员会隶属于县，区（城市）人大常委会领导，这样使县一级人大常委会直接掌握基层情况，有实际的权力，有利于加强权力机关对司法机关的实质性的领导和监督，抓好法制建设。使对司法机关的双轨制领导成为现实，确保法制建设朝着正确的轨道前进。

四

实践是检验真理的唯一标准，理论来源于实践，而又要为实践所检验。按照马克思列宁主义、毛泽东思想的基本原理，我国已在经济体制等方面进行了一系列的改革，这种改革必然会引起社会生活的各个方面一系列的变化，当然对于社会矛盾各种消极因素的产物——犯罪和违法现象，也会有某些新的变化，作为社会防范权利的法律法规，也会有某些新的变化，作为社会防治违法犯罪体系——社会控制体系的结构也必然要作相应的变革，才能适应社会的要求，以有利于防治犯罪的产生，实现社会治安的根本好转。因此从宏观上来说，从马克思列宁主义的原则来说，总体上来讲上述理论无疑是必要的正确的。把违法而尚未构成犯罪，以及虽已构成犯罪的，情节轻微不需判刑罚的这部分刑事案件和多数的纠纷交给民办的治保、调解委员会，或治安综合治理委员会来处理。同时与人民法庭、公安派出所、检察院等并存，采取交叉的方式来解决基层人民群众中有碍治安的问题。从理论和实践上变过去“线条型”为“网络型”的基层司法组织结构，不但有条的分工，而且有块的综合，改变过去只有纵向的联系，而无横向的联系的状况，并增加“条”的密度和强度。正像渔网一样上稀下密，有经有纬，疏而不漏。这仅是一种新的设想和理论探索，是否适当是可以试行和讨论的。但究竟如何对社会基层司法机构进行调整和改革，当然还有待实践来回答，并通过立法的途径来解决。这里主要是想引起法学界和立法机关的重视和研究，以加速我国司法体系的改革和完善。

原载《湘潭大学学报（社会科学版）》1987 年第 1 期

法的阶级性不容抹煞

一

法的本质问题，是马克思主义法学理论的核心，也是法学理论全部问题的实质，它决定着其他问题的研究方向和理论格局，因而历来成为许多法学流派争论的焦点。

正确地理解法的本质，对于捍卫和发展马克思主义法学理论，繁荣社会主义法学；对于指导法制建设，完善我国法律体系，改善执法；对于增强全体人民的法制观念，稳定社会秩序，实现由人治向法治的转变，都具有重要意义。

近几年来，我国法学界开展了对法的阶级性问题的讨论，对此存在不同的认识，提出了许多有益的看法，但其中有的观点是值得商榷的。譬如有人认为要“改革和发展法学理论”，就得“打破僵化模式”，要“向法学理论进行总体上的全面挑战”①。

（1）认为“阶级性不是法的本质属性，在阶级社会中法的阶级性包括在法的社会性之中，法的本质属性是依赖于客观存在的社会性”。

（2）认为“法是从来就有的，永远存在的。在阶级社会，法具有阶级性和社会性两重属性，到了没有阶级对立的社会，阶级性消灭，社会性突

---

① 齐延平：《打破陈旧僵化模式发展我国法学理论》，载《中国法学》1988 年第 6 期。

出”。

（3）认为“我国现阶段，剥削阶级消灭了，阶级对抗没有了，法是全民意志的体现，法的本质属性是人民性”。上述这些主张是否果真有理，是否符合历史上的客观事实和现实情况？我认为值得研究。

二

马克思在谈论如何认识法律等问题时指出：“这里有一个非常重要的要求，就是任何社会需要、法律等等都应当从政治上来考察，即从整个国家的观点、从该问题的社会意义上来考察。”① 因此对法的认识和对历史上的一切社会现象的认识一样，必须从政治上和社会意义上去考察。也就是说要立足于我国的现状，从整个国家作为专政工具的必要性和所处的国际国内环境，作具体科学的分析。我认为作为马克思主义法学理论工作者在法的本质问题上必须坚持以下基本观点。

（1）马克思主义认为法是阶级社会的特有现象，它属于历史范畴，有产生、发展和消亡过程。法与国家不可分割，是相伴而存在的。历史上不存在无国家的法，也不存在无法的国家。恩格斯在《家庭、私有制和国家起源》一文中指出：在原始社会没有军队、宪兵和警察，没有贵族、国家、总督、地方官和法官，没有监狱、没有诉讼，而一切都是有条有理的。一切争端和纠纷，都由当事人的全体即氏族或部落来解决，或者由各个氏族互相解决；血族复仇仅仅当做一种极端的、很少应用的手段。② 这是大量研究了历史资料和对易洛魁人等考察后作出的论断。由此可知，在没有阶级的原始社会，就不能有国家这样的公共强力，也就没有以国家、军队、警察、监狱为后盾的法律，而是靠氏族集体力量和习俗来调整人们之间的关系。有人主张，这种习俗也是法律，显然是不对的。恩格斯在《论住宅》一文中指出，把每天重复着生产、分配和交换商品的行为用一个共同规则概括起来，设法使个人服从生产和交换的一般条件。这个规则

① 《马克思恩格斯全集（第1卷）》，人民出版社1965年版，第395页。
② 〔德〕恩格斯：《家庭、私有制和国家的起源》，人民出版社1999年版，第94页。

首先表现为习惯，后来变成了法律。[①] 由此可知尽管习俗与法的起源存在某种历史联系，但习俗是人们在处理事物和人们之间关系的习惯风俗，不是凌驾于社会之上的强制性规范，与以国家强制力为后盾的法律规范之间有明显的区别。正如蝌蚪与青蛙是发育不同的阶段，但蝌蚪不能叫做青蛙，而青蛙也再不能变为蝌蚪。法即使可能有一部分是由习俗演变过来，但习俗不是法，法也不能再退回为习俗，更何况不是所有的习俗都能演变为法，因此，无阶级社会不可能有法。法是一定历史阶段上的产物，在人类发展到产生阶级以后，靠过去的习俗与其他办法已不能维持人类社会的秩序，为适应阶级斗争和阶级统治的需要而产生了法；同样人类到了无阶级的世界大同以后，人们具有高度的觉悟和道德水准，社会物质财富极大的丰富，也就无须以强力镇压为后盾的法律了。这是前人通过大量史料研究后而得出的科学结论，是不能凭某些人的估计和分析可以推翻的。无事实根据地认定法是从来就有的，显然是轻率的主观臆断。

（2）法是被提升为国家意志的统治阶级意志的表现形式。马克思、恩格斯曾在《共产党宣言》中有过著名的论断，你们的法不过是被奉为法律的你们这个阶级意志一样，而这种意志的内容是由你们阶级的物质生活条件决定的。[②] 在这里虽然是针对资产阶级的法律所讲的，但任何个性本质中包含其共性本质。所有的法都是：第一，反映统治（或掌握政权）阶级的意志；第二，这种意志被奉为国家意志；第三，意志的内容源于统治阶级的物质生活条件，并受其制约。列宁对此也作过类似的论述。马克思列宁主义这些观点是不是过时了呢？是不是只对资产阶级的法律有效呢？是不是阶级性果真包含在社会性之中呢？列宁曾指出，意志如果是国家的，就应该表现为政权机关所制定的法律，否则“意志”这两个字只是毫无意义的空气震动而已。[③] 显然，法是由国家制定和认可的，国家又是阶级统治的工具，掌握在一定的阶级的手中，这种国家意志必然来自掌握政权的阶级，并表现为法律。任何社会，只要有国家存在，这种情况就不会变。

① 《马克思恩格斯选集（第2卷）》，人民出版社1965年版，第538页。
② 《马克思恩格斯选集（第1卷）》，人民出版社1965年版，第268页。
③ 《列宁全集（第25卷）》，人民出版社1968年版，第75页。

至于社会性，它不是抽象的概念，这里的社会，只可能是指存在一定阶级结构的具体国度里的社会。阶级社会的社会性体现阶级性，服从于一定的阶级利益和意志。同时，法的社会性一般是从法的作用方面来讲的。因此，离开一定阶级意志内容的纯粹的社会性，在现实生活中还没有。只有社会性而无阶级性的法也是不存在的。任何法律的制定，都是统治阶级或掌权阶级联盟的意志表现，即使环保法之类的法律也不能例外。这里特别需要说明，在特定的历史条件下，统治阶级可能不是一个阶级而是阶级的联盟，但其中居领导地位的阶级意志起决定作用，确定社会发展方向，决定法的性质。当然，同时也应照顾同盟者的利益，以维护联盟关系乃至于整个社会的稳定和发展。

（3）任何事物的特征，都可能有多种，但其中必有一种是基本的起支配作用的，这就是该事物的矛盾的主要方面，它决定该事物的本质。法也是一样，它是以国家意志出现的，必然要在一定程度上反映社会的利益或同盟者的愿望；反映各种政治力量的对比；反映社会的物质生活条件及传统文化观念等。因此，其本质所表现的特征是多种的，并分层次的。比如法有社会性、规范性、强制性等特征，多种特征之间密切相连，而又不能互相代替或抵销。但是决定法的基本内容的深层次的只能是这个国家占统治地位（或领导地位）的阶级意志。这就是说，法的最本质特征只能是阶级性，它决定支配其他特征，决定某一具体法律现象的产生和发展及变化，即法的立、废、改。而法的社会性只是法的表层特征，不能表现法的本质。

（4）法的阶级性，是法这一事物的矛盾主要方面的规定性。否认了它，法就不再是原来意义上的法了。那种认为法的本质具有阶级性和社会性两重性观点的人，其依据的理由是社会主义消灭了剥削阶级，阶级对抗没有了，法是全民意志的体现，因而法的本质特征是社会性和人民性。表面上看起来，他们似乎并不一般地反对法的阶级性，而只是不承认在社会主义历史条件下，法的本质仍然是阶级性；或说阶级性不是法的唯一本质属性。这种说法具有相当的迷惑性，容易使人造成错觉，我们应该注意。辩证唯物主义告诉我们：事物发展过程中的主要矛盾规定该事物的本质，只要主要矛盾没有完全改变，其事物的本质也不会变。法作为阶级斗争的产物，只要阶级还存在，作为阶级统治的工具国家还存在，它的阶级本质也就不会变。尽管在不同阶段上，其阶级内容有了变化，但仍然是某一阶级意志的体现。如果否认法的阶级性，其必然导致否认法要为无产阶级的政治服务，这是问题的实质。

我们知道，在社会主义条件下，共产党领导的无产阶级国家，仍然必须坚持工人阶级为领导的人民民主专政，没有这一条件，社会主义就无法建成，共产主义就成为空话。当然，从剥削阶级作为完整的阶级已经消灭这一意义上来说，国家的职能和任务的重心会有所变化，主要任务是发展社会主义经济，创造实现社会主义和共产主义的物质条件与精神条件。阶级统治的内容变了，因此对阶级统治的含义应有新的认识。统治的主体不是一个阶级，而是以工人阶级为主体的联盟，统治的对象已不是原来意义上的剥削阶级，而是其阶级残余。国家政权的任务不只是或主要不是镇压敌人的反抗，还包含着组织生产、管理社会、提高劳动效率，加强思想教育，宣传灌输共产主义，建设高度的物质文明和精神文明等多方面内容。那么，作为阶级统治的工具——法的任务也是多方面的，它具有镇压、改造犯罪，维护社会秩序，保护人民的权利，保护生产和经济与自然环境，调整各种关系，保证社会稳定等综合功能。但其核心是维护和巩固无产阶级的政权，这一点没有变。因此社会主义法的无产阶级性质不能变。同时，尽管无产阶级意志和人民意志具有一致性，但毕竟不是一个东西，因而也就不能用人民性取代阶级性。无产阶级的阶级性比人民性更能反映国家和法的实质，阶级性是核心。

三

我们坚持法的阶级本质属性不能抹杀，法的阶级性在社会主义初级历史阶段依然存在，马克思列宁主义关于法的基本观点没有过时，这是根据历史事实和现实情况与法这一特定事物的分析研究所得出的结论。比如历史上没有一个国家的法，不是统治阶级意志的体现，也毫无例外地都要为统治阶级利益服务。在现时的社会主义国家里，工农两大阶级还有差别，脑力劳动者和体力劳动者之间还有差别，城乡之间还有差别；多种所有制成分还存在，剥削阶级残余分子以及敌对分子还存在，新的蜕化变质分子还在产生，犯罪分子，敌特分子有时活动还十分猖獗；国际资本主义势力亡我之心不死，对我国采取和平演变策略，进行政治和经济侵蚀。所以，阶级和阶级斗争仍然并将长期存在，这些都是上述结论所依据的事实。

但是不能说法的概念的表述已十分完美，认识上不能发展和深化。在社会主义社会，法的概念如何表述才能客观地科学地反映法的现状，无疑是一个值得深入研究的课题。

毛泽东同志指出，事物发展过程中的根本矛盾的性质和过程的本质虽然没有变化，但是根本矛盾在长过程中的各个发展阶段上采取了逐渐激化的形式。并且，被根本矛盾所规定或影响的许多大小矛盾中，有些是激化了，有些是暂时地或局部地解决了，或者缓和了，又有些是发生了，因此，过程就显出阶段性来。[①] 在剥削阶级已基本消灭的前提下，法与过去那种阶级对立的社会的法是不可能完全相同的，因为这时的社会是从阶级社会向无阶级社会的过渡，这时的国家和剥削阶级的国家有原则的区别，已经不是完全意义上的国家了，已变为列宁所称的半国家，再不是单纯的阶级压迫的工具。因此，作为与其相伴的法的本质再依然表述为统治阶级意志的体现，似乎已不够准确和理想，而应体现社会主义时期的变化。

统治与被统治是相对而言的，在我国，已没有明确的完整意义上的被统治阶级，也就不便把掌握政权的阶级表述为统治阶级。这是问题的一方面；问题的另一方面是在我国目前的情况下，阶级和阶级斗争仍然并将长期存在，只是斗争的性质和规模有了变化。因此我们又必须坚持以马克思列宁主义武装起来的共产党的领导，坚持工人阶级领导下的人民民主专政，坚持社会主义的方向。基于这种情况，我国的法必须反映共产党和工人阶级的意志，我们对法的本质表述，既不能完全沿用传统的，也不能简单地用人民意志和人民性代替统治阶级意志和无产阶级的阶级性。我认为，在我国现阶段，法的本质应该是工人阶级领导下的人民大众的意志的

① 《毛泽东选集（第1卷）》，人民出版社1952年版，第289页。

表现。工人阶级的利益是人民眼前利益和长远利益的结合，是人民根本利益之所在。任何把两者对立起来或相互代替的想法都是错误的。人民不是一个阶级，而是一个政治范畴，不同的历史时期有不同的内容。在当今是指一切劳动阶级和一切拥护社会主义的人和所有的其他爱国主义者，或除反动派以外的一切阶层的组合，包括我国统一战线中的所有对象。社会主义的法的概念应准确地反映上述情况，才能成为科学的概念，真正反映社会主义法的本质和特征。那么，我们应怎样表述社会主义法的概念呢？一方面必须坚持马克思主义关于法的本质的论述，另一方面又要坚持历史唯物主义，反映具体变化了的情况。既体现法的共性又反映社会主义法的个性。综上所述，我认为社会主义的法的概念可作如下表述：法是由国家特定的机关按照工人阶级领导下人民大众受其现实社会经济状况制约的意志，经过法定程序制定或认可，表现为维护主体权利义务、社会秩序、组织经济建设和镇压犯罪以及调整一定社会关系的强制性规范的总和。以上概括，是否科学、准确，望得到同行们的指正。

原载《湘潭大学学报（社会科学版）》1991 年第 1 期

论毛泽东法学思想及其发展

毛泽东是伟大的无产阶级革命家、理论家和军事家，他对中国革命和世界无产阶级革命事业的贡献为世人所共知。毛泽东一生的革命实践和思想理论是中国共产党和全国人民最宝贵的财富。在法学方面毛泽东给我们留下了丰富的宝贵思想。邓小平、江泽民继承和发扬了毛泽东法学思想，我们应认真学习和研究。

一、毛泽东对法学思想的主要贡献

毛泽东重视法制工作，尽管基于当时的历史原因和革命环境，有许多立法工作未能顺利进行，但仍留下了许多光辉思想和理论实践，主要有以下四个方面。

（一）毛泽东的宪政思想

新民主主义革命时期，毛泽东的宪政思想集中表现在《新民主主义的宪政》一文中，他在文中总结了中国近代以来宪政运动的历史，揭露了蒋介石等的宪政欺骗，指明了新民主主义宪政运动的实质及其向社会主义前途发展的历史必然性。他指出，宪政是什么？就是民主的政治。[①] 民主政治就是人民平等的决定国家制度和管理国家的政权。辛亥革命曾制定过《中华民国临时约法》，实际上因军阀的破坏而流产。毛泽东指出，宪法，

---

① 《毛泽东选集（第2卷）》，人民出版社1991年版，第690页。

中国已经有过了，曹锟不是颁布过宪法吗？但民主自由在何处呢？大总统那就更多，第一个是孙中山，他是好的，但被袁世凯取消了。第二个是袁世凯，第三个是黎元洪，第四个是冯国璋，第五个是徐世昌，可谓多矣，但是他们和专制皇帝有什么区别呢？他们的宪法也好，总统也好，都是假东西。[①] 一直到《中华民国宪法》，都不是人民的宪政，都不是民主宪政。毛泽东继续指出，世界历史上的宪政，不论是英国、法国、美国或者是苏联，都是在革命成功有了民主事实之后，颁布一个根本大法，去承认它，这就是宪法。中国，则不然，中国革命尚未成功，国内除我们边区等地而外，尚无民主政治事实。这就指明了宪政必须建立在夺取政权，有了民主的基础上。所以，当解放战争取得决定性胜利以后，毛泽东适时地召开了全国人民政治协商会议，制定了《共同纲领》，成立中华人民共和国，接着 1954 年制定了《中华人民共和国宪法》。规定了人民民主原则和社会主义原则，提出过渡时期的总任务，调动了全国人民的积极性和建设热情，使我国进入了一个新的发展时期。

（二）毛泽东的反腐倡廉法制思想

毛泽东自 1928 年创建井冈山革命根据地至 1976 年逝世，一贯十分关注反腐斗争和廉政建设。在井冈山革命斗争时期他主持制定了《关于惩治贪污浪费行为的训令》等法律文件；抗日战争时期，他建议印发郭沫若的《甲申三百年祭》，要求全党吸取李自成等农民领袖由于腐败而导致失败的历史教训；1949 年在七届二中全会上，适时地提出“警惕糖衣炮弹的袭击”[②]，并先后开展整党整风，“三反”“五反”，社会主义教育等运动，制定了《惩治反对贪污浪费条例》，惩办了刘青山、张子善等腐败分子，教育全党并从理论上阐明腐败产生的必然性，提出和制定了一系列防治腐败的措施，主要内容有：（1）加强思想教育，保持艰苦奋斗的作风；（2）严肃组织纪律，开展整党整风；（3）强化制度建设，建立健全各种监督机制；（4）运用专政手段，严惩腐败分子。

---

① 《毛泽东选集（第 4 卷）》，人民出版社 1991 年版，第 694 页。

② 毛泽东：《关于正确处理人民内部矛盾的问题》，人民出版社 1966 年版，第 1328 页。

（三）毛泽东的刑事司法思想

毛泽东刑事法律思想是毛泽东法学思想的精髓，十分丰富，在这方面有许多具体理论和策略，对于保证政权的巩固和社会秩序健康发展起了决定性作用。

（1）确立了我国刑事法律惩办与宽大相结合的基本政策，制定了惩罚与教育改造相结合的方针。1950 年 6 月 6 日毛泽东在党的七届三中全会上指出，必须实行镇压与宽大相结合的政策。即首恶必办，胁从者不问，立功者受奖的政策，不可偏废。这个政策和方针是基于对犯罪分子基本状况的分析，是从他们的实际情况出发的，在斗争中充分体现了有宽有严，宽严相济，原则性与灵活性相结合，并把大多数犯罪分子改造为新人的正确决心和指导思想。

（2）把正确区分和处理两类不同性质矛盾的光辉思想运用于刑法，提出"对敌要狠，对内要和"的方针。毛泽东将社会矛盾区分为两类，即人民内部矛盾和敌我矛盾，这是对马列主义的发展。刑法是和犯罪作斗争的武器，主要用来处理敌我矛盾的，但罪犯不完全是敌我矛盾性质，其中也有人民内部矛盾。所以对犯罪分子适用刑法，必须分不同情况，依法作出适当的处理。毛泽东指出，不杀掉那些"东霸天，西霸天，人民是不能起来的"，那些"小蒋介石"不杀掉，我们这个脚下天天"地震"，不能解放生产力，不能解放人民。① 对少数敌人依法镇压是完全必要的。同时为了保护人民利益和维护社会公共秩序，对于人民内部的犯罪分子也必须酌情给予处罚。对两类不同性质的矛盾应采取不同的处理方法：即采用专政和民主两种不同的方法。②

（3）将调查研究、实事求是、一切从实际出发作为刑法的基本原则，并运用于刑事司法实践，创造性地提出了一系列具有中国特色的政策。这些政策主要有：① 重证据，不轻信口供，反对逼供信。② 提高警惕，肃清一切反革命分子，防止偏差，不冤枉一个好人，有反必肃，有错必纠。

---

① 《毛泽东选集（第 5 卷）》，人民出版社 1977 年版，第 317 页。

② 毛泽东：《关于正确处理人民内部矛盾的问题》，人民出版社 1966 年版，第 12 页。

③ 法庭是对付反革命的，但也不完全是对反革命，要处理很多人民内部问题。④ 在人民法庭和民主政府进行对犯罪分子的审讯工作时，必须禁止使用肉刑。⑤ 提出杀人要少，机关内部肃反实行大部不抓，一个不杀的政策。⑥ 对严重破坏社会秩序的坏分子，也必须实行专政。

（4）将马克思列宁主义原则性和灵活性相结合的思想巧妙地运用于刑罚，发展和补充了马克思主义刑法理论，提出了对人民内部的犯罪分子也要采取惩罚方法的新观点。毛泽东指出，人民犯了法也要受处罚，也要坐班房，也有死刑，但这是若干个别的情形，和对于反动阶级当作一个阶级的专政来说，有原则的区别。其区别：第一，专政不等于刑罚，而刑罚只是专政的方法之一。第二，对敌人专政，并不是将所有敌人都判刑，刑罚只能对犯罪分子才适用。第三，专政作为一种制度，它不适用于人民内部。第四，人民内部的犯罪分子，触犯了刑律，也要受到法律制裁。毛泽东指出，没有一处不存在矛盾，没有一个人是不可分析的。所以一切问题都应具体分析，而不应千篇一律。

（5）对刑事司法作出了新贡献。毛泽东作为伟大的理论家，不但在上述方面，即理论、原则、方针、策略上有许多建树，同时还在许多具体问题上作出了贡献。① 首次提出了刑事司法规格问题。毛泽东指出，这个工作要注意讲规格，没有规格是很危险的。要合乎标准的反革命，就是要搞真反革命，不要搞出假反革命来。要完全合乎规格，货真价实，硬是反革命，不要冤枉好人。这些意见对一切刑事犯罪都应是适用的。② 第一次创造性地提出了死缓制度，为死刑慎用原则和少杀方针指明了具体实施措施。毛泽东在 1951 年镇反运动中指出，可以判处死刑，缓期二年执行，在缓刑期间内强制劳动，以观后效。以后为刑法所肯定，形成一种死缓制度。③ 创立劳动教养制度，为处理人民内部轻微的违法行为提供了有效方法。这种制度主要是针对那种人民内部的某些大法不犯，小法常犯，屡教不改，扰乱社会治安的情况制定的。在当时法制不健全情况下是可行的，到了今天，是否继续适用是可以研究的。

（四）毛泽东的劳动改造犯罪的思想

早在 1937 年毛泽东指出，无产阶级和革命人民改造世界的斗争，包括实现下述任务：改造客观世界，也改造自己的主观世界，……所谓被改造的客观世界，其中包括了一切反对改造的人们，他们的改造，必须通过强迫的阶段，然后才能进入自觉的阶段。在土改时期进一步指出，消灭封建制度，消灭地主阶级，而不是消灭地主个人，必须按照土地法给予不高于农民所得的生产资料和生活资料。并指出，给他们土地，给他们工作，让他们活下去，让他们在劳动中改造自己，成为新人。根据这一思想，在对犯罪改造中，提出"改造第一，生产第二"的改造方针，坚持"改造与生产相结合"，强调劳动中进行思想教育、文化知识、劳动技能的学习，把他们改造成为自食其力的劳动者。同时提出"给出路"政策，使他们在劳动中改造，同时在改造中看到自己前途，从而有了重新做人的信心。在这种方针、政策指引下，我国成功地将许多犯罪分子改造成为对社会有用的人才，为社会效力，作出了一定贡献。

二、邓小平丰富和发展了毛泽东法制思想

邓小平在继承毛泽东法制思想的同时，又有了新的发展，更加明确和坚定地指引我国向法治社会迈进。在这方面，邓小平的贡献是很大的。

（一）继承和发展了刑法方面的思想

邓小平在1980年指出，我国确已消灭了剥削阶级，但阶级斗争还存在。仍然有反革命分子，有敌特分子，有各种破坏社会主义秩序的刑事犯罪分子和其他破坏分子，有贪污、盗窃、投机倒把的新剥削分子，并且这种现象在长时期内不可能完全消灭。同他们的斗争不同于过去历史上阶级对阶级的斗争，但仍然是一种特殊形式的遗留。对于这一切反社会主义的分子，仍然必须实行专政。不对他们专政，就不可能有社会主义民主。①这里把对犯罪分子的惩处和建立社会主义民主联系起来，这是一个进步。同时他进一步指出，我们必须坚决划清两类不同性质的矛盾界限，对于绝大多数破坏社会主义秩序的人应该采用教育的办法，凡能教育的都要教育，但是不能教育或教育无效的时候，就应该对各种罪犯采取法律措施，

① 《邓小平关于建设有中国特色社会主义论述专题摘编》，中央文献出版社1995年版，第5页。

不能手软……，我们要学会使用和用好法律武器。①

他还进一步强调，要坚持两手抓，一手抓改革开放，一手抓打击各种罪犯。这两只手都要硬。打击各种犯罪活动，扫除各种丑恶现象，手软不得。我们一手抓改革开放，一手抓惩治腐败，这两件事结合起来，就可以使我们政策更加鲜明，更加明朗，更加获得人心。②

（二）提出革除干部制度的弊端，必须加强社会主义法制的思想

邓小平指出，从党和国家的领导制度、干部制度方面来说，主要的弊端就是官僚主义现象，权力过分集中的现象，家长制现象，干部领导职务终身制现象和形形色色的特权现象。如不认真改革，就很难适应现代化建设的迫切需要，我们就要严重地脱离广大群众。并指出，领导机构中，长期缺少严格的从上而下的行政法规和个人负责制，缺少对每个机关乃至每个人的职责权限的严格明确的规定，以至事无大小，往往无章可循，绝大多数人往往不能独立负责地处理他所应当处理的问题，只好成天忙于请示报告，批转文件，还有干部缺少正常的录用、奖惩、退休、退职、淘汰办法，反正工作好坏都是铁饭碗，能进不能出，能上不能下。这些情况必然造成机构臃肿，层次多，副职多，闲职多，而机构臃肿又必然促进官僚主义的发展，③“权力过分集中于少数人手里”是重要原因。所以“廉政建设要作为大事来抓。还是要靠法制，搞法制靠得住些”。④抓好社会主义法制建设是社会主义必由之路，必须高度重视，加强立法，完善执法，改革人事体制。

（三）提出了社会主义法制的基本原则

1980 年 1 月 16 日邓小平在中央召集的干部会议上指出，我们要全面、

① 《邓小平关于建设有中国特色社会主义论述专题摘编》，中央文献出版社 1995 年版，第 196 页。

② 《邓小平关于建设有中国特色社会主义论述专题摘编》，中央文献出版社 1995 年版，第 202 页。

③ 《邓小平关于建设有中国特色社会主义论述专题摘编》，中央文献出版社 1995 年版，第 202 页。

④ 《邓小平关于建设有中国特色社会主义论述专题摘编》，中央文献出版社 1995 年版，第 105 页。

坚决地实行这样一些原则：有法必依，违法必究，执法必严，在法律面前人人平等。[①] 随后3月13日中央政治局扩大会议上进一步说，人人有依法规定的平等权利和义务，谁也不能占便宜，谁也不能犯法，不管谁犯了法，都要由公安机关依法侦查，司法机关依法办理，任何人都不许干扰法律的实施，任何犯了法的人都不能逍遥法外。还强调对一切无纪律、无政府，违反法制现象，都必须坚决反对和纠正。否则我们就决不能建设社会主义，也决不能实现现代化。全党同志和全体干部都要按照宪法、法律、法令办事，学会使用法律武器。[②]

（四）推行和加强社会主义法制建设，建立法制体制和强化立法

邓小平1978年在中央工作会议上指出，为了保障人民民主，必须加强法制。必须使民主制度化、法律化，使这种制度和法律不因领导人的改变而改变，不因领导人的看法和注意力的改变而改变。现在的问题是法律很不完备，很多法律还没有制定出来。往往把领导人说的话当作“法”，不赞成领导人说的话叫作违法，领导人的话改变了，“法”也就跟着改变。所以，必须集中力量制定刑法、民法、诉讼法和其他各种必要的法律，例如工厂法、人民公社法、森林法、草原法、环境保护法、劳动法、外国人投资法等等。[③] 在这个正确思想的指导下，我国加强立法和司法，并把各政党的活动限制在宪法和法律许可的范围内。对于我国建设社会主义法制从宏观到微观都明确进行了规划，使我国逐步走上了法制时代。他反复强调继续发展社会主义民主，健全社会主义法制。这是党的三中全会以来中央坚定不移的基本方针，大大推动了我国法制建设的进程。我国的立法如雨后春笋般地发展健全起来，成为历史上最好的时期，使法制得以基本形成。

---

① 《邓小平关于建设有中国特色社会主义论述专题摘编》，中央文献出版社1995年版，第106页。

② 《邓小平关于建设有中国特色社会主义论述专题摘编》，中央文献出版社1995年版，第107页。

③ 《邓小平关于建设有中国特色社会主义论述专题摘编》，中央文献出版社1995年版，第108页。

三、江泽民为核心的第三代领导集体继续推进法制进程和法治理念，对毛泽东法学思想作出了新贡献

江泽民在党的十四大报告中指出，要严格执行宪法和法律，加强执法监督，坚决纠正以言代法、以罚代刑等现象，保障人民法院和检察院依法独立行使审判权和检察权。并进一步指出，十四大提出的重要任务之一，就是要使社会主义民主和法制建设有一个较大的发展。除了加强立法进程外，当前突出的任务是要严格执法，树立社会主义法制的权威。要坚决清除执法中的地方保护主义，促进全国统一的开放的市场的形成。政法部门和广大干警要严格依法办事，坚持法律面前人人平等的原则，公正清廉，铁面无私，坚决纠正有法不依、执法不严、违法不究的问题。

党的十四大以来，以江泽民为核心的党的第三代领导集体，在继承和发展毛泽东、邓小平法制思想的基础上，将法制思想推进到了一个新的水平，特别是将法治理念提升到了一个新的高度。

（一）提出了建设社会主义法治国家的目标

江泽民在党的十五大政治报告中提出要把我国建设成社会主义法治国家的任务。社会主义法治国家是一个崭新的理念，是我国今后长期的奋斗目标。社会主义法治国家的提出本身就是对毛泽东法学思想的丰富。建设法治国家要有坚实的精神条件和物质条件。

（1）社会主义经济建设取得了巨大的成就，有了较为雄厚的物质基础。

（2）法律至上、程序至上的观念深入人心。特别是国家工作人员的法律意识和法治观念已发生了极大的变化，法对国家和社会的治理局面已基本形成。

（3）法律完备，基本实现了良法化。不但有完备的法律而且这些法都是善的、经过人民充分讨论制定的、能够充分保障公民的权利，制约官员滥用权力。

（4）民主制已较为健全，人民享有充分的权利，并提供了充分的物质

保障和法律保障，官本位已转向民本位，人民已学会用法律保护自己权利，监督政府和制约政府官员手中的权力。

（5）已基本实现法制程序化，官员办事严格遵守程序，公民权利成为普遍现实的权利。

（二）提出实现政治文明的伟大目标，并将法制建设纳入政治文明的基本内容

江泽民在党的十六大报告中指出，发展社会主义民主政治，建设社会主义政治文明，是全面建设小康社会的目标。必须在坚持四项基本原则的前提下，继续积极稳妥地推进政治体制改革，扩大社会主义民主，健全社会主义法制，建设社会主义法治国家，巩固和发展民主团结，生动活泼、安定和谐的政治局面。这里我们可以清楚地看到，把建设社会主义法治国家和扩大民主，健全法制，实现政治文明，全面建设小康社会紧密地联结在一起，这本身就是对马克思列宁主义的发展。政治建设、法制建设、经济建设三者是密切不可分割的，不可孤立地进行。把法制建设提高到政治文明的高度来认识，看得和经济建设一样重要，这是在法治理念上的一大飞跃。对于指引我们建设社会主义的法治国家无疑是十分重要的。这说明没有一定的物质文明，没有高度的民主政治，是无法实现社会主义法治国家的。在思想上必须同步进行，在行动上必须经济、政治、法治一起抓，否则我们的目标就很难实现。

江泽民反复强调，宪法和法律是党的主张和人民意志相统一的体现。必须严格依法办事，任何组织和个人都不允许有超越宪法和法律的特权。这就是法律至上的思想理念在报告中的体现，使我们看到了法治国家实现的曙光，法律至上的观念在全党全民中必将会取得一致的认同。党和国家的高度重视，法治社会的实现已再不是遥不可及的事情了。

原载《湘潭大学社会科学学报》2003 年第 6 期

编辑说明

本书收录了宋世杰教授在湘潭大学任教期间发表的若干代表性论文。文集内容主要包括四大部分，一是刑事诉讼基本理论研究，具体涉及刑事诉讼法律关系、刑事诉讼结构、刑事诉讼价值等理论范畴；二是刑事司法改革的制度探索，涉及刑事诉讼中的搜查制度、律师制度、预审制度、沉默权等诉讼制度的探讨；三是诉讼证据基本理论研究，具体涉及证据概念、举证责任、证明标准、证据规则、证据开示制度等诸多诉讼证据领域的理论难点和争议问题的探讨；四是法的一般理论和法学现象研究，涉及法的阶级性、犯罪原因与对策以及社会治安综合治理等问题的探讨。这些研究成果不仅是宋世杰教授学术人生的结晶，同时也是我国刑事诉讼法学界老一辈学者学术探索历程的缩影之一，对于我国刑事诉讼理论研究的进一步丰富和发展具有重要的理论和文献价值。

文集中收录的文章发表于20世纪80年代至21世纪初，其间我国适用的是1978年《刑事诉讼法》和1996年第一次修正后的《刑事诉讼法》，目前我国适用的则是2018年第三次修正的《刑事诉讼法》。本书中所引用法律条文与现行《刑事诉讼法》相比多有变动，必要处编者以页下注方式进行了说明。这些条文的变化是四十余年来我国刑事司法法治进步的具体体现，也蕴含着以宋世杰教授为代表的理论研究者长期以来不断探索和呼吁司法改革的所作出的智力贡献。

为尊重历史，充分体现宋世杰教授学术思想的发展脉络，论文编排原则上以论文发表时间为顺序，所有文章基本保持发表时的原样，仅对原文中明显错漏的文字、标点进行了补正，对注释进行了调整，个别地方的引文难以核对出处的，也保留了注释原貌。

湖南科技大学胡之芳教授和中南大学伍浩鹏副教授共同完成了本书论文的搜集、整理和校对工作，宋世杰教授之子宋志刚先生为文集作序。谨以此文集纪念宋世杰教授，愿宋世杰教授孜孜不倦、追求卓越的学术精神传承不息！

编　者

2023年11月30日